West-Kanada

Eine Übersichtskarte von West-Kanada mit den eingezeichneten Reiseregionen finden Sie in der vorderen Umschlagklappe.

Heike Wagner

West-Kanada

Alberta · British Columbia

VISTA POINT VERLAG

West-Kanada

Traumlandschaften zwischen Prärie, Bergen und Meer

Totempfahl, »Totem Pole«, im Stanley Park in Vancouver

Unermessliche Weiten und wenige Menschen – so stellt man sich West-Kanada vor. Mit Bergen, Wäldern und glitzernden Seen, wo Elche und Bären leben und Biber ihre Burgen bauen. Mal kreuzt ein Trapper in seinem Kanu vor seiner Blockhütte am See, mal kommt ein rotberockter Mountie auf hohem Ross daher. Wer aber die Landkarte West-Kanadas einmal genauer ansieht, der gewinnt ein weitaus reichhaltigeres Bild.

Im Westen erstreckt sich **British Columbia**: entlang der Pazifikküste, im Süden begrenzt durch die USA und nördlich vom Yukon Territory und einem Stück Alaska. In dieser Provinz spannt sich der Bogen vom dichten Regenwald der Küste und ihren meist Wolken verhangenen Bergen, von den vielen größeren und kleineren Inseln bis hin zu den trockenheißen Plateaus im Landesinneren; von sonnenreichen Trockengebieten im Süden über die berühmten Rocky Mountains bis hin zu den tiefen Nadelwäldern und einsamen Gebirgen im Norden.

Ziemlich geradlinig schließt sich im Osten die Provinz **Alberta** an, wo je nach Blickrichtung Bergland und Prärie beginnen oder enden. Auf jeden Fall setzen die Rocky Mountains eine massive Barriere gen Westen. Abrupt gibt das Gebirge dem einstigen Prärieland Raum. In den schier endlosen Weizenfeldern nicken immer wieder Ölpumpen, im Süden, Richtung USA, erstreckt sich heißes Ödland. Im Norden, wo irgendwann die Northwest Territories beginnen, herrschen menschenleere aber tierreiche Wälder vor; im Osten schließt sich geradlinig die Provinz Saskatchewan an.

Grizzlybärin mit Jungem

British Columbias temperierter Küstenregenwald wird von der mächtigen Holzindustrie beherrscht. Dennoch überlebt noch manch ursprünglicher Waldbestand. Der Pazifik an der Westküste von Vancouver Island und die geschützten, inselreichen Gewässer

Einer der schönsten Seen in den kanadischen Rockies: der milchige, smaragdgrüne Moraine Lake im Banff National Park

der Strait of Georgia zwischen dem lang gestreckten Vancouver Island und dem Festland gehören zu den meistgelobten Tauchrevieren der Welt und verbergen in ihren Tiefen eine faszinierende Meeresflora und -fauna.

Im Hinterland der Küstenberge erstrecken sich weite, einsame, von Bären durchstreifte Gefilde und nur an wenigen Stellen gibt es Verbindungen zur Küste: in der Region Vancouver, beim Seehafen Prince Rupert, dem Küstenort Bella Coola und im Norden bei Stewart/Hyder, wo man sogar das südlichste Zipfelchen Alaskas betritt.

Sonnenreiche Täler und trockenheiße Plateaus kennzeichnen das Landesinnere des südlichen British Columbia. Das Okanagan Valley hat sich dank ausreichender Bewässerung den Ruf als Obstgarten der Provinz und als Weinanbaugebiet gesichert. Die Kootenay-Region im Südosten kennzeichnen Gebirgsketten mit engen, langen Tälern, tiefen Wäldern, Flüssen und Stauseen.

Vor der Kulisse der Rocky Mountains verläuft in einem Bogen von der US-amerikanischen Grenze bis hinaus in das nördliche British Columbia der Rocky Mountain Trench, ein mächtiger Grabenbruch in der Erdkruste. Ihn nutzt im Süden von British Columbia der junge Columbia River, der dort seinen Lauf als einer der mächtigsten Flüsse des kanadischen und US-amerikanischen Westens beginnt.

Der majestätische Gebirgskamm der **Rocky Mountains** mit seinen vergletscherten Zwei- und Dreitausendern, den eiskalten

Heimisch in den subarktischen Nadelwäldern Kanadas: Streifenhörnchen oder »Chipmunk«

Seen und Strömen, die ihnen entspringen, ist ein Glanzlicht im Kaleidoskop der westkanadischen Landschaften. Albertas Icefields Parkway, der diese grandiose Hochgebirgsszenerie in Nord-Süd-Richtung durchzieht, genießt den Ruf der »Traumstraße der

Jericho Beach Vancouver: Sonnenbad mit Traumblick

Rockies«. Zu ihren Höhepunkten zählen der Athabasca Glacier und das Icefield Centre nahe der Grenze von Jasper und Banff National Park. Am Fuße der Rocky Mountains beginnt Alberta keinesfalls flach und gleichmäßig bis zum Horizont, sondern oft wellig und hügelig – einst Prärie, jetzt die Kornkammer Kanadas. Zu ihren geologischen Besonderheiten zählen die Badlands ganz im Süden. Echte »Hingucker« dort sind die *hoodoos*, eigenwillig geformte, dank ihrer unterschiedlichen Gesteinsschichten oft auffallend gestreifte Felstürme. Die Badlands gehören zu den reichhaltigsten Dinosaurierfundstätten der Welt.

Von Kanadas 33,5 Millionen **Einwohnern** leben rund 4,5 Millionen in British Columbia und rund 3,7 Millionen in Alberta. West-Kanadas Metropolen – Vancouver, Calgary und Edmonton – präsentieren eine urbane Vielfalt, die touristisch immer mehr an Bedeutung gewinnt, obwohl sie nicht in das bisher gängige Klischee passt.

An erster Stelle rangiert **Vancouver**, das wohl wichtigste Eingangstor zu West-Kanada. Die viel zitierte »Perle des Pazifiks« bietet neben ihrer beneidenswerten Lage zwischen Bergen und Meer ein Kaleidoskop an Sehenswertem: Museen, Theater, Parks, Restaurants und Hotels. **Victoria**, die kleine, aber feine, fest mit britischen Traditionen verwachsene Hauptstadt der Provinz, liegt gewissermaßen gleich vor der Haustür auf Vancouver Island. Die größte nordamerikanische Pazifikinsel schützt Vancouver und das Festland vor den Unbilden des Pazifiks.

Albertas Metropole **Calgary** ist ein Synonym für Reichtum aus Öl und Viehzucht mit einem ausgeprägten Westernflair. Calgarys Flagschiff ist denn auch die »Calgary Stampede«, eine der größten Rodeoveranstaltungen der Welt. Calgarys nördliche Nachbarin ist das längst zur selbstbewussten, modernen Hauptstadt gewordene **Edmonton**, das sogenannte Tor zum Norden. Mit der Edmonton Mall als einem der weltgrößten überdachten Einkaufszentren steht sie als Ziel ganz oben auf der Hitliste kanadischer und internationaler Shopping-Freaks.

Abseits dieser Bevölkerungszentren konzentrieren sich die Bewohner auf einem breiten Streifen im Süden der Provinzen, sammeln sich gewissermaßen zur Grenze des Nachbarlandes USA hin, so als wollte Kanada nicht an den Gestaden des Eismeers auslaufen und sich unbemerkt verlieren.

West-Kanada nutzt und schützt die **Natur** mit all ihren Ressourcen, insbesondere in den Nationalparks Jasper, Banff, Glacier, Waterton Lakes und anderen. Tweedsmuir, Manning, Wells Gray und weitere Provinzparks stehen den Nationalparks in puncto Schönheit und Landschaftsvielfalt oft in nichts nach, außer dass sie von der Provinzregierung betreut werden und diverse ökonomische Nutzung erlaubt ist. Natur in appetitlichen Häppchen in Form von Badeseen, Wasserfällen etc. servieren die kleineren Provinzparks wie Haynes Point, Christina Lake und Englishman River Falls, die bei Kanadiern als beliebte Urlaubsziele geschätzt werden.

Wanderwege für jeden körperlichen Zustand und Fitnessgrad durchziehen die meisten Parks. Von rollstuhlgerechten Wegen reicht das Angebot über kürzere und längere Wanderpfade, die teils mit Schautafeln und botanischen Hinweisen versehen sind oder zu historischen oder landschaftlichen Sehenswürdigkeiten führen, bis hin zu Fernwanderungen durch das Hinterland, wo

Canadian Girl

Der Pengrowth Saddledome vor der Skyline von Calgary

Powwow in Lytton im Süden von British Columbia

man mit seinem Zelt und Selbstverpflegung ganz auf sich selbst gestellt ist.

Camping, Wandern, Kanu-, Kajak- und Wildwasserfahrten, Tauchen, Schwimmen, Wintersport, Walbeobachtungstouren – die Liste der möglichen **Outdoor-Aktivitäten** in West-Kanada ist lang. Wer Ausrüstung, Transport oder andere Unterstützung benötigt, wendet sich an einen der *Outfitters* in oder am Rande der Parks oder in den populären Zentren. Sie stellen Kanus, Mountainbikes und anderes Sportzubehör bereit, das man leihen oder kaufen kann.

Wer nicht auf eigene Faust losziehen will, schließt sich einer Gesellschaft an. Paddelt man, wie auf den Bowron Lakes oder in Wells Gray, auf eigene Faust, findet man bei einem Outfitter die nötige Ausstattung, wichtige Informationen und die Sicherheit von An- und Abmeldung. Mit einer Angellizenz und der entsprechenden Ausrüstung kann man in glasklaren Seen und strömenden Bergflüssen fischen und die Forellen anschließend auf dem Lagerfeuer grillen, das man auf den meisten Campingplätzen West-Kanadas entzünden darf.

Auch zwischen Natur und Stadt öffnet sich eine breite Palette an Freizeitangeboten: **Freilichtmuseen** wie Barkerville, Fort Steele und Fort St. James, historische **Ranches** und **Goldgräberstätten**, **Weingüter** und **Vergnügungsparks**, Thermalbäder und Wasserparks. Das Spektrum der Museen reicht von kleinen Heimatmuseen über Museen zur Eisenbahn, den Indianern oder der Geschichte bis hin zu Kunstmuseen von Weltrang. Vielerorts lernt man die Region durch See-, Dampfzug- oder Stadtrundfahrten und von schönen Aussichtspunkten kennen. Vor allem im Sommerhalbjahr werden allerorten Rodeos, Kinder-, Kunst-, Musik- und andere regionale und internationale Festivals veranstaltet.

West-Kanada profitiert von einem gut ausgebauten **Verkehrsnetz** mit exzellenten Straßen, das sich von den Zentren der Provinzen ausbreitet. Im Sommer sind die Straßenarbeiter-Crews stets dabei, die Frostschäden des vorangegangenen Winters zu beheben. Das führt oft zu gewissen Wartezeiten an den Baustellen,

Junger Rotfuchs – »Red Fox«

aber in der Regel sind die Fernstraßen gut befahrbar. Der **Trans-Canada Highway** erreicht Vancouver, bevor er schließlich zum Sprung nach Vancouver Island ansetzt und dort nach fast 7800 Kilometern quer durch den Kontinent endet. Weiter nördlich verläuft der nach einem Trapper benannte, gut ausgebaute **Yellowhead Highway** West-Kanada.

Im Norden British Columbias beginnt der legendäre **Alaska Highway**, der seit seinem Bau während des Zweiten Weltkriegs die Menschen in den Norden und nach Alaska gelockt und die isolierten Pelzhandelsposten und winzigen Ansiedlungen dem Rest des Landes näher gebracht hat. Dieser Highway ist Realität und Mythos zugleich. Er verbindet den Süden der Provinzen mit den wilden Parks und Regionen im Norden.

Viele kleinere und einige immer weniger werdende größere Straßen im Norden von British Columbia, Alberta und dem Yukon Territory tragen noch Schotterbelag. Sie vergrößern zwar mitunter den Fahrspaß, aber viele Strecken sind von den Leistungen der Fahrzeuganbieter, besonders der Wohnmobilvermieter, ausgeschlossen.

West-Kanada ist ideales Terrain für Naturliebhaber und Outdoor-Enthusiasten, für Fotografen und Aktivurlauber, die sich aber auch mal an einem der zahlreichen Seen als Badegast für ein paar Stunden oder Tage zurückziehen können und möchten. Wer gern sein Zelt oder Wohnmobil aufstellt, kann fast immer sicher sein, abends am knisternden Lagerfeuer neben der selbst gewählten Heimstatt zu sitzen und den nächtlichen Geräuschen der Natur zu lauschen. Wer feste Wände um seine Schlafstätte bevorzugt, findet eine reiche Auswahl an Hotels, Motels und urkanadischen Lodges in oder am Rande der Wildnis.

Der vorliegende Reiseführer möchte mit der Beschreibung der verschiedenen Regionen und Städte mit ihren Sehenswürdigkeiten und Naturschönheiten Begeisterung und Interesse wecken für dieses Land. Gute Reise!

Ein neugieriger Blick zum Fotografen: Der Nordamerikanische Fischotter oder »North American River Otter« lebt seit 1997 gemäß dem Washingtoner Artenschutzübereinkommen relativ geschützt

Orcas in der Gwaii Haanas National Park Preserve auf den Queen Charlotte Islands

Chronik West-Kanadas
Daten zur Landesgeschichte

Jacques Cartier begründet das französische Kolonialreich in Kanada

10 000 v. Chr.
Während der Pleistozän-Eiszeiten erfolgt von Sibirien aus eine erste historisch verbriefte Einwanderungswelle auf den nordamerikanischen Kontinent. Nomadisierende Jäger überqueren die seinerzeit trockene Landbrücke der Beringstraße nach Alaska.

6000 v. Chr.
Alle größeren Täler der Rocky Mountains sind eisfrei.

1497
John Cabot alias Giovanni Caboto segelt unter englischer Flagge von England nach Neufundland und manifestiert englische Ansprüche auf das Land.

1534–42
Jacques Cartier erforscht auf der Suche nach der Nordwestpassage den Golf von Sankt Lorenz und segelt den großen Strom hinauf bis an die Stelle des heutigen Montréal. Aus dem Irokesen-Wort *kanata* leitet er den Namen Kanada ab.

1579
Sir Francis Drake segelt mit seinem Schiff, der »Golden Hinde«, von England um Kap Hoorn und die Westküste Süd- und Nordamerikas hinauf, vermutlich bis Vancouver Island.

1592
Juan de Fuca segelt unter spanischer Flagge in den später nach ihm benannten Gewässern um die Südspitze von Vancouver Island.

Henry Hudson segelt 1610 mit der »Discovery« in den Nordosten Kanadas

1610
Auf der Suche nach der Nordwestpassage segelt Henry Hudson mit seinem Schiff »Discovery« in die große Bucht im kanadischen Nordosten. Sie wird später als Hudson Bay bekannt und bezeichnet auch 60 Jahre danach die neu gegründete, große Pelzhandelsgesellschaft.

1670
Gründung der Hudson's Bay Company (HBC): Das von der Gesellschaft beanspruchte Territorium umfasst das gesamte Land, dessen Gewässer in die Hudson Bay münden. Das fast vier Millionen Quadratkilometer große, Rupert's Land genannte Gebiet reicht bis an den Rand der Rocky Mountains.

1741
Der russische Zar schickt den dänischen Seefahrer Vitus Bering auf Entdeckungsreise nach West-Kanada und Alaska, von wo er See-

otter-, Biber- und anderen Pelze mitbringt. Seine Entdeckungen animieren die Russen zur Besiedlung der Küstenstriche Nordamerikas.

1775–83
Nordamerikanischer Unabhängigkeitskrieg (War of Independence).

1778
James Cook setzt seinen Fuß an die Küste des Nootka Sound auf Vancouver Island. Im Auftrag der englischen Krone erforscht er auf der vergeblichen Suche nach einer Nordwestpassage die Küsten West-Kanadas und Alaskas.

1783
Anerkennung der Unabhängigkeit der USA im »Frieden von Versailles« und Fixierung einer Grenze zwischen Kanada und den USA. Formierung der North West Company, eines Zusammenschlusses unabhängiger Pelzhändler als Konkurrenz zur Hudson's Bay Company in Montréal.

1791
Der spanische Kapitän José María Narvaez segelt in die English Bay vor Vancouver.

1792
George Vancouver erforscht die Westküste Nordamerikas für die englische Krone und kartografiert viele Landstriche. Er gelangt nach Vancouver Island, Vancouver und auch in die Gewässer vor dem heutigen Bella Coola.

1793
Der schottische Erforscher Alexander Mackenzie erreicht als erster Weißer auf dem Landweg vom Fraser River her die Pazifikküste. Auf einem Felsen im Dean Channel nahe dem heutigen Bella Coola hinterlässt er die Inschrift »Alex Mackenzie from Canada by land, 22nd July, 1793«.

1795
Gründung des Edmonton House als Pelzhandelsstation der Hudson's Bay Company, aus der die Stadt Edmonton hervorgeht.

1807
David Thompson überquert als einer der ersten Europäer die Rocky Mountains.

1808
Simon Fraser erkundet unter der Ägide der North West Company den später nach ihm benannten Fluss bis zur Mündung in den Pazifik. Die NWC etabliert sich in West-Kanada und handelt mit den Indianern um die begehrten Pelze.

Chronik West-Kanadas

Auf der Suche nach der Nordwestpassage nimmt James Cook 1778 Vancouver Island für die britische Krone in Besitz

1792 erforscht George Vancouver die Westküste Nordamerikas, er gelangt nach Vancouver Island und nach Vancouver

David Thompson überquert 1807 als einer der ersten Europäer die Rocky Mountains

Chronik West-Kanadas

1811
David Thompson etabliert eine neue Pelzhandelsroute von Edmonton über den Athabasca Pass, die in der Nähe des heutigen Jasper vorbeiführt. Er erforscht die Flussläufe von Columbia und Kootenay River.

Holzbrücke über den Fraser River, Aufnahme von 1912

1812–14
Britisch-Amerikanischer Krieg (War of 1812). Im »Friedensvertrag von Gent« wird der bereits zuvor bestehende Grenzverlauf zwischen Kanada und den USA besiegelt.

1818
Festlegung des 49. Breitengrades bis zu den Rocky Mountains als Grenzlinie zwischen Kanada und den USA.

1821
Zusammenlegung der Hudson's Bay Company mit der North West Company unter dem Namen der HBC.

1827
Gründung des ersten Forts der Hudson's Bay Company im Tal des Fraser River.

1843
Gründung des Fort Camouson durch die Hudson's Bay Company, daraus wird später Victoria, die Hauptstadt von British Columbia.

1846
Das über den 49. Breitengrad – die Grenzlinie zwischen Kanada und den USA, die bis zum Pazifik reicht – nach Süden hinausragende Vancouver Island wird komplett Kanada zugeschlagen.

1857
Königin Victoria ernennt den kleinen Ort Ottawa am Berührungspunkt von Upper und Lower Canada, die bereits 1841 zu den United Provinces of Canada vereinigt worden waren, zur kanadischen Hauptstadt.

Begehrtes Objekt des Goldrauschs: ein »Nugget«

1858
Erster großer Goldrausch im Fraser River Valley. Großbritannien ernennt British Columbia zur Kronkolonie, um seine Ansprüche auf das Land und die Bodenschätze, insbesondere das Gold, zu sichern. Rückgang des kanadischen Pelzhandels.

1860
Billy Barker entdeckt Gold am Williams Creek. Nachfolgend beginnt der große Goldrausch in den Cariboo Mountains.

1861–65
Bau der Cariboo Waggon Road, der ersten kanadischen Überlandstrecke. Goldfunde am Kootenay River.

1862
Der Prospektor John Callbreath testet in British Columbia aus Asien importierte Kamele, die sich aber als ungeeignet für das Terrain und die Belange der Goldsucher erweisen.

1867
Im »British North America Act« deklariert Königin Victoria den Zusammenschluss der vier Ostprovinzen New Brunswick, Nova Scotia, Ontario und Québec zum unabhängigen »Dominion of Canada«.

Dem Dominion of Canada schließen sich später Manitoba (1870), British Columbia (1871), Prince Edward Island (1873), Alberta und Saskatchewan (beide 1905) sowie Newfoundland (1949) als weitere Provinzen an.

Der Ausbau des Eisenbahnnetzes im 19. Jahrhundert fördert die Besiedlung des kanadischen Westens

1868
Ernennung Victorias zur Hauptstadt von British Columbia.

1870
Verkauf und Übergabe des Landes von der Hudson's Bay Company an das neu gegründete Kanada.

1871
Beitritt British Columbias zum Dominion of Canada. Eine Bedingung für den Beitritt war die Verbindung der Ost- und Westprovinzen durch eine transkontinentale Eisenbahn.

1873
Bildung der North West Mounted Police (NWMP), des Vorläufers der Royal Canadian Mounted Police, die u.a. für die Eindämmung des Whiskeyhandels und die Schlichtung der Auseinandersetzung zwischen Weißen und Indianern um alte und neue Siedlungsgründe sorgen sollen. Ein Netz von Polizeiposten entsteht im kanadischen Westen.

1875
Aus einem Fort der NWMP am Bow River entsteht die Stadt Calgary.

1883
Entdeckung der heißen Quellen von Banff.

1885
Verbindung des östlichen und des westlichen Schienenstranges der Canadian Pacific Railway mit dem Einschlagen des letzten Schwel-

Chronik West-Kanadas

Eine Landschaft wie auf der Modelleisenbahn: die Canadian Pacific Railway in der Nähe des Rogers Pass in British Columbia

lennagels in Craigellachie, B.C. Die erste transkontinentale Eisenbahn durchquert Kanada und fördert damit das nationale Einheitsgefühl. – Banff, Kanadas erster Nationalpark, wird gegründet.

1886
Das große Feuer in Vancouvers Gastown vernichtet viele Gebäude, hält aber die Entwicklung nicht auf.

1887
Die transkontinentale Eisenbahnlinie erreicht Vancouver.

1888
Eröffnung des luxuriösen Banff Springs Hotel im Banff National Park.

1896
In Kanada regiert zum ersten Mal ein frankokanadischer Premierminister, Sir Wilfrid Laurier, der bis 1911 die britische Dominanz ein wenig einschränkt. Aber noch immer sind Banken, Versicherungen und Großhandel fest in britischer Hand.

1897/98
Größter Goldrausch am Klondike River im Yukon Territory.

Um 1900
Auswanderungswelle aus Europa in die kanadischen Prärien. Viele ukrainische Einwanderer lassen sich in Albertas Prärie nieder.

1903–06
Roald Amundsen segelt mit der »Gjöa« durch die lang gesuchte North West Passage zwischen Atlantik und Pazifik.

Tausende von Goldsuchern erreichen 1897/98 über den Chilkoot Pass die Goldfelder am Klondike River im Yukon Territory

1905
Beitritt der neu gegründeten Provinz Alberta und ihrer Nachbarprovinz Saskatchewan zum Dominion of Canada. Edmonton wird Hauptstadt von Alberta.

1909
Die 510 Millionen Jahre alten, fossilienreichen Gesteinsschichten der Burgess Shale werden im Yoho National Park ausgegraben.

1912
Untergang der »Titanic« vor Neufundland. Unter den Opfern der Schiffskatastrophe befindet sich auch der Eisenbahnmagnat Charles M. Hays. – Erste Calgary Stampede.

1914
Kanada tritt in den Ersten Weltkrieg ein. – Erster Ölboom Kanadas mit Funden bei Leduc, südlich von Calgary.

1915
Gründung der Universität von British Columbia in Vancouver.

1917
Bei den Wahlen zum Bundesparlament wird das Frauenwahlrecht eingeführt.

1919
Erstes großes Rodeo in Williams Lake, BC, Vorläufer der Williams Lake Stampede.

1926
Bau des Prince of Wales Hotel im Waterton Lakes National Park.

Pferde und Mulikarawanen, die sogenannten »Pack Trains«, versorgen die Goldsucher am Klondike mit dem Nötigsten

Chronik West-Kanadas

1931
Mit dem »Statute of Westminster« erhält Kanada volle Autonomie im Commonwealth und damit die nominelle Unabhängigkeit. – Bau des Wonder Trail, einer Schotterstrecke, die später als Icefields Parkway zur meistbefahrenen Panoramastraße Nordamerikas wird.

1932
Gründung des ersten International Peace Park mit dem kanadischen Waterton Lakes und dem US-amerikanischen Glacier National Park.

1933
Weltwirtschaftskrise auch in Kanada: Die Löhne sinken und gut ein Viertel der Bevölkerung ist arbeitslos. Das Pro-Kopf-Einkommen verringert sich seit Ende der 1920er-Jahre um 48 Prozent.

1939
Kanada tritt an der Seite Großbritanniens in den Zweiten Weltkrieg ein.

1942
Zwischen März und November Bau des Alaska Highway. Am 22. November Eröffnung der Militärstraße von Dawson Creek, BC, nach Alaska.

1945
Kanada wird Gründungsmitglied der Vereinten Nationen.

Die Anfänge des Signpost Forest bei Watson Lake am Alaska Highway im Yukon Territory

1947
Ergiebige Ölfunde bei Leduc südlich von Edmonton lösen einen zweiten Boom und nachfolgend einen bedeutsamen wirtschaftlichen Aufschwung in Alberta aus.

1948
Freigabe des Alaska Highway für den Privatverkehr.

1949
Kanada wird Mitglied der NATO.

1953
Der Bau der Bella Coola Road von Williams Lake an den Pazifikfjord verbindet die Einwohner des isolierten Tals mit dem Rest von British Columbia.

1954
Bau der Aluminiumschmelze in Kitimat, BC, Entstehung einer komplett neuen Hafenstadt.

1962
Fertigstellung des Trans-Canada Highway, der ersten transkontinentalen Straßenverbin-

dung Kanadas, die von Neufundland bis zu den Queen Charlotte Islands von British Columbia durch alle Provinzen führt. Die letzte Lücke schließt sich am Roger Pass im Glacier National Park.

Historische Aufnahme vom Bau des Alaska Highway vor Dawson Creek in British Columbia nach Alaska 1942

1965
Kanada erwählt für seine neue Flagge das Motiv eines roten Ahornblattes *(maple leaf)* auf weißem Grund. – Westlich von Hope geschieht am heutigen Crowsnest Highway die *Hope Slide*, bislang Kanadas größter bekannter Erdrutsch.

1967
Erstes der danach alljährlichen Badewannenrennen auf der Strait of Georgia vor Nanaimo.

1969
Der »Official Languages Act« statuiert die Gleichstellung der englischen und der französischen Sprache in Regierung und Verwaltung und macht Kanada offiziell zu einem zweisprachigen Land.

1971
Bau der Hell's Gate Air Tram im Fraser River Canyon, die sich zur großen Touristenattraktion entwickelt.

1972
Eröffnung des Cassiar Highway, einer rauen Forstpiste zwischen dem Yellowhead und dem Alaska Highway, der einen Abstecher nach Stewart/Hyder am südöstlichsten Punkt Alaskas ermöglicht.

1975
Erster Weltwirtschaftsgipfel der sieben wichtigsten Industrienationen (G7), zu denen auch Kanada zählt, in Halifax, in der Maritimprovinz Nova Scotia.

Offizielles Emblem für Kanada seit 1965 – »The Maple Leaf«, das rote Ahornblatt

Chronik West-Kanadas

1981
Bau der West Edmonton Mall, des größten überdachten Einkaufs- und Vergnügungszentrums der Welt.

1982
Mit dem »Constitution Act«, den die englische Königin Elizabeth II. unterschreibt, wird Kanada völlige staatliche Unabhängigkeit von Großbritannien garantiert. – »First Blood« war der erste Teil der Kinofilmreihe über die Geschichte des von Sylvester Stallone gespielten Vietnam-Veteranen John Rambo, der bei Hope gedreht wurde.

1986/87
Die Weltausstellung »Expo '86« findet in Vancouver statt und lenkt die Aufmerksamkeit der Weltöffentlichkeit auf die Metropole am Meer. – Eröffnung des 115 Kilometer langen Abschnittes des Coquihalla Highway von Hope nach Merritt und des 80 Kilometer langen Abschnitts von Merritt nach Kamloops, des bislang einzigen mautpflichtigen Highways in British Columbia.

1988
In und um Calgary, Canmore und im Kananaskis Country am Fuße der Rocky Mountains in Alberta finden die XV. Olympischen Winterspiele statt. – Ein 80 Millionen Jahre alter, zwölf Meter langer Elasmosaurier wird bei Courtenay auf Vancouver Island gefunden.

1992
Die Bevölkerung der Northwest Territories im kanadischen Norden entscheidet sich für die Aufteilung des Territoriums in zwei Gebiete: in Nunavut und die Northwest Territories. – Zum 50. Jahrestag des Baus wird der Alaska Highway komplett asphaltiert.

1993
Ratifizierung des »North American Free Trade Agreement« (NAFTA), eines Freihandelsabkommens zwischen Kanada, den USA und Mexiko.

1996
Einrichtung der Discovery Coast Passage als touristisch interessante Route zwischen Port Hardy und Bella Coola.

1997
Das zweieinhalb Meter lange, 60 000 Jahre alte Skelett eines eiszeitlichen Walrosses wird nördlich von Qualicum Beach gefunden. – Zwischen Kanada und den USA besteht Uneinigkeit bezüglich der Lachsfangquoten. Kanadische Fischer blockieren die Alaska-Fähren in Prince Rupert, woraufhin die USA mit der Einstellung des Fährbetriebes drohen.

1999
In Nunavut erhalten die Inuit (Eskimos) weitgehende Selbstverwaltungsrechte, bleiben aber weiterhin finanziell von Ottawa abhängig.

Inuit-Kunst aus Speckstein

2002
Tagungsort des G3-Gipfels der wichtigsten Industrienationen wird das entlegene, weiträumig von Gegendemonstrationen abgeschirmte Kananaskis Village bei Canmore in den Rocky Mountains.

2003
Das Internationale Olympische Komitee entscheidet sich für Vancouver und Whistler als Austragungsorte der Olympischen Winterspiele 2010. Damit ist Vancouver die erste am Meer gelegene und nach Calgary die zweite kanadische Stadt, die die Olympischen Winterspiele ausrichtet.

Symbol der Olympischen Winterspiele 2010 in Vancouver und Whistler ist der »Inukshuk« genannte Steinmann der Inuit

2004
Bei den kanadischen Bundesparlamentswahlen im Juni wird die Liberal Party unter dem amtierenden Premierminister Paul Martin mit 36,7 Prozent Stimmenanteil Wahlsieger, verliert aber ihre absolute Mehrheit der Parlamentssitze.

2005
Im November wird vor Chemainus/Vancouver Island eine ausrangierte Boeing 737 versenkt, die riffbildende Flora und Fauna anziehen und zum Taucherziel werden soll.

2006
Alle vier Jahre erreicht der jährliche Lachszug im Oktober im Roderick Haig-Brown Provincial Park Rekordzahlen mit bis zu eineinhalb Millionen Rotlachsen, die im Adams River laichen. Dazu gesellen sich Königs-, Silber- und Buckellachse. Nächster Höhepunkt ist 2010.

2008
Ende des Jahres eröffnet die knapp viereinhalb Kilometer lange Seilbahn zwischen den Gipfeln von Blackcomb und Whistler Mountain in British Columbias Wintersportort Whistler.

2009
Für seine erste Auslandsreise wählt US-Präsident Barack Obama Kanada. Damit führt er eine Tradition wieder ein, die vor acht Jahren von seinem Amtsvorgänger George W. Bush aufgegeben worden war.

2010
In Vancouver und Whistler finden vom 12. bis 28. Februar die XXI. Olympischen Winterspiele statt

2011
In der ersten Augusthälfte finden in Kamloops, B.C., die Western Canada Summer Games statt, ein sportliches Großereignis für junge Athleten aus den westlichen Provinzen und nördlichen Territorien Kanadas.

Mit dem Camper unterwegs auf dem Icefields Parkway

Die schönsten Reiseregionen West-Kanadas

BRITISH COLUMBIA

Vancouver

Metropole zwischen grünen Bergen und blauem Meer

Einen Stadtplan von Vancouver finden Sie auf Seite 26.

Vancouver, Kanadas drittgrößte Stadt, liegt dramatisch in der großen Bucht des Pazifischen Ozeans, der Strait of Georgia, geschützt durch das vorgelagerte Vancouver Island. Dahinter erhebt sich die Kulisse der oft schneebedeckten Coast Mountains. Im Norden beginnt jenseits der halbwilden Bergparks der uralte Küstenregenwald und südlich der Stadt mündet der mächtige Fraser River in den Pazifik. Vancouvers Stadtbild ist ein Mosaik aus Wolkenkratzern, Wasser und vielen, vom milden, regenreichen Klima begünstigten Parks, botanischen Gärten und Grünanlagen.

Die moderne Metropole mit 2,1 Millionen Einwohnern im Großraum und rund 600 000 Einwohnern im eigentlichen Stadtgebiet ist British Columbias Zentrum der Forstwirtschaft, des Bergbaus, der Software- und Bio-Technologie, der Brennstoffzellenherstellung und des Tourismus. Wegen der verkehrsgünstigen Lage am Pazifik mit Kanadas größtem Hafen gilt Vancouver als Tor zu Asien und ist gleichzeitig die westlichste Stadt des Festlandes am Trans-Canada Highway. Der Highway 99 stellt Richtung Süden die Verbindung mit den USA her, Richtung Norden setzt er sich als Sea to Sky Highway nach Whistler fort und wird schließlich zur Duffey Lake Road, die in das Innere von British Columbia führt. Fähren verbinden Vancouver mit Vancouver Island und abgelegenen Orten entlang der Küste.

Die Vielzahl ethnischer Herkünfte und Religionen seiner Bevölkerung, inklusive der indianischen Ureinwohner, ist ein Markenzeichen Vancouvers: Briten, Deutsche, Ukrainer, Skandinavier, Chinesen und andere Asiaten und später auch Osteuropäer haben sich in den Schmelztiegel eingebracht. Die multikulturellen Wurzeln begründen florierende Stadtviertel und eine hochrangige Kulturszene mit einer Fülle von Museen, Theatern und Festivals. Vancouver ist darüber hinaus eine Universitätsstadt mit jungem Publikum, was sich in einer facettenreichen Gastronomie, einer lebhaften Kneipenszene und einem Nachtleben, das für jeden Geschmack etwas bietet, widerspiegelt.

Flaniermeile Robson Street in Downtown Vancouver

Architektonisch Neues steht hier neben Altem und schafft eine ansehnliche Mischung – Gastowns Backsteinbauten aus dem 19. Jahrhundert behaupten sich neben den glänzenden Glas- und-Stahl-Wolkenkratzern der Innenstadt oder futuristischen Gebäuden wie dem Canada Place, einem Projekt der Weltausstellung Expo '86, dessen weiße, segelähnliche Konstruktionen am Hafen die Verbundenheit Vancouvers mit der Seeschifffahrt manifestieren. Moderne Wohntürme streben am False Creek empor und blicken auf die silbrige Kuppel der Science World – ebenfalls ein Relikt der Expo '86 – sowie auf die einladende, nostalgische Hafenfront von Granville Island.

Vancouver hat einen hohen Freizeitwert durch schöne Strände, die sich rings um das Stadtgebiet ziehen, den Stanley Park mit dem zehn Kilometer langen, asphaltierten Seawall, auf dem man spazieren, joggen, walken, inlineskaten und Rad fahren kann. Von großer Anziehungskraft sind die subalpinen Wander- und Mountainbike-Wege sowie die erstklassigen Skipisten in den nahen Bergen von North und West Vancouver. Wassersportbegeisterte finden beste Voraussetzungen zum Paddeln, Tauchen, Windsurfen, Segeln etc.

Und auch für seine mit Whistler gemeinsam ausgeübte Gastgeberrolle bei den Olympischen Winterspielen 2010 war Vancouver perfekt geeignet, denn die Berge North Vancouvers und die sportlichen Einrichtungen der Stadt bieten ideale Bedingungen für die Wettkämpfe im Eiskunstlauf, Eisschnelllauf, Eishockey, Snowboarding und Freistil-Ski.

Flagge von British Columbia

Die funkelnde Skyline von Vancouver spiegelt sich im Wasser des Coal Harbour

»Office Towers« in Downtown Vancouver

Der spanische Kapitän José María Narvaez segelte 1791 als erster in die heutige English Bay, 1792 folgte ihm der britische Captain George Vancouver, der Namenspate der späteren Stadt, an diese waldreichen Gestaden, an denen die Squamish, die Musqueam und andere Westküsten-Indianerstämme heimisch waren. 1827 gründete 50 Kilometer östlich die Hudson's Bay Company ihr erstes Fort im Tal des Fraser River, das 1858 einen ersten Gold Rush erlebte, der Tausende von amerikanischen Prospektoren in das kleine Nest brachte. In Moodyville im heutigen North Vancouver entstand 1863 die erste Sägemühle. Besonders Gastown spielte eine wichtige Rolle in der Geschichte von Vancouver.

Als die Canadian Pacific Railway 1885 den Küstenort als westlichen Endpunkt ihrer transkontinentalen Eisenbahnstrecke erreichte, brach das moderne Zeitalter an. 1886 taufte man das zuerst Granville und dann Gastown genannte Städtchen um in Vancouver; im gleichen Jahr richtete das Große Feuer Verwüstungen an, konnte aber das weitere Wachstum Vancouvers nicht aufhalten. 1887 rollte der erste Dampfzug in die mittlerweile prosperierende Sägemühlensiedlung am Rande der Wildnis, die bestens vom Holzreichtum der Umgebung profitierte. Für die Masten der Segelschiffe kamen die hochgewachsenden Bäume der Küste gerade recht. In den Folgejahren wurden mit dem Schiffsbau und der Schifffahrt zukunftsweisende Wirtschaftszweige begründet. In nur wenigen Jahren entwickelten sich die ersten wirtschaftlichen Beziehungen nach Asien.

Die Einwohnerzahl betrug zur Jahrhundertwende bereits um die 100 000. Zur selben Zeit schuf man mit dem Stanley Park einen Erholungsraum für die städtischen Bewohner, und die Hudson's Bay Company eröffnete das Kaufhaus »The Bay«. Der Hafen wurde eine wichtige Verladestation für Holz, Weizen, Kohle und andere Erzeugnisse aus dem Inland.

Die Große Depression, die Weltwirtschaftskrise Anfang der 1930er-Jahre, ging auch an Vancouver nicht spurlos vorbei. Erst mit und nach dem Zweiten Weltkrieg kam wieder ein Wirtschaftsaufschwung, als Minensuchboote und andere Schiffe für die kanadische Marine und Flugzeugbomber in Zusammenarbeit mit Boeing gebaut wurden. 1986 brachte die Weltausstellung Expo '86 Vancouver internationale Aufmerksamkeit.

Seit der Wiederangliederung Hongkongs an China 1997 stieg der Anteil der chinesischstämmigen Bevölkerung, weitere asiatische Minderheiten folgten. Im Fokus der Weltöffentlichkeit stand Vancouver bei den Olympischen Winterspielen 2010, deren Wettbewerbe vom 10. bis 28. Februar in Vancouver, Whistler und Umgebung ausgetragen wurden.

Eine Stadttour durch Vancouver

Einen Stadtplan von Vancouver mit der eingezeichneten Stadttour finden Sie auf Seite 26.

In Vancouvers attraktiver und kompakter Innenstadt lässt man am besten das Auto stehen. Um sich einen Überblick über das atemberaubende Panorama und das interessante Layout der Stadt zu verschaffen, fährt man zunächst auf den **Vancouver Lookout** des **Harbour Centre Tower** – bei Tag und am Abend ein Erlebnis. Von der Aussichtsetage im 50. Stock in 177 Meter Höhe eröffnet sich ein grandioser Rundumblick auf das Hafengebiet und den städtischen Ballungsraum, auf das Burrard Inlet mit seinem regen Verkehr von Kreuzfahrtriesen, Containerschiffen, kleinen Fähren, weißen Jachten und emsigen Wasserflugzeugen und auf den majestätischen Rahmen der Berge von

Gastown Vancouver: An der Ecke Water und Cambie Street dampft stündlich die Steam Clock

Die Westmöwen, engl. »Western Gulls«, im Hafen von Vancouver leben durchschnittlich 15 Jahre, können aber auch ein stolzes Alter von 25 erreichen.

North Vancouver. Mit dem gleichen Ticket darf man noch ein zweites Mal auf den Turm hoch, das ist eine wunderbare Gelegenheit, das abendliche Lichtermeer zu genießen.

Unterhalb des Lookout Tower breitet sich **Gastown** aus, das mit der Water Street und seinen denkmalgeschützten viktorianischen Backsteinhäusern das Viertel mit dem größten touristischen Charme ist. Benannt wurde Gastown nach Gassy Jack (*gassy* = geschwätzig), einem pensionierten Schiffskapitän, der an dieser Stelle 1867 einen Saloon eröffnete. Heute erinnert eine Statue an den Mann, der eigentlich Jack Deighton hieß. In seinem Saloon tranken Sägemühlenarbeiter, Goldsucher und Seeleute ihren Whiskey und in den benachbarten Läden kauften sie ihren Proviant. Die Atmosphäre war ruppig, aber lebenslustig, und es ging jede Nacht hoch her. 1886 fielen die meisten Gebäude dem *Great Fire*, dem Großen Feuer, zum Opfer.

Die Keimzelle Vancouvers sollte in den 1970er-Jahren einem Autobahnprojekt weichen und entkam nur knapp dem Abriss. Heute floriert das denkmalgeschützte Viertel und beherbergt in seinen nostalgischen Straßenzügen und Mauern Kunstgalerien, Souvenir- und Antiquitätengeschäfte sowie Restaurants und Cafés. Die weltberühmte **Steam Clock** dampft stündlich an der Ecke von Water und Cambie Street. Die nostalgische Dampfuhr war die erste ihrer Art in der Welt und ist eines der meistfotografierten Wahrzeichen der Stadt.

Die benachbarte **Chinatown** ist nach San Francisco und New York die drittgrößte Nordamerikas und entwickelte sich im ausgehenden 19. Jahrhundert

Aufführung auf dem Vancouver Chinatown Night Market

durch die aus China angeworbenen Eisenbahnarbeiter. Straßenschilder mit chinesischen Schriftzeichen und Telefonzellen mit Pagodendächern, exotische Lebensmittelgeschäfte, Kuriositätenstände, Straßenverkäufer sowie kleine Restaurants, Imbisse und Teestuben tragen zum Ambiente bei. Inmitten der Betriebsamkeit liegt hinter weißgetünchten Wänden als Ruhepol der **Dr. Sun Yat-Sen Classical Chinese Garden**, ein mit Wasserbecken, Steinen und Pflanzen stilvoll arrangierter chinesischer Garten.

Die Stadttour schließt eine kurze Überfahrt mit der False-Creek-Fähre an der Burrard Street Bridge nach Granville Island ein, weiter geht es mit dem Aquabus auf dem False Creek, einer Meeresbucht, die von den ersten Entdeckern für die Mündung des Fraser River gehalten und daher »falscher Bach«, eben *False Creek*, getauft wurde.

Das ehemalige Industriegebiet des 20. Jahrhunderts wurde im Rahmen der Weltausstellung Expo '86 als Prestigeprojekt bei der Erneuerung städtischer Hafenpromenaden wiederbelebt. Und so geht die Fährfahrt vorbei an der nostalgischen **Granville Island**, schicken Apartment-Wohntürmen und Anlegern mit schneeweißen Jachten. In 20 bis 25 Minuten erreicht der Aquabus an der **Science World**, dem Kinder- und Wissenschaftsmuseum unter der geodätischen Silberkuppel, seinen Endpunkt am False Creek. Danach steigt man in den **SkyTrain zur Waterfront**, wo man am Lookout Tower den Stadtrundgang beenden kann. Interessant wäre noch ein Spaziergang entlang der Hafenfront zum malerischen, mit Jachten bevölkerten Coal Harbour.

Eine gute Möglichkeit, sich in der Mittagspause vom geschäftigen Treiben der Stadt zu erholen, bietet der Besuch der **Vancouver Art Gallery**, des mit rund 8000 Werken größten Kunstmuseums West-Kanadas. Es beherbergt Kollektionen der modernen Landschaftsmalerin Emily Carr (1871–1945), die in ihren Werken wie kein anderer Künstler die oft melancholischen Stimmungen des Regenwaldes an der Westküste eingefangen hat.

Für einen anschließenden Einkaufsbummel durch Downtown eignet sich die Flaniermeile **Robson Street**, die als »Robsonstraße« einst das Wohngebiet deutscher Einwanderer war. Heute gilt sie als eine der Top-Einkaufsadressen mit edlen Designer-Boutiquen und dem traditionsreichen Kaufhaus **The Bay**. Am **Robson Square** bieten Bänke und Straßencafés, Bars oder Restaurants gute Gelegenheiten, Umgebung und Leute zu beobachten. In der benachbarten **Granville Street Mall** findet man unter anderem das Einkaufszentrum **Pacific Centre** und in seiner Nachbarschaft Kinos, Bars, Nachtclubs und Restaurants, die besonders am Wochenende bis spät in die Nacht geöffnet sind.

Bill Reid (1920–98) ***Bildhauer, Schnitzer, Autor, Buchillustrator, Geschichtenerzähler, war der Sohn einer Haida-Küstenindianerin und eines schottisch-amerikanischen Vaters. Bis zum jugendlichen Alter, wusste er nichts über seine indianische Herkunft. Erst mit Anfang 30 begann er sich mit der Kunst der Küstenindianer von British Columbia zu beschäftigen.***

Für seine auf den Mythen, Überlieferungen und historischen Kunstwerken der Haida basierenden Skulpturen aus Holz und Metall erlangte er Weltruhm und brachte der vergessenen Kultur der Küstenindianer neuen Respekt ein. Seine Werke sind u.a. in Vancouvers UBC Museum of Anthropology, vor dem Vancouver Aquarium und auf dem Flughafen zu sehen.

Ausflugsziele:

1 Stanley Park (Vgl. Karte S. 26.)

Totempfahl im Stanley Park, Vancouver

Der 405 Hektar große Park westlich der Denman Street, nur einen kurzen Spaziergang entlang den Stränden von Downtown entfernt, ist einer der größten Stadtparks Nordamerikas. Er breitet sich auf einer bewaldeten Halbinsel im Burrard Inlet aus. Man findet dort Küstenwald mit uralten Zedern und gepflegte Rhododendren- und Rosengärten und in der naturnahen Seen- und Uferlandschaft der Lost Lagoon ein Vogelparadies. Eine Miniatureisenbahn, Restaurants, Sportanlagen und sogar ein Meerwasserschwimmbad, kilometerlange Rad- und Wanderwege und ein Freilichttheater namens Theatre Under The Stars mit Musicalaufführungen sorgen für Abwechslung und Unterhaltung. Das populäre **Vancouver Aquarium** im Park besticht durch seine Aquarienlandschaften zum Thema »Kanadische

Pazifikküste und Tiefsee« sowie durch die Becken mit Belugawalen und Delfinen und die Amazonas-Regenwald-Ausstellung. Vor dem Museum steht die 1984 von dem Haida-Künstler Bill Reid geschaffene Skulptur eines springenden Orca.

Eine der beliebtesten Anlaufstellen des Parks ist der 8,8 Kilometer lange **Seawall**, ein asphaltierter Fuß- und Fahrradweg entlang dem Wasser. Besonders fotogen präsentieren sich die im nachmittäglichen Sonnenlicht goldglänzende Wolkenkratzerkulisse der Innenstadt und der malerische Jachthafen von Coal Harbour mit dem Gebäude des altehrwürdigen Vancouver Rowing Club.

Im Ostteil des Stanley Park nahe Downtown Vancouver

Die Lions Gate Bridge überspannt das Burrard Inlet (Vancouver)

Populärster Fotopunkt und Ziel aller Stadtrundfahrten sind die mit indianischen Symbolen besetzten, hohen Totempfähle vor dem **Brockton Point**, dem östlichsten Punkt des Parks. Von der Nine O'Clock Gun verkündet ein Kanonenschuss allabendlich um 21 Uhr nach alter Marinetradition die Zeit. Wenige Meter weiter bietet am Ufer des Burrard Inlet ein kleiner rotweißer Leuchtturm ein schönes Fotomotiv mit North Vancouver im Hintergrund. Die »Girl in Wetsuit«-Statue eines badenden Mädchens erinnert an Kopenhagens Meerjungfrau. Vom Prospect Point im Norden des Parks hat man einen schönen Ausblick auf die Lions Gate Bridge, die das Burrard Inlet überspannt, und das jenseits gelegene North Vancouver.

2 Granville Island (Vgl. Karte S. 26.)

Die Insel im False Creek ist *das* Ziel für milde Sommerabende. Sie hat sich von einem vergessenen Industriegelände der 1970er-Jahre dank erfolgreicher Stadtsanierung zu einer der Top-Unterhaltungs- und Einkaufsdestinationen gemausert. Der Charme der mit neuem Leben erfüllten alten Industriehallen zieht ein buntes Publikum an. Täglich öffnet der Public Market im Sommerhalbjahr seine prall gefüllten Hallen. Zudem fin-

Verkaufsstände auf dem Granville Island Public Market südlich von Downtown Vancouver

det man in der Umgebung Mode- und Kunsthandwerksgeschäfte, Galerien, Cafés, Restaurants und Mikrobrauereien, ein Theater, ein Hotel, Bootsausrüster, einen Jachthafen und ein Modelleisenbahnmuseum. Man kann Kajaks mieten und auf dem False Creek paddeln oder sich auf Walbeobachtungstour begeben. Überwältigend ist auf jeden Fall die Aussicht auf False Creek und English Bay; besonders wenn die Skyline in der Abendsonne golden glitzert, beneidet man die Bewohner der Stadt um so viel urbane Schönheit.

Nach Granville Island fährt man mit der kleinen **False Creek Ferry** ab der innenstadtnahen Haltestelle Aquatic Centre, was die nervige Parkplatzsuche vermeidet.

Das Vancouver Maritime Museum ist Heimat der 1928 erbauten »St. Roch«, des berühmten Seglers der Royal Canadian Mounted Police, das als erstes kanadisches Schiff die legendäre Nordwestpassage von Westen nach Osten befuhr.

3 Vanier Park (Vgl. Karte S. 26.)

In dem Park am Fuße der University Peninsula am False Creek liegen einige von Vancouvers Top-Sehenswürdigkeiten. Das **H.R. MacMillan Space Centre**, ein vorzügliches Raumfahrtmuseum, Observatorium und Planetarium, gestattet mithilfe von Computersimulationen, interaktiven Ausstellungen und abendlichen Lasershows virtuelle Reisen ins All. Zu seinen Nachbarn zählen das **Vancouver Museum** zur Stadtgeschichte und das **Vancouver Maritime Museum** zur Seefahrtvergangenheit der Stadt. Außerdem findet hier das **International Children's Festival** statt.

4 Kitsilano (Vgl. Karte S. 26.)

Das nahe dem Vanier Park gelegene, populäre Viertel um die West 4th Avenue war in den 1960er- und 1970er-Jahren Vancouvers Hippie-Kommune, heute findet man hier trendige Boutiquen, Designerläden und unabhängige kleine Buchhandlungen, Bistros und Cafés. Kitsilano Beach ist einer von Vancouvers Top-Stränden, der durch die Sicht auf die Wolkenkratzer der Innenstadt beeindruckt und ein Meerwasserschwimmbad besitzt.

5 University of British Columbia

5, 6, 7 und die Ziele außerhalb des Stadtgebietes finden Sie in der Karte auf Seite 28.

Die Universität vor dem Panorama von Vancouver ist eine der am schönsten gelegenen Nordamerikas. Auf dem Campus südlich der English Bay befinden sich das in der Form eines indianischen Langhauses erbaute **Museum of Anthropology** und der **Nitobe Memorial Garden**. Das hervorragende

Anthropologiemuseum der Universität von British Columbia stellt die Kultur der Haida, Nisga'a und anderer Ureinwohner vor und besitzt eine der besten Totempfahl-Sammlungen der Provinz. Der formal mit Teegarten und Teehaus gestaltete Nitobe Memorial Garden reflektiert die japanische Sicht von der Harmonie der Natur. Am Ufer der University Peninsula befindet sich der famose **Wreck Beach**, ein inoffizieller FKK-Strand.

6 Queen Elizabeth Park

Der 52 Hektar große Park war in den 1950er-Jahren der erste öffentliche botanische Garten Kanadas. Er erstreckt sich auf dem Gelände eines ehemaligen Basalt-Steinbruchs auf dem Little Mountain, dem mit bis zu 167 Metern höchsten Punkt in Vancouver. Die Fernsicht auf North Vancouver ist von manchen Aussichtspunkten sehr gut, an anderen Stellen wiederum verdecken zu hoch gewachsene Bäume die freie Sicht. Der blumenreiche Park ist zum Heiraten sehr beliebt, und besonders im Sommerhalbjahr sind täglich Brautpaare zu sehen.

Größte Attraktion des Parks, der auch viele Pflanzen der Küstenregion British Columbias zeigt, ist das **Bloedel Conservatory**. Unter seiner gläsernen geodätischen Kuppel beherbergt es die exotischen Vegetationsformen dreier verschiedener Klimazonen und ist zudem von rund 50 verschiedenen Vogelarten bevölkert.

7 Van Dusen Botanical Garden

In der Nachbarschaft nur wenig weiter südwestlich findet man im Van Dusen Botanical Garden an der Oak Street Bäume, Sträucher und Blütenpflanzen des Pazifischen Nordwestens. Der Park ist kleiner und längst nicht so spektakulär wie der Queen Elizabeth Park, aber romantischer, und wer Stadtparks und botanische Gärten mag, wird sich an den kleinen Seen und Wasserfällen, der mit Skulpturen besetzten Szenerie und den seltenen und bizarren Gewächsen dort erfreuen. Viele der Bäume, Sräucher und Blütenpflanzen stammen aus der Region des Pazifischen Nordwestens und sind in der Natur schon selten geworden.

Ausflüge aus dem Stadtgebiet:

North und West Vancouver

Nördlich des Burrard Inlet liegen **North** und **West Vancouver**, die seit 1938 durch die Lions Gate Bridge mit Downtown verbunden sind. Der 1177 Meter hohe **Grouse Mountain** gilt als Vancouvers Hausberg und ist eines der Top-Wintersportgebiete der Region. An seinen Flanken ziehen sich Wanderwege und Skipisten entlang, eine Seilbahn führt zum Gipfelbereich.

Großartig ist an klaren Tagen der Blick über das glitzernde Mosaik der Stadt und ihrer Gewässer bis hin zur Mündung des Fraser River. Dann sind auch der Vulkan Mount Baker in Washingtons Cascade Mountains sowie Vancouver Island zu sehen.

Am Fuße des Grouse Mountain kann man die tief eingekerbte, waldige Schlucht des **Capilano Canyon** auf einer schwankenden, 137 Meter langen und 70 Meter hohen Hängebrücke überwinden. Dieser Nervenkitzel erfreut sich seit 1889 großer Beliebtheit. In der Lachszuchtstation im schönen **Capilano River Regional Park** wird der Fischnachwuchs für die Wildnis aufge-

Indianischer Schöpfungsmythos im Museum of Anthropology Vancouver: Bill Reids »The Raven steals the Light«

Totem im Capilano River Regional Park in North Vancouver

zogen. Von August bis November sieht man die zurückkehrenden, laichbereiten Lachse den wilden Fluss hinaufschwimmen und -springen. Ebenfalls in North Vancouver befindet sich die 68 Meter lange **Lynn Canyon Suspension Bridge**, eine kleinere und weniger überlaufene Hängebrücke.

Am östlichen Ende des Howe Sound beginnt die herrliche Waldregion des **Mount Seymour Provincial Park**, wo Wanderer Picknickplätze und fantastische Panoramen vorfinden. Für Mountainbiker steht ein eigenes Wegenetz bereit und für Inlineskater wurden rund 50 Kilometer Wege asphaltiert. Im Winter ist Mt. Seymour ein Skiparadies. Die zwölf Kilometer lange Mt. Seymour Road führt zum Vancouver und zum Deep Cove Lookout, zwei großartigen Aussichtspunkten. 22 Kilometer lang ist der Ausflug (hin und zurück) zum **Seymour Dam**. Unterwegs kann man im Seymour River schwimmen oder auf dem Forest Ecology Loop Trail um den Rice Lake spazieren. Der Park dient auch der Trinkwassergewinnung für Vancouver.

Westlich des Grouse Mountain, oberhalb des exklusiven Wohnviertels von West Vancouver, erstreckt sich der **Cypress Provincial Park** an den Hängen des Cypress Mountain, mit 1430 Metern der höchste Berg an Vancouvers Nordufer. Auf seinen Pisten fanden während der Olympischen Winterspiele 2010 die Freestyle-Skiwettbewerbe und Snowboard-Wettkämpfe statt. Abseits der touristischen Pfade unter den Gipfeln existieren herrliche Bergseen, dunkle Urwälder und auch einige Holzeinschlaggebiete.

Sehr schön ist eine Fahrt auf dem Marine Drive, dem North Shore Scenic Drive, in Richtung **Lighthouse Park**. Der auf einem Landvorsprung gelegene Park bietet ein Stück naturbelassener Küste. Wanderwege führen durch ursprünglichen Regenwald mit 500-jährigen Douglastannen und Zedern. Sehr beliebt ist der West Beach Trail zum historischen Fort Atkinson Lighthouse. Wer der Küstenstraße ein wenig weiter folgt, gelangt westlich von Horseshoe Bay zum **Whytecliff Park**. Der traumhafte Küstenpark am Howe Sound bezaubert mit Felsenbuchten, Bergen und Wald, mit Wanderwegen und exzellenten Tauchgründen.

Die fünf »Segel« des Canada Place, Downtown Vancouver

Service & Tipps:

Tourism Vancouver
Downtown Tourist Info Centre
Plaza Level, 200 Burrard St.
Vancouver, BC V6C 3L6
✆ (604) 683-2000, 1-800-667-3306
www.tourismvancouver.com
Tägl. 8.30–18 Uhr
Hervorragendes Informationszentrum. Hier befindet sich auch **Tickets Tonight**, Vancouvers günstige Kartenvorverkaufsstelle (vgl. S. 39). Ein weiteres Visitor Centre befindet sich auf der Vancouver Art Gallery Plaza.

Weitere Tourism BC Visitor Info Centres:
- North Vancouver, 102-124 W. 1st St.
- Vancouver International Airport, International und Domestic Arrivals Level
- Peace Arch Border Crossing in Surrey, Hwy. 99

H.R. MacMillan Space Centre
1100 Chestnut St., im Vanier Park, Vancouver, BC V6J 3J9
✆ (604) 738-7827
www.spacecentre.ca
Juli/Aug. tägl. 10–17, sonst Mo–Fr 10–15, Sa/So 10–17 Uhr
Eintritt $ 15/7–11, Lasershow $ 11
Raumfahrtmuseum, Observatorium und Planetarium.

Science World at Telus World of Science
1455 Quebec St.
Vancouver, BC V6A 3Z7
✆ (604) 443-7443
www.scienceworld.ca
Tägl. 10–18 Uhr
Eintritt $ 21/0–17.25, mit Omnimax $ 26.50/0–17.25, nur Omnimax pro Person $ 11
Kinder- und Wissenschaftsmuseum mit markanter geodätischer Kuppel und dem Alcan Omnimax Theatre. Am östlichen Ende des False Creek.

UBC Museum of Anthropology
6393 N.W. Marine Dr.
Vancouver, BC V6T 1Z2
✆ (604) 822-5087
www.moa.ubc.ca, Ende Mai–Anfang Sept. tägl. 10–17, Di bis 21 Uhr, im Winter Mo geschl., Eintritt $ 14/0–12
Exzellentes Universitätsmuseum zur Kultur der Westküstenindianer.

Vancouver Art Gallery
750 Hornby St.
Vancouver, BC V6Z 2H7
✆ (604) 662-4719
www.vanartgallery.bc.ca
Mo, Mi und Fr–So 10–17.30, Di und Do bis 21 Uhr, Eintritt $ 19.50/0–14
West-Kanadas größtes Kunstmuseum. Gemälde von Emily Carr, Kunst der Haida-Indianer und moderne Fotokunst.

Vancouver Maritime Museum & St. Roch National Historic Site
1905 Ogden Ave., im Vanier Park, Vancouver, BC V6J 1A3
✆ (604) 257-8300, www.vancouvermaritimemuseum.com
Ende Mai–Anfang Sept. tägl. 10–17, sonst So ab 12 Uhr und Mo geschl.
Eintritt $ 11/0–8.50
Museum zur maritimen Geschichte Vancouvers und der kanadischen Westküste.

Vancouver Museum
1100 Chestnut St., im Vanier Park, Vancouver, BC V6J 3J9
✆ (604) 736-4431
www.museumofvancouver.ca
Di–So 10–17, Do bis 20, Juli–Sept. tägl. 10–17 Uhr
Eintritt $ 12/0–8
Stadtgeschichtliches Museum. Historische Schätze der Westküstenindianer und asiatischer Pazifik-Anrainer.

BC Place Stadium
777 Pacific Blvd.
Vancouver, BC V6B 4Y8
✆ (604) 669-2300 (allg.)
www.bcplacestadium.com
Führungen Juni–Anfang Sept. Di 11 und 13 Uhr, $ 8/0–7
(wegen Renovierungsarbeiten bis Sommer 2012 keine Führungen)
Im Rahmen der Weltausstellung Expo '86 wurde die Vielzweckarena am False Creek nahe Downtown eröffnet. Besonderes Kennzeichen ist die markante weiße Kuppel, eine Luftkissenkonstruktion und die weltgrößte ihrer Art. 2006 geriet das Stadion in die Schlagzeilen, denn nach einem starken Wintersturm hatten

Weibliche Haida-Maske in der Vancouver Art Gallery

Die mit $-Zeichen angegebenen Eintrittspreise beziehen sich auf CAD (kanadische Dollar), dabei wird jeweils zuerst der Preis für Erwachsene aufgeführt und danach der reduzierte Preis, der bei Kindern in Abhängigkeit vom Alter gestaffelt ist. Die Altersgrenzen unterscheiden sich bei den verschiedenen Museen und Einrichtungen.

sich Risse in der Kuppelhaut gebildet, die das komplette Luftablassen nötig machten.

Das Stadion ist die Heimat der BC Lions und fasst bei einem Footballspiel 60 000 Zuschauer. Neben Sportveranstaltungen werden hier auch Konzerte, Messen, Konferenzen, Ausstellungen und andere Großveranstaltungen abgehalten. Im BC Place fanden zur Winterolympiade 2010 die Eröffnungs- und Abschlussfeiern sowie die Siegerehrungen statt.

Capilano Salmon Hatchery
4500 Capilano Park Rd.
North Vancouver, BC V7R 4L3
✆ (604) 666-1790
Ganzjährig geöffnet, im Sommer tägl. 8–20 Uhr, sonst kürzer, Eintritt frei
Lachszuchtstation in North Vancouvers Capilano River Regional Park.

Capilano Suspension Bridge
3735 Capilano Rd.
North Vancouver, BC V7R 4J1
✆ (604) 985-7474, 1-877-985-7474, www.capbridge.com
Ende Mai–Anfang Sept. tägl. 8.30–20 Uhr, sonst kürzer
Eintritt $ 30/0–19, inkl. Treetops Experience
Bei der **Treetops Experience** überschreitet man eine schmale Hängebrücke über einem tiefen Canyon. Außerdem indianische Tanzveranstaltungen und Totempfahlschnitzer.

Lynn Canyon Ecology Centre & Suspension Bridge
3663 Park Rd.
North Vancouver, BC V7J 3G3
✆ (604) 990-3755
www.dnv.org/ecology
Juni–Sept. tägl. 10–17, sonst Mo–Fr 10–17, Sa/So 12–16 Uhr
Eintritt frei, Spenden erwünscht
68 m lange Hängebrücke, 50 m hoch über den Lynn Canyon. Naturschutzzentrum zum Thema »Temperierter Regenwald«.

Vancouver Aquarium & Marine Science Centre
Stanley Park
Vancouver, BC V6B 3X8
✆ (604) 659-FISH, www.vanaqua.org
Ende Juni–Anfang Sept. tägl. 9.30–19, sonst 9.30–17 Uhr
Eintritt $ 28/0–22
Vancouvers sehenswertes Aquarium.

Vancouver Lookout! at Harbour Centre Tower
555 West Hastings St.
Vancouver, BC V6B 4N6
✆ (604) 689-0421
www.vancouverlookout.com
Mai–Mitte Okt. tägl. 8.30–22.30, sonst 8.30–22.30 Uhr
Eintritt $ 15/0–10
Ein absolutes Muss an Schönwettertagen: Die Aussichtsetage im 50. Stock des 177 m hohen Turms. Oben ein Drehrestaurant (vgl. Restaurants).

Wild Whales Vancouver
1806 Mast Tower Rd.
Vancouver, BC V6H 4B6
✆ (604) 699-2011
www.whalesvancouver.com
Fahrpreis $ 125/0–110, Fahrtdauer 3–6 Std.
Von Granville Island zu den Orcas und Grauwalen in der Strait of Georgia. Einziger Veranstalter von Walbeobachtungen mit Startpunkt im Innenstadtbereich.

Dr. Sun Yat-Sen Classical Chinese Garden
578 Carrall St.
Vancouver, BC V6B 5K2
✆ (604) 662-3207
www.vancouverchinesegarden.com
Tägl. Mitte Juni–Ende Aug. 9.30–19, Mai–Mitte Juni und Sept. 10–18, im Winter 10–16.30 Uhr
Eintritt $ 14/0–10
Traditioneller chinesischer Garten in Chinatown.

Nitobe Memorial Garden
6804 SW. Marine Dr.
Vancouver, BC, V6T 1Z4
✆ (604) 822-9666
www.nitobe.org
Mitte März–Mitte Okt. tägl. 9–17 Uhr
Eintritt $ 6/0–2
Japanischer Garten. Auf dem Gelände der University of British Columbia.

Queen Elizabeth Park & Bloedel Floral Conservatory
33rd Ave. & Cambie St.
Vancouver, BC V5X 1C5
✆ (604) 257-8584

www.vancouverparks.ca
Mo–Fr 9–20, Sa/So 10–21 Uhr, im Winter kürzer
Park Eintritt frei, Bloedel Conservatory Eintritt $ 5/0–4
52 ha großer botanischer Garten und riesiges Gewächshaus unter einer gläsernen geodätischen Kuppel.

Lower Seymour Conservation Reserve
Lilloet Rd.
North Vancouver, BC V7G 1L3
✆ (604) 990-0483
www.britishcolumbia.com/parks
März–Nov. tägl. geöffnet
Eintritt frei
Herrlicher Naturpark in North Vancouver.

Van Dusen Botanical Garden
5251 Oak St.
Vancouver, BC V6M 4H1
✆ (604) 878-9274
www.vandusengarden.org
Tägl. ab 10, in der Hochsaison bis 21 Uhr, sonst kürzer
Eintritt $ 9.75/0–7.25
Sehenswerter botanischer Garten.

Cypress Mountain
West Vancouver, BC V7V 3N9
✆ (604) 926-5612
www.cypressmountain.com
Wintersportzentrum am Cypress Mountain.

Harbour Cruises
North Foot of Denman St.
Vancouver, BC V6G 2W9
✆ (604) 688-7246, 1-800-663-1500
www.boatcruises.com
Fahrpreis ab $ 30/0–25
Hafenrundfahrt per Schaufelraddampfer, Dinnerkreuzfahrten oder Ausflüge in den Howe Sound. Ab Harbour Cruises Marina/Coal Harbour.

Stanley Park Horse Drawn Tours
P.O. Box 1134, Station A
Vancouver, BC V6C 2T1
✆ (604) 681-5115, 1-888-681-5110
www.stanleyparktours.com
März–Okt. tägl. 9.30–17.30 Uhr, sonst kürzer
Fahrpreis $ 29/0–27
Einstündige Kutschfahrten im und

Marina am Stanley Park in Vancouver

Souvenirs aus Gastown Vancouver

um den Stanley Park. Abfahrt vom Parkeingang an der Georgia Street.

Grouse Mountain & Skyride
6400 Nancy Greene Way
North Vancouver, BC V7R 4K9
✆ (604) 980-9311
www.grousemountain.com
Tägl. 9–22 Uhr, Eintritt $ 40/0–24
Wanderwege und ein Sessellift führen auf Vancouvers kommerzialisierten Hausberg. Wunderbare Fernsichten.

Cypress Provincial Park
✆ (604) 926-5612
www.env.gov.bc.ca/bcparks
Parkplatzgebühr $ 3
3000 ha großer Naturpark in West Vancouver. Wanderwege, Aussichtspunkte, exzellente Wintersportbedingungen.

Lighthouse Park
Beacon Lane & Marine Dr.
West Vancouver, BC V7W 2T3
✆ (604) 925-7000
www.westvancouver.net
Wildromantischer Küstenpark mit 75 ha Regenwald und Wanderwegen in West Vancouver. 18 km nordwestlich von Downtown Vancouver.

Mount Seymour Provincial Park
www.env.gov.bc.ca/bcparks
Parkplatzgebühren $ 3
Bergpark in North Vancouver, 15 km nordöstlich von Downtown.

Mount Seymour Resorts
1700 Mt. Seymour Rd.
North Vancouver, BC V7G 1L3
✆ (604) 986-2261
www.mountseymour.com
Skiresort und kommerzielles Herz des Mt. Seymour. Großartiges Stadtpanorama.

Whytecliff Park
7120 Marine Dr.
West Vancouver, BC V7W 2T3
✆ (604) 432-6200
www.greatervancouverparks.com/Whytecliff01.html
Traumhafter Küstenpark westlich von Horseshoe Bay.

Vancouver Trolley Tours
875 Terminal Ave.
Vancouver, BC V6A 2M9
✆ (604) 801-5515, 1-888-451-5581
www.vancouvertrolley.com
Ganzjährig, Fahrpreis $ 38/0–35
Stadtrundfahrten in nostalgischen roten Bahnen. Dauer der kompletten Tour ohne Unterbrechungen: 2 Std. Unbegrenztes Zu- und Aussteigen an den 23 Haltestellen. Vancouver Trolley Ticket Booth in Gastown (157 Water St.).

The Boathouse Restaurant in Horseshoe Bay

6695 Nelson Ave.
West Vancouver, BC V7W 2B2
✆ (604) 921-8188
www.boathouserestaurants.ca
Malerisch am Jachthafen gelegenes Seafood- und Steak-Restaurant mit Terrasse. Wundervolle Aussicht auf die Bucht. Nur einen Katzensprung vom BC Ferry Terminal.
$$$-$$$$

Bridges Bistro
1696 Duranleau St.
Vancouver, BC V6H 3S4
✆ (604) 687-4400
www.bridgesrestaurant.com
Fröhlich gelb leuchten das Restaurant und die Sonnenschirme auf der großen Terrasse vor der Granville Island Bridge. Legere Bistroatmosphäre. Serviert werden Burger, Pizza und Fischgerichte. Seit fast 30 Jahren. $$-$$$

Moonstruck Tea House
1590 Coal Harbour Quay
Vancouver, BC V6G 3G1
✆ (604) 602-6669
www.moonstruckteahouse.com
Chinesisches Teehaus mit Geschäft am malerischen Coal Harbour. Duftende Tees, Snacks und leichte Imbisse. Gegenüber dem Westin Bayshore Hotel. $$

Old Spaghetti Factory
53 Water St.
Vancouver, BC V6B 1A1
✆ (604) 684-1288
www.oldspaghettifactory.ca
Familienrestaurant in Gastown. Frische Spaghetti und andere Nudelgerichte, köstliche Saucen. $-$$

Bistro 101 at Pacific Institute of Culinary Arts
1505 W. 2nd Ave.
Vancouver, BC V6H 3Y4
✆ (604) 734-4488, 1-800-416-4040
www.picachef.com
Lunch Mo–Do 11.30–14, Dinner Mo–Do 18–21, Westcoast-Buffet Fr 11–14 und 18–21 Uhr
Probieren geht über Studieren: Restaurant, Café und Bäckerei im Institut für angehende Profiköche. Am Eingang zu Granville Island. Drei-Gänge-Menüs.
$$-$$$

Steamworks Brewing Company
375 Water St.
Vancouver, BC V6B 5C6
✆ (604) 689-2739
www.steamworks.com
Traditionell gebrautes Bier und moderne Kochkunst im Brauerei-Pub. Mit Terrasse am Wasser. $$

Sun Sui Wah Seafood Restaurant
3888 Main St.
Vancouver, BC V5V 3N9
✆ (604) 872-8822, 1-866-872-8822
www.sunsuiwah.com
Ausgezeichnetes chinesisches Fischrestaurant in Chinatown. $$

Top of Vancouver Revolving Restaurant
300-555 Hastings St. W.
Harbour Centre Tower
Vancouver, BC V6B 4N6
✆ (604) 669-2220
www.topofvancouver.com
Mit gläsernen Aufzügen geht es hoch zum Drehrestaurant auf dem Harbour Centre Tower. Toller Rundum-

Die bei den Restaurants angegebenen $-Preiskategorien beziehen sich auf ein Abendessen ohne Getränke und Dessert:

$ – bis 10 CAD
$$ – 10 bis 20 CAD
$$$ – 20 bis 30 CAD
$$$$ – über 30 CAD

Clock Tower des Vancouver Block an der Granville Street

Die Pacific Centre Mall Vancouver bietet 200 Geschäfte und Restaurants unter einem Dach

blick bei einer Drehung pro Stunde. $$$-$$$$

The Yale
1300 Granville St.
Vancouver, BC V6Z 1M7
✆ (604) 681-9253
www.theyale.ca
Populäre Bar. Allabendlich Live-Rhythm & Blues, Soul und Funk Music.

The Bay Vancouver Downtown
674 Granville St.
Vancouver, BC V6C 1Z6
✆ (604) 681-6211
www.hbc.com
Mo/Di 9.30–19, Mi–Fr 9.30–21, Sa 9.30–19, So 11–19 Uhr
Das kanadische Kaufhaus schlechthin. Umfassendes Warenangebot.

Granville Island Public Market
1661 Duranleau St.
Vancouver, BC V6H 3S3
✆ (604) 666-6477
www.granvilleisland.com
Tägl. 9–19 Uhr
Populärer Bauernmarkt auf Granville Island.

Harbour Centre Mall
555 W. Hastings St.
Vancouver, BC V6B 4N4
✆ (604) 689-7304
www.harbourcentre.com
Mo–Sa 10–18 Uhr
Einkaufszentrum am Hafen. Mit dem Vancouver Lookout.

Lonsdale Quay Market
123 Carrie Cates Court
North Vancouver, BC V7M 3K7
✆ (604) 985-6261
www.lonsdalequay.com
Tägl. 10–19 Uhr
Über 80 Geschäfte und Restaurants, u.a. Kunsthandwerksläden, Markt. Außerdem ein Aussichtsturm, nahe dem Waterfront Park. SeaBus-Terminal für die Fähre von und nach Downtown. Busbahnhof für Verbindungen an der North Shore.

Pacific Centre Mall
700 W. Georgia St.
Vancouver, BC V7Y 1G5
✆ (604) 688-7235
www.pacificcentre.com
Mo/Di 10–19, Mi–Fr 10–21, Sa 10–19, So 11–18 Uhr
Fast 200 Geschäfte, Restaurants etc. unter einem Dach in Downtown.

The Centre in Vancouver for Performing Arts
777 Homer St.
Vancouver, BC V6B 2W1
✆ (604) 602-0616
www.centreinvancouver.com
Großer Theaterkomplex in Downtown. Populäres Theater, Tanz und Musicals.

Orpheum Theatre
865 Seymour St.
Vancouver, BC V6B 3L4
✆ (604) 280-3311
http://vancouver.ca/commsvcs/cultural/theatres, www.ticketmaster.ca
Altehrwürdige, prunkvoll restaurierte Konzerthalle für Pop, Rock und Country Music, Klassik und Kammermusik etc. Bei der Eröffnung anno 1927 eines der opulentesten Theaterhäuser im Westen.

Theater Under The Stars
2099 Beach Ave.
Vancouver, BC V6G 1Z4
✆ (604) 734-1917, 1-877-840-0457
www.tuts.ca, Mitte Juli–Mitte Aug.
Theater im Malkin Bowl im Stanley Park.

Tickets Tonight in the Tourist Info Centre
Plaza Level, 200 Burrard St.
Vancouver, BC V6C 3L6
✆ (604) 684-2787 (Konzert- und Veranstaltungsansage)
www.ticketstonight.ca
Tägl. 10–18 Uhr
Informationen über aktuelle Vorstellungen. Günstige Karten für Theatervorstellungen, Konzerte etc., Ermäßigungen bis zu 50 %.

Festivals
Auskunft über Veranstaltungen und Daten unter ✆ 1-800-667-3306 oder www.tourismvancouver.com

Vancouver International Children's Festival
✆ (604) 708-5655
www.childrensfestival.ca
Mitte/Ende Mai
Großes Kinderfestival im Vanier Park mit Musik, Tanz und Theaterspiel.

Cloverdale Rodeo and Exhibition
Cloverdale Fairgrounds, Hwy. 15
Surrey, BC V3S 4E7
✆ (604) 576-9461
www.cloverdalerodeo.com
Großes Sommer-Rodeo Mitte Mai in

Lotsenboot im Hafen von Vancouver

Surrey, rund 40 km südöstlich von Vancouver. Umfangreiches Beiprogramm.

Vancouver International Jazz Festival
Jazz-Hotline ✆ (604) 872-5200 und 1-888-438-5200
www.ticketmaster.com
www. coastaljazz.ca
Ende Juni/Anfang Juli
Jazzfestival, mit verschiedenen Bühnen im Stadtgebiet und Straßenfest in Gastown.

Vancouver Folk Music Festival
✆ (604) 602-9798
www.thefestival.bc.ca
Mitte Juli
Kanadische und internationale Folksänger, Liedermacher, Musiker und Erzähler. U.a. am Jericho Beach.

Vancouver International Airport (YVR)
3211 Grant McConachie Way
Richmond, BC V7B 1Y7
✆ (604) 207-7077
www.yvr.ca
Moderner Flughafen im Stadtteil Richmond südlich der Innenstadt. Air Canada fliegt in rund 10 Stunden von Frankfurt nach Vancouver. Von und nach Downtown: per Bus, SkyTrain oder Taxi.

TransLink
4720 Kingsway
Burnaby, BC V5H 4N2
✆ (604) 953-3333
www.translink.bc.ca
Vancouvers öffentliches Nahverkehrssystem, bestehend aus Bussen (tägl. 5–24 Uhr), dem SeaBus (s.u.) sowie dem SkyTrain (s.u.) und der Canada Line (s.u.).
Zone 1 kostet $ 2.50 ($ 1.75 für Kinder), Zone 2 $ 3.75 ($ 2.50) und Zone 3 $ 5 ($ 3.50). Kinder unter 5 Jahre fahren kostenlos. Der Tagespass für alle Zonen kostet für Erwachsene $ 9, für Kinder $ 7. An Wochenenden und an Wochentagen nach 18.30 Uhr reduziert sich der Preis für alle Zonen auf $ 2.50 für Erwachsene und $ 1.75 für Kinder. Flughafenverbindungen, siehe auch unter International Airport oder Canada Line.

SeaBus
12-minütige Fährfahrt mit einem der beiden, 400 Passagiere fassenden Katamarane über das Burrard Inlet zwischen der Waterfront Station und dem Lonsdale Quay in North Vancouver, alle 15 Min. Preise vgl. TransLink.

Canada Line
Im August 2009 nahm die Canada Line (www.canadaline.ca) ihren Betrieb auf. Der neue, schnelle SkyTrain zwischen International Airport, Richmond und Downtown fährt alle sieben Minuten (ab Airport) und alle vier Minuten (ab Downtown). Eine einfache Fahrt vom Flughafen nach Downtown dauert 25 Minuten (Zone 2), Preise vgl. TransLink.

SkyTrain
Automatische Hochbahn zwischen Vancouvers Waterfront Station und den südlichen Vororten. Gute Busverbindungen von den Stationen. Fährt tägl. alle 2–5 Minuten, vgl. auch TransLink.

Aquabus
1333 Johnston St.
Vancouver, BC V6H3R9
✆ (604) 689-5858
www.theaquabus.com
Tagespässe $ 14/10
Passagierfähre zwischen Granville Island und den Docks der Downtown Seawall über den False Creek, tägl. 9–21 Uhr alle 15 Min. Reguläre Fahrpreise $ 3–6, Kinder die Hälfte.
Tipp für einen kurzen Bootsausflug: Auf den hübschen regenbogenfarbenen Fähren kann man in 25 Minuten die komplette Rundstrecke abfahren.

False Creek Ferries
1804 Boatlift Lane
Granville Island
Vancouver, BC V6H 3Y2
✆ (604) 684-7781
www.granvilleislandferries.bc.ca
Fahrpreis Zonen 1–3 $ 3–6/0–3,
Tagespässe $ 14/10
Im Minutentakt verkehrende, kleine blaue Passagierfähren auf dem False Creek. Reguläre Verbindungen, z.B. vom Aquatic Centre nach Granville Island oder vom Maritime Museum

zur Science World, und Sightseeing-fahrten.

Harbour Air Seaplanes
1075 W. Waterfront Rd.
Vancouver, BC V7X 1N8
✆ (604) 274-1277, 1-800-665-0212
www.harbour-air.com
Per Wasserflugzeug zur Insel: für $ 145 nach Victoria (35 Min.), für $ 81 nach Nanaimo (20 Min.).

BC Ferries
✆ (250) 386-3431 und
1-888-BC-FERRY (allgemein)
wwww.bcferries.com
Tsawwassen und Horseshoe Bay sind Vancouvers zwei Fährhäfen auf dem Festland. Das etwa 45 Minuten südlich von Downtown Vancouver gelegene Tsawwassen bietet Service nach Victoria (90 Min.), Nanaimo (120 Min.) und zu den südlichen Gulf Islands. Horseshoe Bay liegt ca. 30 Minuten nördlich von Vancouver und man kommt von dort nach Nanaimo (90 Min.), Bowen Island (20 Min.) und zu den Orten der Sunshine Coast. Abfahrt je nach Saison stündlich oder zweistündlich. Öffentlicher Busservice zu den Fährterminals.

BC Ferries/ Tsawwassen Terminal
✆1 Ferry Causeway
Delta, BC V4M 4G6
✆ (604) 943-9331
www.bcferries.com

BC Ferries/ Horseshoe Bay Terminal
6750 Keith Rd.
West Vancouver, BC V7W 2V1
✆ (604) 921-7414
www.bcferries.com

Port of Vancouver
100 The Pointe, 999 Canada Pl.
Vancouver, BC V6C 3T4
✆ (604) 665-9000 und
1-888-284-4271
www.portmetrovancouver.com
Von den Terminals an Canada Place und Ballantyne Pier starten die Kreuzfahrten nach Alaska.

Via Rail Central Pacific Station
1150 Station St.
Vancouver, BC V6A 4C7
✆ (604) 482-8747, 1-888-VIA-RAIL
www.viarail.ca
Vancouvers Hauptbahnhof.

Hinter dem Coal Harbour erhebt sich die Skyline von Vancouver

REGION 2
Victoria

Victoria

British Columbias Hauptstadt

Mildes, fast mediterranes Klima mit der richtigen Dosis aus Sonne und Regen – 2000 Stunden Sonnenschein und 700 Millimeter Regen – lässt in der bezaubernden *City of Gardens* an der Südspitze von Vancouver Island ganzjährig die Blumen blühen und üppige Gärten und Parks sprießen. Trocken und warm und dank der Pazifikbrise nicht zu heiß sind hier die Sommer, mild und schneearm die Winter, in denen der Regen fällt. Im Februar, so heißt es, zählt man gar die Blüten in den Gärten und Parks, um dem Rest des Landes Victorias Vormachtstellung zumindest auf botanischem Gebiet zu beweisen.

In der Hauptstadt der Provinz und dem Sitz der Provinzregierung leben rund 78 000 Menschen, im Großraum, zu dem die Gemeinden Oak Bay, Esquimalt und Saanich gehören, sind es 330 000. Im Einzugsbereich von Victoria ist fast die Hälfte der Inselbevölkerung angesiedelt. Das saubere, grüne und sichere Victoria gilt als kosmopolitische Großstadt mit angenehmem Kleinstadtflair. Ihre Ursprünge gehen auf die Mitte des 19. Jahrhunderts zurück, als die Hudson's Bay Company hier einen Pelzhandelsposten gegründet hat. Heute lebt die Stadt gut vom Tourismus und den Regierungsgeschäften. Darüber hinaus sind Holzfällerei, Fischerei und Landwirtschaft im Süden von Vancouver Island wichtige Wirtschaftsfaktoren.

Die Uferpromenade am Inner Harbour in Victoria, dahinter das Parlamentsgebäude von British Columbia

Der Großraum besitzt drei Häfen, den Inner Harbour, Sidney und Swartz Bay bei Sidney, die Victoria mit Vancouver und dem Festland von British Columbia sowie Washington State in den USA durch moderne Katamarane und andere regelmäßig verkehrende Passagier- und Autofähren verbinden. Auf der Überfahrt mit Blick auf felsige Ufer, bewaldete Inseln und malerische Buchten werden oft Wale gesichtet.

Victorias fußgängerfreundliche Innenstadt schmiegt sich an den sehenswerten Inner Harbour. Seit über 70 Jahren hängt man traditionell und fotogen Blumenkörbe an den Laternen auf. Umrahmt wird der Innenhafen von altehrwürdigen Gebäuden wie dem Empress Hotel und den Parliament Buildings sowie von Museen, Kunstgeschäften und -galerien, die Victorias Ruf als *Cultural Capital of Canada* begründen. Das britische Erbe zeigt sich noch heute in roten Doppeldeckerbussen, Pferdekutschen, dem Afternoon Tea im Empress Hotel, den Pubs und den formalen Gärten.

Victoria und seine Umgebung gelten als ganzjähriges Urlaubsziel, das viele Outdoor-Aktivitäten erlaubt: Wandern, Radfahren, Kanufahren in den Naturparks, Golf spielen, Wale beobachten, Tauchen und Segeln zwischen den Gulf Islands, Kajakfahren entlang der Küste, Lachse angeln, Ausflüge zu den Gulf Islands und ... und ... und ...

Vancouver Island ist ca. 520 km lang und 32 300 km² groß. Rund 700 000 Einwohner leben dort, etwa die Hälfte davon im Großraum Victoria im Süden der Insel. Der Rest verteilt sich hauptsächlich auf die Südostküste und wenige Orte im Norden und Westen der Insel.

Victoria – »City of Gardens«

1843 hatte James Douglas von der Hudson's Bay Company an der Südspitze von Vancouver Island eine Pelzhandelsniederlassung gegründet. Das zunächst Fort Camouson und später nach Queen Victoria benannte Fort sollte als neues Pelzhandelshauptquartier auf der Insel dienen, denn das erste Fort lag südlich des 49. Breitengrades, der ab 1818 die Grenze zwischen Kanada und den USA bildete. 15 Jahre später kamen zahlreiche Goldsucher und allmählich etablierte sich ein Städtchen. Die britische Regierung sicherte ihre Ansprüche auf British Columbia und seine Bodenschätze, indem es die Region zur Kronkolonie erklärte. Der Hafen wurde schnell zum wichtigen Eingangshafen West-Kanadas.

Nachdem British Columbia 1867 der Konföderation beigetreten war, empfing Victoria stolz die Hauptstadtwürden der Provinz. Das neue Wachstum wurde erst gebremst, als 1885 der erste transkontinentale Zug Vancouver erreichte und dieses zum wirtschaftlichen und verkehrstechnischen Zentrum West-Kanadas machte. Victoria haderte nicht lange und füllte stattdessen seine neue Rolle als Hauptstadt und Verwaltungszentrum aus, indem es repräsentable Gebäude errichtete, öffentliche Einrichtungen sowie viele Stadtparks anlegte und die viktorianischen Häuser und Traditionen, die dem britischen Mutterland zur vollen Ehre gereichten, in einer fast rührenden Weise pflegte.

Victorias Innenstadt lässt sich gut zu Fuß erkunden. Um den sehenswerten **Inner Harbour** mit seinem malerischen Gewimmel aus Fähren und Wasserflugzeugen, Segelbooten, Kajaks und Ausflugs-

Das ehrwürdige Empress Hotel in der Government Street in Victoria

booten zieht sich hufeisenförmig der **Inner Habour Walk**, die blumengeschmückte Promenade, die alle interessanten Punkte miteinander verbindet und Zugang zu vielen Sehenswürdigkeiten bietet.

Im alten Gerichtsgebäude am Bastion Square, wo 1843 das originale Fort der Hudson's Bay Company stand, findet man das **Maritime Museum**. Auf dem Weg um den Hafen, vorbei am altehrwürdigen **Empress Hotel**, wo man äußerst stilvoll und recht kostspielig den Afternoon Tea einnehmen kann, kommt man zu den von grünen Kupferdächern bedeckten und von offenen Rasenflächen umgebenen, majestätischen **Parliament Buildings** an der Belleville Street. Wochentags kann man sich einer der kostenlosen Führungen durch den Parlamentssitz anschließen. Abends werden die von Lichterketten nachgezeichneten Umrisse der altehrwürdigen Gebäude hübsch beleuchtet.

Man kann auch unter die Wasseroberfläche schauen, denn im Hafen stellen die **Pacific Undersea Gardens** Tiere und Pflanzen aus der Unterwasserwelt um Vancouver Island zur Schau. Im **Royal London Wax Museum**, ebenfalls am Südrand des Inner Harbour, gibt es Wachsfiguren prominenter Zeitgenossen zu bestaunen.

Auf dem Rückweg nimmt man die Government Street nordwärts. Mit ihren zahlreichen Geschäften in schmucken historischen Häusern ist sie die Top-Adresse unter Victorias Einkaufsvierteln. Nördlichster Punkt sind der **Market Square** und das Altstadtviertel. Sie entstanden in den Goldrauschtagen des späten 19. Jahrhunderts und locken heute mit einer liebenswerten, quirligen Mischung aus Cafés, Restaurants und Geschäften.

Straßenmusikant in Victoria

1 Beacon Hill (Vgl. Karte S. 43.)

Das erstklassige **Royal BC Museum** in der Nachbarschaft erzählt von der wechselvollen Natur- und Menschheitsgeschichte der Provinz von den Eiszeiten bis in die Moderne. Rund sieben Millionen Ausstellungsstücke aller Art beeindrucken durch ihre außerordentliche Vielfalt und die Darstellung unter Verwendung modernster Multimedia-Technik. Die kunstvollen Totempfähle im kleinen **Thunderbird Park** hinter dem Museum stammen aus den 1950er-Jahren und überwiegend aus der Hand des indianischen Künstlers Mungo Martin. Daneben befindet sich das **National Geographic IMAX Theatre**, das zum BC Museum gehört. Auf der riesengroßen Leinwand werden mitreißende naturwissenschaftliche Filme gezeigt.

Die schattenreichen Wege des **Beacon Hill Park** führen vorbei an blühenden Beeten und malerischen Teichen und über hübsche Steinbrücken zu verschiedenen interessanten Punkten wie ganz im Südwesten zur Markierung des Mile Zero, des westlichen Endpunktes des Trans-Canada Highway. Westlich des Parks befindet sich befindet sich das verwunschen und nostalgisch wirkende **Emily Carr House**.

Eine Statue im Beacon Hill Park erinnert an den Sportler Terry Fox, der 1980 quer durch Kanada lief und Spendengelder zur Krebsforschung sammelte, bevor ihn seine Krankheit zur Aufgabe zwang.

2 Chinatown (Vgl. Karte S. 43.)

Victorias Chinatown ist Kanadas ältestes Chinesenviertel, es entstand in den 1870er-Jahren, als viele Chinesen, die beim Eisenbahnbau, in den Kohleminen und auf den Goldfeldern des Nordens Arbeit suchten, sich hier niederließen.

Fotogen ist das **Gate of Harmonious Interests**, das reich verzierte chinesische Eingangstor; die **Fan Tan Alley** ist die schmalste Gasse Kanadas und war einst ein Sündenpfuhl mit Spielhallen und Opiumbars. Exotische Auslagen und der Duft fernöstlicher Gewürze findet man überall in Chinatown.

3 Rockland

In Rockland, einem noblen Stadtteil östlich von Downtown, befindet sich die **Art Gallery of Greater Victoria**, ein Kunstmuseum von hohem Rang mit einer bedeutenden Sammlung von Werken der Malerin Emily Carr (1871–1945) sowie indianischen Artefakten.

Das **Craigdarroch Castle**, eine prunkvolle viktorianische Residenz von 1890, die man besuchen kann, gehörte dem Eisenbahnmagnaten Robert Dunsmuir. 39 Zimmer, eine exquisite Eichenholzausstattung und wertvolle Buntglasfenster zählen zu seinen Zierden.

Emily Carr, die 1871 in Victoria geboren wurde, ist eine von Kanadas bedeutendsten Künstlerinnen und Schriftstellerinnen. Sie hatte einen großen Einfluss auf die Entwicklung lokaler und regionaler Kunst. Am bekanntesten war sie für ihre Malerei der Küstenregionen und der indianischen Dörfer. Doch hat sie sich auch einen Namen als Schriftstellerin gemacht: »Klee Wyck« war 1941 ihr erstes Buch mit Kurzgeschichten über ihre Besuche in den Indianerdörfern der Küste von British Columbia.

4 Scenic Marine Drive

Der **Scenic Marine Drive** führt entlang der Küstenlinie rings um den Süden und Osten Victorias durch einige der schönsten Wohngebiete der Stadt und gibt immer wieder Blicke auf die Juan de Fuca Strait und die Olympic Mountains frei. Von der Südwestecke des Beacon Hill Park folgt man der Dallas Road entlang der Küste. Als Beach Drive erreicht er **Oak Bay**, das sich auch *Victoria's Seaside Village* nennt. Mit seinen vielen einladenden Pubs, Cafés, Teestuben, Restaurants, Geschäften und Kunstgalerien ist es wie geschaffen für einen Tag an der See mit einem Bummel durch die kleinen Läden oder für einen Strandspaziergang am **Willows Beach**. Vom Uplands Park und Cattle Point Lookout im exklusiven Wohnviertel **Uplands** bieten sich schöne Fernblicke auf Land und Meer.

Ausflugsziele in der Umgebung:

Victorias Umgebung bietet zahlreiche Ausflugsmöglichkeiten und Gelegenheiten, am Meer zu picknicken. **Fort Rodd Hill** ist eine historische Küstenartilleriefestung, die von 1878 bis 1956 in Diensten stand, um Victoria und die Esquimalt Naval Base zu schützen. Das restaurierte Fort zeigt aufpolierte Kanonen, unterirdische Waffenmagazine und zeitgenössisch eingerichtete Soldatenbaracken.

Vor Fort Rodd Hill ragt am Eingang des Esquimalt Harbour das **Fisgard Lighthouse**, der älteste Leuchtturm an Kanadas Westküste, empor. Zusammen mit dem roten Backsteinhaus des Leuchtturmwärters bietet der weiße Leuchtturm mit der roten Spitze einen äußerst malerischen Anblick vor der blauen Weite der Juan de Fuca Strait mit den Olympic Mountains im Hintergrund. Vor der Küste kreuzen Segeljachten, Fischkutter, Marine- und sonstige Schiffe aller Größen und Bestimmungen. Der 1860 von den Briten erbaute Leuchtturm erfüllt seine Funktion seit der Automatisierung 1929 ohne Leuchtturmwärter. Wie einsam dessen Leben und wie die technische Ausstattung im 19. Jahrhundert war, zeigen Ausstellungen, die sich darüber hinaus mit Stürmen, Schiffswracks und Schiffbrüchigen befassen.

Etwas weiter landeinwärts befinden sich in **Colwood** westlich von Victoria das **Hatley Castle** und das Gelände der **Royal Roads University**. Hatley

Fisgard Lighthouse westlich von Victoria ist der älteste Leuchtturm an Kanadas Westküste

Castle, das Ende des 19. Jahrhunderts als Privatresidenz des Premierministers James Dunsmuir erbaut worden war, dient heute als Museum und Teil der Universität. Gepflegte Parkanlagen im altenglischen Stil, ein japanischer, ein italienischer und ein Rosengarten sowie uralte Bäume umgeben das Anwesen. In westlicher Richtung gelangt man weiter nach **Sooke**, zum East Sooke und zum Whiffen Spit Park und schließlich auf dem Highway 14 nach Port Renfrew (vgl. Region 3, S. 76 ff.).

Zu den schönsten Ausflugszielen von Victoria zählt der weitere Bereich der sich nördlich anschließenden **Saanich Peninsula** samt **Sidney** (vgl. Region 3. S. 78 f.), dem Flughafen, den Butchart Gardens und den Butterfly Gardens sowie dem NRC Centre of the Universe.

Auf dem Malahat Drive, einem besonders schönen Abschnitt des Highway 1, geht es von Victoria aus in nordwestlicher Richtung zum **Goldstream Provincial Park**. Auf der dreistündigen Wanderung zum Gipfel des **Mount Finlayson** eröffnet sich eine großartige Aussicht auf die Olympic Mountains und die San Juan de Fuca Strait. Besonders populär ist der Park zu Zeiten der herbstlichen Laubfärbung und der Lachswanderung, die sich von Mitte Oktober bis in den Dezember hinein erstreckt.

Service & Tipps:

Tourism Victoria Visitor Centre
812 Wharf St., Victoria, BC V8W 1T3
✆ (250) 953-2033
Reservierung von Unterkünften:
✆ 1-800-663-3883
www.tourismvictoria.com
Tägl. 9–17 Uhr, im Sommer länger

Art Gallery of Greater Victoria
1040 Moss St., Victoria, BC V8V 4P1
✆ (250) 384-4101, http://aggv.bc.ca
Tägl. 10–17, Do bis 21, So 12–17 Uhr
Eintritt $ 12/0–2
Kunstmuseum mit einer bedeutenden Sammlung der Malerin Emily Carr sowie zahlreichen indianischen Artefakten. Kanadische, europäische, asiatische und moderne Kunst. In Rockland.

Butchart Gardens
800 Benvenuto Ave.

Blütenpracht in den ...

Brentwood Bay, BC V8M 1J8
✆ (250) 652-4422, 1-866-652-4422
www.butchartgardens.com
Ganzjährig tägl. ab 9 Uhr, verschiedene Schließungszeiten, Mitte Juni–Anfang Sept. bis 22 Uhr
Saisonal unterschiedliche Eintrittspreise, Hauptsaison Mitte Juni–Ende Sept. $ 28/0–14
Beliebtes Ausflugsziel nördlich von Victoria: 20 ha großer, berühmter botanischer Garten, 1904 in einem alten Kalksteinbruch angelegt.

Craigdarroch Castle Historical Museum
1050 Joan Crescent
Victoria, BC V8S 3L5
✆ (250) 592-5323, www.thecastle.ca
Tägl. Mitte Juni–Anfang Sept. 9–19, sonst 10–16.30 Uhr
Eintritt $ 13.75/0–8.75
Prunkvolles viktorianisches Stadtschloss von 1890. In Rockland.

Emily Carr House
207 Government St.
Victoria, BC V8V 2K8
✆ (250) 383-5843
www.emilycarr.com
Mai–Sept. Di–Sa 11–16 Uhr
Eintritt $ 6.75/0–4.50
Führungen durch das 1863 erbaute Geburts- und Wohnhaus der Malerin und Schriftstellerin Emily Carr. Westlich des Beacon Hill Park.

Fort Rodd Hill and Fisgard Lighthouse National Historic Sites
603 Fort Rodd Hill Rd., 14 km westl. von Victoria, via Hwy. 1 (Ausfahrt 10), Hwy. 1A und Ocean Blvd.
Victoria, BC V9C 2W8
✆ (250) 478-5849
www.fortroddhill.com
www.fisgardlighthouse.com
www.pc.gc.ca/fisgard,
www.pc.gc.ca/fortroddhill
Tägl. März–Okt. 10–17.30, Nov.–Feb. 9–16.30 Uhr, Eintritt $ 4/0–2
Historische Festung der Küstenartillerie von 1878–1956. Daneben das Fisgard Lighthouse.

Glendale Gardens & Woodlands
505 Quayle Rd., Victoria, BC V9E 2J7
✆ (250) 479-6162
www.glendalegardens.ca
Mai–Okt. tägl. 8–18 Uhr
Eintritt $ 10/0–7.50
Blütenreiche Garten und Parklandschaften in Saanich nördlich von Victoria. U. a. gibt es Anlagen mit Fuchsien, Kräutern, Wildblumen und Wüstenpflanzen, einen mediterranen, einen japanischen sowie einen Zen-Garten.

Hatley Park National Historic Site
2005 Sooke Rd.
Victoria, BC V9B 5Y2
✆ (250) 391-2666, 1-866-241-0674
www.hatleypark.ca, tägl. April–Mitte Mai 10–17, Mitte Mai– Mitte Sept. 10–19 Uhr
Eintritt Park $ 9.50/0–6.50, Hausführung 60 Min. $ 18/0–11.50
Privatresidenz des Premierministers James Dunsmuir aus dem 19. Jh. Teil der Royal Roads University. Schöne Parkanlagen. In Colwood westlich von Victoria.

Maritime Museum
28 Bastion Sq.
Victoria, BC V8W 1H9
✆ (250) 385-4222
www.mmbc.bc.ca
Mitte Juni–Mitte Sept. tägl. 9.30–17, sonst bis 16.30 Uhr
Eintritt $ 12/0–9.50
Seefahrtsmuseum im historischen Gerichtsgebäude am Inner Harbour.

National Geographic IMAX Theatre
675 Belleville St.
Victoria, BC V8W 1A1
✆ (250) 953-4629, 1-877-480-4887
www.imaxvictoria.com
Tägl. 10–20 Uhr
Eintritt $ 11/0–8.75, in Kombination mit Museum $ 24/0–18.25
IMAX-Kino im Royal BC Museum.

NRC Centre of the Universe
5071 W. Saanich Rd.
Victoria, BC V9E 2E7
✆ (250) 363-8262
www.nrc-cnrc.gc.ca/eng/services/hia/centre-universe.html
Di–Fr 13–16.30, Sa 15.30–22 Uhr
Eintritt vor 19 Uhr $ 9/0–8, 19–23 Uhr $ 12/0–9
Planetarium mit Sternenshows, Tele-

... berühmten Butchart Gardens nördlich von Victoria

REGION 2
Victoria

Victoria nennt sich »Cycling Capital of Canada«, Radfahr-Hauptstadt, hier fahren mehr Leute per Rad zur Arbeit als irgendwo sonst in Kanada, 2001 waren es ganze 6,2 % des Pendlerverkehrs, mit steigender Tendenz, gegenüber Ottawa mit 2,1 % und Vancouver mit 1,7 %. Deshalb sind Victorias Einwohner auch die fittesten des Landes, wie Statistics Canada 2001 feststellte. Viele von Victorias Straßen verfügen über Radwege, und Busse transportieren Fahrräder. Festgestellt wurde auch, dass etwa 92 % der Radfahrer einen Helm tragen – eine überdurchschnittlich hohe Quote!

skopen zur Sternebeobachtung, Führungen. Weltgrößtes öffentlich zugängliches Teleskop. Am Dominion Astrophysical Observatory nördlich von Victoria.

Pacific Undersea Gardens
490 Belleville St., im Inner Harbour
Victoria, BC V8V 1W9
✆ (250) 382-5717
www.pacificunderseagardens.com
Mai/Juni Mo–Mi 10–17, Do–So bis 19.30, Juli–Sept. 9–20 Uhr
Eintritt $ 9.75/0–7.75
Unterwassergarten mit regionaler Flora und Fauna.

Parliament Buildings
Belleville St.
Victoria, BC V8V 1X4
✆ (250) 387-3046, 1-800-663-7867
www.leg.bc.ca
Ende Mai–Anfang Sept. Mo–Do 9–17 Fr–So 9–18 Uhr
Eindrucksvolle Parlamentsgebäude am Inner Harbour. Kostenlose Führungen.

Royal BC Museum
675 Belleville St.
Victoria, BC V8W 9W2
✆ (250) 356-7226, 1-888-447-7977
www.royalbcmuseum.bc.ca
Tägl. 9–17 Uhr
Eintritt $ 15/0–9.50, in Kombination mit IMAX $ 24/0–18.25
Erstklassiges Museum zur Natur- und Menschheitsgeschichte der Provinz. Totempfähle im Thunderbird Park hinter dem Museum.

Royal London Wax Museum
470 Belleville St.
Victoria, BC V8V 1W9
✆ (250) 388-4461, 1-877-929-3228
www.waxmuseum.bc.ca
Tägl. 9–17 Uhr, im Sommer bis 21 Uhr, Eintritt $ 15/0–10
Wachsfigurenmuseum am Inner Harbour.

Victoria Bug Zoo
631 Courtney St.
Victoria, BC V8W 1B8
✆ (250) 384-2847
www.bugzoo.bc.ca
Mo–Sa 10–18, So 11–18 Uhr
Eintritt $ 9/0–7
Interessanter Insektenzoo in der Innenstadt.

Victoria Butterfly Gardens
1461 Benvenuto Ave.
Brentwood Bay, BC V8M 1R3
✆ (250) 652-3822, 1-877-722-0272
www.butterflygardens.com
Tägl. Mitte Mai–Anfang Sept. 9–17.30, März–Mitte Mai und Sept./Okt. 9.30–16.30 Uhr
Eintritt $ 12.50/0–11.50
Tropischer Schmetterlingsgarten auf der Saanich Peninsula.

Gray Line West
4196 Glanford Ave.
Victoria, BC V8Z 4B6
✆ (250) 388-6539, 1-800-663-8390
www.graylinewest.com
Anderthalb- bis mehrstündige Bustouren in und um Victoria, z.B. zur Saanich Peninsula. Auch Kutschfahrten.

Ocean River Sports
1824 Store St.
Victoria, BC V8T 4R4
✆ (250) 381-4233, 1-800-909-4233
www.oceanriver.com
Victoria Harbour Tour/Victoria Sunset Tour $ 65/32.50
Leihkanus/-kajaks für 2 Std. $ 30–42
Kajakverleih. Besonders beliebt: die Sonnenuntergangstouren am Freitagabend von 18.30–21 Uhr, durch Inner Harbour, Upper Harbour und den historischen Gorge Waterway.

Prince of Whales
812 Wharf St.
Victoria, BC V8W 1T3
✆ (250) 383-4884, 1-888-383-4884, www.princeofwhales.com
Walbeobachtungstour $ 95/0–85
Dreistündige Walbeobachtungsfahrten ab Victoria Inner Harbour. Am besten zwischen Mai und Okt. Auch kombinierbar mit einer Fahrt zu den Butchart Gardens.

Goldstream Provincial Park
19 km nordwestl. von Victoria
Camping-Reservierungen:
✆ (519) 826-6850
1-800-689-9025
www.discovercamping.ca
www.env.gov.bc.ca/bcparks
477 ha großer Park mit Informationszentrum, Wanderwegen, Camping-

und Picknickplatz. Lachszug im Goldstream River.

Thetis Lake Regional Park
12 km nordwestl. von Victoria
www.crd.bc.ca/parks
834 ha großer Park mit kürzeren Wanderwegen und einem besonders bei Familien beliebten Strand am See. Kanufahren und Baden.

Empress Room
721 Government St.
Victoria, BC V8W 1W5
✆ (250) 384-8111, 1-800-540-4429
www.fairmont.com/empress
Vornehme Atmosphäre, edle Speisen. Im altehrwürdigen Empress Hotel. $$$

Fireside Grill
4509 W. Saanich Rd.
Victoria, BC V8Z 3G1
✆ (250) 479-1222
www.firesidegrill.com
Elegantes Restaurant mit Westküstenküche. Im Maltwood Manor auf der Saanich Peninsula.
$$-$$$$

Four Mile House Restaurant & Bar
199 Island Hwy.
Victoria, BC V9B 1G1
✆ (250) 479-2514
www.fourmilehouse.com
Köstliche Westküstenkochkunst. Gemütliches altenglisches Ambiente. Knapp außerhalb von Downtown. Auch Nachmittagstee. $$-$$$

Gatsby Mansion Restaurant
309 Belleville St.
Victoria, BC V8V 1X2
✆ (250) 388-9191, 1-800-563-9656
www.gatsbymansion.com
Elegantes Restaurant mit Westküstenküche in opulenter viktorianischer Villa im reizenden Belleville Park am Inner Harbour. Frühstück, Lunch, Nachmittagstee, Dinner, Sonntagsbrunch. Wer länger bleiben möchte: Die Villa ist ein Bed & Breakfast mit 20 Zimmern. $$$

Irish Times Pub
1200 Government St.
Victoria, BC V8W 1Y3
✆ (250) 383-7775
www.irishtimespub.ca
Allabendlich keltische Live-Musik. Downtown.

Penny Farthing Pub
2228 Oak Bay Ave.
Victoria, BC V8R 1G6
✆ (250) 370-9008
www.pennyfathingpub.com
Altenglischer Pub in Oak Bay. $-$$

Sam's Deli
805 Government St.
Victoria, BC V8W 1W8
✆ (250) 382-8424
www.samsdeli.com
Populäres Lunchlokal am Inner Harbour. Auch Dinner. $$-$$$

Warten auf Kunden: Fahrradrikschas vor dem Fairmont Empress Hotel, Victoria

Sooke Harbour House
Vgl. Sooke, S. 79 f.

Victoria Bay Centre
2-1150 Douglas St.
Victoria, BC V8W 3M9
✆ (250) 952-5680
www.thebaycentre.ca, Mo–Mi 10–18, Do/Fr 10–21, Sa/So 10–18 Uhr
Einkaufszentrum am Inner Harbour. Mit dem traditionsreichem Kaufhaus **The Bay**.

Cowichan Trading Company
1328 Government St.
Victoria, BC V8W 1Y8
✆ (250) 383-0321
www.cowichantrading.com
Kunst, Kunsthandwerk und traditionelle Kleidung der Indianer von Vancouver Island.

Belfry Theatre
1291 Gladstone Ave.
Victoria, BC V8T 1G5
✆ (250) 385-6815, www.belfry.bc.ca
Tickets ab $ 23
Modernes Theater in Fernwood: Dramen, Komödien, Musicals.

Victoria Symphony
620 View St.
Victoria, BC V8W 1J6
✆ (250) 385-6515, 1-888-717-6121
www.victoriasymphony.bc.ca
Tickets je nach Aufführung ab $ 29.50/0–26.50
Victorias Symphonieorchester. Ein populäres Festival ist das **Victoria Symphony Splash** Anfang August.

Great Canadian Beer Festival
✆ (250) 383-2332, www.gcbf.com
Das größte und wahrscheinlich populärste kanadische Bierfestival findet seit über 15 Jahren statt. Biere von über 40 Mikrobrauereien werden im Royal Athletic Park ausgeschenkt.

Victoria Symphony Splash
Anfang Aug., www.victoriasymphony.ca/concerts/splash
Eine der populärsten, kostenlosen Sommerveranstaltungen in Victoria mit rund 40 000 Zuschauern. Das Symphonieorchester spielt auf einem Schiff im Inner Harbour. Den krönenden Abschluss des Abends bildet ein Feuerwerk.

Victoria International Airport (YYJ)
1640 Electra Blvd., Sidney, BC V8L 5V4, 25 km nördl. von Victoria via Hwy. 17, ✆ (250) 953-7533
www.victoriaairport.com
Victorias Flughafen und Hauptflughafen von Vancouver Island auf der Saanich Peninsula.

AKAL Airporter
767 Audley St.
Victoria, BC V8X 2V4
✆ (250) 386-2525, 1-877-386-2525
www.victoriaairportshuttle.com
Pendelbus zwischen Victoria International Airport und Innenstadt. Dauer: 30 Minuten.

BC Ferries
1112 Fort St.

Government Street Victoria

Victoria, BC V8V 4V2
✆ (250) 386-3431, 1-888-BC-FERRY
www.bcferries.com
Überfahrt Swartz Bay (Sidney, Vancouver Island)–Tsawwassen (Vancouver) $ 14/0–14, Autos ab $ 46.75
Umfangreiches Fährensystem mit Fahrzeugtransporten aller Arten zwischen Vancouver Island, Vancouver, der Sunshine Coast sowie den Gulf Islands. Überfahrt von Swartz Bay (Victoria) nach Tsawwassen (Vancouver) in 1 Std. 35 Min. In den Sommermonaten stündlich Abfahrten zwischen 7 und 22 Uhr; 4- oder 7-Tage-Pässe erhältlich. »Coast Saver Fare« für Rabatte Di/Mi und Do.

Black Ball Transport
430 Belleville St.
Victoria, BC V8W 1W9
✆ (250) 386-2202
www.ferrytovictoria.com
Mai–Okt. viermal tägl., März–Mai und Okt.–Jan. zweimal tägl.
Überfahrt $ 15/0–15.50
MV »Coho«, Autofähre zwischen Victoria und Port Angeles, Washington. Dauer der Überfahrt: 1,5 Stunden.

Victoria Clipper
254 Belleville St.
Victoria, BC V8W 1W9
✆ (250) 382-8100, 1-800-888-2535
www.clippervacations.com
Überfahrten in der Hauptsaison:
Victoria–Seattle $ 87
Schneller Katamaran mit Passagierservice zwischen Victoria Inner Harbour und Pier 69, Seattle, bzw. San Juan Island. Keine Autos. Im Sommer mehrmals, im Winter einmal tägl. Dauer der Überfahrt nach Seattle: 2,5, nach San Juan Island 3,5 Stunden.

Victoria Express
254 Belleville St.
Victoria, BC V8W 1W9
✆ (250) 361-9144, 1-800-633-1589
www.victoriaexpress.com
Überfahrt $ 13.50
Im Sommer Passagierschnellfähre zwischen Victoria und Port Angeles, Washington. Dauer der Überfahrt: 55 Min.

Victoria Harbour Ferry
1234 N. Wharf St.
Victoria, BC V8W 3H9
✆ (250) 708-0201
www.victoriaharbourferry.com
Hafenrundfahrten $ 20/0–18
März–Okt. alle 15 Min.
Kommentierte Rundfahrten, Sightseeing- und Charterfahrten. Ab dem Dock vor dem Empress Hotel.

Washington State Ferries
2499 Ocean Ave.
Sidney, BC V8L 1T3
✆ (250) 656-1831, 1-888-808-7977
www.wsdot.wa.gov/ferries
Ab $ 16.4/0–13.15, Autofahrer in der Hauptsaison $ 55.10
Autofähre zwischen Sidney (Victoria) und Anacortes (Washington, USA) via San Juan Island. Zwei oder mehr Überfahrten im Sommer, eine im Winter. Dauer der Überfahrt je nach Route 2–3 Stunden.

Harbour Air Seaplanes
950 Wharf St.
Victoria, BC V8W 1T3
✆ (250) 384-2215, 1-800-665-0212
www.harbour-air.com
Service mit dem Wasserflugzeug: in der Hochsaison 10-mal tägl. Flüge zwischen den Häfen von Victoria und Vancouver, auch nach Richmond, dreimal tägl. von und zum Vancouver International Airport. Flugdauer: 35 Minuten, Preis $ 145/0–145.

Kenmore Air
1234 Wharf St.
Victoria, BC V8W 3H9
✆ (425) 486-1257 in den USA und 1-866-435-9524
www.kenmoreair.com
Regelmäßige Verbindungen mit dem Wasserflugzeug zwischen Victoria Inner Harbour und Lake Union bei Seattle. Acht Flüge tägl., Dauer: 30 Minuten.

West Coast Trail Express
4884 Lochside Dr.
Victoria, BC V8Y 2E4
✆ (250) 477-8700, 1-888-999-2288
www.trailbus.com
Busverbindung nach Nanaimo, Port Alberni und den Anfängen und Enden des West Coast Trail und Juan de Fuca Marine Trail.

REGION 3
Vancouver Island

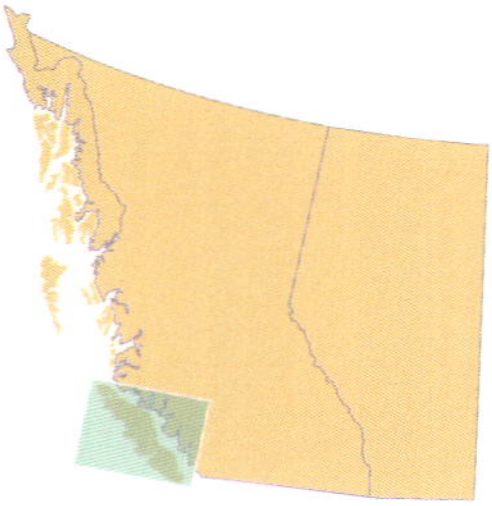

Vancouver Island

Die größte Insel an der Westküste Nordamerikas

Hunderte von größeren und kleineren Inseln gruppieren sich vor den Küsten von Vancouver Island, darunter die idyllischen Gulf Islands in der Strait of Georgia, die Broken Group Island des Pacific Rim National Park und die Discovery Islands bei Campbell River. Buchtenreiche Felsküsten mit Leuchttürmen, wilde, sturmumtoste Sandstrände mit Treibholz und donnernden Wellen sowie tiefe Wälder kennzeichnen die Westküste. Überaus lieblich wirken dagegen die hellsandigen Badestrände mit dem warmen, seichten Wasser an der südlichen Ostküste. Faszinierend sind die Regenwälder, die von den Spuren der Holzfällerei gezeichnet sind, aber auch unberührte, uralte Baumbestände aufweisen. Das Rückgrat der lang gestreckten Insel bilden menschenleere Regionen mit schneebedeckten Bergen, alpinen Blumenwiesen und Gletschern, aus denen lachs- und forellenreiche Flüsse hervorgehen. Daneben finden sich vor allem im Südosten Farmland und malerische Hafenorte.

Das südliche und östliche Vancouver Island weist dank des Regenschattens der Berge eines der mildesten Klimata von

In der Juan de Fuca Strait südlich von Vancouver Island: Die langen Rückenflossen sind ein Kennzeichen der Schwertwale

Kanada auf, wofür der Pazifische Ozean mit seinen warmen Strömungen sorgt. Der Frühling beginnt in manchen Jahren in Victoria und in den südlichen Insellagen schon im Februar.

Vancouver Island ist ein Paradies für Wanderer, Radfahrer, Angler, Wassersportler und Wildnisenthusiasten. Mit ihrer vielfältigen Unterwasserflora und -fauna zählen die Gewässer um die Insel zu den weltbesten Tauchgründen außerhalb der Tropen. Auf Paddeltouren zwischen den Gulf Islands, den Broken Group und Discovery Islands, dem Clayoquot Sound oder in der Johnstone Strait bekommt man Seelöwen, Delfine, Schwert- und Grauwale zu sehen – Kanus und Kajaks lassen sich vielerorts ausleihen.

An der Südspitze von Vancouver Island bezaubert die Provinzhauptstadt Victoria (vgl. Region 2, S. 42 ff.) durch ihr viktorianisches Flair. Nanaimo, Campbell River und andere Städte reihen sich an der Ostküste auf; vielerorts ermöglichen breite Sandstrände und warmes Wasser einen Badeurlaub.

Campbell River und Port Alberni nennen sich beide »Lachshauptstadt der Welt«: Die Fische ziehen dort zu Tausenden in den klaren Flüssen stromaufwärts zum Laichen und locken so ab Mitte Oktober Touristen, aber auch Adler und Bären an. Die Lachswanderung dauert mancherorts bis in den Dezember und Januar hinein an. Von Port Hardy, an der Nordspitze von Vancouver Island, steuern die Fähren durch die Inside Passage nach Prince Rupert und durch die Discovery Passage nach Bella Coola.

REGION 3 Vancouver Island

Krabbengehäuse im Pacific Rim National Park

Informationen über Vancouver Island, einschließlich der Gulf Islands, unter www.vancouverisland.travel.

Strandspaziergang im Morgennebel bei Tofino an der Westküste von Vancouver Island

Kleine Küstenorte wie Tofino und Ucluelet sprenkeln die Westküste. Sie dienen als Ausgangspunkte für Touren in Urwälder, an zerklüftete Felsküsten und an tiefe Fjorde. Besonders beliebt ist der Pacific Rim National Park mit seinen wildromantischen Stränden und dem Regenwald. Alljährlich zwischen November und Februar reisen *Storm Watchers* an die Westküste, um die tosenden Stürme des Pazifiks zu beobachten. Den fast unberührten Gestaden zwischen Port Renfrew und Bamfield folgt der 75 Kilometer lange West Coast Trail, ein Geheimtipp unter Wildniswanderern.

Beobachtungsfahrten führen zu den Walgründen in der Juan de Fuca Strait südlich von Vancouver Island. Dort lebt eine südliche Herde Orcas, auch Killer- oder Schwertwale genannt, die zwischen Mai und September am besten zu sehen sind, weil sie dann näher ans Ufer kommen. In der Johnstone Strait und dem Blackfish Archipelago im Norden der Insel lebt die nördliche Orca-Population, die man von Ende Juni bis Ende Dezember beobachten kann. Grauwale lassen sich sehr gut im März und April vor der Westküste der Insel sichten, wenn sie auf ihrer jährlichen Wanderung von den Überwinterungsgründen nahe der mexikanischen Halbinsel Baja California hin zu den Sommergründen in der Beringsee und anderen Gewässern nahe der Arktis sind.

1 Alert Bay

In wenigen Minuten bringt die Fähre der BC Ferries ihre Passagiere von Port McNeill hinüber nach Alert Bay auf Cormorant Island, einen pittoresken Ort mit rund 550 Einwohnern und einem beschaulichen Hafen. Die hübsche, bogenförmige Insel, die annähernd 1400 Bewohner hat, wird in den Sommermonaten regelmäßig von Kreuzfahrtschiffen angelaufen. Alert Bay nennt sich *Home of the Killer Whale* und ist ein bedeutender Ausgangspunkt für Bootstouren zu den Orcas in der Johnstone Strait und der Robson Bight Ecological Reserve. Alert Bay ist auch bekannt für seine kunstvollen Totempfähle und Schnitzereien.

Der Boardwalk entlang der Hafenpromenade bietet ungehinderte Sicht auf die Johnstone Strait. Gleich neben dem Visitor Center am Hafen befindet sich die Alert Bay Public Library mit einem kleinen regionalgeschichtlichen **Museum**. Speziell mit der Geschichte der Kwakwaka'wakw-Küstenindianer auf Cormorant Island befasst sich das **U'mista-Kulturzentrum** und Museum am anderen Ende der Hafenfront. Weiter entlang der Straße gelangt man zu einem **Totempfahl**, der mit 52,7 Metern zu den höchsten der Welt gehört.

Von Alert Bay aus geht es per Fähre weiter nach Sointula auf **Malcolm Island**. Gegründet wurde der Inselort im frühen 20. Jahrhundert. Das in den letzten Jahren grundlegend erweiterte **Sointula Museum** erzählt von den finnischen Siedlern, die von den Kohleminen Nanaimos herüberkamen und hier eine Art Utopia errichten wollten. Im **Bere Point Regional Park** findet man schöne Strände und Wanderwege entlang der Küste, wo man zuweilen auch Orcas sehen kann.

REGION 3 Vancouver Island

Vancouver Island ist 500 km lang und bis zu 100 km breit. Auf der größten Insel an der Westküste Nordamerikas leben insgesamt etwa 750 000 Einwohner, kaum mehr Menschen als in einer deutschen Großstadt.

Service & Tipps:

Alert Bay Visitor Centre & Art Gallery
116 Fir St.
Alert Bay, BC V0N1A0
✆ (250) 974-5024
www.alertbay.ca
Tägl. 9–17 Uhr
Lokale und regionale Touristeninformation und Kunstgalerie.

BC Ferries/ Alert Bay Terminal
10 Fir St., Alert Bay, BC V0N 1A0
Weitere Infos: vgl. Port McNeill Terminal S. 76
Mehrmals täglich Fährverbindungen nach Port McNeill und Malcolm Island.

Alert Bay Library & Museum
118 Fir St.
Alert Bay, BC V0N 1A0
✆ (250) 974-5721
http://alertbay.bclibrary.ca
Juli/Aug. Mo–Sa 13–16, sonst Mo, Mi, Fr/Sa 13–16 Uhr, Eintritt frei
Örtliche Bibliothek mit Museum zur Geschichte und Gegenwart der Insel.

Sointula Museum
Sointula, BC V0N 3E0
✆ (250) 973-6683
www.island.net/~soinmuse
Tägl. Ende Mai–Anfang Sept. 11–15, Mitte–Ende Mai, Sept. 11–12 und 13–14 Uhr
Eintritt frei, Spenden erwünscht
Museum der finnischen Siedler auf Malcolm Island.

U'mista Cultural Centre
1 Front St.
Alert Bay, BC V0N 1A0
✆ (250) 974-5403, 1-800-690-8222
www.umista.ca
Ende Mai–Anfang Sept. tägl. 9–17, sonst nur Di–Sa 9–17 Uhr
Eintritt $ 8/0–8
Kulturzentrum und Museum der Kwakwaka'wakw-Indianer. Traditionelle Tänze, kulturelle Vorträge, Führungen, Ausstellungen.

Seasmoke Whale Watching
Alert Bay, BC V0N 1A0
✆ (250) 974-5225, 1-800-668-6722
www.seaorca.com
Tickets $ 95/0–85 bzw. $ 180/0–180
5- bis 8-stündige Walbeobachtungsfahrten.

The Nimpkish Waterfront Grill & Pub
318 Fir St., Alert Bay, BC V0N 1A0
✆ (250) 974-2324, 1-888-646-7547
www.nimpkishhotel.com
Restaurant mit großer Terrasse und unverbautem Ausblick über die Wasserstraße.
$$–$$$

2 Bamfield

Abseits der ausgetretenen Pfade trifft man auf den kleinen Westküstenort mit rund 300 Einwohnern, der ein Zentrum der Forstindustrie ist. Bamfield liegt am Barkeley Sound im Herzen des **Pacific Rim National Park**. Bekannt ist der Ort vor allem als nördlicher Ausgangspunkt des **West Coast Trail** (vgl. Pacific Rim N.P., S. 67 ff.), der fünf Kilometer weiter südlich bei Pachena Bay beginnt.

Vancouver Island: Meeresfauna des Gezeitengürtels

Naturliebhaber und Wildnisenthusiasten finden in Bamfield exzellente Bedingungen zum Angeln, Wandern und Strandlaufen, Kajakfahren, Tauchen, Wandern und Walebeobachten. Künstler lassen sich von Weite, Wind und Wellen der Umgebung und dem schmucken Örtchen inspirieren. Ihre Werke werden in kleinen Galerien und Studios gezeigt.

Bamfields Hauptstraße ist eigentlich ein Meeresarm, auf dessen Ostseite sich das »normale« Leben abspielt mit Schule, Kneipe und dem **Bamfield Marine Sciences Centre**, einem Marineforschungszentrum. Nur per Wassertaxi gelangt man zur touristisch interessanteren Westseite – einen Straßenzugang gibt es nicht –, wo sich an einem Boardwalk Geschäfte, Galerien, Wohnhäuser, Bootsausrüster und die Station der Küstenwache aufreihen.

Bamfield erreicht man über rau geschotterte, einsame Forststraßen von Port Alberni (85 km) oder Lake Cowichan (120 km) aus, per Wasserflugzeug oder per Fähr- und Frachtschiff ebenfalls ab Port Alberni. Eine Verbindung zur Außenwelt schafft außerdem der West Coast Trail Express Bus.

Service & Tipps:

Bamfield Chamber of Commerce
Centennial Park
Bamfield, BC V0R 1B0
✆ (250) 728-3006
www.bamfieldchamber.com

Lady Rose Marine Services
Abfahrt von Bamfield nach Port Alberni: ganzjährig 13.30 Uhr
✆ (250) 723-8313 (ganzjährig), 1-800-663-7192 (April–Sept.)
www.ladyrosemarine.com
MV »Lady Rose« und MV »Frances Barkley«: ganzjährige Fracht-, Post- und Passagierfähren zwischen Bamfield, Port Alberni und den Broken Group Islands (vgl. auch Port Alberni, S. 73).

West Coast Trail
✆ (250) 387-1642 und
1-800-663-6000 (Vorwahl 604 in Vancouver), Mai–Sept.
Vgl. Pacific Rim N.P., S. 68 f.

West Coast Trailhead Information Centre
Pachena Bay/Bamfield
✆ (250) 728-3234
www.westcoasttrailbc.com

West Coast Trail Express
Vgl. Victoria, S. 53.
www.trailbus.com
Busverbindung von und nach Victoria, Nanaimo, Port Alberni u.a. Orten bzw. zum Anfang und Ende des West Coast Trail und des Juan de Fuca Trail.

Bamfield Express Water Taxi
✆ (250) 728-3001
Bamfields Wassertaxi.

Boardwalk Bistro
Bamfield, BC V0R 1B0
✆ (250) 728-3419
www.bamfieldlodge.com
Bistro am Bamfield Boardwalk. Am Fischerhafen. Übernachtungen in der Lodge ($$$). $–$$

3 Campbell River

Die 29 600 Einwohner zählende Stadt 264 Kilometer nördlich von Victoria gilt als das Tor zum Norden von Vancouver Island. Sie liegt in einer reizvollen Region aus Küstengewässern, fischreichen Flüssen, alten Wäldern und schneebedeckten Bergen und erstreckt sich vor der prächtigen Bergkulisse mit relativ niedrigen Gebäuden, viel Grün und geschäftigen Hafenanlagen.

Auf den glitzernden Weiten der Gewässer um Campbell River wechseln sich schwer beladene internationale Frachter mit luxuriösen Alaska-Kreuzfahrtschiffen ab. Weiße Jachten und bunte Segelboote, Kajaks und Kanus mischen sich darunter. Gut beobachten kann man das Treiben von Rotary Beach Seawalk und Discovery Pier aus.

Campbell River teilt sich mit Port Alberni den Ruf als *Salmon Capital of the World*, als Lachshauptstadt der Welt. Es heißt, Angeln sei hier so normal wie Atmen. Mit einer *Fishing License* ausgestattet, angelt man von der beliebten, 182 Meter langen und rund um die Uhr zugänglichen Discovery Pier aus. Wer nur Fische gucken will, kann dies vom Campbell River Canyon View Trail aus bzw. in der Quinsam Hatchery, einer Lachszuchtstation, tun.

Campbell River ist Ausgangspunkt für zahlreiche Freizeitaktivitäten und Wildnisexkursionen. Gewissermaßen vor der westlichen Haustür beginnt der **Strathcona Provincial Park**, einer der ältesten und größten Parks von British Columbia; zur Wasserseite hin bezaubert die Inselwelt der **Discovery Islands**.

Nur eine zehnminütige Fahrt per Autofähre von Campbell River entfernt liegt **Quadra Island**, die größte und mit 2700 permanenten Einwohnern am dichtesten besiedelte der Discovery Islands – eine nahezu perfekte Idylle zum Baden in einem der Seen, zum Lachsangeln, Tauchen, Wandern oder Kajakfahren. In **Quathiaski Cove**, der größten unter den drei Inselgemeinden, legt die Fähre an. Anheimelnder zeigt sich **Heriot Bay** mit dem historischen Heriot Bay Inn von 1894. Im nahen **Rebecca Spit Provincial Marine Park** findet man ruhige Sandstrände, hübsche Picknickplätze mit Aussicht und einen Wanderpfad. Ein indianisches Museum und Kulturzentrum, aktive Holzschnitzer und ein Leuchtturm laden in **Cape Mudge** zur Besichtigung ein.

Service & Tipps:

Tourism Campbell River
900 Alder St.
Campbell River, BC V9W 2P0
✆ (250) 830-1115, 1-866-830-1113
www.campbellriver.travel

Discovery Islands Chamber of Commerce
Quathiaski Cove, Quadra Island
BC V0P 1N0
✆ (250) 285-2234, 1-866-285-2724
www.discoveryislands.ca/chamber

BC Ferries/ Campbell River Terminal
1001 Island Hwy.
Campbell River, BC V9W 4Z8
✆ (250) 286-1412, www.bcferries.com
Tickets $ 8/0–8, Autos ab $ 26.50, »Coast Saver Fare« für Rabatte Di/Mi und Do

Bis zu 18-mal täglich legt die Autofähre von und nach Quathiaski Cove auf Quadra Island ab. Dauer der Überfahrt: 10 Min.

Nuyumbalees Cultural Centre
34 WeWay Rd.
Quadra Island BC V0P 1N0
✆ (250) 285-3733
http://nuyumbalees.com
Mai–Sept. 10–17 Uhr
Museum und Kulturzentrum der Kwakwaka'wakw-Indianer in Cape Mudge.

Quinsam Hatchery
4217 Argonaut Rd., 5 km nordwestl. von Campbell River via Hwy. 28, Campbell River, BC V9H 1P3
✆ (250) 287-9564
Ganzjährig tägl. 8–16 Uhr
Eintritt frei
Aufzuchtstation für fünf Lachsarten.

REGION 3 Vancouver Island

Zedernholzmaske der Kwakiutl aus Cape Mudge auf Quadra Island

Island Adventure Centre
Heriot Bay Inn
Quadra Island, BC V0P 1H0
✆ (250) 285-2007, 1-877-285-2007
www.islandadventurecentre.com
Boots- und Kajaktouren, geführte Exkursionen zum Beobachten von Orcas und Grizzlybären sowie zum Lachsangeln: 6- bis 7-stündige Orca-Tour $ 218 bzw. 160/189 bzw. 100, 1,5-stündige Küsten-Bootstour $ 44/0–44 u.v.m.

Rebecca Spit Marine Provincial Park
Ostseite von Quadra Island
www.env.gov.bc.ca/bcparks
177 ha großer Park auf einer 2 km langen Halbinsel bei Drew Harbour. Strände, Picknickplätze, kein Camping.

Harbour Grill
112 1334 Island Hwy.
Campbell River, BC V9W 2C2
✆ (250) 287-4143
www.harbourgrill.com
Steak- und Fischrestaurant im Discovery Harbour Shopping Centre. $$–$$$$

Salmon Festival
1. Juli (Canada Day)
www.crsalmonfestival.com
Lachsfestival mit vielen Lachsköstlichkeiten, Paraden, Helikopterflügen und Familien-Entertainment.

»Mural« in Chemainus

4 Chemainus

Das rund 4000 Einwohner zählende Städtchen besitzt ein ansprechendes Zentrum mit Boutiquen, Antiquitätengeschäften und Kunstgalerien. 36 Wandgemälde und zwölf Statuen machen Chemainus seit Anfang der 1980er-Jahre als Kanadas größte Freiluft-Kunstgalerie bekannt. Auf den Asphalt gemalte, gelbe Fußspuren führen zu farbenfrohen Fassadenmalereien und bieten einen abwechslungsreichen visuellen Rundgang durch die bunte Geschichte von Chemainus. Die Idee, international renommierte Künstler überlebensgroße Bilder mit kulturellen, historischen und landschaftlichen Szenen malen zu lassen, entstand, um in der im landwirtschaftlich geprägten Cowichan Valley gelegenen Stadt den Tourismus anzukurbeln. Mittlerweile hat sich das Projekt als voller Erfolg erwiesen, und es werden weitere Bilder hinzugefügt.

Im November 2005 machte sich Chemainus einen Namen in der Sporttaucherwelt, als vor Thetis Island eine ausrangierte Boeing 737 versenkt wurde. Sie soll riffbildende Flora und Fauna anziehen und zum Tauchrevier werden.

Service & Tipps:

Chemainus Visitor Info Centre
9796 Willow St.
Chemainus, BC V0R 1K0
✆ (250) 246-3944
www.chemainus.bc.ca

5 Courtenay

Courtenay (22 000 Einwohner) ist das wirtschaftliche und kulturelle Zentrum des landwirtschaftlich geprägten Comox Valley zwischen der Strait of Georgia und den hohen Bergen im Inselinneren. Direkte Nachbarin ist die Hafenstadt Comox, vor der Küste liegen Denman und Hornby Island.

Im Stadtzentrum laden Geschäfte, Galerien, Cafés und Restaurants sowie der Estuary Walkway und das **Courtenay District Museum and Paleontology Centre** zum Verweilen ein. Das Museum informiert über Fossilienfunde und Dinosaurier sowie die Geschichte der Region im Allgemeinen. Die Überreste des 80 Millionen Jahre alten, zwölf Meter langen Elasmosauriers waren 1988 die ersten ihrer Art, die man westlich der Rocky Mountains fand. Die Entdecker waren zwei Amateur-Fossiliensucher, ein Vater und seine zwölfjährige Tochter.

Von Buckley Bay, südlich von Courtenay und Comox legen die Fähren nach **Denman** und **Hornby Island** ab. Die beiden landschaftlich reizvollen, ruhigen Inseln sind beliebt zum Radfahren, Tauchen und Seekajakfahren und versprechen mit ihren vielseitigen Outdoor-Aktivitäten einen typischen Kanadaurlaub. Von der benachbarten hübschen Hafenstadt **Comox** legt die Fähre nach Powell River an der Sunshine Coast ab.

Im Sommer erreicht man schnell die einsamen Wanderpfade des **Forbidden Plateau** im **Strathcona Provincial Park**. Wanderungen, Fahrten mit dem Sessellift oder Mountainbiking locken zum **Mount Washington**, eigentlich ein Wintersportresort am Rande des Parks, 25 Kilometer nordwestlich von Comox.

Lautlos und leicht manövrierbar: Seekajak vor der Küste von Vancouver Island

Service & Tipps:

Comox Valley Visitor Info Centre
2040 Cliffe Ave.
Courtenay BC V9N 2L3
✆ (250) 334-3234, 1-888-357-4471
www.comoxvalleychamber.com

BC Ferries/ Buckley Bay Terminal
6866 Island Hwy., Fanny Bay, BC
✆ (250) 335-0323, www.bcferries.com
Nach Denman Island: ab $ 8.35/0–8.35; weiter nach Hornby Island: doppelter Fahrpreis, Autos ab $ 19.55
Fähren nach Denman und Hornby Island, mehrmals tägl. von Buckley Bay nach Denman Island und weiter nach Hornby Island.

BC Ferries/ Little River Terminal
1300 Ellenor Rd., Comox, BC V9M 4B3
✆ (250) 890-7808, www.bcferries.com
Überfahrt ab $ 12.50/0–12.50, Autos ab $ 39.50
Fährverbindung zwischen Comox und Powell River an der Sunshine Coast. 4-mal täglich. Dauer der Überfahrt: 1 Std. 20 Min.

Courtenay District Museum and Paleontology Centre
207 Fourth St.
Courtenay BC V9N 1G7
✆ (250) 334-0686
www.courtenaymuseum.ca
Ende Mai–Anfang Sept. Mo–Sa 10–17, So 12–16, sonst Di–Sa 10–17 Uhr
Eintritt frei, Spenden erwünscht
Regionalmuseum zu Dinosauriern, Indianern und weißen Pionieren.

Mount Washington Alpine Resort
1 Strathcona Pkwy.
Mount Washington, BC V9J 1L0
✆ (250) 338-1386, 1-888-231-1499
www.mountwashington.ca
Schneereiches Alpinresort am Rande des Strathcona Provincial Park. Im Sommer kann man wandern und mountainbiken.

Rechts und links der Straße blüht leuchtend gelb der wilde Ginster

6 Duncan

Zwischen Victoria und Nanaimo liegt das 5000 Einwohner zählende Städtchen Duncan. Die Anfahrt ab Victoria erfolgt über den **Malahat Drive**, einen besonders malerischen Abschnitt des Highway 1. Er windet sich bergauf durch schattige Wälder und bietet vom höchsten Punkt der Strecke eine fabelhafte Aussicht auf die Gulf Islands. Danach geht es hinunter ins **Cowichan Valley** zwischen Malahat und Ladysmith, das für seine Landwirtschaft und besonders den Weinbau bekannt ist. Die Indianer nannten das Tal *Cowichan*, was so viel bedeutet wie »das von der Sonne gewärmte Land«.

Ein beliebtes Ausflugsziel ist am Trans-Canada Highway südöstlich von Duncan **Cowichan Bay** – wegen seiner äußerst malerischen Lage, dem kleinen Hafen mit Fischer- und Sportbooten und den auf Stelzen im Wasser stehenden Häusern mit Restaurants und Geschäften. Oft untermalen wunderbare Sonnenuntergänge die Szenerie.

Duncan, die Heimat der Cowichan-Küstenindianer, hat sich seit den 1980er-Jahren einen Namen als *City of Totems*, Stadt der Totempfähle, gemacht. Bei einem Innenstadtspaziergang entlang dem mit aufgemalten Fußspuren markierten Pfad sieht man an die 80 farbenfroh und zumeist kunstvoll gestaltete Pfähle. Einblicke in die indianische Kultur bietet das **Quw'utsun' Cultural Centre** mit Sammlungen von Masken, Totems und anderen Gegenständen sowie indianischen Tanzvorführungen. Ein authentisches Souvenir ist ein handgestrickter Cowichan-Wollpullover.

Das **BC Forest Discovery Centre** am Nordrand von Duncan informiert über die Geschichte und Situation der Forstindustrie auf Vancouver Island und in British Columbia. Wanderpfade schlängeln sich durch das Gelände, man kann sich an diversen Holzfällertätigkeiten versuchen und ein komplett rekonstruiertes Holzfällercamp sowie eine Sägemühle besuchen. Ein Dampfzug, der früher geschlagene Stämme aus den Wäldern zu den Sägemühlen transportierte, schnauft nun in den Sommermonaten mit Touristen beladen durch den Wald.

Service & Tipps:

Duncan/Cowichan Chamber of Commerce & Visitor Info Centre
381 Trans Canada Hwy.
Duncan, BC V9L 3R5
✆ (250) 746-4636, 1-888-303-3337
www.duncancc.bc.ca

Tourism Cowichan
135 Third St.
Duncan, BC V9L 1R9
✆ (250) 746-1099, 1-888-303-3337
www.cvrd.bc.ca

BC Forest Discovery Centre
2892 Drinkwater Rd.
Duncan, BC V9L 6C2
✆ (250) 715-1113, 1-866-715-1113
www.bcforestmuseum.com
Tägl. Juni–Anfang Sept. 10–17, Mitte April–Ende Mai, Anfang Sept.–Anfang Okt. bis 16 Uhr
Eintritt $ 14/0–12, Nebensaison $ 10
Ausstellungen, Fahrten mit dem Dampfzug (Juli–Sept., halbstündl.).

Quw'utsun' Cultural Centre & Riverwalk Café
200 Cowichan Way
Duncan, BC V9L 6P4
✆ (250) 746-8119, 1-877-746-8119
www.quwutsun.ca
Mai–Sept. tägl. 10–17, Okt.–April Mo–Fr 10–16 Uhr
Eintritt (inkl. Führung und Multimediaschau) $ 15/0–12; plus Lachs-Barbecue und Tanzvorführung $ 36/0–34
Kulturzentrum und Museum der Cowichan-Indianer.

Multimediaausstellungen und Tanzvorführungen. Lunch und Dinner im Restaurant am Cowichan River (Juni–Sept.): indianische Spezialitäten mit Lachs, Heilbutt, Wild, Bison und wilden Beeren. $$

Cowichan Bay Boat Festival
Mitte Juni
Alles dreht sich um das hiesige Verkehrsmittel No. 1. Bootsbauwettbewerbe und -rennen, Wandmalereien etc.

7 Gulf Islands und Gulf Islands National Park Reserve

In der geschützten Lage der Strait of Georgia, zwischen Vancouver Island und dem Festland um Vancouver liegen die Gulf Islands. Die sechs Hauptinseln sind **Salt Spring Island, Mayne Island, Galiano Island, Saturna Island, Pender Island** und **Gabriola Island**. Sie profitieren von dem relativ milden, fast mediterranen Klima im Regenschatten von Vancouver Island mit einer üppigen Vegetation. Die Inseln sind per Wasserflugzeug oder Fähren erreichbar und durch solche auch miteinander verbunden. BC Ferries fährt von Swartz Bay (Victoria) und Tsawwassen (Vancouver) die Inseln Mayne, Saturna, North und South Pender Island an und Gabriola Island von Nanaimo aus. Inter-insulär erreicht man Mayne und Galiano Island von Salt Spring Island, Saturna von Galiano Island und Pender von Saturna Island aus.

15 Inseln und Inselchen in der Strait of Georgia und ihre Strandbereiche sowie jeweils 200 Meter breite Wasserzonen und einige historische Stätten der Salish-Küstenindianer sind seit Mai 2003 als **Gulf Islands National Park Reserve** geschützt. So soll ein für die kanadische Westküste typisches, fragiles Ökosystem mit Buchten und Tälern, hohen Klippen und sandigen Stränden sowie mit einer reichhaltigen Unterwasserflora und -fauna erhalten bleiben.

In den Gewässern des Archipels tummeln sich Orcas, Delfine, Seelöwen, Seehunde und Otter. Die Inseln sind naturgemäß ein Paradies für Camper, Wanderer und Radfahrer, Taucher und Seekajaker. Letztere finden vor Ort Ausrüster, die mit Booten und Material versorgen und Anfänger mit der Sportart vertraut machen.

Auf den friedvollen, abgeschiedenen Eilanden haben sich Maler, Bildhauer, Glasbläser und andere Künstler niedergelassen, die in Galerien und Geschäften ihre Werke ausstellen und verkaufen und zu bestimmten Zeiten in ihre Studios einladen.

Seelöwen – »Sea Lions« – in der Gulf Islands National Park Reserve

alten Salish-Küstenindianer gern an diesen Ort, den sie *Nanaimo*, Versammlungsplatz, nannten. Als die Weißen eintrafen, bedienten sie sich an den Kohlevorräten, den Pelztieren und den Hölzern. Zur Verteidigung ihrer Ansprüche legte die Hudson's Bay Company, wie überall in Kanada, recht zügig ein Fort an. Über diesen Teil der Geschichte berichtet das **Nanaimo District Museum**.

Typisch für Vancouver Island sind die »blonden« Waschbären (»Racoons«)

Entlang dem **Harbourside Walkway**, einem rund fünf Kilometer langen Promenadenweg, finden sich auf der einen Seite Parks, Aussichtspunkte, Geschäfte und Cafés und auf der anderen Fischerboote, Jachten und Wasserflugzeuge und bewaldete Inseln. Die historische **Bastion** an der Ostseite stammt von dem Fort der Hudson's Bay Company, das einst die Keimzelle der Stadt bildete, und ist ein Wahrzeichen von Nanaimo. An Sommermittagen um 12 Uhr wird an der Bastion nach altem Ritual ein Kanonenschuss abgefeuert.

Taucher können versenkte Schiffe und das weltgrößte künstliche Riff besuchen. Die Jacques Cousteau Society hat diese Gegend nach dem Roten Meer als zweitbeste Tauchregion der Welt bezeichnet. Wer tauchen oder schnorcheln möchte und Ausrüstung benötigt, wendet sich an einen der zahlreichen Anbieter in Nanaimo.

Im Juli lockt das viertägige **Nanaimo Marine Festival** mit den World Championship Bathtub Races. Wo sonst kann man von 8-PS-Motoren angetriebene Badewannen übers Wasser rasen sehen? Und das auf einer 58 Kilometer langen Strecke. Seit 1967 zieht dieses Spektakel auf der Georgia Strait alljährlich Teilnehmer aus aller Welt an. Bootsparaden, Entertainment und Feuerwerk runden das Marine Festival ab.

Vom Maffeo Sutton Park aus geht es mit der Passagierfähre in wenigen Minuten hinüber zum **Newcastle Island Provincial Marine Park**. Die autofreie Insel im Hafen von Nanaimo ist besonders bei Familien ein beliebtes Ausflugsziel mit Wald, Wiesen, sandig-kiesigen Stränden und steilen Sandsteinklippen, die eine reizvolle Kulisse zum Schwimmen, Sonnenbaden, Radfahren, Wandern, Picknicken und Campen bieten. Auf dem 7,5 Kilometer langen **Island Loop Trail** hat man die größten Chancen, die inseleigenen »blonden«, weil hellfarbigen Waschbären zu beobachten. Zu den schönsten Aussichtspunkten gehört der bewaldete **Giovando Lookout** oberhalb steiler Klippen an der Nordwestspitze der Insel.

Den schnellsten Zugang zu einer der quasi vor der Haustür angesiedelten Gulf Islands bietet Gabriola Island (vgl. S. 64 f.), das von Nanaimo in 20 Minuten zu erreichen ist.

Service & Tipps:

ⓘ **Nanaimo Visitor Info Centre**
2290 Bowen Rd.
Nanaimo, BC V9T 3K7
✆ (250) 756-0106, 1-800-663-7337
www.tourismnanaimo.com

BC Ferries/
Duke Point Terminal
400 Duke Point Hwy., südl. von Nanaimo auf der Halbinsel Duke Point jenseits der Bucht
Nanaimo, BC V9X 1H6
»Coast Saver Pass« für Rabatte Di/Mi und Do, ✆ (250) 722-0181
www.bcferries.com, Tickets ab $ 13.70/0–13.70, Autos ab $ 45.80
Fährservice 8-mal tägl. von und nach Tsawwassen (Vancouver). Dauer: 2 Stunden.

BC Ferries/
Departure Bay Terminal
680 Trans Canada Hwy., nördl. von Nanaimo, Nanaimo, BC V9S 5R1

✆ (250) 753-1261, www.bcferries.com
Tickets ab $ 13.70/0–13.70, Autos ab $ 45.80
Fährservice von und nach Horseshoe Bay (Vancouver) alle zwei Stunden. In der Hochsaison zusätzliche Überfahrten. Dauer: 1,5 Stunden.

BC Ferries/ Nanaimo Harbour Terminal
160 Front St., Nanaimo, BC V9R 2X1
✆ (250) 753-9344
www.bcferries.com, Tickets $ 8.75/0–8.75, Autos ab $ 20.90
Bis zu 16-mal täglich verkehrt die Auto- und Passagierfähre nach Gabriola Island.

Nanaimo District Museum
100 Museum Way
Nanaimo, BC V9R 5J8
✆ (250) 753-1821
www.nanaimomuseum.ca, Ende Mai–Anfang Sept. tägl. 10–17, sonst Di–Sa 10–17 Uhr, Eintritt $ 2/0–1.75
Regionalgeschichtliches Museum im Piper's Park.

The Bastion
98 Front St.
Nanaimo, BC V9R 2X1
✆ (250) 753-1821
www.nanaimomuseum.ca
Mitte Mai–Anfang Sept. tägl. 10–15 Uhr, Eintritt frei, Spenden erwünscht
Verbliebener Teil des 1853 errichteten Forts der Hudson's Bay Company, heute zum Nanaimo District Museum gehörig.

Newcastle Island Provincial Marine Park
Auf Newcastle Island
✆ (250) 754-7893, 1-877-297-8526
www.newcastleisland.ca
Überfahrt $ 9/0–9
Ab Maffeo Sutton Park in Downtown mit der Passagierfähre erreichbar.
Mitte Mai–Anfang Sept. tägl. 9–21, sonst tägl. 10–17, im April nur Sa/So 10–17 Uhr

West Coast Trail Express
Vgl. Victoria S. 53.

Dinghy Dock Pub
8 Pirates Lane
Nanaimo, BC V9R 6R1
✆ (250) 753-2373
www.dinghydockpub.com
Schwimmendes Familienrestaurant mit Kneipe am Good Point vor Protection Island. Per 10-minütiger Fährfahrt ab Nanaimo City Harbour Marina erreichbar (hin und zurück $ 8/0–8). Livemusik Fr/Sa. $–$$$

Gabriola Island's Friday Summer Art Tours
Juli/Aug., www.gabriolaartscouncil.org
Rund 40 Studios und Galerien mit Werken von ca. 90 Künstlern stehen zur Besichtigung offen. Anfang Okt. Thanksgiving Studio Tour.

Nanaimo Marine Festival & Great International World Championship Nanaimo Bathtub Race
Ende Juli, www.bathtubbing.com
Rennen von bunt und wild gestylten Badewannenbooten auf der Strait of Georgia. Startpunkt Nanaimo Harbour, Endpunkt Departure Bay.

9 Pacific Rim National Park

Scheinbar endlose Sandstrände begrenzen das mit Regenwald bedeckte Küstengebiet des Nationalparks, der sich über 100 Kilometer an der Pazifikküste des südwestlichen Vancouver Island erstreckt. Es gibt im Wesentlichen drei Parkabschnitte: das Long Beach Unit zwischen Tofino am Clayoquot Sound und Ucluelet am Barkley Sound, die Broken Group Islands im Barkley Sound und den 75 Kilometer langen West Coast Trail südlich von Bamfield.

Im Frühjahr und Herbst kann man oft Grauwale beobachten, im Winter toben sich die berüchtigten Pazifikstürme aus und sorgen dafür, dass die Storm Watchers genügend zu sehen und zu fotografieren haben.

Klaffmuschel (»Razor Clam«) im Pacific Rim National Park an der Westküste von Vancouver Island

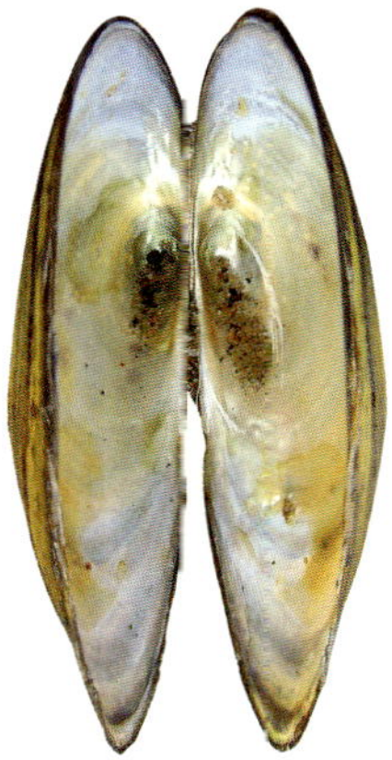

Die Anfahrt zum Pacific Rim National Park erfolgt über den Highway 4 ab Parksville. Vor der Küste teilt sich die Straße und führt nordwärts nach Tofino und südwärts nach Ucluelet. Wer innerhalb des Nationalparks übernachten will, reserviert rechtzeitig einen Platz auf dem Green Point Campground.

Der Parkteil mit den wellengepeitschten Gestaden des **Long Beach**, der mit insgesamt 22 Kilometern Länge seinem Namen alle Ehre macht, erstreckt sich auch in die dichten Küstenwälder hinein ins Inland und bildet den zugänglichsten Teil des Parks. Da die Wassertemperaturen nicht zum Baden einladen, gehören Strand- und von Rangern geführte Wanderungen zu den beliebtesten Aktivitäten, im Winter ist es Storm Watching.

Am Ende des **Nuu-Chah-Nulth Trail** steht ein relativ neuer Totempfahl, der erste, der seit 100 Jahren von Ucluelets Indianern errichtet wurde. Das **Wickaninnish Interpretive Centre** am Südende des Long Beach vermittelt Informationen über Flora und Fauna und bietet Tagesprogramme des National Park Service an. Im März und April ziehen schätzungsweise rund 20 000 Grauwale die Küste entlang bis nach Alaska. Da einige von ihnen in Gesellschaft von Seelöwen und Seehunden bis zum Herbst in der Gegend bleiben, sind die Whale-Watching-Chancen sehr gut.

Aus über 100 kleinen und kleinsten Inseln besteht die **Broken Group Islands** im Barkley Sound zwischen Ucluelet und Bamfield. Erfahrene Seekajaker erwartet in dem Archipel ein Paradies, in dem sie - ausreichend ausgerüstet - ungestört campen können. Darüber hinaus begeistert die vielfältige Unterwasserwelt mit ihren an Schiffswracks gebildeten Riffen die Sporttaucher.

Der 75 Kilometer lange, von Wind und Wetter gebeutelte **West Coast Trail** wurde im 19. Jahrhundert als Telegrafenpfad und später, nach der Jahrhundertwende, als Küstenrettungspfad angelegt. Der Fernwanderweg verläuft heute zwischen Pachena Bay (nördlicher Ausgangspunkt), fünf Kilometer südlich von Bamfield, und Gordon River bei Port Renfrew (südlicher Ausgangspunkt) am Ende des Highway 14. Selbst erfahrenen Wildniswanderern verlangt der raue Pfad einiges ab. Fünf bis sieben Tage veranschlagt man unter

Sonnenbad am Long Beach im Pacific Rim National Park

geeigneten (Wetter-) Bedingungen, mit guter körperlicher Kondition und entsprechender Planung für die Wanderung.

Der Weg führt vorbei an Wasserfällen, hohen Sandsteinklippen und Höhlen; es werden Bäche und Schluchten überquert. Weil nur 52 Wanderer gleichzeitig auf dem Trail unterwegs sein dürfen, muss man lange vorher reservieren. In der wetterkritischeren Saison von April bis Mitte Mai und in der zweiten Septemberhälfte gibt es keine Quotenregelung.

Am Strand des Pacific Rim National Park: »Giant Green Anemone« (Grüne Riesenanemone)

Service & Tipps:

Pacific Rim National Park Reserve
2185 Ocean Terrace Rd., Ucluelet
BC V0R 3A0, ✆ (250) 726-3500
www.pc.gc.ca/pacificrim
Eintritt $ 7.80/0–3.90, jeweils pro Tag, ab 5 Tagen Aufenthalt lohnt sich eine Jahreskarte

Pacific Rim Visitor Centre
2791 Pacific Rim Hwy.
Pacific Rim N.P., BC V0R 3A0
✆ (250) 726-4600
www.pacificrimvisitor.ca
Besucherzentrum am südlichen Parkeingang am Hwy. 4. Eintrittspässe, Ausstellungen.

Wickaninnish Interpretive Centre
485 Wick Rd.
Pacific Rim N.P., BC V0R 3A0
✆ (250) 726-4212
Parkinformation am Long Beach, 3,5 km abseits des Hwy. 4. Eintrittspässe, Ausstellungen. Mit Restaurant.

West Coast Trail
✆ (250) 387-1642, 1-800-663-6000 (Vorwahl 604 in Vancouver), www.westcoasttrailbc.com
Mai–Sept., Kosten $ 110 für das Trail Permit, plus $ 25 für die Reservierung (bis zu 3 Monaten im Voraus), plus jeweils $ 15 für die beiden Fähren bei den Nitinat Narrows und am Gordon River.

West Coast Trailhead Information Centres
- Pachena Bay/Bamfield
✆ (250) 728-3234
- Gordon River/Port Renfrew
✆ (250) 647-5434

10 Parksville

Mit einem sieben Kilometer langen Sandstrand wirbt die 11 000 Einwohner zählende Stadt, in deren Umkreis es reichlich Motels, Hotels und Restaurants gibt. Am Parksville Community Beach findet Anfang August das **Parksville Beach Festival** statt. Die kunstvollen Formationen, die beim Sandskulpturfestival entstehen, werden in einem Wettbewerb bewertet und sind ungefähr drei Wochen lang zu sehen.

Am Sandstrand (2 km) des **Rathtrevor Beach Provincial Park** südlich von Parksville kann man im warmen, flachen Wasser sehr gut schwimmen und den Tag mit Sonnenbaden und Nichtstun angenehm gestalten. Bei Ebbe zieht sich das Meer fast einen Kilometer zurück, und so kommen Strandwanderer wegen der Muscheln, Steine und anderer natürlicher Schätze, die der Spülsaum freigibt, hierher.

Highway 4 verläuft in schöner Streckenführung, aber kurvenreich und gut befahren westwärts nach Port Alberni, Tofino und Ucluelet und zum Pacific Rim National Park. Dabei werden einige der bedeutendsten Urwaldbestände der Insel passiert, aber ebenso großflächige Kahlschläge und Aufforstungsflächen, die den immensen Einfluss der Forstindustrie erkennen lassen.

<u>Highway 4:</u> ***Oft sind links und rechts der Straße weitflächige Kahlschläge und Aufforstungsflächen in verschiedenen Wachstumsstadien zu sehen, deren Daten von der Pflanzung bis zur Ernte auf großen Schildern angegeben sind. Zwischen Straße und abgeholzter Fläche bleibt – aus ästhetischen Gründen und als Imagewerbung der Holzgesellschaften – ein Streifen Wald als Blickschutz stehen.***

Westlich von Parksville zweigt vom Highway 4 der Errington Highway zum **Englishman River Falls Provincial Park** ab, einer wildromantischen

Schlucht mit zwei Wasserfällen. Wanderwege schlängeln sich durch den Wald, und an vielen Stellen eröffnen sich schöne Ausblicke.

In dem kleinen Örtchen **Coombs**, westlich von Parksville am Highway 4 geht es vorbei am Old Country Market, auf dessen grasbewachsenem Dach Ziegen weiden und ein fotogenes Motiv abgeben. Im General Store von 1910, einem nostalgischer Kramladen, kann man seine Vorräte auffrischen und ein kühles Getränk oder ein Eis kaufen.

Näher am Highway 4 und weiter westlich folgt der **Little Qualicum Falls Provincial Park**, ein bergiger Park an Little Qualicum River und Cameron Lake, in dessen bewaldete Felsenschlucht eindrucksvolle Wasserfälle herabstürzen. Ein Bad im Süßwasser ermöglicht die vier Kilometer weiter westlich gelegene **Cameron Lake Day Use Area**.

Die **Cathedral Grove** im **MacMillan Provincial Park** breitet sich auf beiden Seiten des Highway 4 aus. Auf der Südseite des Highways, längs dem Cameron River stehen 800 Jahre alte, riesig hohe Douglastannen mit bis zu neun Metern Umfang. Ebenso majestätisch sind die Zedern am Cameron Lake auf der Nordseite des Highways. Einige der gigantischen Urwaldbäume wurden durch Stürme gefällt – der schlimmste war der Eissturm im Winter 1996/97 – und liegen auf dem Boden ineinander verkeilt. Doch liefern die verbliebenen Baumriesen eine Vorstellung davon, wie die ganze Insel noch ein Jahrhundert zuvor ausgesehen haben mag.

Cathedral Grove im McMillan Provincial Park: uralte Baumriesen im Regenwald

Service & Tipps:

Parksville Visitor Info Centre
1275 E. Island Parkway
Parksville, BC V9P 2G3
✆ (250) 248-3613
www.parksvillechamber.com

Englishmann River Falls Provincial Park
13 km südwestl. von Parksville
Camping-Reservierungen:
✆ (519) 826-6850 und
1-800-689-9025
www.discovercamping.ca
www.env.gov.bc.ca/bcparks
Eintritt $ 3 pro Auto und Tag
1 km^2 großer Park mit Campingplatz. Via Errington Hwy. ab Hwy. 4 zu erreichen.

MacMillan Provincial Park
25 km westl. von Parksville
www.env.gov.bc.ca/bcparks
Eintritt frei
1,6 km^2 großer Park am Hwy. 4. Kurzwanderungen in der Cathedral Grove.

Little Qualicum Falls Provincial Park
19 km westl. von Parksville
Camping-Reservierungen:
✆ (519) 826-6850, 1-800-689-9025
www.discovercamping.ca

www.env.gov.bc.ca/bcparks
Eintritt $ 3 pro Auto und Tag
4,4 km² großer Park an Little Qualicum River und Cameron Lake. Zwei Campingplätze und 6 km Wanderwege.

Rathtrevor Beach Provincial Park
3 km südl. von Parksville
Camping-Reservierungen:
✆ (519) 826-6850 und 1-800-689-9025
www.discovercamping.ca
www.env.gov.bc.ca/bcparks
Eintritt $ 3 pro Auto und Tag
3,5 km² großer, sehr populärer Strandpark. Alte Bäume, 2 km langer, schöner Strand und herrliche Sonnenuntergänge. Picknick- und Campingmöglichkeiten. 5 km Wanderwege.

Coombs General Store
2268 Alberni Hwy.
Coombs, BC V0R 1M0
✆ (250) 248-0031
Nostalgischer Tante-Emma-Laden von 1910.

Old Country Market
Hwy. 4, Coombs, BC V0R 1M0
✆ (250) 248-6272
www.oldcountrymarket.com
Markt tägl. 9–19, Restaurant tägl. 9–18 Uhr
Nostalgischer Bauernmarkt mit Ziegen auf dem grasbewachsenen Dach.

Parksville Beach Festival
Mitte Aug.
www.parksvillebeachfest.ca
Großes, buntes Strandfest mit Sandburgenwettbewerben. Die Skulpturen bleiben ca. 3 Wochen lang zu sehen.

11 Port Alberni

Die Hafenstadt Port Alberni liegt an einem lang gestreckten Meeresarm, dem **Alberni Inlet**, der sich 48 Kilometer weit in die üppig bewaldeten Berge schiebt. Mit 17 600 Einwohnern ist sie die größte Stadt an der Westküste von Vancouver Island und ein Zentrum der Fischerei und der Forstwirtschaft.

Port Alberni nennt sich – wie auch Campbell River – *Salmon Capital of the World*, Lachshauptstadt der Welt. Die **Robertson Fish Hatchery**, eine Lachszuchtstation westlich von Port Alberni, produziert Junglachse, die zu Tausenden in den Bergflüssen der Umgebung ausgesetzt werden. Zwischen März und Juni befinden sich etwa sechs Millionen Jungfische in der Anlage. Die laichenden Lachse, die es ab Anfang August bis hierher zurückgeschafft haben, sind durch die Fischleitern des Stamp River Provincial Park aufgestiegen.

Über das Leben an, mit und auf dem Pazifischen Ozean erzählt das **Maritime Discovery Centre**. Anschaulich wird erklärt, wie ein Leuchtturm funktioniert, wie ein Frachthafen organisiert wird und wie von 1951 bis 1969 das »Bamfield Lifeboat« zur Rettung Schiffbrüchiger eingesetzt wurde.

In Kanada vorkommende Lachsarten:
Chinook oder King Salmon – Königslachs
Sockeye Salmon – Rotlachs
Coho Salmon – Silberlachs
Chum oder Dog Salmon – Hunds- oder Ketalachs
Pink oder Humpback Salmon – Buckellachs

Am **Harbour Quay**, dem lokalen Zentrum liegt die MV »Lady Rose« vor Anker und mit ihr eine Menge andere Schiffe, Fischerboote und Motorjachten. Ringsherum reihen sich kleine Geschäfte, Kunstgalerien, Restaurants und Bistros auf. Eine schöne Aussicht auf all das bietet der Clock Tower an der Argyle Street.

Port Alberni ist genau der richtige Ort, um eine Schiffstour auf dem Alberni Inlet nach Bamfield, den Broken Group Islands oder Ucluelet zu unternehmen – zum Beispiel mit der **MV »Lady Rose«**. Das 1937 in Schottland erbaute Fracht-, Post- und Passagierschiff kann 100 Passagiere befördern. Ihre größere Kollegin, die **MV »Frances Barkley«**, die 1958 in Norwegen das Licht der Welt erblickte, nimmt maximal 200 Passagiere auf. Für viele isolierte Siedlungen entlang dem Alberni Inlet schaffen die beiden Schiffe die notwendigen Verbindungen zur Außenwelt.

Mit der alten **»No. 7 Locie«**, einer historischen Dampflok von 1929, und ihren Passagierwaggons geht es vom historischen Bahnhof in Port Alberni los. Unterwegs überquert man eine alte Bockbrücke, ein gut erhaltenes Exemplar der gerüstartigen, hölzernen Eisenbahnbrücken, deren Anblick uns aus vielen Westernfilmen vertraut ist, und durch die Farmen und Wälder des Alberni Valley zur **McLean Mill National Historic Site**. Die komplett restaurierte historische Sägemühle war die einzige mit Dampf angetriebene in Kanada. Ein Damm und ein Mühlteich fassen die 1925 erbaute Mühle ein, historische Gebäude und ein Holzfällerlager gehören zum Freilichtmuseum.

Am Nordufer des Sproat Lake liegt der **Sproat Lake Provincial Park**, in dem Wasserski, Kanufahren und Schwimmen groß geschrieben werden und Camping- und Picknickfreunde auf ihre Kosten kommen. Der in den Wäldern gelegene Park rühmt sich prähistorischer Felszeichnungen, die an seinem Seeufer zu finden sind. Der See ist außerdem die Heimat zweier mächtiger **Martin Mars Water Bombers**, der größten und letzten Löschflugzeuge ihrer Art. Im Zweiten Weltkrieg dienten sie zum Truppentransport, übernahmen aber dann eine neue Rolle als Wassertransporter zur Waldbrandbekämpfung. Die Flugzeuge, deren Flügelspannweiten 60 Meter betragen, können jeweils über 20 000 Liter Wasser in ihre Tanks aufnehmen.

»The Catch of the Day«

Service & Tipps:

Port Alberni Visitor Centre
2533 Port Alberni Hwy.
Port Alberni, BC V9Y 8P2
✆ (250) 724-6535
www.avcoc.com

Pacific Rim Visitor Centre
2791 Pacific Rim Hwy.
Ucluelet, BC V0R 3A0
✆ (250) 726-4600
www.pacificrimvisitor.ca
Informationszentrum für Port Alberni, Pacific Rim N.P., Ucluelet und Tofino.

McLean Mill National Historic Site
5633 Smith Rd.
Port Alberni, BC V9Y 8M1
✆ (250) 723-1376
www.alberniheritage.com
Tägl. 10–16 Uhr, Eintritt $ 15.25/0–7.80
Das Freilichtmuseum um eine dampfgetriebene Sägemühle von 1925 ist auch mit der Alberni Pacific Railway (vgl. dort) erreichbar.

Port Alberni Maritime Discovery Centre
2750 Harbour Rd.
Port Alberni, BC V9Y 7X2
✆ (250) 723-6164
www.alberniheritage.com
Ende Juni–Anfang Sept. tägl. 10–17 Uhr
Eintritt frei, Spenden erwünscht

Museum zur Seefahrtgeschichte der Region.

Alberni Pacific Railway
E&N Train Station
3100 Kingsway
Port Alberni, BC V9Y 3B1
✆ (250) 723-1376
www.alberniheritage.com
Ende Juni–Anfang Sept. Do–So 10 und 14 Uhr
Fahrpreis $ 30/0–22.50
35-minütige Fahrten ab dem historischen Bahnhof mit der »No. 7 Locie«, einer Baldwinlokomotive von 1929, zur McLean Mill National Historic Site, Eintritt inkl.

Lady Rose Marine Services
5425 Argyle St.
Port Alberni, BC V9Y 7M7
✆ (250) 723-8313 (ganzjährig)
✆ 1-800-663-7192 (April–Sept.)
www.ladyrosemarine.com
Port Alberni–Bamfield $ 34, Port Alberni–Ucluelet $ 37, Port Alberni–Broken Group Islands $ 34, Ucluelet–Broken Group Islands $ 25; Kinder (7–15 Jahre) zahlen jeweils den halben Preis
Nach Bamfield (3,5–5,5 Std.) ganzjährig Di, Do, Sa um 8 Uhr; nach Ucluelet (4,5 Std.) und den Broken Group Islands (3 Std.) Juni–Sept. Mo, Mi und Fr um 8 Uhr; nach Bamfield und den (zusätzl.) Broken Group Islands Juli/Aug. So um 8 Uhr
Ab Argyle Pier, neben dem Alberni Harbour Quay, in South Port Alberni. Die MV »Lady Rose« fährt ganzjährig, die MV »Frances Barkley« nur in den Sommermonaten.

Robertson Fish Hatchery
Great Central Lake Rd.
Port Alberni, BC V9Y 8Z2
✆ (250) 724-6521
Tägl. 8.30–15.30 Uhr, Eintritt frei
Vor allem Königs- und Silberlachse produziert die Fischzuchtstation 18 km westlich von Port Alberni. Beste Zeit zur Lachsbeobachtung: Ende Sept.–Mitte Nov. während der Rückkehr der erwachsenen Lachse an die Laichplätze in der Station.

Sproat Lake Provincial Park
13 km nordwestl. von Port Alberni
Camping-Reservierungen:
✆ (519) 826-6850 und 1-800-689-9025
www.discovercamping.ca
www.env.gov.bc.ca/bcparks
Eintritt $ 3 pro Auto und Tag
43 ha großer Park am Sproat Lake.

Stamp River Provincial Park
Via Beaver Creek Rd.
Camping-Reservierungen:
✆ (519) 826-6850 und 1-800-689-9025
www.discovercamping.ca
www.env.gov.bc.ca/bcparks
3,3 km^2 großer Park an den Kaskaden des Stamp River. Mit Campingplatz.

West Coast Trail Express
✆ (250) 477-8700, 1-888-999-2288, www.trailbus.com
Busverbindung zwischen Nanaimo, Port Alberni und den Ausgangspunkten des West Coast Trail und des Juan de Fuca Marine Trail (vgl. auch S. 53).

Port Alberni Salmon Festival
Am Labour-Day-Wochenende
www.pasalmonfest.com
Anfang Sept.
Lachs-Festival mit Angelwettbewerben und Grillen. $ 10 000 Preisgeld winken für den größten Lachs.

12 Port Hardy

Die einwohnerreichste Stadt (3800) im Norden Vancouver Islands, 502 Kilometer nördlich von Victoria, liegt am Ende des gut ausgebauten Highway 19, der sich über die gesamte Insel gen Norden zieht. Lange bevor die europäischen Einwanderer im 19. Jahrhundert ihren Fuß auf die Insel setzten, siedelten hier Indianer.

Um Port Hardy erstreckt sich ein riesiges, menschenarmes Gebiet mit vielen Bergwäldern, in denen die Forstindustrie das Sagen hat. In den Waldrand-

Lachs wird oft nach traditioneller Art an hölzernen Gestellen zum Trocknen aufgehängt

REGION 3 Vancouver Island

Die Inside Passage ist eine insgesamt rund 1700 km lange Schiffsroute zwischen dem US-amerikanischen Häfen im Puget Sound, vorbei an Vancouver Island und Prince Rupert, bis hoch nach Alaska. Durch die Inselwelt ist sie bestens vor den Stürmen des Pazifiks geschützt. Der Hafen der BC Ferries bei Port Hardy befindet sich in Bear Cove, auf der Ostseite der Bucht.

regionen herrschen zerklüftete Küsten vor, die von tiefen Meeresarmen zerschnitten sind. Outdoor-Enthusiasten schätzen Telegraph Cove, Alert Bay, Gold River und all die anderen kleinen Orte als Ausgangspunkte für Angel-, Wander- oder Paddeltouren ins Hinterland.

Die meisten Besucher kommen nach Port Hardy, um mit einem der Schiffe in 15 Stunden durch die **Inside Passage** nach Prince Rupert zu fahren. Von Port Hardy starten die Fähren auch durch die Discovery Coast Passage zum abgelegenen Bella Coola. Beide Routen führen durch prachtvolle Insellandschaften, vorbei an tiefen Fjorden und dicht bewaldeten, fast gänzlich unbewohnten Küsten mit einzelnen Leuchttürmen und verlassenen Fischereibetrieben. Über die Wälder erheben sich die felsigen Gipfel und Gletscher der Coast Mountains. In der Nacht vor dem Ablegen der Fähren sind die Motels und anderen Unterkünfte von Port Hardy meist ausgebucht, daher muss man rechtzeitig reservieren.

An Port Hardys **Waterfront Walkway** entlang der Hardy Bay befinden sich Geschäfte und das lokale Museum, das über die indianischen Ureinwohner, über Vergangenheit und Gegenwart von Forstwirtschaft, Bergbau und Walfang sowie andere regionale Themen informiert. Teile des Museums sind **Fort Rupert**, ein ehemaliges Fort der Hudson's Bay Company, von dem jedoch nur noch der Kamin original erhalten ist, sowie ein für Zeremonien genutztes Big House, ein historischer Friedhof und Totempfähle der Kwakiutl-Indianer.

Bei schönem Wetter bietet sich von Port Hardy ein Ausflug via Byng und Beaver Harbour Road zum **Storey's Beach** an, elf Kilometer südlich der Stadt. An diesem Strand mit sehr weiten Ausblicken kann man wunderbar schwimmen.

Nass, wild und windig ist es häufig im **Cape Scott Provincial Park**. Einsame Strand- und Waldregionen mit uralten Sitkafichten und Rotzedern, Salzmarschen und Felsregionen sind die Wahrzeichen des Parks. Trotzig schmiegt sich der straßenlose Wildnispark an Vancouver Islands nördlichste Spitze. 115 Kilometer beträgt die wind- und wetterzerzauste Küstenlinie des Parks zwischen Shushartie Bay im Osten und San Josef Bay im Südwesten, davon sind 30 Kilometer Strand. Fast zweieinhalb Kilometer lang und bei Ebbe über 200 Meter breit ist der treibholzübersäte **Nels Bight**, der eindrucksvollste Strand des Parks, den man nach einer 17-Kilometer-Wanderung erreichen kann. Das eigentliche Cape Scott mit dem 1960 erbauten Leuchtturm befindet sich auf privatem Land außerhalb des Parks.

Die schwarz-weißen Orcas in der Robson Bight Ecological Reserve südöstlich von Telegraph Cove leben geschützt

Landkarte. Das 107 Kilometer nordwestlich von Victoria gelegene Port Renfrew ist bekannt als südlicher Anfangs- oder Endpunkt des berühmten **West Coast Trail** (vgl. Pacific Rim N.P., S. 67 ff.) bzw. des **Juan de Fuca Marine Trail**.

Wachsender Beliebtheit erfreut sich der **Juan de Fuca Provincial Park** mit dem gleichnamigen, 47 Kilometer langen, einsamen Küstenwanderweg. Die Route verläuft zwischen Botanical Beach südwestlich von Port Renfrew und China Beach nordwestlich von Jordan River und führt über Sandstrände, vorbei an tiefen Wäldern und über Bäche und Flüsse. Die mehrtägige, anstrengende Wanderung setzt gute Kondition und ebensolche Planung voraus. Der Fernwanderweg wurde 1995 als eine Alternative zum populären West Coast Trail eröffnet. Die Trails sind jedoch nicht miteinander verbunden.

Am Ende des Highway 14, am nordwestlichen Ausgangspunkt des Juan de Fuca Trail, liegt **Botanical Beach**. Der Strand ist durch seine artenreichen Gezeitenpools in den Sandsteinfelsen und Granitklippen bekannt, die man bei Ebbe sehr gut erreichen kann. In den mit Meerwasser gefüllten kleineren und größeren Vertiefungen und natürlichen Becken beobachtet man bei Ebbe zahlreiche Pflanzen- und Tierarten, die dort auf die Flut warten. Am Botanical Beach gibt es Picknick-, aber keine Campingmöglichkeiten. Ein schöner Campingplatz befindet sich am China Beach bei **Jordan River**. Das kleine Örtchen selbst ist dank seiner oft riesigen, krachenden Wellen bei Surfern beliebt.

Abgelegen, schwer zugänglich und unglaublich beeindruckend ist der nebel- und regenreiche **Carmanah Walbran Provincial Park**, der 20 Kilometer nordwestlich von Port Renfrew beginnt. Der durch seine noch völlig unberührten, moosbewachsenen Küstenregenwälder berühmte Wildnispark grenzt im Süden an den Pacific Rim National Park, besitzt aber keine Verbindung zum West Coast Trail. Rein rechnerisch stehen in diesem Provinzpark zwei Prozent des Original-Küstenregenwaldes von British Columbia. Die mit 95 Metern weltgrößte Sitkafichte ragt hier empor, ihre Nachbarn sind teils über 800 Jahre alte Artgenossen und 1000-jährige Zedern. Die lange von der Holzfällerei bedrohten Baumgiganten sind seit 1990 (unteres Carmanah Valley) bzw. 1995 (Walbran Valley und oberes Carmanah Valley) geschützt. Die einzigen Zugänge zum Naturschutzgebiet bestehen über private Holzfällerpisten. Infrastruktur gibt es im Park nicht. Allein am Lower Carmanah Valley Trailhead bestehen einfache Informations- und Campingmöglichkeiten.

Service & Tipps:

West Coast Trailhead Information Centre
Gordon River/Port Renfrew BC
✆ (250) 647-5434
Weitere Informationen zum West Coast Trail unter Pacific Rim N.P. (vgl. S. 68 f.).

Juan de Fuca Provincial Park
Westl. von Jordan River
Reservierungen: ✆ 1-800-689-9025 und (519) 826-6850
www.discovercamping.ca
www.env.gov.bc.ca/bcparks
Eintritt $ 3 pro Tag und Auto
15,3 km² großer Küstenpark mit dem Juan de Fuca Marine Trail und fast unberührten Strandlandschaften. Camping in Zeltunterkünften möglich.

Carmanah Walbran Provincial Park
20 km nordwestl. von Port Renfrew
www.env.gov.bc.ca/bcparks
165 km² großer Wildnispark mit geschützten uralten Bäumen.

15 Qualicum Beach

Qualicum Beach ist ein hübsches, fußgängerfreundliches Touristenstädtchen mit 8500 Einwohnern und einer Fülle von kleinen Geschäften, Kunstgalerien

Juan de Fuca Provincial Park: Am Botanical Beach sind Beobachten und Fotografieren erlaubt, aber bitte nichts anfassen, denn hier gilt wie überall in den Naturparks: Nimm nichts als Bilder, hinterlasse nichts als Fußspuren, schon der Schmierfilm von Sonnenmilch oder anderen Kosmetika auf der Haut könnte beispielsweise das empfindliche Gleichgewicht in den Gezeitenpools beeinträchtigen.

Der Name »Qualicum« bezieht sich auf die indianische Bezeichnung »Wo der Hundslachs zieht«.

Fossilien von verschiedenen Fundorten auf Vancouver Island werden im Paleontology Museum in Qualicum Beach präsentiert

und Restaurants am Highway 19A, der Oceanside Route, entlang der Strait of Georgia. Seine Pluspunkte sind der wunderbar sonnenverwöhnte Sandstrand und die angenehmen Wassertemperaturen an diesem Küstenstrich.

Zu den lokalen Besonderheiten zählt das **Old Schoolhouse Arts Centre**, das Werke lokaler, regionaler und internationaler Künstler vorstellt. Auch das **Vancouver Island Paleontology Museum** im Power House Museum Complex ist ein populäres Ziel. Es zeigt Fossilien von verschiedenen Fundorten Vancouver Islands und des restlichen British Columbia. Star der Ausstellung ist das zweieinhalb Meter lange, 60 000 Jahre alte Skelett einer Eiszeit-Walrossdame namens »Rosie«, das 1979 nördlich von Qualicum Beach gefunden wurde.

Die **Big Qualicum Fish Hatchery**, eine Lachszuchtstation nördlich des Ortes, liegt am Highway 19A. Dort sind topographische Modelle der Landschaften von Vancouver Island ausgestellt, und diverse Becken geben zahlreichen Fischen ein temporäres Zuhause. Auf Spazierwegen am Big Qualicum River und dem Laichkanal können Fische beobachtet werden.

Service & Tipps:

Qualicum Beach Visitor Info Centre
2711 W. Island Hwy.
Qualicum Beach, BC V9K 2C4
✆ (250) 752-9532
www.qualicum.bc.ca

Qualicum Beach Museum
587 Beach Rd.
Qualicum Beach, BC V9K1K7
✆ (250) 752-5533
www.qbmuseum.net
Ende Mai–Mitte Sept. Di, Do 13–16 Uhr, Eintritt frei, Spenden erwünscht
Highlight des paläontogischen Museums ist das 60 000 Jahre alte Skelett einer Eiszeit-Walrossdame.

The Old Schoolhouse Arts Centre
122 Fern Rd. W.
Qualicum Beach, BC V9K 1T2
✆ (250) 752-6133
www.theoldschoolhouse.org
Mo 12–16.30, Di–Sa 10–16.30, So 12–16 Uhr, im Winter So geschl.
Eintritt frei
Studio und Kunstgalerie mit Werken von über 150 Künstlern Vancouver Islands. Auch Konzerte.

Big Qualicum Fish Hatchery
215 Fisheries Rd.
Qualicum Beach, BC V9K 1Z5
✆ (250) 757-8412
Zuchtbetrieb für wilde Lachse und Forellen.

16 Sidney

Das Hafenstädtchen – mit vollständigem Namen Sidney-by-the-Sea – mit 11 300 Einwohnern am Nordende der Saanich Peninsula liegt rund 20 Kilometer nördlich von Victoria, das man von dort in einer knappen halben Autostunde erreicht. Wegen seiner vielen unabhängigen Buchläden, die in der Innenstadt kleine Oasen für Bücherfreunde bilden, hat sich Sidney den Beinamen *Canada's Booktown* gegeben.

Sidney ist das Tor zu den Gulf Islands, hier residiert das Hauptbüro des **Gulf Islands National Park Reserve**, das gerade ein neues Verwaltungszentrum am Tsehum Harbour baut. Das **Marine Ecology Centre**, ein interessantes Meeresforschungszentrum an der Port Sidney Marina, informiert über die reichhaltige Flora und Fauna in den Gewässern der Strait of Georgia.

In der benachbarten Kleinstadt **Brentwood Bay**, die wie Sidney zum Großraum Victoria zählt, liegen die **Butchart** (vgl. S. 49), und die **Butterfly Gardens** (vgl. S. 50). Unweit befinden sich auch der Flughafen und der Fährhafen von Victoria mit Verbindungen nach Tsawwassen/Vancouver, den Gulf Islands sowie den San Juan Islands und Anacortes in den USA.

Service & Tipps:

Sidney/Saanich Peninsula Visitor Info Centre
10382 Patricia Bay Hwy.
Sidney, BC V8L 3S3, ✆ (250) 656-0525
www.peninsulachamber.ca

Gulf Islands National Park Reserve
2220 Harbour Rd., Sidney, BC V8L 2P6
✆ (250) 654-4000, 1-866-944-1744
www.pc.gc.ca/gulf
Hauptbüro des 2003 gegründeten, 35 km² großen Gulf Islands National Park Reserve.

Shaw Ocean Discovery
9811 Seaport Place
Sidney, BC V8L 4X3
✆ (250) 655-1555
www.oceandiscovery.ca
Tägl. 12–17 Uhr, Eintritt $ 12/0–6
Meeresforschungszentrum und Aquarium in Downtown Sidney. Informationen zur Flora und Fauna des Gulf Islands National Park. Ausflüge.

BC Ferries/ Swartz Bay Terminal
Patricia Bay Hwy. (via Hwy. 17)
Sidney, BC V8L 3S8
✆ (250) 656-5571, www.bcferries.com
Schiffsverbindungen nach Tsawwassen, Vancouver (vgl. Victoria, S. 52 f.) und zu den Gulf Islands.

Beacon Books
2372 Beacon Ave.
Sidney, BC V8L 1X3
✆ (250) 655-4447, www.sidneybooktown.ca/beacon_books.html
Mo–Sa 10–17.30, So 12–16 Uhr
Bücher aus »zweiter Hand«.

Über die Angebote von Sidneys Buchhändlern kann man sich im Internet informieren: www.sidneybooktown.ca.

17 Sooke

Das hübsche Städtchen westlich von Victoria zählt 9700 Einwohner. Städte, Farmland und malerische Küstenstriche mit immergrünen Wäldern, rauen Klippen und herrlichen Sandstränden wechseln sich auf der ungefähr 40-minütigen Fahrt von Victoria in sehenswerter Folge ab. Lohnenswerte Ausflugsziele in der Umgebung von Sooke sind Fisgard Lighthouse, East Sooke Park, Whiffen Spit Park und Sooke Potholes Park.

Sookes Küste ist ein gutes Revier zum Salzwasserangeln, und so nennt sich Sooke nicht umsonst »Kanadas südlichster Salzwasserhafen«.

Der **East Sooke Regional Park** auf einer Halbinsel südlich des Sooke Harbour an der bewaldeten Felsenküste der Juan de Fuca Strait ist ein Wanderparadies mit insgesamt 50 Kilometer langen Wegen entlang wildromantischen Stränden und dem Regenwald. Von der Aylard Farm, wo nur noch ein alter Obstgarten an die ehemalige Besiedlung erinnert, kommt man am schnellsten an einen der felsengesprenkelten Strände. Eine beliebte Tageswanderung ist der zehn Kilometer lange **Coast Trail** von der Aylard Farm entlang der Küste bis zur Pike Road.

Auf einem sehr schmalen Landstück südlich von Sooke, das einen natürlichen Wellenbrecher zwischen seinem Hafen und der Juan de Fuca Strait bildet, liegt der kleine **Whiffen Spit Park**. Dort kann man zum Leuchtturm am Ende des Landstücks wandern oder die schönen Fernblicke auf die Olympic Mountains jenseits der Meerenge, den geschützten Hafen von Sooke und die grünen Hügel der Umgebung genießen

Der glasklare Sooke River durchfließt den **Sooke Potholes Provincial Park** nördlich des Städtchens und mündet bald darauf ins Meer. In seinem wilden Verlauf bildet er eine Reihe von Kaskaden und durch das Wasser geschliffene und polierte *potholes*, Felsenpools, die zum Schwimmen und Picknicken beliebt sind. Im Herbst kommen Silber- und Königslachse zum Laichen den Fluss hinauf.

21 Kilometer westlich von Sooke trifft der Highway 14 auf den **French Beach Provincial Park** mit einem eineinhalb Kilometer langen Sand- und Kiesstrand an der Küste der Juan de Fuca Strait. Im Frühjahr und im Herbst ziehen vor dem Strand die Grauwale vorbei. Elf Kilometer sind es von dort noch nach Jordan River. Der Highway 14 setzt seinen Weg als West Coast Road fort und führt vorbei an ursprünglichen Strandregionen nach Port Renfrew.

Service & Tipps:

Sooke Visitor Info Centre
2070 Philips Rd.
Sooke, BC V0S 1N0
✆ (250) 642-6351, 1-866-888-4748
www.sookeregionmuseum.com
Informationszentrum für Sooke, Port Renfrew und Umgebung.

Sooke Regional Museum
2070 Phillips Rd.
Sooke, BC V9Z 1H7
✆ (250) 642-6351
www.sookeregionmuseum.com
Tägl. 9–17 Uhr
Eintritt frei
Museum zur Geschichte von Sooke und der Südwestküste Vancouver Islands.

East Sooke Regional Park
East Sooke Rd., East Sooke, BC
www.eastsookepark.com
1420 ha großer Küstenpark.

French Beach Provincial Park
21 km westl. von Sooke
www.env.gov.bc.ca/bcparks
Camping-Reservierungen: ✆ 1-800-689-9025 und (519) 826-6850
www.discovercamping.ca
Eintritt $ 3 pro Auto und Tag
59 ha großer Küstenpark mit Wanderpfaden, Picknick- und Campingplatz.

Sooke Potholes Provincial Park
5 Kilometer nördl. des Hwy. 14
www.env.gov.bc.ca/bcparks
Eintritt $ 3 pro Auto und Tag
7 ha großer Park am Sooke River. Zufahrt via Sooke River Rd.

Sooke Harbour House
1528 Whiffen Spit Rd. (via Hwy. 1 und Hwy. 14)
Sooke, BC V9Z 0T4
✆ (250) 642-3421, 1-800-889-9688
www.sookeharbourhouse.com
Gasthaus in einem malerischen Garten am Meer. Köstliche und kreative Westküstenküche, u.a. »Seaweed Dinners«. Der helle, freundliche Inn besitzt auch 28 Gästezimmer. $$$–$$$$

18 Strathcona Provincial Park

Der 1911 etablierte Strathcona Provincial Park ist einer der größten und ältesten Provinzparks in British Columbia. Die nächstgelegenen Städte sind Campbell River, Courtenay und Comox an Vancouver Islands Ostküste. Von ihnen

Trekking Camp am Campbell Lake im Strathcona Provincial Park

Tofino Botanical Gardens
1084 Pacific Rim Hwy.
Tofino, BC V0R 2Z0
✆ (250) 725-1220
www.tofinobotanicalgardens.com
Tägl. ab 9 Uhr, verschiedene Schließzeiten, Eintritt $ 10/0–6
Botanischer Garten am Meer mit Regenwald. Wanderpfade, kulturelle Veranstaltungen. Mit Restaurant.

The Pointe Restaurant
Osprey Lane & Chesterman Beach
Tofino, BC V0R 2Z0
✆ (250) 725-3100, 1-800-333-4604
www.wickinn.com
Erstklassiges Restaurant mit weitem Buchtblick im herrlich gelegenen Wickaninnish Inn. *Pacific Rim*-Küche mit viel frischem Fisch und Meerestieren. Frühstück, Lunch und Dinner. $$$-$$$$

Ocean Outfitters
368 Main St., Tofino, BC V0R 2Z0
✆ (250) 725-2866, 1-877-906-2326
www.oceanoutfitters.bc.ca
Organisiert Wal- oder Bärenbeobachtungen oder auch einen Wellness-Tag in den Hot Springs.

Cougar Island Water Taxi
✆ (250) 670-9692, 1-888-726-8427
Wassertaxi-Service zwischen Tofino und Flores Island.

Tofino Air
50 1st Dock, Tofino
✆ (250) 725-4454, 1-866-486-3247
www.tofinoair.ca
Flüge zu den Hot Springs, zur Wal- oder Bärenbeobachtung, zu den Della Falls und zum West Coast Trail etc.

Pacific Rim Summer Festival
Erste Julihälfte
www.pacificrimsummerfestival.ca
Abendliche Konzerte, täglich vielfältige Musik-, Tanz- und Theaterdarbietungen. In Tofino, Ucluelet und dem Pacific Rim N.P.

20 Ucluelet

Das attraktive 1500-Einwohner-Städtchen am Ende einer Halbinsel im Barkley Sound, einer Pazifikbucht mit ursprünglicher Küstenlinie, lebt vom Nationalparktourismus und den zahlreichen Wasseraktivitäten im Sommer sowie vom Storm Watching im Winter. Sein Name ist indianischen Ursprungs und bedeutet »sicherer Hafen«. In diesem geschützten, malerischen Hafen tummeln sich Fischer- und Motorboote, Kajaks, Fracht- und Ausflugsschiffe.

Service & Tipps:

Pacific Rim Visitor Centre
2791 Pacific Rim Hwy., Ucluelet
BC V0R 3A0, ✆ (250) 726-4600
www.pacificrimvisitor.ca
Zuständig für Port Alberni, Pacific Rim N.P., Ucluelet und Tofino.

Jamie's Whaling Station
168 Fraser Lane, Ucluelet
BC V0R 3A0, ✆ (250) 725-3919 und 1-877-726-7444, www.jamies.com
Walbeobachtungstouren, auch Seelöwen, Bären etc.

Wickaninnish Restaurant
Wickaninnish Rd.
Ucluelet, BC V0R 3A0
✆ (250) 726-7706
www.wickaninnish.ca
Restaurant am Long Beach mit hervorragender Aussicht auf die Brandung. $$$-$$$$

Pacific Rim Whale Festival
Anfang/Mitte März, www.pacificrimwhalefestival.org
Einwöchiges Festival zur »Hauptreisezeit« der Grauwale. Walbeobachtungsfahrten.

REGION 4
Südliches British Columbia

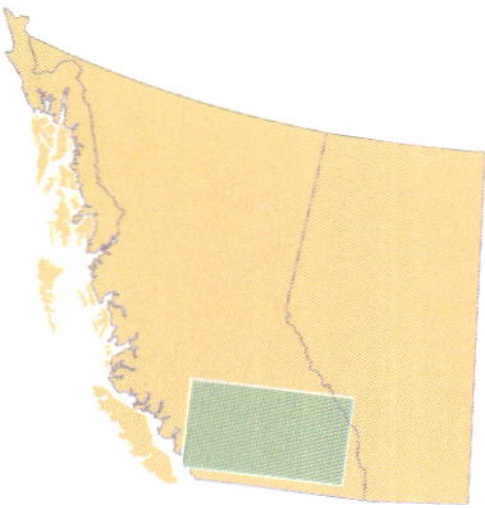

Südliches British Columbia

Von den Gestaden des Pazifiks bis zu den Rocky Mountains

Der Süden von British Columbia ist an Vielfalt kaum zu überbieten. Zuerst ist die Küstenregion mit der prächtigen Metropole Vancouver zu nennen, die sich nicht nur als idealer Ausgangspunkt für erlebnisreiche Touren entlang der Küste, ins Landesinnere und nach Vancouver Island eignet, sondern selbst einen mehrtägigen Aufenthalt lohnt. 2010 wurden in Vancouver und im benachbarten Whistler die Olympischen Winterspiele ausgetragen.

Das Tal des Fraser River bildet den Übergang in die Waldeinsamkeit der Küstenberge; Harrison Hot Springs an seinem Unterlauf bietet sich mit seinen heißen Quellen und den Sandstränden als Tagesausflugsziel von Vancouver an. Hope, die nächste Station auf dem Weg ins Landesinnere, liegt am Ende des breiten Fraser River Valley am Fuße der Coast Mountains

Pazifismus und anderen Prinzipien bestimmt wurde, weiter aus. Ihr Anführer war der als »Lordly« bekannte, charismatische Peter Verigin (1859–1924).

Die Geschichte der Duchoborzen wird im **Doukhobor Discovery Centre** westlich des Columbia River erzählt. Auf einer ruhigen Insel an der Flussmündung liegt der **Zuckerberg Island Heritage Park** (9th St. & 7th Ave.). Dort steht das bis 1961 bewohnte Haus des Lehrers Alexander Zuckerberg, der die Kinder der russischen Siedler unterrichtete.

Castlegar – the Best »dam« City in the World bedeutet nicht nur, dass die Stadt in den Augen ihrer Bewohner als die »verdammt noch mal beste Stadt der Welt« gilt, sondern dass sie mit dem mächtigen **BC Hydro Hugh Keenleyside Dam** das Zentrum der Elektrizitätserzeugung am Columbia River bildet. Seit Mitte der 1960er-Jahre staut der Damm mit einer 51 Meter hohen Betonmauer den Columbia River zum Lower Arrow Lake auf. Am besten ist er von der Broadwater Road aus zu sehen. Führungen gibt es dort nicht. Weiter dem östlichen Seeufer folgend erreicht man nach 19 Kilometern den **Syringa Provincial Park** am südöstlichen Ufer des Lower Arrow Lake, einen sehr populären Park mit Badestrand und Campingplatz.

Südwestwärts sind es 70 Kilometer bis zum **Christina Lake Provincial Park**. Mit einer sommerlichen Durchschnittstemperatur von 23 Grad Celsius ist der Christina Lake als wärmster Badesee Kanadas bekannt. Auf seinem wunderbaren, 350 Meter langen Sandstrand stehen schattenspendende Bäume – ein ideales Revier für einen Ruhetag am See. Übernachten kann man im Park zwar nicht, aber picknicken. Camping ist auf dem Texas Creek Campground zehn Kilometer östlich möglich.

Er bevorzugt offenes trockenes Grasland und trockene Wälder wie in der Kootenay-Region: der Amerikanische Dachs, »Badger«

Service & Tipps:

Castlegar and District Chamber of Commerce Visitor Centre
1995 6th Ave., Castlegar, BC V1N 4B7
✆ (250) 365-6313, 1-888-365-6313
www.castlegar.com

Doukhobor Discovery Centre
112 Heritage Way
Castlegar, BC V1N 4M5
✆ (250) 365-5327
www.doukhobor-museum.org
Mai–Sept. tägl. 10–17 Uhr
Eintritt $ 8/0–5
Freilichtmuseum des ehemaligen Dorfes der Duchoborzen.

Syringa Creek Provincial Park
Am südöstl. Ende des Lower Arrow Lake
Camping-Reservierungen:
✆ 1-800-689-9025 und (519) 826-6850
www.discovercamping.ca
www.env.gov.bc.ca/bcparks
44 km^2 großer Provincial Park mit Campingmöglichkeiten.

Christina Lake Provincial Park
Im Ort Christina Lake
www.env.gov.bc.ca/bcparks
Mit nur 6 ha ein sehr kleiner, aber feiner Park am wärmsten Badesee Kanadas.

Der Hugh Keenleyside Dam ist einer der insgesamt neun Dämme, die in Kanada den Durchfluss des Columbia River kontrollieren und Elektrizität für einen Großteil der Bevölkerung Nordamerikas generieren.

3 Cranbrook

Cranbrook (18 300 Einwohner) breitet sich vor der prächtigen Kulisse der Rocky Mountains im Norden und Osten und der Purcell Mountains im Westen aus. Im ausgehenden 19. Jahrhundert war die Stadt an einer Strecke der Canadian Pacific Railway erbaut worden, weil diese wegen zu hoher Grundstückspreise den damaligen prosperierenden Hauptort der Region Fort Steele umge-

Fort Steele:
Die gute alte Zeit lebt auf bei gemächlichen Kutsch- und Dampfzugfahrten durch das Freilichtmuseum oder in den Theaterstücken des Wild Horse Theatre.

hen wollte. Mit Fort Steele ging es von da an bergab. Über die Bedeutung der Eisenbahn als Lebensader im 19. und 20. Jahrhundert informiert das **Canadian Museum of Rail Travel** mit einer umfangreichen Sammlung von Eisenbahn-Memorabilien. Darunter sind so exquisite Überbleibsel wie die neun Waggons des komfortablen Überlandzuges »Trans Canada Limited«, der 1929 als rollendes Hotel samt Speise- und Schlafwagen die Linie Montréal-Vancouver befuhr.

Von der Entstehung und dem Niedergang des Ortes Fort Steele erzählt das 16 Kilometer nordöstlich von Cranbrook am Kootenay River gelegene Freilichtmuseum **Fort Steele Heritage Town**. Fort Steele hatte sich aus der winzigen Siedlung Galbraith Ferry entwickelt, in der während des Kootenay-Goldrauschs von 1864 die Brüder John und Robert Galbraith eine Kabelfähre betrieben. Später war die Kleinstadt zu Ehren von Samuel Steele, dem Superintendenten der Northwest Mounted Police, umbenannt worden. Nach der Umgehung der Stadt durch die Eisenbahn war Fort Steele ab 1898 in die Bedeutungslosigkeit einer verstaubten Geisterstadt versunken.

Heute allerdings wirkt es einladend hübsch und gepflegt wie in seinen besten Zeiten. Viele der über 60 rekonstruierten und renovierten pastellfarbenen Gebäude kann man auch von innen besichtigen. Authentisch gekleidete Schmiede, Hausfrauen, Bäcker, Bauern, Schäfer und andere »Einwohner« üben ihre Tätigkeiten aus, Besucher können in der Bäckerei, im Kolonialwarenladen oder im Pioneer Tinshop einkaufen oder eine Kutschfahrt unternehmen.

Service & Tipps:

Cranbrook Chamber of Commerce
2279 Cranbrook St. N.
Cranbrook, BC V1C 4H6
✆ (250) 426-5914, 1-800-222-6174
www.cranbrookchamber.com

Canadian Museum of Rail Travel
57 Van Horne St. S.
Cranbrook, BC V1C 4H9
✆ (250) 489-3918
www.trainsdeluxe.com
Mitte April–Mitte Okt. tägl. 9.45–18, sonst Di–Sa 10–17 Uhr

Fort Steele Heritage Town: Kutschfahrt wie im Wilden Westen

Eintritt $ 14.40/3.40–7.20
Sehenswertes Eisenbahnmuseum am Hwy. 3/95 in Downtown Cranbrook.

Fort Steele Heritage Town
9851 Hwy. 93/95
Fort Steele, BC V0B 1N0
✆ (250) 426-7352
www.fortsteele.ca
Juli/Aug. tägl. 9.30–18.30, Ende April–Ende Juni, Anfang Sept.–Anfang Okt. tägl. 9.30–17, sonst 10–16 Uhr
Eintritt Hauptsaison $ 25/0–15 inkl. Theater, Kutsch- und Zugfahrten
Hervorragendes Freilichtmuseum zur Pionierzeit der Kootenay-Region.

»Red Indian Paintbrush« (Roter Indianerpinsel) wächst in weiten Teilen von British Columbia

4 Creston

Creston (4800 Einwohner) liegt nur 13 Kilometer von der Grenze zu Idaho, USA, im flachen Tal des Kootenay River. Etwas weiter westlich verläuft die Zeitzonengrenze zwischen Pacific Standard und Mountain Standard Time. Touristischer Anlaufpunkt im Ort selbst ist die **Columbia Brewery**, die das bekannte Kokanee-Bier produziert. Creston wirbt damit, aus dem reinen Wasser der Region das beste Bier zu brauen.

Elf Kilometer westlich von Creston gelangt man zur **Creston Valley Wildlife Management Area**, einem 7000 Hektar großen Schutzgebiet zwischen Kootenay Lake und der US-Grenze, das aus See, Flusslauf und weiten Marschen sowie den sanft im Tal auslaufenden Berghängen besteht. Seine ungestörte Natur dient über 250 Vogelarten als Lebensraum. Kurze Wanderpfade beginnen am Naturschutzzentrum. Besonders interessant ist ein Besuch zur Zeit der Vogelzüge in den Frühjahrs- und Herbstmonaten. Ein Vogelbeobachtungsturm überblickt die Marsch.

Bei der Weiterfahrt entlang dem herrlichen Ostufer des Kootenay Lake passiert man bei **Boswell** das skurrile **Glass House**. 1952 wurde es vom pensionierten Leichenbestatter David H. Brown aus schätzungsweise einer halben Million Glasflaschen erbaut. Ursprünglich war das zweistöckige Gebäude nicht als Touristenattraktion, sondern als Wohnhaus gedacht.

Service & Tipps:

Creston Valley Chamber of Commerce
121 Northwest Blvd. (Hwy. 3)
Creston, BC V0B 1G0
✆ (250) 428-4342, 1-866-528-4342
www.crestonbc.com/chamber

Creston Valley Wildlife Centre & Management Area
W. Creston Rd. (11 km westl. von Creston)
Creston, BC V0B 1G0
✆ (250) 402-6908
www.crestonwildlife.ca
Anfang Mai–Anfang Okt., Eintritt $ 3
Naturschutzgebiet im Marschland am Hwy. 3. Geführte Wanderungen ($ 5) und Kanutouren ($ 7) sind möglich.

Columbia Brewing Company
1220 Erickson St.
Creston, BC V0B 1G0
✆ (250) 428-9344
www.kokaneeglacierbeer.com
Führungen Mitte Mai–Mitte Okt. Mo–Fr 9.30, 11, 13, 14.30 Uhr, Juli/Aug. halbstündl., außerhalb der Saison bitte Zeiten erfragen
Eintritt frei
Führung durch die Brauerei, anschließend gibt es Pröbchen der Kokanee-Biersorten.

Glass House
Hwy. 3A, Boswell, BC V0B 1A0
✆ (250) 223-8372
Juli/Aug. tägl. 8–20, sonst tägl. 9–17 Uhr, Eintritt $ 10/0–5
Aus Glasflaschen erbautes Haus am Ostufer des Kootenay Lake, 40 km nördlich von Creston. Am besten auf dem Weg von oder zur Kootenay Bay–Balfour Ferry zu besichtigen.

5 Glacier National Park

Der 1350 Quadratkilometer große Park wird vom Trans-Canada Highway durchquert. Er nimmt Teile der schroffen Selkirk Range und der nicht minder rauen Purcell Range ein – steile Bergketten mit engen Tälern in den Columbia Mountains. Bereits 1886, nur kurze Zeit nach Ankunft der Eisenbahnen im kanadischen Westen, wurde dieser Nationalpark gegründet.

Grizzly mit Nachwuchs, den sogenannten »Cubs«

Eine spektakuläre Hochgebirgsszenerie verheißt bereits der Name des Parks, von den rund 400 Gletschern und Eisfeldern sind **Asulkan und Illecillewaet Glacier** die bekanntesten. Gespeist werden die Gletscher von den gewaltigen Niederschlägen, die beim Aufeinanderprallen des trockenen, kalten Kontinental- und des feuchteren, wärmeren Meeresklimas entstehen. Im Winter ist im Park außer dem Rogers Pass Centre und dem Trans-Canada Highway alles geschlossen und liegt unter einer zwei Meter hohen Schneedecke. Lawinenschutz wird jedoch groß geschrieben: Die Schneeansammlungen an der Straße und auf den Schienen werden von modernsten mobilen Stationen beobachtet und notfalls rechtzeitig weggesprengt.

Die **Rogers Pass National Historic Site** erinnert an die Streckenfindung und den Bau der Schienenstränge für die Canadian Pacific Railway Anfang der 1880er-Jahre. 1882 überstieg der Landvermesser A. B. Rogers zum ersten Mal den 1323 Meter hohen Pass, der heute seinen Namen trägt. Beeindruckt von der wilden Landschaft erklärte er den steilen und lawinengefährdeten Pass aber für eisenbahntauglich. Bald schon begannen Ingenieure, Lawinenverbauungen zu konstruieren, die stabil genug waren, die Schienen zu schützen. 1916 entstand der Connaught Tunnel, doch erst 1962 kämpfte sich das Asphaltband des Trans-Canada Highway parallel zu den Schienen den Pass hoch.

Östlich des Rogers Pass überquert man die Zeitzonengrenze zwischen Pacific Standard und Mountain Standard Time.

Das **Rogers Pass Discovery Centre** nahe der Passhöhe (69 km östlich von Revelstoke, 72 km westlich von Golden) gibt Auskunft über die historischen Gegebenheiten, zeigt Filme und Ausstellungen über den Park. Architektonisch ähnelt das Gebäude den Lawinenschutzbauten der Eisenbahn. In unmittelbarer Nachbarschaft steht das einzige Hotel des Parks.

Weit ab von jeglicher Zivilisation sind die hochalpinen Regionen Anziehungspunkte für echte Wildniswanderer. Entlang rauschender Ströme betritt der Mensch das Reich von Grizzlybären und Karibus. Wanderwege führen von den Flusstälern von Asulkan, Illecillewaet und Beaver River hinauf in alpine Regionen oberhalb der Schneegrenze. Nur wenige kurze Wanderungen beginnen am Highway und bleiben auch in seiner Nähe, so zum Beispiel der nur einen knappen halben Kilometer lange **Hemlock Grove Trail** (54 km östlich von Revelstoke), der durch einen dichten Regenwald mit uralten Hemlocktannen führt. Ein Kilometer lang ist der **Meeting of the Waters Trail** ab dem Illecillewaet Campground, auf dem man das Mündungsgebiet von Asulkan und Illecillewaet River durchstreift.

Bärenspur im Sand

Service & Tipps:

Glacier National Park
P.O. Box 350, Revelstoke
BC V0E 2S0, ✆ (250) 837-7500
www.pc.gc.ca/glacier
Eintritt $ 7.80/3.90
Der Park wird zusammen mit dem Mount Revelstoke N.P. verwaltet.

Rogers Pass Discovery Centre
Am Rogers Pass
✆ (250) 837-7500
Mitte Juni–Anfang Sept. tägl. 7.30–20, sonst 8.30–16.30 Uhr
Informationszentrum des Glacier National Park.

6 Golden

Das 3800-Einwohner-Städtchen breitet sich im flachen Tal des Rocky Mountain Trench aus, umgeben von einer grandiosen Bergwelt. Der junge Kicking Horse River strömt hier in den Columbia River.

Der Grauwolf (»Grey Wolf«): Noch zu Beginn des 20. Jahrhunderts erhielten Trapper in British Columbia für jeden erlegten Wolf zweieinhalb Dollar Kopfgeld. 1949 war die Prämie bereits auf 40 Dollar gestiegen. Der Bestand wurde so um die Hälfte reduziert.

Begrenzt wird der Rocky Mountain Trench bei Golden von den Rocky Mountains im Osten und der zu den Columbia Mountains gehörenden Purcell Range im Westen. Vom Trans-Canada Highway schweift der Blick weit über den Talboden. Die umliegenden Gipfel sind oft bis in den Sommer hinein schneebedeckt. Im Herbst bilden die Zitterpappeln innerhalb der dunklen Wälder am Fuße der Berge leuchtende Goldtupfer, und die gelben Lokomotiven der Canadian Pacific Railway mit ihren langen Zügen bahnen sich pfeifend den Weg durch das Tal.

Golden ist Ausgangspunkt für Touren in insgesamt sechs Nationalparks. Es liegt am Rande des Yoho National Park, den man auf dem Highway 95 East erreicht, und nur 72 km östlich des Rogers Pass im Glacier National Park. Einplanen sollte man einen Besuch des informativen **Northern Lights Wildlife Wolf Centre** und der Bisonranch im herrlichen **Blaeberry Valley**. Mit den Wölfen kann man nach vorheriger Anmeldung auf eine Kurzwanderung gehen. Bisons sieht man auf der nahe gelegenen **Rocky Mountain Ranch**, wo der große Bulle namens Chester Herr über eine vielköpfige Herde ist.

Im Sommer stehen in und um Golden zahlreiche Outdoor-Sportarten auf dem Programm, im Winter sind es natürlich Skilaufen, Snowboarden und Winterbergsteigen im **Kicking Horse Ski Resort**.

Service & Tipps:

Golden & District Chamber of Commerce
500 10th Ave. N.
Golden, BC V0A 1H0
© (250) 344-7125, 1-800-622-4653
www.tourismgolden.com

Northern Lights Wildlife Wolf Centre
1745 Short Rd. (via Hwy. 95 West und Blaeberry Valley Rd.)
Golden, BC V0A 1H1
© (250) 344-6798, 1-877-377-WOLF
www.northernlightswildlife.com
Tägl. Juli/Aug. 9–21, Sept.–Juni 10–18 Uhr, Eintritt $ 10/0–10
Wolfsgehege im idyllischen Blaeberry Valley nördlich von Golden. Vorträge zum Thema »Wolf«. Gegen Extragebühr Kurzwanderungen mit den Grauwölfen.

Rocky Mountain Buffalo Ranch
1739 Oberg Johnson Rd.
Golden, BC V0A 1H1
© (250) 344-4779, 1-866-400-8400
www.sanctuaryretreat.com
Eintritt $ 7/5
Bisonranch im Blaeberry Valley nördlich von Golden.

Goldenwood Lodge Trail Rides
2493 Holmes Deakin Rd., 21 km nördl. von Golden, via Blaeberry School Rd. und Holmes Deakin Rd.
Golden, BC V0A 1H1
© (250) 344-7685, 1-888-344-7686
www.goldenwoodlodge.com
Anfang Mai–Mitte Okt.
Mountainbike- und Kanuverleih.
Zimmer in der Lodge, Blockhäuser und Tipis zu vermieten.
$

Kicking Horse Ski Resort
1500 Kicking Horse Mountain Trail
Golden, BC V0A 1H0
© (250) 439-5424, 1-866-754-5425

www.kickinghorseresort.com
Skigebiet 14 km oberhalb von Golden an den Flanken der Purcell Mountains mit dem 2347 m hohen Eagle's Eye. Unterkünfte, Restaurants, Skiverleih etc.

Cedar House Café
735 Hefti Rd.
Golden, BC V0A 1H2
✆ (250) 344-4679
www.cedarhousecafe.com
Wunderbar gelegenes Restaurant abseits des Hwy. 95, 6 km südlich von Golden. Terrasse mit weitem Blick auf die Berge und das Tal des Columbia River. Vermietung einer gemütlichen Blockhütte. $$$

7 Harrison Hot Springs

Was heute der Erholung dient, war zur Goldrauschzeit mangels Badezimmern pure Notwendigkeit: das Baden in den heißen Quellen von Harrison Hot Springs. Der Ort am Harrison Lake zählt heute rund 1600 Einwohner und ist aufgrund seiner Nähe zu Vancouver bei dessen Einwohnern als Badeort beliebt. Die Wassertemperatur der beiden Quellen variiert zwischen 58 und 62 Grad Celsius, die Pools werden jedoch mit herabgekühltem, 40 Grad Celsius warmen Wasser gespeist.

Bereits 1886 war am Ufer des Harrison Lake das erste Hotel entstanden. Heute finden Urlauber neben herrlichen Sandstränden eine optimale Infrastruktur, Windsurfer und Wasserskiläufer ziehen ihre Bahnen über den 60 Kilometer langen See, während über ihnen die *Hangglider* (Drachenflieger) ihre Runden drehen. Alljährlich sind von der zweiten September- bis zur zweiten Oktoberwoche am Strand des Harrison Lake wunderschöne Sandskulpturen zu besichtigen.

Zwischen Farmland und Bergen im westlich gelegenen Harrison Mills findet man die **Kilby Historic Site**, wo ein musealer Kolonialwarenladen samt

Der Harrison Lake vor der grandiosen Kulisse der Coast Mountains

kostümierten Darstellern das Landleben von vor fast 100 Jahren auferstehen lässt – einschließlich hausgemachter Kost im angeschlossenen Harrison River Tea Room. Eliza und Thomas Kilby hatten den kleinen, aber gut gehenden Laden 1906 eröffnet, und mit der großen Farm, auf der er lag, bildete er bald den Mittelpunkt des Ortes Harrison Mills. Von 1922 bis zur Schließung 1977 führte Sohn Acton den Laden weiter.

Bei gutem Wetter sind auf jeden Fall die **Minter Gardens** bei Rosedale, ausgedehnte Gartenanlagen mit elf fantastischen Themengärten und Blumenschauen, auf der Nordseite des Trans-Canada Highway einen Besuch wert.

Service & Tipps:

Harrison Hot Springs Visitor Information
499 Hot Springs Rd.
Harrison Hot Springs, BC V0M 1K0
✆ (604) 796-5581
www.tourismharrison.com

Kilby Historic Site
215 Kilby Rd.
Harrison Mills, BC V0M 1L0
✆ (604) 796-9576, www.kilby.ca
Mitte Mai–Anfang Sept. tägl. 11–17, Anfang April–Mitte Mai und Anfang Sept.–Anfang Okt. Do–Mo 11–16 Uhr
Eintritt $ 9/0–7
Etwa 20 Minuten südwestlich von Harrison Hot Springs.

Minter Gardens
52892 Bunker Rd., Rosedale
BC V0X 1X0, ✆ (604) 792-3799
und 1-888-MINTERS
www.mintergardens.com
Ende März–Mitte Okt.: Juli/Aug. tägl. 9–19, April, Okt. 10–17, Mai, Sept. tägl. 9–17.30, Juni 9–18 Uhr
Eintritt $ 16/0–9
Botanischer Garten am Trans-Canada Hwy. (Harrison Hot Springs Exit). Restaurant und Café sind angeschlossen.

8 Hope

An der Mündung des kleineren Coquihalla in den Fraser River, dort, wo der mächtige Fluss die Berge verlässt und sich seinen Weg durch ein breites Tal gen Pazifik sucht, liegt das rund 6200 Einwohner zählende Hope. Die von den steilen, bewaldeten Bergen der Cascade und der Coast Mountains umgebene Stadt entstand 1848 aus einem Pelzhandelsposten der Hudson's Bay Company. Zahlreiche große Holzskulpturen brachten Hope den Namen *Chainsaw Carving Capital*, »Kettensägenskulpturen-Hauptstadt«, ein. Ansonsten sonnt es sich noch immer im Ruhm von »Rambo« und anderen Hollywoodfilmen, die im späten 20. Jahrhundert in der Umgebung gedreht wurden.

Touristenattraktion Nummer eins sind in Hope die **Othello Quintette Tunnels** im **Coquihalla Canyon Provincial Park** östlich der Stadt. Ein für Wanderungen und Radtouren genutzter Weg folgt der 1911–16 erbauten und bis 1959 von der Kettle Valley Railway betriebenen Strecke. Bei Hope waren fünf Tunnel in die Granitfelsen geschlagen worden, aber immer wieder zerstörten Geröll- oder Schneelawinen die Strecke, sodass sie 1961 schließlich aufgegeben wurde und verfiel. Im späten 20. Jahrhundert wurde das touristische Potenzial der malerisch bewaldeten Umgebung erkannt und der Freizeitweg angelegt. Auch einige Szenen von »First Blood«, dem ersten Rambo-Film, wurden vor dieser Kulisse gedreht.

Noch nach all den Jahren ist das Geröllfeld der **Hope Slide** am Crowsnest Highway östlich der Stadt erkennbar. Am 9. Januar 1965 begrub ein durch ein Erdbeben ausgelöster Erdrutsch einen See, die Straße und vier Personen in ihren Autos unter sich. Die Leute hatten dort, bedingt durch eine kleinere Lawine, auf die Räumung der Straße gewartet. Zwei der Opfer wurden nie gefunden. Die Hope Slide ließ den gesamten Südwesthang des Berges zu Tal rutschen und war Kanadas größter Erdrutsch.

Hope ist von Vancouver 154 km entfernt und am schnellsten über den Trans-Canada Highway zu erreichen. Von hier zweigt auch der Crowsnest Highway in Richtung Manning Provincial Park und Princeton ab. Der Coquihalla Highway als schnelle, kostenpflichtige, aber weniger interessante Autobahnverbindung führt weiter in Richtung Kamloops.

Siegel der Hudson's Bay Company

REGION 4
Südliches British Columbia

Der Trans-Canada Highway folgt von Hope nunmehr dem schäumenden Fraser River flussaufwärts nach Norden durch die enge Schlucht zwischen Cascade und Coast Mountains. Begleitet wird er von den Linien der **Canadian National Railway (CN)** und der **Canadian Pacific Railway (CP)**, die beim Bau der Eisenbahnlinien jeweils eine Seite der steilen Flussufer einspurig belegt hatten. Beide Gesellschaften haben sich heute darauf geeinigt, westwärts den Schienenstrang der CN zu nutzen und ostwärts den der CP am gegenüberliegenden Ufer, damit Zeitverzögerungen bei der Durchfahrt der langen Züge vermieden werden.

Der wildeste Teil des Fraser Canyon: Hell's Gate

Insgesamt wird dieser Teil des Trans-Canada Highway seit der Eröffnung des Coquihalla Highway 1987 zunehmend vernachlässigt, denn viele Reisende bevorzugen den zwar kostenpflichtigen, aber schnelleren Weg ins Landesinnere. Doch findet sich viel Interessantes am Weg längs des Fraser River.

Rund 40 Kilometer nördlich von Hope überquert der Trans-Canada Highway den Fraser River auf der **Alexandra Bridge**, einer 1962 erbauten Bogenbrücke aus Stahl und Eisen. Ihre Vorgängerin aus dem Jahr 1926 war noch mit den Originalpfeilern der allerersten Brücke (1863) erbaut worden. Die Alexandra Bridge ist ein begehrtes Fotomotiv. Für den Fahrzeugverkehr steht sie längst nicht mehr zur Verfügung und ist nur noch zu Fuß zu überqueren, aber mit dem tosenden Fluss unter sich ist sie einen Spaziergang wert. Im späten 19. Jahrhundert war die Flussquerung auf der alten Alexandra Bridge unvermeidlicher Bestandteil der Cariboo Wagon Road.

Weiter nördlich im Fraser Canyon, dort wo sich Coast und Cascade Mountains bis auf den schmalen Flussspalt nähern, gelangt man zur **Hell's Gate Air Tram**, der wohl am meisten frequentierten Attraktion der Region. Gerade einmal 33 Meter breit ist die Schlucht des Fraser River an dieser Stelle. Seit 1971 transportieren die roten Kabinen der Seilbahn jeweils bis zu 25 Personen hinunter in den Canyon. Die Seilbahn wurde von Schweizer Ingenieuren konstruiert. Unten in der Flussschlucht kann man eine Hängebrücke überqueren und die Aussicht nach beiden Seiten genießen. Das **Fraser River Fisheries Display** informiert über die alljährlich den Fluss heraufziehenden Rotlachse. Man sieht sie im Herbst vor allem an den Fischleitern, die 1946 angelegt wurden und die es den Fischen ermöglichen, die extrem reißenden Strömungsbereiche, die im frühen 20. Jahrhundert durch den Eisenbahnbau geschaffen worden waren, zu überwinden.

Hell's Gate Air Tram: ***»Wir mussten dort durch, wo sich niemals ein menschliches Wesen hin wagen sollte – sicherlich waren wir auf die Tore der Hölle gestoßen«, drückte es der große Entdecker Simon Fraser aus, als er 1808 diese Verengung des Fraser River Canyon auf dem Flussweg bezwang.***

Service & Tipps:

Hope Visitor Information Centre/Museum Complex
919 Water Ave.
Hope, BC V0X 1L0
✆ (604) 869-2021, 1-866-467-3842
www.hopebc.ca
Museum Mitte Mai–Mitte Sept.
Eintritt frei, Spenden erwünscht
Regionales Geschichtsmuseum am Visitor Centre zu den Themen indianische Ureinwohner, Holzfällerei und Pioniere.

Alexandra Bridge Provincial Park
40 km nördl. von Hope
www.env.gov.bc.ca/bcparks
Historische Brücke und 55 ha Land am Fraser River.

Othello Quintette Tunnels
Im Coquihalla Canyon Provincial Park
Eintritt $ 3 pro Auto und Tag
Wander- und Radweg im Provincial Park nördlich von Hope. Anfahrt über den Coquihalla Hwy. (Ausfahrt 183)

oder Kawkawa Lake Rd. und Othello Rd.

Hell's Gate Air Tram
43111 Trans Canada Hwy.
Boston Bar, BC V0X 1L0
✆ (604) 867-9277
www.hellsgateairtram.com
Tägl. Mitte Mai–Anfang Sept. 10–17, Mitte April–Mitte Mai und Anfang Sept.–Mitte Okt. 10–16 Uhr
Eintritt $ 19/0–13
Seilbahn in die 152 m tiefe Schlucht des Fraser River. Am Trans-Canada Hwy. zwischen Hope und Lytton.

Blue Moose Coffee House
322 Wallace St.
Hope, BC V0X 1L0
✆ (604) 869-0729
www.bluemoosecafe.com
Freundliches, familiengeeignetes Café-Restaurant. Sandwiches, Suppen, Salate, Snacks, Kuchen und verschiedene Kaffeespezialitäten. Internet-Café. Oft Live-Musik. $

9 Kamloops

Anfang des 19. Jahrhunderts aus einem Handelsposten der Hudson's Bay Company entstanden, ist Kamloops (80 400 Einwohner) heute die wichtigste Industriestadt der Region und ein bedeutender Verkehrsknotenpunkt am Trans-Canada Highway. Die Stadt breitet sich inmitten einer sonnenverbrannten Westernlandschaft aus, die aus semiaridem Hügelland mit wüstenähnlicher Vegetation, trockenen Wäldern und braunem Grasland besteht. Erst ostwärts in Richtung Shuswap Lake wird das Land wieder grüner.

Zu den wichtigsten Wirtschaftszweigen der Region zählen Holzindustrie, Tourismus, Landwirtschaft und Viehzucht. Entlang den Highways im Umland bieten zahlreiche Verkaufsstände Obst und Gemüse frisch von der Farm an. Ab und zu sieht man mit schwarzer Plastikfolie abgedeckte Felder, dort wird seit Beginn der 1980er-Jahre Ginseng angebaut, der hier ein perfektes Klima findet und dank der populären chinesischen Küche immer beliebter wird. Außerdem findet er in der Kosmetikindustrie und Medizin Verwendung. Betriebsführungen und Kurbäder bietet die **Sunmore Ginseng Factory**, eine Ginsengplantage und -fabrik samt angeschlossenem Wellness-Betrieb.

Kamloops ist für Wildwasserfahrten auf dem North Thompson River und andere Outdoor-Aktivitäten bekannt und ein geeigneter Ausgangspunkt für Touren zum **Wells Gray Provincial Park**. Eisenbahnnostalgiker können vom historischen Bahnhof 70-minütige Ausflüge mit dem Dampfzug »Spirit of Kamloops« mit anschließendem Steakdinner unternehmen.

In der Sprache der Shuswap-Indianer bedeutet *Kamloops* Zusammenfluss, denn hier vereinen sich North Thompson und South Thompson River. An dieser Stelle gründete 1811 die North West Company eine Niederlassung, die später von der Hudson's Bay Company weitergeführt wurde. 1862 entwickelte sich die kleine Stadt zur bedeutenden Station der Goldsucher des Cariboo Gold Rush. 1885 erhielt sie durch die Canadian Pacific Railway den ersten Schienenanschluss. Über diese historischen Aspekte informiert das **Kamloops Museum**.

Speziell auf die indianische Besiedlung der Region geht das am South Thompson River gelegene **Secwepemc Museum** ein. Man erfährt, wie die Secwepemc-Indianer aus Birkenrinde Kanus herstellten, wie sie in Sommer- und Winterdörfern lebten, jagten und fischten und die Pflanzen der Umgebung nutzten.

Konkurrenten Seite an Seite im Tal des Fraser River: Güterzüge der Canadian Pacific und der Canadian National Railway

REGION 4
Südliches British Columbia

In Kamloops trennen sich die Linien der Canadian Pacific und der Canadian National Railway nach ihrem gemeinsamen Weg durch den Korridor des Fraser River. Die CN schlängelt sich entlang dem North Thompson River via Jasper nach Edmonton, während die CP den South Thompson River begleitet, sich über den Kicking Horse Pass schwingt und sich dann Calgary zuwendet.

Service & Tipps:

Tourism Kamloops
1290 W. Trans Canada Hwy.
Kamloops, BC V2C 6R3
✆ (250) 374-3377, 1-800-662-1994
www.tourismkamloops.com

Kamloops Museum & Archives
207 Seymour St.
Kamloops, BC V2C 2E7
✆ (250) 828-3576
www.kamloops.ca/museum
Di–Sa 9.30–16.30 Uhr
Eintritt frei, Spenden erwünscht
Kleines Museum zur Geschichte der Stadt und der Region; mit Kindermuseum.

Secwepemc Museum & Heritage Park
355 Yellowhead Hwy.
Kamloops, BC V2H 1H1
✆ (250) 828-9778
www.secwepemc.org/museum
Mitte Juni–Anfang Sept. tägl. 8–16, sonst nur Mo–Sa 8–16 Uhr
Eintritt $ 7/0–5
Museum zur Kultur der Secwepemc-Indianer. Anfang August dreitägiges »Kamloopa Pow Wow« mit Tanz, Musik und alten Legenden.

Sunmore Ginseng Factory
925 McGill Place
Kamloops, BC V2C 6N9
✆ (250) 374-3017 und 1-888-289-8222
www.sunmoreginseng.com
Mo–Fr 8–17, Sa/So 10–15 Uhr
Eintritt frei
Ginsenganbau, -verkauf und -weiterverarbeitung. Führungen durch Betrieb und Farm. Mit Kurbad.

Kelowna am Okanagan Lake

Kamloops Heritage Railway
510 Lorne St.
Kamloops, BC V2C 1W3
✆ (250) 374-2141
www.kamrail.com, Ende Juli–Ende Aug. Mo und Fr 19, Sa 11 Uhr, Tickets $ 17/0–13, mit Train Special & Dinner $ 40/0–25, 1 Kleinkind pro Erw. gratis
70-minütige Rundfahrt mit dem historischen Dampfzug »Spirit of Kamloops«. Train Special & Dinner rechtzeitig reservieren. Dinner im Keg Steakhouse & Bar.

Brownstone Restaurant
118 Victoria St.
Kamloops, BC V2C 1Z7
✆ (250) 851-9939
www.brownstone-restaurant.com
Elegantes Downtown-Restaurant im historischen Gebäude der Bank of Commerce. Nur Dinner. $$$

10 Kelowna

Mit annähernd 107 000 Einwohnern ist Kelowna die größte Stadt am rund 110 Kilometer langen, oft türkisblau schimmernden Okanagan Lake mit wunderbaren Stränden. Der von der US-amerikanisch-kanadischen Grenze bis in den Norden British Columbias führende Highway 97, der den See seit 1958 auf einer 600 Meter langen Pontonbrücke überquert, hat 2008 eine neue, feste Brücke bekommen.

Frisches Obst und Gemüse gibt es in Hülle und Fülle an Straßenverkaufsständen oder auf Bauernmärkten. Zahlreiche Weinbaubetriebe wie Calona Vineyards, Pyramid Winery und Cedar Creek Estate Winery bieten Führungen und Weinproben an. Über den Obst- und Weinanbau im Okanagan Valley informieren das **BC Orchard Industry** und das **Wine Museum**, beide gehören zum Kelowna Museum. **Mount Knox** im Norden der Stadt ist Kelownas Aussichtsberg.

Wassersport und Erholung werden in und um Kelowna naturgemäß groß geschrieben. Man kann Kanus, Kajaks, Hausboote und andere Wasservehikel leihen; vom Dock (Ecke Bernard Avenue & City Park) legt der kleine **Ausflugsdampfer »Kelowna Princess II«** zu einer geruhsamen Fahrt über den Okanagan Lake ab.

Beliebter stadt- und seenaher Anlaufpunkt ist der schattige **City Park** mit seinem öffentlichen Sandstrand mit Spielplatz. Ein beliebtes Fotomotiv im Park ist die Skulptur von »Ogopogo«. Der Name des drachenähnlichen Fabelwesens ist einem populären Tanzlied der 1920er-Jahre entliehen. Es soll, wie sein schottischer Gegenpart »Nessie«, laut Legende im See leben und sich ab und zu zu erkennen geben. Noch immer stehen zwei Millionen Dollar aus für den fotografischen oder sonstigen Beweis der Existenz dieses Seemonsters …

»Kelowna« stammt aus der Sprache der Salish-Indianer und heißt Grizzlybär, denn die Hügel, die die Stadt umgeben, erinnerten die Ureinwohner an geduckt liegende Bären.

Unter Touristen sorgt Ogopogo für viel Spaß, Spannung und Kontroversen. So hat die Stadt Kelowna für das Beweisfoto einer Ogopogo-Sichtung gar eine Belohnung von zwei Millionen Dollar ausgesetzt!

Service & Tipps:

Kelowna Visitor Info Centre
544 Harvey Ave.
Kelowna, BC V1Y 6C9
✆ (250) 861-1515, 1-800-663-4345
www.tourismkelowna.com

BC Orchard Industry Museum & Wine Museum/ Kelowna Museums
1304 Ellis St.
Kelowna, BC V1Y 1Z8
BC Orchard Industry Museum: ✆ (250) 763-0433, Mo–Fr 10–17, Sa 10–16 Uhr, Wine Museum: ✆ (250) 868-0441, www.kelownamuseums.ca
Mo–Fr 10–18, Sa 10–17, So 11–17 Uhr
beide Museen Eintritt frei, Spenden erwünscht
British Columbias Obstanbauindustrie-Museum samt Weinmuseum. Verkauf von über 400 Weinsorten, Proben möglich.

Okanagan Heritage Museum/Kelowna Museums
470 Queensway Ave.
Kelowna, BC V1Y 6S7
✆ (250) 763-2417

Rebstock im Okanagan Valley

www.kelownamuseums.ca
Mo–Fr 10–17, Sa 10–16 Uhr
Eintritt frei, Spenden erwünscht
Kelownas Geschichtsmuseum. Teil des Kelowna-Museumskomplexes mit insgesamt vier Museen.

Calona Vineyards
1125 Richter St.
Kelowna, BC V1Y 2K6
✆ (250) 762-3332, 1-888-246-4472
www.calonavineyards.ca
Renommierte Weinkellerei. British Columbias erster großer Winzerbetrieb von 1932. Unter den Gründern war auch W.A.C. Bennett, der 25. Premierminister der Provinz.

Cedar Creek Estate Winery
5445 Lakeshore Rd.
Kelowna, BC V1W 4S5
✆ (250) 764-8866
www.cedarcreek.bc.ca
Führungen Mai–Okt. 11, 13 und 15 Uhr
Weingeschäft Mai–Okt. 10–18, Nov.–April 11–17 Uhr
Ausgezeichnete Weine auch aus diesem Betrieb. Im Sommer Lunch im **Terrace Restaurant**.

»Kelowna Princess II«
126 Siemans Rd.
Kelowna, BC V1Z 3S3
✆ (250) 869-6696
www.kelownaprincesstours.net
Tägl. 12.30–14 und 18.30–20 Uhr
Tickets $ 20/0–20
1,5-stündige Seerundfahrten ab dem Dock Ecke Bernard Ave. & City Park.

Keg Steakhouse & Bar
1580 Water St., Kelowna
BC V1Y 1J7, ✆ (250) 763-5435
www.kegsteakhouse.com
Steakhaus und Bar in Kelownas Innenstadt. Legere Atmosphäre. $$$

11 Kimberley

6100 Einwohner zählt das malerisch am Fuße der Purcell Mountains auf 1120 Metern gelegene Städtchen am Highway 95. Kimberleys Trumpfkarte ist seine alpin gestylte, blumengeschmückte Altstadt mit auf bayerisch getrimmten Cafés, Schnitzelrestaurants und verschiedenen Geschäften. Akkordeonmusik, Lederhosen und Dirndl, Apfelstrudel, Sauerkraut, Bier und »a Bratworst«, – oberbayerischer geht es in British Columbia nicht mehr. In dieser Beziehung ist Kimberley ein kanadisches Original. Stündlich tritt das Maskottchen »Happy Hans« jodelnd aus Nordamerikas größter frei stehender Kuckucksuhr heraus.

2001 schloss die **Sullivan Mine**, in der einst Silbererz, Zink und Blei abgebaut wurden, als letztes Bergwerk in der kleinen Stadt mit der langen Bergbauvergangenheit. Flugs ersannen fidele Kommunalpolitiker ein Tourismuskonzept für die Stadt. Es folgte die Verwandlung der Fußgängerzone in das **Platzl**, in ein bayerisches Stadtzentrum samt Lüftl-Malereien und im Trachtenlook gestalteten Wasserhydranten.

Sogar ein 350 Jahre altes Original-Bauernhaus aus Bayern wurde 1989 nach Kimberley importiert und aufgebaut; es beherbergt heute ein Restaurant.

Populärer touristischer Vorreiter in Kimberley ist das **Kimberley Alpine Resort**, das auch im Sommer einen Sessellift betreibt. Man kann mit der **Bavarian City Mining Railway**, einem kleinen Transportzug der früheren Sullivan Mine, zum Resort fahren. Unterwegs besucht man das **Sullivan Mine Interpretive Centre**, ein Informationszentrum zur lokalen Bergbaugeschichte, das sich am Eingang der alten Mine befindet.

Service & Tipps:

Kimberley Chamber of Commerce
270 Kimberley Ave.
Kimberley, BC V1A 3N3
✆ (250) 427-3666, 1-866-913-3666
www.kimberleychamber.ca

Kimberley Alpine Resort
301 North Star Blvd.
Kimberley, BC V1A 2V5
✆ (250) 427-4881 und 1-800-258-7669
www.skikimberley.com
Komfortables alpines Skiresort mit Hotels, Restaurants und Skischule.

Abfahrts- und Langlauf von Dezember bis April. Nur 4 km von Downtown Kimberley.

Kimberley's Underground Mining Railway
115 Gerry Sorenson Way
Kimberley, BC V1A 2Y5
✆ (250) 427-0022
www.kimberleysundergroundmining railway.ca, Anfang Juli–Anfang Sept. tägl. 11, 13 und 15 Uhr
Fahrpreis $ 18/0–14
20-minütige Fahrt mit der historischen Schmalspur-Minenbahn durch das Tal des Mark Creek bis zum Kimberley Alpine Ski Resort. Der Innenstadtbahnhof liegt 300 m westlich des Platzl.

The Old Bauernhaus
280 Norton Ave.
Kimberley, BC V1A 1X9
✆ (250) 427-5133
Im 17. Jh. war dieses prächtige historische Gebäude das Dienstbotenhaus eines Schlosses in Bayern. 1987 erfolgten die Zerlegung in seine Einzelteile, der Transport nach Kanada und der Wiederaufbau. 1989 wurde es als deutsches Restaurant in Kimberley eröffnet. Nur Dinner. $$–$$$

Lebensläufe zweier Flüsse: Columbia River und Kootenay River

Nördlich von Kimberley, am Highway 95 befindet sich der Columbia Lake, aus ihm entspringt der **Columbia River**, der mächtigste Fluss und eine der wichtigsten Wasserquellen im kanadischen Südwesten und amerikanischen Nordwesten. Er entwässert ein Gebiet von über 415 000 Quadratkilometern.

Von den Columbia Wetlands an seinem Oberlauf fließt der junge Columbia River zunächst ungefähr 200 Kilometer nordwestwärts durch den Rocky Mountain Trench nach Golden, wo der Kicking Horse River hinzustößt. Dann strömt er in den **Kinbasket Lake**, bevor er einen überraschend harten Knick macht und in Südwestrichtung die Stauseen **Lake Revelstoke** und **Arrow Lakes** auffüllt. Bei Castlegar fließt der Kootenay River hinzu. Weiter südlich übertritt der Columbia River schließlich die Grenze zu den USA, wo ihm weiterhin die Funktion als Wasser- und Energielieferant bleibt.

Der **Kootenay River** stammt aus dem Kootenay National Park und fließt zunächst südwärts. Gleich zu Beginn seines Flusslebens verpasst er den Columbia Lake und den gleichnamigen Fluss, in den er viel später doch einfließt, nur um einen einzigen Kilometer. Der junge Kootenay River bildet zunächst den auf der kanadisch-amerikanischen Grenze gelegenen Stausee **Koocanusa Lake**, schwingt sich in einem großen Bogen durch Montana und Idaho und kehrt bei Creston wieder nach British Columbia zurück. Dort bildet er den **Kootenay Lake**, bevor er sich bei Nelson wieder zum Fluss wandelt und in südwestlicher Richtung nach Castlegar und dort endlich doch in den Columbia River fließt.

12 Lillooet

Lillooet schmiegt sich in eine Landschaft wohlriechender, salbei- und kiefernbestandener Hochebenen. Mit seinen 2300 Einwohnern wurde es einst als »größte kleine Goldrauschsiedlung im Cariboo District« bezeichnet. In der Tat war Lillooet eine der größten Goldrauschstädte nördlich von San Francisco. Die aus Zelten, Hütten und Saloons bestehende, raue Siedlung mit ihren trinkfesten, hart arbeitenden Bewohnern wurde nach den Lil'wat-Indianern benannt, die in der Gegend siedelten. Sie wurde zur »Meile 0« der legendären Cariboo Wagon Road, auf der zahllose Prospektoren den Weg zu den Goldfeldern im Norden suchten. Bis heute gehen die Namen weit entfernter Orte wie 70-Mile House, 100-Mile House etc. auf diesen »Nullpunkt« zurück.

Am Cayoosh Creek nahe dem Zusammenfluss von Seton und Fraser River am Highway 99, sechs Kilometer südwestlich von Lillooet kann man einen erholsamen Nachmittag an der **Seton Lake Reservoir Recreation Area** verbringen. Der in den 1950er-Jahren erbaute, 18 Meter hohe **Seton Dam**, der den See aufstaut, und der **Seton Canal**, der dem Kraftwerk der Gesellschaft

BC Hydro und dem Fraser River das Wasser bringt, liegen knapp nördlich des Seton Dam Campground. In der Umgebung findet man Aussichtspunkte, Picknickplätze und einen Sandstrand.

An einen kuriosen Versuch, im Westen mit einer neuen Idee Fuß zu fassen, erinnert die über den Cayoosh Creek führende »Bridge of 23 Camels«. John Callbreath, einer der erfinderischsten Prospektoren, ließ 1862 Kamele aus Asien importieren, doch die eigenwilligen, stark riechenden Steppenbewohner fühlten sich nie so recht heimisch und stellten sich für die Goldsucher und das Gebirgsterrain als reichlich ungeeignet heraus.

Service & Tipps:

Lillooet Museum/
Lillooet Visitor Centre
790 Main St., Lillooet
BC V0K 1V0, ✆ (250) 256-4308
www.lillooetbc.com, Juli/Aug. tägl. 9–18, Mai/Juni Mo–Sa 9.30–16.30, Sept./Okt. Di–Sa 10–16 Uhr, Eintritt frei
Kleines Museum samt Touristeninformation in der historischen Kirche St. Mary the Virgin.

13 Lytton

Lytton ist auch bekannt als Ausgangspunkt für Touren in das Hinterland des Stein Valley Nlaka'pamux Heritage Park, einer ursprünglichen, urwaldähnlichen Berglandschaft am Stein River.

Das in einer trockenen, sonnenreichen Wildwestgegend gelegene 240-Seelen-Örtchen Lytton nennt sich *River Rafting Capital of Canada*. Nicht weit von hier ergießen sich die bläulich-grünen Wasser des Thompson in den graubraunen, sedimentbeladenen Fraser River, was sich farblich noch einen Kilometer flussabwärts erkennen lässt.

Kanadas Wildwasserhauptstadt ist Start- und Endpunkt für Fahrten auf beiden Flüssen. Die Trips auf dem **Thompson River** beginnen ab Spences Bridge im Norden und passieren einen der ursprünglichsten Flussabschnitte. 18 Stromschnellen zählt man, und ein wildromantisch mit Felsblöcken gesprenkeltes Flussbett kennzeichnet den Canyon des größten Fraser-Zuflusses. Nicht umsonst heißen die prekärsten Stellen *Devil's Gorge* (Teufelsschlucht), *Witch's Cauldron* (Hexenkessel) und *Washing Machine* (Waschmaschine)! Die Trips auf dem **Fraser River** gehen von Lytton südwärts bis Yale. Buchen kann man Wildwasserfahrten bei den Anbietern oder im lokalen Informationszentrum.

Service & Tipps:

Kumsheen Raft Adventures
1345 Trans Canada Hwy.
Lytton, BC V0K 1Z0
✆ (250) 455-2296, 1-800-663-6667
www.kumsheen.com
Größte Rafting-Gesellschaft der Region, 5 km östlich von Lytton am Nordende des Fraser Canyon. Mehrstündige, Halbtages- oder Mehrtages-Wildwasserfahrten. Dazu gehört eine Ferienanlage mit Zelthütten und Campingplatz.

»White Water Rafting« auf dem Thompson River

14 Manning Provincial Park

Eine Kettensäge schuf den riesigen Holzbiber am Westeingang des Provinzparks in den Cascade Mountains, 26 Kilometer östlich von Hope. Sonst hat die Kettensäge hier nichts zu suchen: Über 700 Quadratkilometer ursprüngliche Bergwildnis mit kontrastierenden Landschaften und einer reichhaltigen Flora und Fauna schützt der 1941 etablierte Park. Schwarzbären sichtet man des Öfteren gleich am Straßenrand. Mit wunderbarer Streckenführung teilt der Crowsnest Highway (Hwy. 3) zwischen Hope und Princeton den Park in zwei Hälften und macht alle Ziele im Park gut erreichbar.

Der Manning Provincial Park ist bekannt für seine Murmeltiere

Klimatisch unterliegt der Wildnispark sowohl den Einflüssen der feucht-milden Westküste wie auch des trockenen, sonnenreichen Inlandes. Die Flora des Parks umfasst eine weite Palette von den dichten, alten Regenwaldbeständen in den tiefen Tälern der Westseite, dem trockneren Grasland im Osten bis hoch zu den alpinen Lärchenbeständen der Höhenlagen und den subalpinen Blumenwiesen der Gipfelplateaus. Der Skagit River strömt durch den Park gen Pazifik, und der Similkameen River fließt in das Okanagan Valley, mündet später in den Columbia River und endet damit schließlich auch im Pazifik.

Das **Manning Park Resort** als kommerzielles Zentrum des Parks bietet mit einer Lodge, einigen Blockhütten und -häusern, Campingplatz, Geschäften etc. Luxus und Komfort inmitten der Bergwildnis. In den Sommermonaten kann man bei den Manning Park Stables Pferde für ein- oder zweistündige bzw. mehrtägige Ausritte leihen.

Kürzere und längere Wanderwege findet man im Park zuhauf. Die am einfachsten zugänglichen subalpinen Blumenwiesen mit schönen Wanderpfaden gibt es am **Blackwall Peak** und dem **Three Brothers Mountain**. Serpentinenreich führt die 15 Kilometer lange Straße, die etwa in Höhe der Manning Park Lodge nahe dem Visitor Centre beginnt, zum Parkplatz des 2063 Meter hohen Blackwall Peak. Zwischen Ende Juni und September sind die Höhenlagen schneefrei und das Blütenfeuerwerk erreicht Ende Juli bis Mitte August seinen Höhepunkt. Unterwegs auf der Serpentinenstraße gilt ein Halt dem **Cascade Lookout**, von wo der Blick bis zum US-amerikanischen Teil der Cascade Mountains schweift.

Auf dem 700 Meter langen **Sumallo Grove Trail** im westlichen Parkbereich streift man durch uralten Waldbestand. Auf dem etwas weiter östlich beginnenden, rund 500 Meter langen **Rhododendron Flats Trail** ist es Anfang bis Mitte Juni, wenn der wilde Pazifische Rhododendron blüht, am schönsten, und an den Wegesrändern des nur knapp 500 Meter langen **Rein Orchid Nature Trail** gedeihen sogar wilde Orchideen.

Wander- und Picknick-Möglichkeiten bieten sich am **Lightning Lake**, dem größten See im Park. Es gibt einen Badestrand, man kann Kanus mieten und angeln etc. Die einfache Wanderung auf dem Lightning Lake Loop um den See ist neun Kilometer lang, drei Kilometer länger ist der Lightning Lake Chain Trail um die komplette Seenkette herum. Der **Strawberry Flats/Three Falls Trail** führt als zweieinhalb- bis dreistündige Wanderung vorbei an einem Skigebiet und Wasserfällen. Wie der Name verheißt, findet man im Sommer kleine Wilderdbeeren auf den *Strawberry Flats*.

Manning Provincial Park:
Wer wirklich richtig weit wandern will und ein paar Monate mehr Zeit hat als der gewöhnliche Urlauber: Der Manning-Provinzpark ist der offizielle nördliche Startpunkt des Pacific Crest Trail, der sich über rund 4000 km bis nach Mexiko hinunterzieht.

Schmackhafte Wilderdbeeren wachsen entlang dem Strawberry Flats/Three Falls Trail

Service & Tipps:

Manning Provincial Park
Manning Park, BC V0X 1R0
✆ (250) 840-8822, 1-800-330-3321
Camping-Reservierungen:
✆ 1-800-689-9025, (519) 826-6850
www.manningpark.com/resort.html
www.discovercamping.ca
www.env.gov.bc.ca/bcparks
Eintritt $ 3 pro Auto und Tag
708 km^2 großer Provincial Park am Crowsnest Hwy. 3. Park Resort: der kommerziell erschlossene Parkteil.

REGION 4
Südliches British Columbia

Attraktiv: Die wilde Tigerlilie, »Tiger Lily«, blüht von Juli bis August

Mount Revelstoke National Park:
Wie kaum ein anderer verdeutlicht der Nationalpark mit seiner Panoramastraße »Meadows in the Sky Parkway« den Kontrast der unterschiedlichsten Klimazonen auf engstem Raum.

15 Mount Revelstoke National Park

Die Szenerie des Mount Revelstoke National Park reicht vom üppig-grünen, feucht-kühlen Regenwald über subalpine Nadelwälder bis zu den fantastischen Hochgebirgsblumenwiesen und felsigen, tundraähnlichen Höhenrücken. Bereits 1914 wurden 260 Quadratkilometer auf und um Mount Revelstoke als Nationalpark unter Schutz gestellt. An den Park schließen sich die teils vergletscherten Monashee und Selkirk Mountains an, die zu den Gebirgsketten der Columbia Mountains gehören.

Der Mount Revelstoke National Park wird vom Trans-Canada Highway im Süden und Südosten und vom Highway 23 im Westen begrenzt. Vom Trans-Canada Highway geht 1,5 Kilometer östlich von Revelstoke der **Meadows in the Sky Parkway** ab. Die mit 16 Serpentinen sehr kurvenreiche Panoramastraße windet sich über eine Länge von 26 Kilometern den Berg hinauf. Sie ist die einzige Zufahrt für Privatfahrzeuge in hochalpine Bereiche. Die Straße bietet Zugang zu spektakulären Aussichtspunkten wie dem **Monashee Viewpoint** und endet schließlich auf 1938 Metern Höhe am **Balsam Lake**. Die letzten zwei Kilometer zum eigentlichen Gipfelplateau werden gewandert, oder man nimmt ab dem Parkplatz am Balsam Lake den täglich zwischen 10 und 16 Uhr verkehrenden Mountain Top Shuttle.

Die unteren Höhenlagen des Meadows in the Sky Parkway sind, wenn sie schneefrei sind, für Privatfahrzeuge von Mai bis Oktober zugänglich. Der Gipfelbereich ist wegen der großen Schneemengen erst von Mitte/Ende Juli bis Ende September erreichbar. Im Frühsommer kann man jeweils bis zur aktuellen Schneegrenze fahren.

Über das Gipfelplateau führen Wanderwege zu dem idyllisch gelegenen, von Nadelwald umgebenen, kleinen **Heather Lake** und einem historischen Feuerwachturm. Im Juli und August stehen die Blumenwiesen in voller Blüte. In einer schattigen Felsspalte mit dem Namen **Icebox** hält sich ganzjährig Eis.

Unten sollte man unbedingt auf den beiden kurzen, hölzernen Sumpfstegen in den dichten Regenwald hineinwandern, beide beginnen am Trans-Canada Highway: Nur knapp über einen Kilometer lang ist der **Skunk Cabbage Boardwalk Trail** (28 km östlich von Revelstoke), der aber eine lohnende halbe Stunde verspricht. Mannshoch ragen die seltsam großen, leuchtend grünen Blätter des Riesenstinkkohls aus dem sumpfigen Umland des Illecillewaet River. Der **Giant Cedars Boardwalk Trail** bietet einen Spaziergang zwischen Farnen, Moosen und gigantischen, uralten Zedern. Beide Wege eignen sich auch für bedeckte oder regnerische Tage, denn der Feuchtigkeit ist diese Schönheit schließlich zu verdanken.

✆ (250) 265-2201
www.th.gov.bc.ca/marine
Kostenlose 20-minütige Fährverbindung zwischen Galena und Shelter Bay mit den Fähren DEV »Galena« und MV »Shelter Bay«. Stündliche Abfahrten 5–24 Uhr von Shelter Bay, 5.30–0.30 Uhr von Galena Bay. Keine Reservierung möglich.

Halcyon Hot Springs
Hwy. 23, Nakusp, BC V0G 1R0
✆ (250) 265-3554, 1-888-689-4699
www.halcyon-hotsprings.com
Juli–Sept. tägl. 8–23, sonst außer Sa bis 22 Uhr
Eintritt $ 11/0–10, Tagespässe $ 18.50/0–16
Thermalbad 32 km nördlich von Nakusp.

Nakusp Hot Springs
Hwy. 23
Nakusp, BC V0G 1R0
✆ (250) 265-4528, 1-866-999-4528
www.nakusphotsprings.com
Ende Mai–Ende Sept. tägl. 9.30–21.30 Uhr, sonst kürzer, Eintritt $ 9/0–8, Tagespässe $ 14/0–11.50
Thermalpool im Wald. 12 km nördlich von Nakusp gelegen.

Fauquier Needles Cable Ferry
Hwy. 6, 59 km südl. von Nakusp
✆ (250) 265-2201
www.th.gov.bc.ca/marine
Kostenlose Kabelfähre über den Lower Arrow Lake: von Fauquier tägl. halbstündlich 5–22 Uhr, von Needles tägl. halbstündlich 5.15–21.45 Uhr. Dauer der Überfahrt 5 Minuten, Kapazität 30 Autos und 144 Passagiere. Reservierungen nicht möglich.

Valhalla Provincial Park
Südöstl. von New Denver
www.env.gov.bc.ca/bcparks
Fast 500 km² großer Wildnispark. Informationen, Karten und Bücher im Valhalla Nature Centre (307 6th Ave.) in New Denver.

17 Nelson

Die 9500-Einwohner-Stadt liegt überaus schön am westlichen Arm des sauberen Kootenay Lake, umrahmt von den eindrucksvollen Selkirk Mountains. Ihre Entstehung im Jahre 1896 verdankt sie hauptsächlich den Kupfer- und Silbererzvorkommen in den Bergen. Nelson ist eine bedeutende Ausgangsbasis zum Wandern, Kanufahren, Angeln, Mountainbiken etc. in der herrlichen Umgebung. Wildniswanderer und Naturfreunde schätzen die Einsamkeit des wilden Kokanee Glacier oder des kleineren Kokanee Creek Provincial Park.

Hauptschlagader der lebendigen, hübschen Innenstadt ist die **Baker Street**, in deren denkmalgeschützten Gebäuden sich Restaurants, Cafés und Geschäfte finden. 350 ansehnlich restaurierte Häuser aus der Boomzeit des Edelmetallabbaus zählt Nelson, darunter Gerichtsgebäude, Rathaus und Bahnhof. Im markanten Postamt von 1910 residiert **Touchstones Nelson**, das städtische Kunst- und Geschichtsmuseum. Eine hübsch res-

Oberhalb des Kootenay Lake: Nelson

taurierte nostalgische Straßenbahn namens **Streetcar 23** chauffiert Touristen vom Lakeside Park ein Stück entlang dem **Kootenay Lake**. Badefreunde finden im **Lakeside Park** einen kleinen Sandstrand, ein Restaurant, Picknickplätze und Spazierwege am Ufer.

Nördlich von Nelson gelangt man nach **Balfour**, wo die kostenlose Fähre nach Kootenay Bay am Westufer des Sees ablegt – mit 35 Minuten ist dies die längste kostenlose Fährfahrt in British Columbia. Dabei genießt man die vorübergleitende Bergszenerie mit 2100 bis 2750 Meter hohen Gipfeln und mit Nadelwäldern, die bis an das Ufer heranreichen. 144 Kilometer lang, über 150 Meter tief und durchschnittlich vier Kilometer breit ist der fischreiche und im Winter eisfreie Kootenay Lake.

Fährt man von Balfour weiter nach Norden, trifft man auf die heißen Quellen von **Ainsworth Hot Springs**. Das heiße Mineralwasser kommt direkt aus dem Berg und muss erst abgekühlt werden, um wirklich für Entspannung zu sorgen. Ein alter Bergwerksstollen garantiert als »Badehöhle« urigen Spaß.

Ein weiteres Kleinod in den Bergen ist das idyllisch am Westufer des Sees gelegene **Kaslo**. 1893 kurbelten Silberfunde und später eine Sägemühle die Wirtschaft an, sodass sich immerhin 27 Saloons etablieren konnten. In Kaslo liegt die SS »Moyie« vor Anker, ein musealer Schaufelraddampfer, der einst einer ganzen Flotte auf dem See angehörte. 59 Jahre lang stand sie in den Diensten der Canadian Pacific Railway und transportierte Arbeiter und ihre Ausrüstungen von und zu den Bergwerken am Seeufer.

Der **Kokanee Glacier Provincial Park** wurde bereits 1922 unter Schutz gestellt und ist heute einer der ältesten und größten Provincial Parks von British Columbia. Das menschenleere Gebiet liegt in der Kammregion der Selkirk Mountains zwischen Slocan und Kootenay Lake mit Höhenlagen von über 1500 Metern. Mittelpunkt des Wildnisparks ist der **Kokanee Glacier**, der über 30 Seen im Park speist.

Kleiner, offener und zugänglicher präsentiert sich der **Kokanee Creek Provincial Park** an der Mündung des Kokanee Creek in den Kootenay Lake. 19 Kilometer östlich von Nelson befindet sich der Parkeingang. Mit über einem Kilometer Sandstränden am **Kokanee Lake**, zwei Campingplätzen, Informationszentrum und Spielplatz etc. ist er bei Reisenden und Einheimischen gleichermaßen beliebt. Unter den 9,5 Kilometer Wanderwegen des Parks sind schöne kurze Routen wie Redfish, Thicket und Grassland Trail. Per Kanu können die Mündung des Kokanee Creek und der Strandbereich erkundet werden.

Service & Tipps:

Nelson Visitor Centre
225 Hall St., Nelson, BC V1L 5X4
✆ (250) 352-3433, 1-877-663-5706
www.discovernelson.com

Touchstones Nelson Museum of Art and History
502 Vernon St., Nelson, BC V1L 4E7
✆ (250) 352-9813
www.touchstonesnelson.ca
Mai–Sept. Mo, Mi–Sa 10–18, So 10–16, Do bis 20, sonst Di–Sa 10–17, So 12–16 Uhr, Eintritt $ 10/0–6
Nelsons Kunst- und Geschichtsmuseum.

Ainsworth Hot Springs Resort
Hwy. 31, 49 km nördl. von Nelson
Ainsworth Hot Springs, BC V0G 1A0
✆ (250) 229-4212, 1-800-668-1171
www.hotnaturally.com
Tägl. 10–21.30 Uhr, Eintritt $ 10/0–9, Tagespässe $ 15/0–14
Von heißen Quellen gespeiste Pools, hufeisenförmige »Badehöhle«. Restaurant und Hotelzimmer.

Kootenay Lake Ferry
Hwy. 3A, 35 km östl. von Nelson
✆ (250) 229-4215/-5650
www.th.gov.bc.ca/marine
Kostenlose Fährverbindung über den Kootenay Lake zwischen Balfour am Westufer und Kootenay Bay am Ostufer. Die MV »Osprey 2000« fasst 80

Autos und 250 Passagiere, die MV »Balfour« ist kleiner.

Ab Balfour im Sommer tägl. 6.30–21.40 Uhr, ab Kootenay Bay im Sommer tägl. 7.10–22.20 Uhr. In der Hochsaison auch zusätzliche Fahrten, außerhalb der Saison eingeschränkter Fahrplan. Dauer der Überfahrt: 35 Minuten. Im Sommer alle 50 Minuten, sonst alle zwei Stunden. In der Hochsaison oft Wartezeiten, keine Reservierungen möglich.

Kokanee Creek Provincial Park
Südl. des Kokanee Glacier P.P.
Camping-Reservierungen:
✆ 1-800-689-9025 und
(519) 826-6850
www.discovercamping.ca
www.env.gov.bc.ca/bcparks
2,6 km^2 großer Park mit Sandstrand, Campingplätzen, Informationszentrum, Aussichtsplattformen und Wanderwegen.

Kokanee Glacier Provincial Park
Nördl. von Nelson
www.env.gov.bc.ca/bcparks
320 km^2 ha großer Wildnispark.

SS »Moyie« National Historic Site
324 Front St.
Kaslo, BC V0G 1M0
✆ (250) 353-2525, www.klhs.bc.ca
Mitte Mai–Mitte Okt. tägl. 9–17 Uhr
Eintritt $ 8/0–6
Einer der ältesten Schaufelraddampfer Nordamerikas. Das Kaslo Visitor Information Centre ist angeschlossen.

18 Osoyoos

Extrem trockenheißes Klima, das an die Wüsten des amerikanischen Südwestens erinnert, prägt die nur vier Kilometer von der US-Grenze gelegene, 4800 Einwohner zählende Kleinstadt Osoyoos und ihre Umgebung. Irgendwie passend wirkt da Osoyoos' mediterran inspiriertes Stadtbild. In der Tat ist die Wüstenlandschaft von Osoyoos ein letzter Ausläufer des niederschlagsarmen Großen Beckens, das weite Teile der USA einnimmt. In dieser Landschaft südlich des Okanagan Lake liegen neben dem Osoyoos Lake weitere schöne, kleine Seen. Entlang dem Highway 97 findet man immer Aussichtspunkte, die einen Stopp wert sind. Viele Obststände verkaufen Frischgepflücktes oft von der Plantage gleich nebenan.

Ein landschaftlicher Pluspunkt von Osoyoos ist der fantastische **Haynes Point Provincial Park** zwei Kilometer südlich der Stadt auf einer Landzunge, die in den **Osoyoos Lake** ragt. Der See zählt zu den wärmsten Kanadas und ist nicht zuletzt deshalb für alle Arten von Wassersport geeignet. Er besitzt einen schönen Badestrand und einen Campingplatz; ein kurzer Wanderpfad durchstreift das Marschgelände des Sees in der ansonsten wüstenähnlichen Landschaft.

Informatives über die hiesige Wüstenflora und -fauna und das extreme Klima vermittelt das **Osoyoos Desert Centre**. Über die Ureinwohner dieser Region und die Wüste, die zu Kanadas meistgefährdeten Ökosystemen gehört, informiert das **Desert & Heritage Centre der Nk'Mip-Indianer**. Die **Pocket Desert Federal Ecological Reserve** an der Black Sage Road, ein Herzstück der hiesigen Wüste, erstreckt sich auf einer Länge von 14 Kilometern entlang dem Highway 97.

Elf Kilometer hinter Osoyoos passiert man auf dem Crowsnest Highway in Richtung Keremeos den mit weißen Ringen besetzten **Spotted Lake**, eine auffällige Erscheinung, die aus dem Mineralienreichtum des kleinen Sees resultiert. Salze, Kalzite und andere Mineralien reichern Wasser und Schlamm an und formen ein Muster weißer, ringförmiger Erscheinungen, wenn das Was-

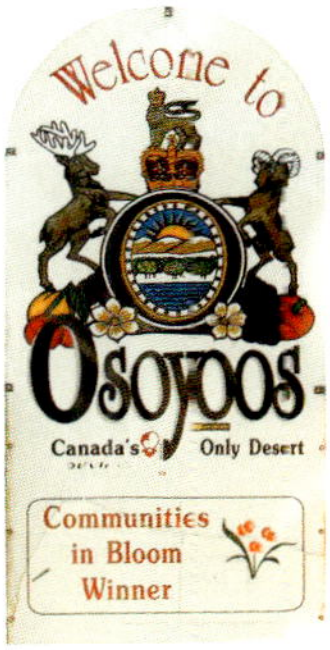

ser im Sommer verdunstet. Den See kann man nur vom Highway aus betrachten, weil er auf privatem Land liegt.

In Keremeos lädt die stillgelegte **Keremeos Grist Mill** von 1877 zu einem Besuch ein. In der Mühle am Keremeos Creek wurde im 19. Jahrhundert mit damals modernster Technik der Weizen von den Feldern im fruchtbaren Tal des Similkameen River verarbeitet. Wer von Keremeos aus nach Vancouver weiter fährt, folgt dem Crowsnest Highway über Princeton, Manning Provincial Park und Hope.

Service & Tipps:

Osoyoos Visitor Centre
9912 Hwy. 3, Osoyoos, BC V0H 1V0
✆ (250) 495-5070, 1-888-OSOYOOS
www.destinationosoyoos.com

Nk'Mip Desert & Heritage Centre
1000 Rancher Creek Rd., erreichbar über 45th St., Osoyoos, BC V0H 1V6
✆ (250) 495-7901, 1-888-495-8555
www.nkmipdesert.com
Mitte Mai–Mitte Okt. tägl. 9.30–16.30, im Winter Mo–Fr 9.30–16.30 Uhr
Eintritt $ 12/0–8
Wüstenmuseum der Nk'Mip-Indianer.

Osoyoos Desert Centre
9202 Hwy. 97
Osoyoos, BC V0H 1V0
✆ (250) 495-2470, 1-877-899-0897
www.desert.org
Mitte Mai–Mitte Sept. tägl. 9.30–16, Ende April–Anfang Okt. Di–Sa 9.30–16.30 Uhr, Eintritt $ 12/0-8
Osoyoos' Wüstenmuseum.

Osoyoos Museum
19 Park Place, Osoyoos
BC V0H 1V0, ✆ (250) 495-2582
www.osoyoosmuseum.ca
Juli/Aug. tägl. 10–16, sonst Di–Fr 10–14 Uhr (Juni auch Mo), Eintritt $ 5/0–2
Museum von Osoyoos mit Original-Blockhütte von 1891, die wechselweise als Schule, Gefängnis oder Regierungssitz diente.

Haynes Point Provincial Park
2 km südl. von Osoyoos
Camping-Reservierungen:
✆ 1-800-689-9025 und
(519) 826-6850
www.discovercamping.ca
www.env.gov.bc.ca/bcparks
Populärer, 38 ha großer Park am Ufer des Okanagan Lake. Viele Wassersportarten möglich.

Keremeos Grist Mill
RR 1, Upper Bench Rd. (1 km östl. des Hwy. 3A)
Keremeos, BC V0X 1N0
✆ (250) 499-2888, www.keremeos.ca
Unterschiedliche Öffnungszeiten
Eintritt frei
Stillgelegte historische Getreidemühle in schönem Garten am Keremeos Creek.

19 Penticton

32 000 Einwohner zählt die Stadt am südlichen Ende des weitläufigen Okanagan Lake, in deren Umgebung durch ausgeklügelte Bewässerung ertragreicher Obst-, Gemüse- und Weinbau betrieben wird.

Penticton besitzt Strände an Okanagan und am Skaha Lake. Auf dem **Okanagan River Channel** lässt man sich mit Luftmatratzen oder Autoschläuchen von einem See zum anderen treiben – eines der populärsten lokalen Freizeitvergnügen. Parallel zum Kanal verläuft ein Freizeitpfad zum Radeln, Picknicken etc. Schön gelegen ist der **Okanagan Lake Provincial Park** nördlich von Summerland.

Anfang des 20. Jahrhunderts endete am **Okanagan Lake** die Route der Frachtdampfer, die hier die Farmerzeugnisse aufnahmen und zusammen mit Passagieren und Post in den Norden brachten. An die Art des Warentransports erinnert der restaurierte **Schaufelraddampfer SS »Sicamous«**, der von 1914 bis 1936 das schönste und größte Schiff seiner Art auf dem Okanagan Lake war. Heute ruht die »Sicamous« Seite an Seite mit dem Schleppdampfer »Naramata« am Ufer.

In der zweiten Augustwoche feiert Penticton das **Peach Festival**. Paraden, Feuerwerk, Pancake-Frühstück und zahlreiche andere Aktivitäten sind

»Baumstamm-Teppich« auf dem Okanagan Lake

Bestandteile des fünftägigen Festes rund um die Pfirsichernte. Noch bedeutender ist das **Okanagan Fall Wine Festival**, das Ende September/Anfang Oktober im ganzen Valley mit Veranstaltungen und Weinproben gefeiert wird. Zu anderen Zeiten kann man die guten Weine der Region in der **Sumac Ridge Estate Winery** oder einer der anderen Weinkellereien bei Summerland kennenlernen.

Wer von ganz oben einen beeindruckenden Blick ins Tal werfen möchte, zweigt im Kleinstädtchen Summerland mit dem Auto von der Prairie Valley Road ab auf die Zufahrt zum **Giants Head** (840 m). Für Eisenbahnfans ist die Fahrt mit der historischen **Kettle Valley Railway** ein Muss; sie hatte in ihrem Verlauf drei Bergketten überquert und die Kootenay-Region mit der Küste verbunden. Ab Summerlands Prairie Valley Station tuckert der Dampfzug auf der 1910–15 erbauten, originalen Strecke der Kettle Valley Railway durch das Okanagan-Tal. Zu bestimmten Zeiten findet das »Great Train Robbery & BBQ« statt – ein fingierter, turbulenter Zugüberfall samt anschließendem Grillen. Zugfahrt und Weingenuss kombiniert eine Fahrt mit dem »Summer Sunset Wine Train«.

In den Bergen bei **Okanagan Falls**, 23 Kilometer südwestlich von Penticton, befindet sich das **Dominion Radio Astrophysical Observatory**, wo riesige Radioteleskope das Weltall und alle seine Signale erforschen. 26 Meter im Durchmesser misst das größte Teleskop.

__Penticton:__
An fünf Abenden pro Woche und am Sonntagmittag wird die familientaugliche Musicalshow »The SS Sicamous Follies Too« zur Geschichte des Schaufelraddampfers SS »Sicamous« aufgeführt.

Service & Tipps:

Penticton Visitor Centre
533 Railway St.
Penticton, BC V2A 8S3
✆ (250) 493-4055, 1-800-663-5052
www.tourismpenticton.com

Dominion Radio Astrophysical Observatory
717 White Lake Rd., Penticton
BC V2A 6J9, ✆ (250) 490-4355
www.astro-canada.ca/-en/a2107.html
Mitte April–Mitte Okt. Mo–Fr 9–17 Uhr, Eintritt frei
Nationale Station mit starken Radioteleskopen zur Erforschung des Weltalls.

Kettle Valley Steam Railway
Prairie Valley Station, 18404 Bathville Rd.
Summerland, BC V0H 1Z0
✆ (250) 494-8422, 1-877-494-8424
www.kettlevalleyrail.org
Juni/Aug. Do–Mo 10.30 und 13.30 Uhr, Fahrpreis $ 21/0–17, Great Train Robbery & BBQ $ 50/21, Termine erfragen
1,5-stündige Dampfzugfahrt entlang der originalen Strecke der Kettle Valley Railway. Abfahrt 6,5 km westlich des Hwy. 97 in Summerland.

Okanagan Lake Provincial Park
11 km nördl. von Summerland
Camping-Reservierungen:
✆ 1-800-689-9025, (519) 826-6850
www.discovercamping.ca
www.env.gov.bc.ca/bcparks
Fast 1 km^2 großer Park am Okanagan Lake. Zwei Campingplätze.

SS »Sicamous«
1099 Lakeshore Dr. W.
Penticton, BC V2A 1B7
✆ (250) 492-0403
www.sssicamous.com, Ende Juni–Anfang Sept. tägl. 9–21, Anfang April–Ende Juni und Sept./Okt. tägl. 9–18 Uhr, sonst kürzer, Eintritt $ 8/0–4
Shows: Juli/Aug. Mi–Sa 20, So Matinée 14 Uhr, $ 20/0–17
Besichtigung des pensionierten Schaufelraddampfers. Musicalshow »The SS Sicamous Follies Five«.

Sumac Ridge Estate Winery
17403 Hwy. 97 N.
Summerland, BC V0H 1Z0
✆ (250) 494-0451
www.sumacridge.com
Ende Juni–Anfang Sept. tägl. 9–21, sonst tägl. 10–20 Uhr, Führungen Mai–Mitte Okt. mehrmals tägl. zur vollen Stunde 10–16 Uhr
Führungen $ 7
Etablierter Weinbaubetrieb nördlich von Summerland. Produziert werden Rot- und Weißweine, Schaum-, Eis- und Dessertweine. Mit Geschäft und Restaurant.

20 Revelstoke

Rund 7200 Einwohner zählt die Stadt, die zwischen den beiden lang gestreckten Stauseen Revelstoke und Arrow Lake in alpiner Umgebung am Trans-Canada Highway liegt. Nach Süden führt Highway 6 zur Fähre Galena Bay–Shelter Bay und weiter in Richtung Nakusp und Nelson. Ursprüngliche Natur breitet sich rings um Revelstoke aus, die im **Mount Revelstoke National Park** gipfelt. An die »wilden« Bewohner der Umgebung erinnern die beiden aus Holz gesägten Grizzly-Skulpturen vor den Toren des gepflegten Stadtzentrums.

Gegründet wurde Revelstoke 1884 als Bahnhof für die neu erbaute Canadian Pacific Railway. Namensgeber war der britische Lord Revelstoke, der der fast bankrotten Eisenbahngesellschaft mit einer Finanzspritze den Weiterbau ermöglicht hatte. Vom Eisenbahnbau und -betrieb erzählt das **Revelstoke Railway Museum**. Zu sehen sind die Dampflokomotive Nr. 4568 von 1948, ein luxuriöser Eisenbahnwaggon, authentische Fotos und andere Relikte der Eisenbahnära sowie ein mächtiger Schienenschneepflug und diverse Waggons in den Außenanlagen.

In den Monashee Mountains, 45 Kilometer westlich von Revelstoke, wo sich Canadian Pacific Railway und Trans-Canada Highway in das Tal des Eagle River begeben, befindet sich Craigellachie mit der **Last Spike Historical Site**. Längst als Denkmal geschützt, markieren der pensionierte Bahnhof, ein Denkmal und ein historischer Eisenbahnwagen die Stelle, wo am 7. November 1885 der letzte Schwellennagel eingeschlagen wurde und sich die von Osten und Westen herangebauten Schienenstränge der ersten transkontinentalen Eisenbahnen Kanadas vereinigten.

Im weiteren Verlauf des Trans-Canada Highway erweist sich **Three Valley Gap**, die markante rotbedachte Hotelanlage am Bergsee, als sehr fotogene Reminiszenz an das Eisenbahnzeitalter des 19. Jahrhunderts. Mit einem Restaurant und einer kleinen touristischen Geisterstadt bietet sie eine weitere willkommene Gelegenheit zur Rast auf dem Weg nach Osten.

Service & Tipps:

The Revelstoke Chamber of Commerce
204 Campbell Ave.
Revelstoke, BC V0E 2S0
✆ (250) 837-5345, 1-800-487-1493
www.revelstokecc.bc.ca

Revelstoke Railway Museum
719 Track St.
Revelstoke, BC V0E 2S0
✆ (250) 837-6060, 1-877-837-6060
www.railwaymuseum.com
Juli/Aug. tägl. 9-20 Uhr, sonst kürzer
Eintritt $ 10/0-5
Museum zur Geschichte der Canadian Pacific Railway in den Bergen British Columbias.

The One-Twelve Restaurant
112 First St. E.
Revelstoke, BC V0E 2S0
✆ (250) 837-2107, 1-888-245-5523
www.regentinn.com
Feines Restaurant im Regent Inn an der Grizzly Plaza.
$$$

21 Shuswap Lakes: Squilax, Salmon Arm und Sicamous

Die 16 000-Einwohner-Stadt **Salmon Arm** am Trans-Canada Highway und den viel verzweigten Shuswap Lakes ist ein populäres Wassersportzentrum. Das Städtchen Sicamous (2700 Einwohner), 31 Kilometer östlich davon am Abzweig des Highway 97 in Richtung Okanagan Valley vom Trans-Canada Highway nennt sich gar »Hausboothauptstadt der Welt«. Hier startet der **Schaufelraddampfer »Phoebe Ann«** zu Seerundfahrten.

Touristische Geisterstadt Three Valley Gap

Die Umgebung ist hier merklich grüner als weiter im Westen. Tiefe, dunkle Wälder und wohlgeformte Berge begeistern das Auge. Vor allem aber ist es der große **Shuswap Lake** mit seinen gewundenen, naturbelassenen Uferlinien und seinem grünlichen, warmen Wasser, der zum Hausbootfahren, Baden und Erholen einlädt. Komplett ausgestattete Hausboote für bis zu zwölf Personen kann man wochenweise mieten, den Proviant muss man selber mitbringen.

Anfang Oktober ziehen die Sockeye-Lachse den Adams River zu ihren angestammten Laichgründen hinauf

Bekannt ist die Region auch durch den fünf Kilometer nördlich von Squilax gelegenen **Roderick Haig-Brown Provincial Park**. Er umfasst die Strecke des elf Kilometer langen Adams River zwischen Adams und Shuswap Lake und das Land zu beiden Seiten des Flusses. Alljährlich Anfang Oktober findet mit dem Zug der Sockeye-Lachse ein bemerkenswertes Naturschauspiel statt. Alle vier Jahre (2010, 2014 etc.) erreicht dieser Zug seinen Höhepunkt. Ein- bis zweieinhalb Millionen Rotlachse *(Sockeye Salmon)* ziehen dann den Fraser und Thompson und schließlich den Adams River zu ihren angestammten Laichgründen hinauf. Dann gesellen sich zusätzlich Königs-, Silber- und Buckellachse *(Chinook, Coho* und *Pink Salmon)* dazu. Von den Uferwegen im Roderick Haig-Brown Provincial Park kann man die leuchtend roten Sockeye-Lachse, die sich auffällig wie keine andere Lachsart umfärben, besonders schön beobachten. Die Parkverwaltung veranstaltet entsprechend alle vier Jahre das **Salute to the Sockeye Festival** mit vielen Aktionen und Informationen. Ein spezielles Informationszentrum befindet sich im Bau.

Service & Tipps:

Salmon Arm Visitor Centre
20 Hudson Ave. NE
Salmon Arm, BC V1E 4P2
✆ (250) 832-2230, 1-877-725-6667
www.sachamber.bc.ca

Sicamous Visitor Centre
110 Finlayson St.
Sicamous, BC V0E 2V0
✆ (250) 836-3313 und
1-866-205-4055
www.sicamouschamber.bc.ca

Shuswap Tourism
Info: www.shuswap.bc.ca

Roderick Haig-Brown Provincial Park
Zw. Adams Lake und Shuswap Lake
www.env.gov.bc.ca/bcparks, Eintritt $ 3 zu Zeiten des Lachszugs, sonst frei
10 km² großer Park am Adams River.

22 Squamish

Auf dem Highway 99, der Landstraße mit dem wohlklingenden Namen *Sea to Sky Highway*, gelangt man von Vancouver aus schnell an den **Howe Sound**, den südlichsten Fjord Nordamerikas. Wald und Seen, Berge und Meer wechseln sich ab in einem unglaublichen Kaleidoskop von Grün- und Blautönen. Sportbegeisterte und Naturliebhaber finden zahlreiche Gelegenheiten zum Tauchen und für andere Wassersportarten, zum Wandern und Campen in den herrlichen **Stawamus Chief, Shannon Falls** und **Porteau Cove Provincial Parks**.

Das von bewaldeten Bergen umgebene 15 000-Einwohner-Städtchen **Squamish** brilliert durch seine exzellente Lage am nördlichen Ende des Howe Sound, rund 45 Kilometer nördlich von Horseshoe Bay. Seine Holzfällervergangenheit und die von der Forstindustrie beherrschte Gegenwart feiert Squamish mit den **Squamish Days Loggers Sports** im August, sportlich-spielerischen Holzfäller-Wettkämpfen mit Aktivitäten wie Baumklettern, Axtwerfen und Baumstamm-Balancieren. Dass British Columbias Forstindustrie in Squamish ein enormer Wirtschaftsfaktor ist, demonstrieren die »Baumstamm-Teppiche« auf dem Wasser des Howe Sound. Die riesigen Stämme werden zuvor von schwer beladenen Logging-Trucks aus den Bergen herangeschafft.

Die einstige bedeutende Rolle der Eisenbahn in diesem Teil des Landes dokumentiert der nahe dem Squamish River gelegene **West Coast Railway Heritage Park**. Mit über 60 Eisenbahnwaggons und Lokomotiven aus dem frühen 20. Jahrhundert bildet er die größte Eisenbahnausstellung West-Kanadas. Eine der neueren Errungenschaften ist die Dampflokomotive »Royal Hudson # 2860«, die jahrzehntelang zwischen Squamish und Vancouver hin und her pendelte.

Mit 652 Meter hohen Granitwänden beeindruckt der **Stawamus Chief**, der zweitgrößte Granitmonolith der Welt, der unter Kletterern mit seinen 200 Routen internationalen Ruf genießt. Er ist unumstrittener Hauptanziehungspunkt des **Stawamus Chief Provincial Park** direkt südlich von Squamish am Sea to Sky Highway. Einer der Wege, auf denen auch Wanderer die drei Gipfel des Berges mit grandiosen Ausblicken über den Howe Sound, Squamish und die Berge erreichen können, beginnt an den **Shannon Falls**. Zu den wilden, 335 Meter hohen Wasserfällen, an denen George Vancouver 1792 seine Zelte aufgeschlagen hatte, gelangt man südlich von Squamish nach einem kurzen Fußweg.

Im Ort **Britannia Beach**, zwölf Kilometer südlich von Squamish, befindet sich das **BC Museum of Mining**, das 1974 nach der Stilllegung aus der Britannia Beach Copper Mine entstand und heute die Geschichte des Kupferabbaus präsentiert. Besucher können das Bergwerk u. a. per Fahrt mit der Grubenbahn erkunden. In den Stollen und Gruben schufteten dereinst rund 60 000 Arbeiter, die jährlich 650 000 Tonnen Kupfererze und auch Gold förderten.

Spaziergänge am wildromantischen, felsigen Strand des **Porteau Cove Provincial Park** offenbaren schöne Blicke auf die Berge jenseits des Howe Sound. Die Vielfalt der Muscheln, Treibhölzer, Steine und Meerestiere und -pflanzen wird durch Ebbe und Flut immer wieder neu arrangiert. Ökologisch wertvolle künstliche Riffe, darunter zwei versenkte Schiffe, an denen sich eine artenreiche Unterwasserflora und -fauna angesiedelt hat, laden zum Tauchen in den klaren Wassertiefen ein.

Die Salish-Küstenindianer nannten die Region »Squamish« – »Mutter des Windes«. Der Wind, der allnachmittäglich um den Riesenfelsen und durch Squamish weht, begründet den Ruf der Stadt als »Windsurfing Capital of Canada«.

Service & Tipps:

Squamish Visitor Centre
38551 Loggers Lane
Squamish, BC V8B 0H2
✆ (604) 815-4994, 1-866-333-2010
www.squamishchamber.com

BC Museum of Mining
Hwy. 99
Britannia Beach, BC V0N 1J0
✆ (604) 896-2233, 1-800-896-4044
www.bcmuseumofmining.org
Anfang Mai–Anfang Okt. tägl. 9–16.30, im Winter Mo–Fr 9–16.30 Uhr
Eintritt $ 18.50/0–14
Bergbaumuseum in ehemaligem Kupferbergwerk.

West Coast Railway Heritage Park
39645 Government Rd.
Squamish, BC V8B 0B6
✆ (604) 898-9336, www.wcra.org
Tägl. 10–16 Uhr
Eintritt $ 10/8.50
Größtes Eisenbahnmuseum West-Kanadas.

Porteau Cove Provincial Park
8,5 km südl. von Britannia Beach am Hwy. 99 entlang dem Howe Sound
Camping-Reservierungen:
✆ 1-800-689-9025, (519) 826-6850
www.discovercamping.ca
www.env.gov.bc.ca/bcparks
Eintritt $ 3 pro Auto und Tag
50 ha großer Park. Dank seiner Nähe zu Vancouver (38 km) vor allem in den Sommermonaten stark frequentiert. Camping-Reservierungen sind unerlässlich.

Shannon Falls Provincial Park
Hwy. 99
www.env.gov.bc.ca/bcparks
87 ha großer Park mit hohen Wasserfällen.

Die Gewässer des Howe Sound bieten dem Weißkopfseeadler ideale Jagdgründe

Stawamus Chief Provincial Park
Hwy. 99, im Süden von Squamish
www.env.gov.bc.ca/bcparks
Über 500 ha großer Park mit 700 m hohen, massiven Granitfelswänden.

White Spot Restaurant
1200 Hunter Pl.
Squamish, BC V8B 0G8
✆ (604) 892-7477
www.whitespot.ca
Modernes, familienfreundliches Restaurant einer aus Vancouver stammenden, alteingesessenen Kette, die seit 75 Jahren Lokale in ganz BC und Alberta führt. Frühstück, Lunch und Dinner. $$

23 Vernon

Die älteste Stadt (36 000 Einwohner) des Okanagan Valley an einem nordöstlichen Arm des Okanagan Lake ist ein beliebtes Ferienziel, nicht zuletzt wegen des angenehmen Klimas, das neben ausreichender Bewässerung ausgezeichnete Bedingungen für Obst- und Gemüse- und Weinanbau schafft.

Für einen Blick von oben auf die Landschaft um Vernon mit dem Kalamalka Lake biegt man südlich der Stadt vom Highway 97 ab zum **Kalamalka Lake Viewpoint**, einem herrlichen Aussichtspunkt. Eine Seerundfahrt kann man mit der **»Spirit of the Okanagan«** unternehmen, einem kleinen Ausflugsboot für 32 Passagiere.

Mit **Okanagan, Kalamalka** und **Swan Lake** liegen drei warme Seen in der Umgebung, deren Strände und Naturparks von Vernon aus schnell erreichbar sind. Ein populärer Strand befindet sich am Nordufer des Kalamalka Lake. Etwas geruhsamer geht es im **Kalamalka Lake Provincial Park** südlich von Vernon zu. Er schützt das trockene Grasland des Okanagan Valley mit seinen Ponderosakiefern und Douglastannen. Die wohl unberührtesten Strände, bewaldeten Ufer und Wanderwege findet man im **Ellison Provincial Park** am östlichen Ufer des Okanagan Lake. Für Liebhaber flotter Wasserrutschen und populärer Wasseraktivitäten ist ein Besuch des nördlich von Vernon gelegenen Wasserparks **Atlantis Waterslides** genau richtig.

Bekannt sind Vernons **Murals**, 27 bis zu 100 Meter lange und zwölf Meter hohe Wandgemälde, die detailgetreu Szenen aus der Geschichte und Kultur sowie Besonderheiten in der Stadt darstellen. Was einst zur Verschönerung der Innenstadt und Beschäftigung von arbeitslosen Jugendlichen diente, wurde inzwischen zur touristischen Attraktion.

Die 1867 nördlich von Vernon im Spallumcheen Valley gegründete **O'Keefe Ranch** war mit ihren 20 Hektar einer der größten Viehzuchtbetriebe British Columbias, der die Goldsucher und Pioniere des 19. Jahrhunderts mit Rindfleisch versorgte. Das elegante Wohnhaus von 1886, die Kirche, das Schulhaus, die Schmiede und anderen Ranchgebäude sind heute ein Freilichtmuseum.

Historischer Laden auf der O'Keefe Ranch nördlich von Vernon

Die **Davison Orchards**, eine große Obst- und Gemüseplantage mit Obstverkauf und Bäckerei westlich von Vernon, befindet sich seit rund 70 Jahren im Familienbesitz. Über 20 verschiedene Apfelsorten, dazu Tomaten, Paprika, Mais, Melonen und Schnittblumen werden angebaut. Es gibt regionaltypische Delikatessen zu kaufen und Lunch in »Auntie May's« originalem Farmhaus.

Service & Tipps:

Vernon Visitor Centre
701 Hwy. 97 S.
Vernon, BC V1B 3W4
✆ (250) 542-1415, 1-800-665-0795
www.vernontourism.com

Okanagan Science Centre
2704 Hwy. 6
Vernon, BC V1T 5G5
✆ (250) 545-3644
www.okscience.ca
Di–Fr 10–17, Sa 11–17 Uhr
Eintritt $ 7/0–4
Wissenschaftsmuseum für Kinder. Experimente und Vorführungen wissenschaftlicher Phänomene. Im Red Brick Heritage Building im Polson Park der Innenstadt.

Atlantis Waterslides
7921 Greenhow Rd.
Vernon, BC V1B 3S2
✆ (250) 549-4121
www.atlantiswaterslides.ca
Juni 11–17, Ende Juni–Mitte Aug. 10–19, Mitte Aug.–Anfang Sept. 10–18 Uhr, Eintritt $ 20/0–20
Populärer Wasserpark mit »River Riot Tube Slide« und anderen Wasserrutschen. 5 km nördlich von Vernon.

Davison Orchards Country Village & Farm Market
3111 Davison Rd., Vernon
BC V1H 1A2, ✆ (250) 549-3266
www.davisonorchards.com
Tägl. 8.30–17.30 Uhr
Führungen Juli–Okt. $ 6/0–4
Eintritt frei
Farm, Bauernmarkt, Laden und Bäckerei. Westlich von Vernon mit schönem Blick auf die Stadt.

Ellison Provincial Park
16 km südwestl. von Vernon
Camping-Reservierungen:
✆ 1-800-689-9025 und
(519) 826-6850
www.discovercamping.ca
www.env.gov.bc.ca/bcparks
2 km² großer Naturpark am Ostufer des Okanagan Lake. Camping.

Historic O'Keefe Ranch
9380 Hwy. 97 N., 12 km nördlich von Vernon
Vernon, BC V1T 6M8
✆ (250) 542-7868
www.okeeferanch.ca
Juli/Aug. tägl. 10–18, sonst bis 17 Uhr
Eintritt $ 12/0–10
Historische Ranch, die Goldwaschen und Traktorfahrten anbietet. Modelleisenbahnausstellung und historische Farmmaschinen. Mit Restaurant.

Kalamalka Lake Provincial Park
8 km südl. von Vernon abseits des Hwy. 6
www.env.gov.bc.ca/bcparks
Fast 100 ha großer Naturpark am Nordostufer des Kalamalka Lake.

Spirit of the Okanagan
Paddlewheel Park
Vernon
✆ (250) 545-8388
www.cruiseokanagan.com
Fr–Di 15 und 18 Uhr
Fahrpreis ab $ 25
Zweistündige Sightseeing-Rundfahrten auf dem Okanagan Lake. Auch Lunch-, Dinner-, Musik- und Karaoke-Kreuzfahrten. Ab Paddlewheel Park (25th Ave.), 7 km westlich von Vernon, via Okanagan Landing Road.

24 Whistler

Whistler (9200 Einwohner) liegt etwa 120 Kilometer nördlich von Vancouver und ist über den Highway 99, den Sea to Sky Highway, zu erreichen. Zu Füßen von Blackcomb und Whistler Mountain breitet sich um Whistler Village eines der weitläufigsten und idealsten Skigebiete Nordamerikas aus und das einzige seiner Art an der kanadischen Westküste. Whistler gilt nicht nur als spektakuläres winterliches Ski- und Snowboard-Paradies, sondern hat sich auch einen Namen im Sommerskilauf und -snowboarden gemacht.

Zu Recht wird Whistler, dem man mit Vancouver die Austragung der Olympischen und Paralympischen Winterspiele 2010 zusprach, Schauplatz für die

Wilde Heidelbeeren – »Wild Huckleberries«

Blüte- und Erntekalender für das Okanagan Valley:

Äpfel
Blüte: Anf.–Mitte Mai
Ernte: Mitte Aug.–Ende Okt.

Aprikosen
Blüte: Mitte–Ende April
Ernte: Ende Juli–Anfang Aug.

Birnen
Blüte: Ende April–Anfang Mai
Ernte: Mitte Aug.–Ende Sept.

Kirschen
Blüte: Ende April–Anfang Mai
Ernte: Anfang Juli–Mitte Aug.

Pfirsiche
Blüte: Ende April–Anfang Mai
Ernte: Ende Juli–Anfang Sept.

Pflaumen und Zwetschgen
Blüte: Ende April–Anfang Mai
Ernte: Mitte Aug.–Anfang Sept.

Werbung von einst: Wintersport in den kanadischen Rockies

nordischen und alpinen Skiläufe, für das Skispringen und die Rodel- und Bobrennen sein. Die Nominierung ist Auslöser für weitere Entwicklungen in der touristischen und sportlichen Infrastruktur nicht nur in und um Whistler, sondern in der gesamten Region von Vancouver bis Whistler. Zwischen **Blackcomb** (2284 m) und **Whistler Mountain** (2182 m) eröffnete im Dezember 2008 die **Peak 2 Peak Gondola**, die einen in elf Minuten über eine Strecke von 4,4 Kilometern zwischen den Gipfeln transportiert.

»Von der Hoteltür direkt auf die Piste«, lautet einer der Slogans. Ein paar Zahlen verdeutlichen die Größenordnung: das Skigebiet ist 3237 Hektar groß, 34 Lifte sorgen für die Aufwärtsbewegung und über 200 Abfahrten aller Schwierigkeitsstufen geht es wieder hinunter. Whistler ist stolz auf seinen herrlichen Pulversschnee und die sechs bis acht Monate dauernde, von November bis April schneesichere Skisaison. Technisch auf dem neuesten Stand ist man hier allemal: Fünf Bergstationen sind ausgerüstet mit modernsten Hochgeschwindigkeitsliftsystemen.

Das großartige Skigebiet am Blackcomb Mountain bietet einen Höhenunterschied von 1600 Metern für ungetrübten Skigenuss. Sein größter Trumpf ist die Möglichkeit zum Sommerskilaufen im Juni und Juli auf dem Horstmann Glacier im Gipfelbereich, dem einzigen Sommerskigebiet Kanadas.

Auf dem benachbarten Skiberg Whistler Mountain gilt das Skilaufen im Winter als phänomenal. Darüber hinaus kann man mit der Gondel zum Restaurant hochfahren und die Aussicht genießen oder im Sommer mit dem Mountainbike eine Tour wagen. Fußgängerfreundlich und weitgehend autofrei erweist sich **Whistler Village** als modellhafter und modelliert wirkender Ort. Innovativ ist sein Stil, den man am besten mit alpin-urban umschreiben kann – er steht für rustikal gestyltes Ambiente mit modernstem, städtischen Komfort – und der Pate stand für andere Skiorte Nordamerikas. Die Infrastruktur umfasst alles Notwendige für einen komfortablen Skiurlaub: noble und preiswerte Restaurants, Hotels und Herbergen aller Kategorien, edle Boutiquen, gut ausgestattete Sportausrüster und andere Geschäfte, Après-Ski mit Musik und Entertainment und viele Wellness-Angebote. Neben dem Skilaufen kann sich der Winterurlauber auch dem Schneemobil- und Hundeschlittenfahren, Schnee- und Schlittschuhlaufen, Schlittenfahrten, Cross-Country-Skilaufen, Hallen- und Eisklettern, Heliskiing und anderen Aktivitäten widmen.

Nebst idealer Wintersportbedingungen entwickelt sich Whistler zum populären Ganzjahresziel. Wanderer kommen auf den zahlreichen Wanderwegen auf ihre Kosten. Sie fahren mit der Seilbahn hoch zu alpinen Wiesen, wo es vorbeigeht an glitzernden Seen und hohen Gipfeln. Mountainbiker steigen an der Olympic Station aus und sausen auf den schneelosen Abfahrten des Whistler Mountain Bike Park bergab. Darüber hinaus locken Wildwasserfahrten auf den Flüssen der Umgebung, Schwimmen, Campen, Angeln, Reiten, Radfahren, Rundflüge, Kanufahren, Exkursionen in das Hinterland und … und … und …

Der Highway 99 nennt sich ab Pemberton **Duffey Lake Road** und führt in einem Bogen über 104 Kilometer nordostwärts nach Lillooet. Die wenig befahrene Bergstraße wird fotogen begleitet von den herrlichen Panoramen der schneebedeckten Cayoosh Range, einer Kette der Coast Mountains. Mittlerweile ist die einst gefahrvolle Holzfällerpiste komplett asphaltiert, was vielleicht ihren Abenteuerreiz, jedoch nicht ihre Schönheit mindert. Schneefrei von Juni bis Oktober bietet sie heute eine ruhige Fahrt durch typisch kanadische Berglandschaften mit blendend weißen Gletschern und den türkisfarben leuchtenden Duffey und Seton Lakes. Faszinierend am Streckenverlauf ist der Übergang von den üppigen Küstenwäldern zu den trockenheißen, mit Salbeibüschen bestandenen Ranchgebieten der Cariboo Mountains im Inneren British Columbias.

Service & Tipps:

ⓘ **Whistler Visitor Centre**
4230 Gateway Dr.
Whistler, BC V0N 1B4
✆ (604) 935-3357 und
1-800-WHISTLER
www.tourismwhistler.com

Informationen über Whistler allgemein.

Whistler/ Blackcomb Mountains
✆ (604) 967-8950, 1-866-218-9690
www.whistlerblackcomb.com
Spezifische Informationen zu den beiden Skigebieten an Whistler und Blackcomb Mountain.

Whistler Gondola
Seilbahn: Ende Mai–Ende Sept. tägl. 10–17 Uhr, Juli/Aug. Fr–So 10–20 Uhr, Ende Sept.–Mitte Okt. nur Sa/So
Tickets $ 42/0–35
20-minütige Seilbahnfahrt auf den Whistler Mountain.

Peak 2 Peak Gondola
www1.whistlerblackcomb.com/p2pg, im Sommer tägl. 10–17 Uhr
Sommer-Tickets $ 44/0–33 (inkl. Whistler Gondola)
Die längste Strecke ohne Stützpfeiler beträgt 3 km, die größte Höhe über dem Boden beträgt 435 m.

Whistler Mountain Bike Park
Skier's Plaza, 4545 Blackcomb Way, Whistler, BC V0N 1B4
✆ (604) 938-7275, 1-888-403-4727
www.whistlerbike.com
Mitte Mai–Mitte Okt. tägl. 10–17, in der Hochsaison bis 20 Uhr, Tagespass ab $ 45/0–40 (auch Mehrtagespässe), Mountainbike $ 65–100 pro Tag
Über 200 km Wege und Herausforderungen für aktive Mountainbiker.

Whistler Air
Whistler, BC V0N 1B0
✆ (604) 932-6615, 1-888-806-2299
www.whistlerair.ca
Zeiten: 9 bzw. 18.30 Uhr ab Vancouver, 8 bzw. 17.30 Uhr ab Whistler, Wasserflugzeughafen am Green Lake
Flugpreis je Flugstrecke $ 169
Flugverbindung zwischen Vancouver und Whistler. Dauer 30 Minuten.

Cinammon Bear Bar & Grille
4050 Whistler Way
Whistler, BC V0N 1B4
✆ (604) 966-5060, 1-800-515-4050
www.hiltonwhistler.com
Einerseits ein Pub, mit Billardtischen, Fernsehern, Fastfood und Getränken, andererseits ein Restaurant (Frühstück, Lunch und Dinner). Im Hilton Whistler Resort. Familienfreundlich. $$–$$$$

Dusty's Bar & BBQ
2320 London Lane
Whistler, BC V0N 1B4
✆ (604) 905-2146
Bar und Grillrestaurant in Creekside, Whistlers Keimzelle. Live-Musik, Großbildfernseher. Restaurant. $$–$$$

Variation in Grün: Flussmündung bei Whistler

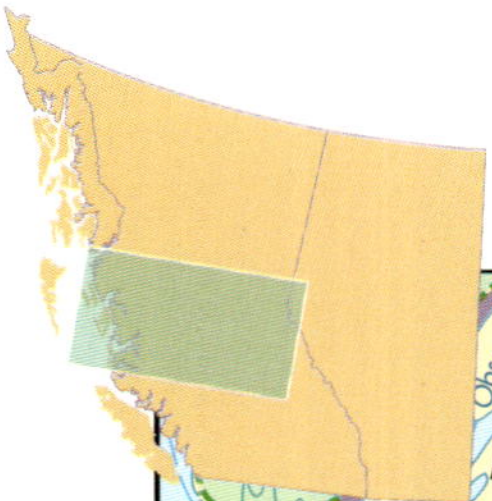

Zentrales British Columbia

Kontraste zwischen Cowboyland und Küste

Das zentrale British Columbia ist ein Land der Kontraste. Man denke nur an die Cariboo Mountains mit ihren ursprünglichen Bergregionen voller Seen und Flüsse, an die weiten,

trockenen Hochplateaus des Chilcotin Plateau und an die Coast Mountains mit ihren ursprünglichen Regenwäldern. Naturgenuss pur erwartet einen im zentralen British Columbia auf ganzer Linie. Bei einer Kanutour im Bowron Lake Provincial Park, bei einer Wanderung im Tweedsmuir Provincial Park oder bei einem Abstecher in den Wells Gray Provincial Park – Begegnungen mit Bären und anderen wilden Tieren sind immer möglich.

100 Mile House, Williams Lake, Quesnel und andere Ortschaften liegen an der historischen Cariboo Waggon Road, auf

100 Mile House:
Zu den markantesten Symbolen dieser Region gehören die »post and rail fences«, historische Zäune im Zickzackkurs, die praktischerweise ohne Draht, Nägel oder sonstige Metalle gebaut wurden. Sie sind typisch für die Tage, als solches Material noch von weit her beschafft werden musste und dementsprechend teuer war, sodass man möglichst darauf verzichtete.

Traditioneller Schneeschuh

der einst die Goldsucher ihren Weg gen Norden fanden. An diese Zeiten erinnert das Freilichtmuseum Barkerville mit seinen originalgetreu rekonstruierten Gebäuden und zeitgenössisch kostümierten »Bewohnern«.

In Prince George, dem Verkehrsknotenpunkt am Yellowhead Highway, schlägt das urbane, industrielle und kulturelle Herz von British Columbias waldreichem Norden. Zur wichtigsten Hafenstadt nördlich von Vancouver in den nebelumwehten Küstenbergen am Pazifik hat sich Prince Rupert entwickelt. Die dort verladenen Frachten gehen in alle Welt, und Touristen brechen von Prince Rupert auf zu Fahrten nach Vancouver Island, Alaska und den Queen Charlotte Islands.

Der Norden British Columbias ist das Land der Pelzhändler, Trapper und Indianer; das heutige Freilichtmuseum Fort St. James wurde 1806 von der North West Company als einer der ersten Pelzhandelsposten erbaut. In der Region um Hazelton sind die Gitxsan-Indianer zu Hause, davon zeugen indianische Museen und Totempfähle. Eine Verbindung zum Alaska Highway besteht via Cassiar Highway (Hwy. 37).

Bis auf einzelne Siedlungen ist die Küstenregion des zentralen Teils von British Columbia unzugänglich und weitgehend unbesiedelt. Das abgelegene Bella Coola wird von Fähren aus Port Hardy angelaufen, seine Umgebung beeindruckt durch atemberaubende Natur.

1 100 Mile House

Das 1900-Einwohner-Städtchen liegt etwa 100 Meilen nördlich von Lillooet, am Beginn der historischen Cariboo Waggon Road. Entstanden ist der Ort aus einem alten *Road House*, einem der Rasthäuser, die in Tagesabständen an der Überlandstrecke angelegt wurden. Hier verpflegten sich die Goldschürfer in spe, übernachteten noch einmal in einem Bett, tränkten und fütterten ihre Pferde und Maultiere und stockten ihren Proviant auf, bevor sie weiter gen Norden zogen. Von der großen Zeit der Cariboo Wagoon Road berichtet das **108 Mile Heritage Centre** anhand historischer Gebäude und Gegenstände.

Service & Tipps:

108 Mile Heritage Centre
4690 Telqua Dr.
108 Mile House, BC V0K 2Z0
✆ (250) 791-5288
www.historical.bc.ca/main.html
Ende Mai–Anfang Sept. tägl. 10–17 Uhr, Eintritt frei, Spenden erwünscht
Freilichtmuseum am Telqua Drive, 13 km nördlich von 100 Mile House.

2 Barkerville

Umrahmt von dunkel bewaldeten Bergen liegt das **Freilichtmuseum** in einem schmalen Tal am Ende des Highway 26, rund 90 Kilometer östlich von Quesnel. Barkerville, dessen Blütezeit während des Cariboo Gold Rush in den 1860er-Jahren lag, gilt als eines der schönsten und größten Freilichtmuseen British Columbias. Nach den anfänglichen Goldfunden 1858 am Fraser River hatte es Barkerville bis 1862 zur größten Stadt nördlich von San Francisco und westlich von Chicago gebracht.

Barkerville am Fuß der Cariboo Mountains ist ein vorzüglich restauriertes Goldgräberstädtchen

1868 fiel ein Großteil von Barkerville einer Feuersbrunst zum Opfer. Im Zuge des Wiederaufbaus entstanden viele neue Häuser und die schlammigen Straßen wurden mit erhöhten hölzernen Bürgersteigen versehen. Als allmählich Minengesellschaften die individuellen Goldsucher ersetzten, wandelte sich Barkerville zum Versorgungszentrum der umliegenden Bergwerke und zum Unterhaltungszentrum der Minenarbeiter. Doch noch vor der Jahrhundertwende erschöpften sich die Goldvorkommen, die Menschen wanderten zu den Goldfeldern weiter im Norden ab, der schleichende Niedergang des Ortes begann. Nur wenige blieben bis zur Mitte des 20. Jahrhunderts.

Als Namenspate von Barkerville gilt der wackere Billy Barker, der seinerzeit am Williams Creek auf die ersten bedeutenden Goldfunde gestoßen war.

Mit seinen originalgetreuen Gebäuden und zeitgenössisch gekleideten »Stadtbewohnern« erweckt das beschauliche Museumsdorf heute eine der interessantesten Epochen im kanadischen Westen wieder zum Leben. 125 Gebäude sind zu sehen bzw. zu besichtigen, darunter Saloon, Schmiede, Tante-Emma-Laden, Bäckerei, das als Museum neu eröffnete Nicol Hotel, das Tregillus Office mit den historischen Erbstücken des Goldschürfers Fred Tregillus und die St. Saviour's Church.

In der Hauptsaison von Mitte Juni bis Anfang September zuckeln Kutschen durch die Straßen, während authentisch gekleidete Bewohner von der kurzen, aber wechselvollen Goldrauschzeit erzählen. Das Theatre Royale präsentiert unterhaltsame Stücke über jene Tage. Einem ausschweifenden Nachtleben im Goldschürfer-Stil gebieten die geregelten Öffnungszeiten des Freilichtmuseums allerdings Einhalt. Nach Toresschluss werden nur noch Hotelgäste und Theaterbesucher in die Stadt eingelassen.

Service & Tipps:

Barkerville Historic Town
Hwy. 26
Barkerville, BC V0K 1B0
✆ (250) 994-3332, 1-888-994-3332
www.barkerville.ca, ganzjährig 8.30–20 Uhr, Eintritt Mitte Mai–Ende Sept. $ 14/0–8.50, in der Nebensaison frei
Kutschfahrt tägl. 10–17 Uhr, $ 7.

Theatre Royal
In Barkerville Historic Town
✆ (250) 994-32251 und 1-888-994-3225
www.theatreroyal.ca
Ende Juni–Anfang Sept. Shows tägl. 11, 13 und 16, Juli/Aug. Sa/So zusätzliche Show 19 Uhr
Reguläre Tickets: $ 12.75/0–11
Einstündige Theatervorführungen über die Goldrauschzeit. An manchen Wochenenden auch Dinner Theatre.

Barkerville Campgrounds
5 km vor Barkerville Historic Town am Hwy. 26
✆ (250) 994-3297, 1-866-994-3297
www.barkerville.ca/camping.htm
Die drei ehemaligen Provincial Park Campgrounds Lowhee, Forest Rose und Government Hill stehen nunmehr unter der Schirmherrschaft von Barkerville Historic Town.

Im zeitgenössischen Outfit: »Einwohner« im Museumsdorf Barkerville

Maske aus Bella Coola

3 Bella Coola

Bella Coola liegt am westlichen Ende des Highway 20 in einem schmalen Tal in den **Coast Mountains**. Eine Verbindung zum Pazifik besteht über den North Bentinck Arm, einen lang gestreckten Fjord. Die etwa 420 Einwohner des **Bella Coola Valley** leben vom Sommertourismus, der Holzfällerei und dem Fischfang. Im Sommer besteht über die 1996 eingerichtete Discovery Coast Passage eine regelmäßige Fährverbindung nach Port Hardy auf Vancouver Island.

Der Abstecher vom Inneren British Columbias nach Bella Coola verlangt wegen seiner Abgelegenheit immer einige Extratage. Allein die 456 Kilometer lange Fahrt ab Williams Lake über den Highway 20 dauert ohne Stopps rund fünfeinhalb Stunden. Zur Fortsetzung der Reise fährt man denselben Highway wieder zurück oder nimmt alternativ die Fähre nach Vancouver Island.

Ab Anahim Lake verläuft der Highway 20 auf einer Länge von neun Kilometern als Schotterstrecke weiter, bleibt aber im Allgemeinen gut befahrbar. In diesem Abschnitt zwischen Heckman Pass und Atnarko Campground befindet sich **The Hill**, eine serpentinen- und gefällereiche, bis zu 18 Prozent steile Strecke. Hier stößt der Highway durch die Coast Mountains bergab in das lange, schmale Bella Coola Valley. Erbaut wurde dieses seinerzeit haarsträubende Straßenstück 1953 von den Einwohnern des isolierten Tals, die diesen Abschnitt als Anschluss an die bereits bestehende Straße nach Williams Lake und weiter an das restliche Straßensystem der Provinz brauchten. Euphorisch tauften Bella Coolas Bewohner die Straße seinerzeit *Freedom Road*. Heute wird die von der Provinzregierung instand gehaltene Gefällstrecke gern von Mountainbikern befahren.

Alexander Mackenzie Rock:
Dieser Namengeber Alexander Mackenzie (1764–1820) ist nicht zu verwechseln mit dem zweiten Premierminister Kanadas, der 1822–92 lebte.

Bella Coolas Hauptattraktionen sind die grandiose Fjord- und Bergszenerie und die uralten Regenwälder dieser Küste, die zunehmend als Great Bear Rainforest bekannt werden, sowie Kanu- und Kajakfahren oder Angeln auf dem Ozean oder in Flüssen wie dem Thorsen Creek. Östlich des Ortes beginnt die Wildnis des Wander- und Camping-Paradieses **Tweedsmuir Provincial Park**.

In Bella Coola kann man zum Hafen spazieren oder in der Umgebung bei Ebbe den Meeresboden erkunden. Die **Thorsen Creek Petroglyphs**, mehrere tausend Jahre alte, original indianische Felszeichnungen sind nur mit einem Führer der Nuxalk-Indianer zu besuchen. Auskunft darüber gibt die lokale Touristeninformation. Von der indianischen Besiedlungsgeschichte und der Ankunft Alexander Mackenzies erzählt das **Bella Coola Museum**.

Der schottische Entdecker Alexander Mackenzie war 1793 auf der Suche nach einer neuen Pelzhandelsroute vom Inland ans Meer, als er als erster Weißer das Bella Coola Valley vom Fraser River aus erreichte. George Vancouver war bereits zuvor als erster vom Pazifik her in den Meeresarm gesegelt. Auf einem Felsen am Dean Channel hinterließ Mackenzie die Inschrift »Alex Mackenzie from Canada by land, 22nd July, 1793«. Der **Alexander Mackenzie Rock**, etwa 65 Kilometer nordwestlich von Bella Coola, ist per Wasserflugzeug oder, wie von Mackenzie selbst, per Boot zu erreichen.

Bereits 1867 eröffnete die Hudson's Bay Company einen Außenposten im einsamen Tal des Bella Coola River. 1893 ließen sich norwegische Siedler aus den USA in der ihrer Heimat ähnelnden Landschaft nieder und gingen ihren traditionellen Berufen als Fischer, Farmer oder Holzfäller nach. In Bella Coolas Nachbargemeinde **Hagensborg** wie auch im übrigen Bella Coola Valley sind noch heute die Nachfahren der ersten norwegischen Siedler zu Hause.

Auf einem Felsen am Dean Channel bei Bella Coola hinterließ Alexander Mackenzie diese Inschrift

Im **Clayton Falls Recreation Park**, keine zwei Kilometer westlich des BC Ferry Terminal, führt hinter dem BC-Hydro-Kraftwerk ein kurzer Spaziergang zu den Kaskaden des Clayton Creek. Im Juli und August sind am Fuße der Fälle Lachse zu sehen; an der Mündung des Flüsschens in den North Bentinck Arm tummeln sich oft Seehunde.

Service & Tipps:

Bella Coola Valley Tourism
450 Mackenzie St.
Bella Coola, BC V0T 1C0
✆ (250) 799-5202, 1-866-799-5202
www.bellacoola.ca

BC Ferries/
Bella Coola Terminal
Bella Coola, BC
✆ (250) 386-3431, 1-888-BC-FERRY
www.bcferries.com, Fährpreise
$ 170/0–170, Auto $ 340
Fährverbindung von Bella Coola nach Port Hardy auf Vancouver Island: Anfang Juni–Anfang Sept. Mo, Mi, Fr 8 Uhr, Fahrtdauer ohne Pause 13 Stunden, je nach Anzahl der Stopps in den entlegenen Häfen unterwegs auch bis zu 25 Stunden. Reservierung nötig.

Bella Coola Museum
269 Hwy. 20
Bella Coola, BC V0T 1C0
✆ (250) 799-5767
www.bellacoolamuseum.ca
Mitte Juni–Mitte Sept. tägl. 9–17, Di 9–12 Uhr, Eintritt $ 2.50/2
Kleines regionalgeschichtliches Museum.

Norwegian Heritage House
1881 Hwy. 20
Hagensborg, BC V0T 1C0
✆ (250) 982-2270
Öffnungszeiten erfragen, Eintritt frei, Spenden erwünscht
Wohnhaus des Siedlers Andrew Svisdahl, heute Museum über die norwegischen Siedler im Bella Coola Valley.

Bella Coola Grizzly Tours
1953 Hwy. 20
Bella Coola, BC V0T 1C0
✆ (250)-982-0098, 1-888-982-0098
www.bcgrizzlytours.com
Grizzlybeobachtungstouren per Boot oder zu Fuß rund um Bella Coola, u.a. im Great Bear Rainforest.

Bella Coola Air
1656 Phoenix Rd.
Hagensborg, BC V0T 1H0
✆ (250) 982-2545
www.bellacoolaair.com
Preis ab $ 370/3 Pers. (aktuelle Preise erfragen)
Kleine Fluggesellschaft, die Rundflüge über das Gebiet von Bella Coola und Transporte zu Wandertouren und Angelcamps anbietet.

Tallheo Cannery Inn
Box 100
Bella Coola, BC V0T 1C0
✆ (250) 982-2344
http://sailbellacoola.com/tallheocannery.html
Fischrestaurant und Bed & Breakfast in alter Fischkonservenfabrik aus dem frühen 20. Jh. 3 km entfernt vom Hafen von Bella Coola und vom Anleger der BC Ferries am North Bentinck Arm. Wassertaxiservice für Gäste nach vorheriger Anmeldung.
$$-$$$

Bella Coola Rodeo
Am Canada-Day-Wochenende
Ende Juni/Anfang Juli
Großes Rodeo auf dem Lobelco Hall Area.

4 Bowron Lake Provincial Park

28 Kilometer nordöstlich von Barkerville gelangt man über eine gute Schotterstraße zum Bowron-Lake-Provinzpark, einer der besten Kanudestinationen Kanadas. Die Wildnis in den Cariboo Mountains, deren meist schneebedeckte Gipfel eine majestätische Kulisse im Osten und Süden abgeben, wartet mit weiten Seen, strömenden Flüssen und einsamen, bärenreichen Wäldern auf. Größ-

ter Anziehungspunkt ist der **Bowron Lake Circuit** – eine Kanutour über die hiesige Seen- und Flusskette, die in interessanter, fast quadratischer Anordnung einige parallel verlaufende Bergzüge und Flusstäler umschließt.

Zwischen sieben und zehn Tagen rechnet man je nach körperlicher Verfassung für den kompletten Bowron Lake Circuit, der zwischen Mitte Mai und Mitte Oktober eisfrei und befahrbar ist. Der 116 Kilometer lange, komplette Trip ist nur etwas für wildniserfahrene Paddler. Im Allgemeinen paddelt man im Uhrzeigersinn über die elf Seen und die Flüsse des Circuit und überwindet dabei acht Portagen. Übernachtet wird unterwegs in dafür vorgesehenen Camps an den Seeufern. Im Juli und August wird aufgrund der großen Popularität dieser Tour die Anzahl der Paddler, die gleichzeitig unterwegs sind, beschränkt und man muss sich rechtzeitig anmelden.

__Portage__ nennt man den Transport eines Kanus über Land, um ein Hindernis (z.B. eine Stromschnelle) zu umgehen.

Kanus gibt es an den Verleihstationen von Becker's Lodge und Bowron Lakes Lodge, den beiden privaten Lodges und Ausrüstern. Für kürzere Trips kann man stundenweise Kanus leihen und auf dem Bowron Lake in der Nähe der Lodge paddeln. Die West Side Route, der westliche Teil des Circuit, kann in gut zwei bis vier Tagen bewältigt werden.

Anmelden muss man sich in jedem Fall. Die Gebühr für die volle Runde des Bowron Lake Circuit beträgt 60 Dollar, für die West Side Route 30 Dollar pro Person. Die Reservierungsgebühr pro Kanu beträgt 18 Dollar. Reservieren kann man vier Tage im Voraus. Bei der Reservierung erhält man das Startdatum und eine Reservierungsnummer.

Service & Tipps:

Bowron Lake Provincial Park
Rund 120 km östl. von Quesnel
www.env.gov.bc.ca/bcparks
Camping-Reservierungen:
✆ (519) 826-6850 und
1-800-689-9025
www.discovercamping.ca
Rund 1500 km^2 großer Wildnispark im Herzen der Cariboo Mountains. Größter Anziehungspunkt ist der Bowron Lake Circuit, eine der populärsten Kanutouren Kanadas über eine Kette von Seen und Flüssen.

Becker's Lodge
Bowron Lake P.P.
✆ (250) 992-8864 und
1-800-808-4761
www.beckerslodge.com
Lodge mit Kanuverleih ab $ 190 für den kompletten Bowron Lake Circuit, $ 65–120 pro Tag. Campingplatz, Zimmer, Restaurant und Geschäft.

Bowron Lake Lodge
Bowron Lake P.P.
✆ (250) 992-2733 und
1-800-519-3399
www.bowronlakelodge.com
Lodge am Nordwestufer des Bowron Lake, ab $ 170 für kompletten Circuit. Einkaufsmöglichkeiten, Sandstrand.

Eine der populärsten Kanutouren Kanadas: der Bowron Lake Circuit

5 Fort St. James

Fort St. James mit seinen 1400 Einwohnern liegt am Ende des Highway 27, 54 Kilometer nördlich des Yellowhead Highway (Nr. 16) und am Südufer des insgesamt 70 Kilometer langen **Stuart Lake**, der zu den größten natürlichen Seen der Provinz zählt. Hauptattraktion ist die **Fort St. James National Historic Site**, ein Freilichtmuseum mit detailgetreu restaurierten Blockhäusern und historischen Gegenständen aus der Pelzhandelsära. Historisch gewandete Trapper und Pelzhändler, Carrier-Indianer und weiße Siedler erwecken im Juli und August das ehemalige Pelzhandelsfort der Hudson's Bay Company zum Leben und demonstrieren Sitten, Handwerk und Gebräuche des Jahres 1896, als Fort St. James ein isolierter Außenposten der weißen Zivilisation im Inneren von British Columbia war.

Im modernen Besucherzentrum erfährt man, dass Simon Fraser im Auftrag der North West Company bereits 1806 eine Pelzhandelsstation namens Stuart Lake Post gegründet hatte. Nach dem Zusammenschluss mit der Hudson's Bay Company wurde der in Fort St. James umbenannte Pelzhandelsposten zum Versorgungs- und Kommunikationszentrum des damaligen nördlichen Pelzhandelsgebietes New Caledonia, das weite Teile des heutigen British Columbia umfasste. Im Fort erfährt man auch, wie sehr Erfolg und Gewinn der Pelzhandelsgesellschaften im 19. Jahrhundert von der Kooperation mit den Indianern abhingen. Die Geschichte des Pelzhandels vor Ort endet erst 1952, als die Hudson's Bay Company diesen Posten endgültig aufgab.

Rund um den warmen Stuart Lake gruppieren sich Provinzparks wie der **Paarens Beach Park** elf Kilometer westlich von Fort St. James am Südufer des warmen Sees mit weißsandigem Badestrand und schönem Campingplatz oder fünf Kilometer weiter, ebenfalls am Südufer, der **Sowchea Bay Provincial Park**. Am Nordostufer und sieben Kilometer nordwestlich von Fort St. James liegt der **Mount Pope Provincial Park**. An dessen Zufahrtsstraße, der Stones Bay Road, beginnt die sechseinhalb Kilometer lange Wanderung auf den 1472 Meter hohen **Mount Pope**, die etwa vier bis sechs Stunden dauert. Oben wartet eine tolle Aussicht über Fort St. James und das Umland.

Emblem der Hudson's Bay Company

Website für alle Parks: www.env.gov.bc.ca/bcparks

Service & Tipps:

Fort St. James National Historic Site
Fort St. James, BC V0J 1P0
✆ (250) 996-7191
www.pc.gc.ca/stjames, Ende Mai–Ende Sept. tägl. 9–17 Uhr
Eintritt $ 7.80/0–3.90
Pelzhandelsfort der Hudson's Bay Company.

Paarens Beach Provincial Park
11 km von Fort St. James, südl. des Stuart Lake
Camping-Reservierungen:
✆ 1-800-689-9025 und (519) 826-6850
www.discovercamping.ca
43 ha großer Provinzpark mit Campingplatz am See und im Wald. Einige reservierbare Plätze vorhanden.

6 Hazelton

Im Wesentlichen besteht Hazelton aus den drei Ortschaften New, South und (Old) Hazelton sowie einigen indianischen Gemeinden, die in einem weiten, landwirtschaftlich geprägten Tal an der Mündung des Bulkley in den Skeena River liegen und zusammen mehrere Tausend Einwohner haben. In Sichtweite erheben sich die oft noch im Sommer schneebedeckten Hazelton Mountains. Diese Region ist die angestammte Heimat **der Gitxsan-Indianer**, die traditionell vom Lachsfang und vom Handel mit den an der Küste und im Inland ansässigen Stämmen lebten. Sie sind für ihre Holzschnitzerei und -malerei bekannt. Im Visitor Centre erhält man einen Prospekt mit einem Routen-

Bemalter Totempfahl und ...

vorschlag, mit dem man auf einer 113 Kilometer langen Strecke Kispiox, Gitwangak (früher: Kitwanga) und Gitanyow (früher: Kitwancool) sowie weitere indianische Dörfer der Umgebung besuchen kann.

Einige ansehnliche Totempfähle markieren den Eingang zum **'Ksan Historical Village** bei Old Hazelton, das 1970 rekonstruiert wurde, kurz bevor die wenigen Totempfähle, Langhäuser und anderen Zeugnisse der indianischen Kultur, die oft in marodem Zustand die Jahre überdauert hatten, für immer verschwunden wären. Sieben ausdrucksvoll mit schwarzen, weißen und roten indianischen Motiven bemalte Langhäuser bilden das Herz des Museumsdorfes. Eine Ansammlung kunstvoll geschnitzter Totempfähle erzählt mit ihren stilisierten Motiven die Geschichten der Familien oder auch Legenden; in einer Kunstgalerie werden Bilder ausgestellt und in einer Holzschnitzerwerkstatt Masken, Schalen und Totempfähle gefertigt. Gitxsan-Indianer von der 'Ksan Performing Arts Group führen überlieferte Tänze vor.

Unweit des Museums liegt **Old Hazelton**, der älteste Teil der Hazelton-Dörfer, der an die Zeit erinnert, als hier eine Pelzhandelsstation und die Endhaltestelle der Schaufelraddampfer auf dem schiffbaren Abschnitt des Skeena River lagen. Die Zufahrtsstraße quert den Hagwilget Canyon des Bulkley River auf einer 80 Meter hohen Hängebrücke.

In **Gitwangak**, nur wenige hundert Meter vom Abzweig des Highway 37 vom Yellowhead Highway, steht gleich nach der Brücke über den Skeena River rund ein Dutzend Totempfähle. Von der Wiese am Fluss schweift der Blick über die Kulisse der schneebedeckten Bergkette der Seven Sisters am Horizont. Nach 15 Kilometern nordwärts auf dem Highway 37 folgen die Totempfähle des indianischen Dorfes **Gitanyow**, das früher Kitwancool hieß.

Der **Cassiar Highway** (Hwy. 37 oder auch Stewart-Cassiar Hwy.) führt 745 Kilometer durch menschenarme, wald- und wildreiche Regionen zum Alaska Highway westlich von Watson Lake. Mittlerweile ist der Cassiar Highway bis auf wenige Teilstücke fast durchgehend asphaltiert, aber Tankstellen, Restaurants und andere Versorgungseinrichtungen sind äußerst spärlich gesät. Außer Holzeinschlaggebieten, Minen und einigen wenigen Siedlungen findet sich unterwegs kaum Infrastruktur.

Ab **Meziadin Junction** bietet sich ein Abstecher durch prächtige Bergregionen samt Gletschern nach Stewart/Hyder (vgl. S. 145 ff.) an der Grenze

An den Moricetown Falls fischen die Indianer Lachse aus dem schäumenden Wasser des Bulkley River

zur Südspitze Alaskas an, das von Gitwangak nach rund 220 Kilometern Fahrt erreicht wird. Seit der Cassiar Highway 1972 aus einer Schotterstraße entstand, auf der Holz und das Asbest aus den Minen in den Bergen nach Prince Rupert transportiert wurden, wird kontinuierlich an dieser Verbindung gearbeitet.

Service & Tipps:

Hazelton Visitor Info Centre
3026 Bowser St.
New Hazelton, BC V0J 2J0
✆ (250) 842-6571
www.newhazelton.ca

'Ksan Historical Village
Hazelton, BC V0J 1Y0
✆ (250) 842-5544 und 1-877-842-5518
www.ksan.org, April–Sept. tägl. 9–17, Okt.–März Mo–Fr 9.30–16.30 Uhr
Eintritt $ 2, Führungen $ 10/0–8.50
Freilichtmuseum der Gitxsan-Indianer am Rande von Old Hazelton. Führungen durch Frog, Wolf und Fireweed House nur im Sommer. Gelände, Museum und Geschäft ganzjährig.

'Ksan Performing Arts Group
Im 'Ksan Historical Village
Anfang Juli–Anfang Aug. Fr 19 Uhr
Eintritt $ 8/0–5
Gesänge und Tänze der Gitxsan-Indianer im Wolf House.

... rekonstruierte traditionelle Gitxsan-Plankenhäuser im 'Ksan Historical Village bei Old Hazelton

7 Kitimat

Kitimat liegt am südlichen Endpunkt des Highway 37, der weiter nördlich als Stewart-Cassiar Highway bekannt ist, und rund 60 Kilometer südlich des Yellowhead Highway. Hier fließt der Kitimat River in den weit ins Land vordringenden Douglas Channel, der mit dem Pazifischen Ozean verbunden ist. Ihre naturnahe Lage macht die rund 9000 Einwohner zählende Stadt Kitimat zu einem Ausgangpunkt für Bootstouren, Angel- und Tauchausflüge.

Kitimat war entstanden, nachdem die Provinzregierung an diesem abgelegenen Flecken 1954 eine Aluminiumschmelze der Aluminium Company of Canada (Alcan) angesiedelt hatte. Besichtigungen des Werkes sind derzeit nicht möglich. Für das Schmelzen von Aluminum wird Energie aus der reichlich vorhandenen Wasserkraft gewonnen. Zwischen den Bergen ringsherum liegen einige eigens dafür angelegte Stauseen.

Service & Tipps:

Kitimat Visitor Info Centre
2109 Forest Ave. & Hwy. 37
Kitimat, BC V8C 2G7
✆ (250) 632-6294, 1-800-664-6554
www.visitkitimat.com

Kitimat Fish Hatchery
238 Haisla Blvd., Kitimat
BC V8C 2M2, ✆ (250) 639-9888
Juni–Aug. Mo–Fr 8–16 Uhr, Führungen um 9, 10.30, 13.30 und 15 Uhr
Etwa dreiviertelstündige Führungen durch die Lachszuchtstation am südlichen Stadtrand.

REGION 5 Zentrales British Columbia

<u>Prince George</u> liegt an der Kreuzung von Cariboo (Hwy. 97) und Yellowhead Highway (Hwy. 16). Der Cariboo Highway schafft eine Verbindung südwärts zur US-amerikanischen Grenze bei Osoyoos sowie nordwärts nach Dawson Creek und zum Alaska Highway. Der Yellowhead Highway zieht eine durchgehende Verbindung zwischen Edmonton in Alberta und British Columbias Hafenstadt Prince Rupert.

8 Prince George

71 000 Einwohner leben in der weit ausgebreiteten Stadt am Zusammenfluss von Fraser und Nechako River. Der Name von Prince George geht zurück auf das 1807 von Simon Fraser gegründete Pelzhandelsfort der North West Company Fort George, das dieser zu Ehren von König George III. benannt hatte. Die einzige große Stadt in der weiten, dünn besiedelten Waldregion hat sich zum urbanen, industriellen und kulturellen Herzen des nördlichen British Columbia entwickelt.

Ein Dutzend Sägewerke und drei Zellstoff- und Papierfabriken belegen Prince Georges Rolle als Zentrum der Forstindustrie. Regional produzierte Fertighausteile, Spanplatten und andere Holzprodukte werden in alle Welt geliefert. Eine Reihe von Call Centres hat sich hier angesiedelt, so dass die Stadt zum Schnittpunkt der modernen Telekommunikationswelt im abgelegenen Norden von British Columbia geworden ist. Darüber hinaus spielen Chemie- und Ölindustrie sowie der Bergbau eine wirtschaftliche Rolle.

Um 1793 erkundete Alexander Mackenzie die großen Wasserwege der Region und erkannte nicht nur deren Wert für den Pelzhandel, sondern auch die wichtige Rolle der in der Region ansässigen Carrier-Indianer für die Zulieferung der Pelze.

Abgesehen von der unendlich erscheinenden Natur ringsherum verfügt Prince George selbst über rund 120 Stadt- und Naturparks – der **Heritage River Trail** verbindet einige davon. Der **Connaught Hill Park** oberhalb der Innenstadt bietet sich für einen Spaziergang mit Aussicht auf die Stadt und den Nechako River an. Im größten Stadtpark, dem **Fort George Park** am Fraser River, liegt das **Wissenschaftsmuseum Exploration Place**, das Einblicke in die regionale Natur-, Menschheits- und Industriegeschichte bietet. Der Cottonwood Island Park am Zusammenfluss von Fraser und Nechako River beherbergt das **Prince George Railway & Forestry Museum**, das die Entwicklung und den Aufstieg der Stadt zum Zentrum des Nordens von British Columbia schildert, an denen Eisenbahn und Forstindustrie maßgeblichen Anteil hatten. Über 70 Eisenbahnwaggons, Lokomotiven und Schneepflüge, neun historische Gebäude und zahllose Gegenstände sind zu besichtigen.

Service & Tipps:

Tourism Prince George
1300 First Ave.
Prince George, BC V2L 2Y3
✆ (250) 562-3700, 1-800-668-7646
www.tourismpg.com

Exploration Place/Fraser-Fort George Regional Museum
333 Becott Place
Prince George, BC V2L 4V7
✆ (250) 562-1612, 1-866-562-1612
www.theexplorationplace.com
Ende Mai–Anfang Okt. tägl. 10–17 Uhr, im Winter Mo/Di geschl.
Eintritt $ 8.95/5.95, SimEx-Kino $ 6.95/5.95, Kombi $ 10.95/8.95
Vielseitiger Museumskomplex am Ende im Fort George Park.

Prince George Railway & Forestry Museum
850 River Rd., im Cottonwood Island Park
Prince George, BC V2L 5S8
✆ (250) 563-7351, www.pgrfm.bc.ca
Mitte Mai–Ende Sept. tägl. 9–17 Uhr, sonst kürzer, Eintritt $ 6/0–5
Freilichtmuseum und Museum zur Industriegeschichte der Region. Mit den Hauptthemen Eisenbahn und Forstindustrie.

Huble Homestead
202–1685 3rd Ave.
Prince George, BC V2L 3G5
✆ (250) 564-7033
www.hublehomestead.ca, Ende Mai-Anfang Sept. tägl. 10–17 Uhr, Eintritt frei, Spenden erwünscht ($ 5/0–3)
Historische Farm 40 km nördl. von Prince George (via Hwy 97 North und Mitchell Rd.). Liebevoll instandgesetzte Gebäude (u.a. General Store, Post Office) sowie Handwerksdemonstra-

tionen vermitteln Eindrücke des Lebens im nördlichen BC des 19. Jhs.

Two Rivers Art Gallery
725 Civic Sq., Prince George
BC V2L 5T1, ✆ (250) 614-7800
www.tworiversartgallery.com
Mo–Sa 10–17, Do bis 21, So 12–17 Uhr
Eintritt $ 7.50/0–6
Kunstgalerie in einem modernen und sehenswerten Gebäude in Downtown. Permanente und wechselnde Ausstellungen, verschiedene Veranstaltungen und Verkauf von hochwertigen Kunstgegenständen wie Schmuck, Skulpturen, Holzschnitzereien etc.

Cariboo Steak & Seafood Restaurant
1165 5th Ave., Prince George
BC V2L 3L1, ✆ (250) 564-1120
www.cariboosteakandseafood.com
Steak- und Seafood-Restaurant in Downtown Prince George. Lunch und Dinner, am Wochenende nur Dinner.
$$–$$$

9 Prince Rupert

Die geschäftige Hafenstadt auf der Insel Kaien Island nahe der Mündung des Skeena River in den Pazifik zählt rund 13 000 Einwohner. Hier endet der **Yellowhead Highway**, der ab Hazelton vom Skeena River begleitet wird. Gleich hinter der Stadt ragen die malerischen, oft wolkenverhangenen Coast Mountains empor. Nicht zu Unrecht eilt Prince Rupert der Ruf als niederschlagsreichste Stadt Kanadas voraus. Doch sind es eben diese Niederschläge, die die Küstenregenwälder mit ihrer überaus reichhaltigen Flora und Fauna gedeihen lassen.

Von Prince Rupert, der nördlichsten Hafenstadt der kanadischen Pazifikküste, starten Kreuzfahrtschiffe zu einer Reise durch die Inselwelt der **Inside Passage** nach Port Hardy und Fähren schippern hinüber zu den Queen Charlotte Islands. Die US-amerikanischen Alaska State Ferries verkehren regelmäßig zwischen Haines/Skagway in Südostalaska und Prince Rupert.

Etwa sechs Mal wöchentlich dampft ein Schiff der BC Ferries von Prince Rupert nach Skidegate, dem Haupthafen der einsamen **Queen Charlotte Islands**.

Die Inselgruppe besteht aus zwei großen und vielen hundert kleinen Inseln, die sich über 300 Kilometer Länge in Nord-Süd-Richtung erstrecken. Haupt-

Prinz Ruprecht von der Pfalz, Namengeber von Prince Rupert

Traditionelles Dorf auf den Queen Charlotte Islands

Adler aus Walknochen und …

stadt ist das rund 900 Einwohner zählende Queen Charlotte City. Der Yellowhead Highway verläuft über die Inseln von Skidegate über Port Clemens zum Fischerei- und Militärhafen Masset und kleinen Orten an der wind- und wettergeschützten Ostküste zu seinem westlichsten Endpunkt. Auf den abgelegenen Inseln erwarten den Besucher viel Natur, endemische Flora und Fauna, raues Wetter, die Kultur der Haida-Indianer und faszinierende Ruhe. Grandioses Highlight der Queen Charlotte Islands ist der abgelegene **Gwaii Haanas National Park Preserve** im Süden.

Schiffe aller Arten fahren in Prince Ruperts Hafen ein und aus, Wasserflugzeuge starten und landen auf den Bahnen des Wasserflughafens. In den Anlagen des Frachthafens werden Holzstämme, Getreide, Kohle sowie andere Bergbauerzeugnisse in Containerschiffe und Frachter verladen. Zahlreiche Fischerboote belegen die Rolle der Fischerei seit den Anfängen der Stadt im frühen 20. Jahrhundert.

1906 wurde Prince Rupert wegen seines ganzjährig eisfreien Hafens gegründet und schon 1914 erreichten die Schienenstränge der Grand Trunk Pacific Railway (heute Canadian National Railway) aus dem kanadischen Hinterland den Pazifik. Gemeinsam mit dem Yellowhead Highway folgt die Schienenstrecke dem Verlauf des Skeena River. Der Industrielle Charles M. Hays hatte das Projekt der zweiten transkontinentalen Eisenbahnlinie seinerzeit vorangetrieben, erlebte die Vollendung aber nicht, weil er 1912 beim Untergang der »Titanic« ums Leben kam.

Lange Zeit fungierte Price Rupert nur als Fischerei- und Verladehafen, erst in den 1960er-Jahren kam die Funktion als Fährhafen zwischen dem südlichen und nördlichen British Columbia bzw. Alaska hinzu. Auch die Eröffnung des Cassiar Highway vergrößerte seine Bedeutung. Von Prince Rupert kann man per Wasserflugzeug oder Boot Ausflüge zu den Bären des **Khutzeymateen Grizzly Bear Sanctuary** oder zu den Walen vor der Küste unternehmen, Kanus oder Kajaks leihen oder in den Flüssen und Seen der Umgebung angeln.

Reichhaltig ist die indianische Geschichte der Region, die die 18 über das Stadtgebiet verteilten **Totempfähle** der Haida und Tshimshian-Indianer zeigen. Einige davon stehen am **Museum of Northern British Columbia**, der größten Sehenswürdigkeit der Stadt. Anschaulich beleuchtet das in der Form eines indianischen Langhauses konzipierte Museum die Besiedlungsgeschichte der Region durch die Haida-, Tshimshian-, Nisga'a- und Tlingit-Indianer wie auch durch die weißen Einwanderer. Zum Museum gehört auch das **Kwinitsa Station Railway Museum** im historischen Bahnhof der Grand Trunk Pacific Railway.

Cow Town heißt das malerische, kleine Hafengebiet am Stadtzentrum. Fährterminals, Geschäfte, Restaurants und Cafés reihen sich um den Hafen, in dem es manchmal von Fischer- und Motorbooten oder Jachten wimmelt. Bei Sonnenschein kann man von einer der Restaurantterrassen bei einer Tasse Kaffee das farbenfrohe Bild genießen. Danach lockt ein Einkaufsbummel in die Cow Bay mit ihren kleinen Läden und Boutiquen. Im alten **Atlin Terminal** befinden sich eine Kunstgalerie, weitere Geschäfte sowie die Touristeninformation.

Prince Ruperts beliebtestes Ausflugsziel ist das **North Pacific Historic Fishing Village** in dem malerisch gelegenen Örtchen **Port Edward** 20 Kilometer südlich. Das Freilichtmuseum nahe der Mündung des Skeena River umfasst eine original erhaltene Fischkonservenfabrik *(cannery)* und eine Arbeitersiedlung von 1889, die bis 1958 aktiv war. Dreimal täglich gibt es Führungen. Die North Pacific Cannery war eine von über 220 isoliert in der Wildnis angesiedelten Fischverarbeitungsfabriken der kanadischen Westküste.

Service & Tipps:

ⓘ **Prince Rupert Visitor Information Centre/Museum of Northern BC**
100 First Ave. W.
Prince Rupert, BC V8J 3S1
✆ (250) 624-5637, 1-800-667-1994
www.tourismprincerupert.com

Alaska Marine Highway System/Alaska Ferries

2100 Park Ave.
Prince Rupert, BC V8J 4S3
✆ (250) 627-1744, 1-800-642-0066
www.dot.state.ak.us/amhs
3- bis 5-mal wöchentlich legt die Fähre nach Südostalaska ab. Stopps in verschiedenen Küstenorten der Alaska Inside Passage. Der Terminal befindet sich am Ende der Park Ave. südlich von Prince Rupert. Im Sommer muss rechtzeitig reserviert werden.

BC Ferries/ Prince Rupert Terminal
Fairview, Prince Rupert, BC V8J 3S1
✆ 1-877-223-8778, 1-888-BCFERRY
www.bcferries.com, ganzjähriger Service, Anfang Juni–Mitte Sept. einmal tägl. außer Di, sonst eingeschränkter Service, Fährpreis nach Skidegate: $ 39/0–39, Autos ab $ 140s
Fährverbindungen nach Port Hardy (vgl. S. 75) und Skidegate auf den Queen Charlotte Islands. Der Terminal der BC Ferries liegt zwei Kilometer südwestlich von Prince Rupert.

Kwinitsa Station Railway Museum
Vgl. Museum of Northern BC
✆ (250) 624-3207
Juni–Aug. tägl. 9–12 und 13–17 Uhr
Eintritt $ 5/0–2
Kleines Eisenbahnmuseum im Waterfront Park. Teil des Museums of Northern BC.

Museum of Northern British Columbia
100 1st Ave. W.
Prince Rupert, BC V8J 3S1
✆ (250) 624-3207
www.museumofnorthernbc.com
Juni–Aug. Mo–Sa 9–20, So 9–17, Sept.–Mai Mo–Sa 9–17 Uhr
Eintritt $ 5/0–2
Museum zur Regionalgeschichte, der Schwerpunkt liegt auf der Kultur der verschiedenen Stämme der Westküstenindianer, Pelzhandel, Eisenbahnbau. Gutes Museumsgeschäft.

North Pacific Historic Fishing Village
1889 Skeena Dr.
Port Edward, BC V0V 1G0
✆ (250) 628-3538
www.cannery.ca
Juli/Aug. tägl. 11–17, Do bis 20, Mai/Juni und Sept. Di–So 12–16.30 Uhr, Eintritt $ 12/0–6
Museum in alter Fischkonservenfabrik in Port Edward, 20 km südlich von Prince Rupert. Mit Restaurant und Café.

Queen Charlotte Islands Visitor Info
3220 Wharf St.
Queen Charlotte, BC V0T 1S0
✆ (250) 559-8316, www.qcinfo.ca
Die Fährfahrt von Prince Rupert zur Hauptstadt der Inselgruppe dauert 6 Stunden. Informationen zum **Gwaii**

... Silberschmuck der Haida-Indianer, der Ureinwohner der Queen Charlotte Islands

Der Gwaii Haanas National Park Preserve liegt im südlichen Teil der Queen Charlotte Islands. »Gwaii Haanas« kommt aus der Sprache der Haida-Indianer und bedeutet »Inseln voller Wunder und Schönheit«

Haanas National Park Preserve findet man unter www.pc.gc.ca.

Adventure Tours
207 3rd Ave. E.
Prince Rupert, BC V8J 1K4
✆ (250) 627-9166, 1-800-201-8377
www.adventuretours.net
Bärentour $ 180/0–165, Waltour $ 99/0–89, Rundfahrten um Kaien Island $ 60/0–55
6-stündige Bootstouren zum **Khutzeymateen Grizzly Bear Sanctuary** (Mitte Mai–Ende Juli), 4-stündige Walbeobachtungstouren (Juli–Okt.) und ganzjährig 1,5- bis 2-stündige Rundfahrten um Kaien Island. Ab dem Atlin Terminal in Cow Bay.

Smiles Seafood Cafe
113 Cow Bay Rd.
Prince Rupert, BC V8J 1A4
✆ (250) 624-3072
Seit 1934 bietet das Café am Cow Bay viel Atmosphäre, fangfrischen Fisch und Meeresfrüchte zu vernünftigen Preisen und mit bildschönem Hafenblick. $$–$$$

The Breakers Pub
117 George Hills Way
Prince Rupert, BC V8J 1A3
✆ (250) 624-5990
www.breakerspub.ca
Malerisch an der Waterfront von Cow Bay gelegenes Restaurant. Fangfrischer Fisch, Steak, Wein und Cocktails – und das alles auf Stelzen über dem Wasser und mit Sicht auf das bunte Hafengewirr. $$

North Pacific Seaplanes
Seal Cove Seaplane Base
Prince Rupert, BC V8J 3P4
✆ (250) 624-1341, 1-800-689-4234
www.northpacificseaplanes.com
Wasserflugzeuge auf verschiedenen *Flightseeing*-Routen: zum Khutzeymateen Valley, zu den Queen Charlotte Islands und nach Ketchikan, Alaska.

10 Terrace

11 300 Einwohner zählt die Stadt am Skeena River, die nach den natürlichen Terrassen am Flussufer benannt wurde. Sie ist die letzte größere Ansiedlung am Yellowhead Highway vor Prince Rupert und lebt größtenteils von der Holzindustrie. Von dieser und dem Leben im kanadischen Norden erzählt das **Heritage Park Museum**, ein kleines Freilichtmuseum mit historischen Blockhäusern aus der Region. Wenige Kilometer östlich zweigt der Highway 37 in Südrichtung ab zur Aluminiumstadt Kitimat.

Terrace nennt sich *Home of the Kermode Bear*, denn die Wälder der Umgebung sind die Heimat der seltenen, weißen Kermode-Bären. Eigentlich sind es Schwarzbären, die aber ein helles bis cremefarbenes Fell tragen, das speziell diese Population um Terrace entwickelt hat.

Im **Lakelse Lake Provincial Park**, 14 Kilometer südlich des Yellowhead Highway, kann man am Grouchy's Beach des schönen Sees picknicken, baden oder auf dem ein Kilometer langen Grouchy's Beach Trail oder dem zwei Kilometer langen Twin Spruce Trail wandern. Am Furlong Bay Campground gibt es einen Sandstrand und heiße Quellen. Das nahe gelegene **Mount Layton Hot Springs Resort** mit seinen Swimmingpools und Wasserrutschen ist besonders für Reisende mit Kindern und an Schlechtwettertagen ein Anlaufpunkt.

Ein Abstecher auf dem Nisga'a Highway Richtung Norden führt zum **Nisga'a Lava Memorial Park**, einem vulkanisch geprägten Park auf dem Land der Nisga'a-Indianer südlich des Dorfes New Aiyansh. Das Besucherzentrum liegt 95 Kilometer nördlich des Yellowhead Highway. Die Eruption eines nur rund 100 Meter hohen Vulkans hatte vor etwa 250 Jahren die Indianerdörfer des rund 30 Quadratkilometer großen Tals und ihre rund 2000 Einwohner unter einer Lavaschicht begraben. In den vergangenen Jahrhunderten ist daraus eine seltsam anmutende Mondlandschaft mit blaugrünen Seen entstanden.

Unterwegs gibt es viele Gelegenheiten zum Anhalten und Erkunden der Umgebung, ein erster Stopp bietet sich an den **Spahats Falls** zehn Kilometer nördlich von Clearwater an. Ein kurzer Wanderweg führt entlang dem Spahats Creek zum Aussichtspunkt auf die 73 Meter hohen Wasserfälle, die sich scheinbar unmittelbar aus dem Wald kommend in die Tiefe stürzen und die zu den drei besonders interessanten und leicht zugänglichen Wasserfällen des Parks gehören.

Bei klarem Wetter lohnt sich weiter nördlich der Abstecher über die kurvenreiche Auffahrt zum **Green Mountain**, vom dessen Aussichtsturm man einen Rundumblick auf die weite Wald- und Bergszenerie hat. Der nächste Stopp bietet sich an den 91 Meter breiten, allerdings nur 18 Meter hohen **Dawson Falls** an, die durch eine sehenswerte Schlucht beeindrucken sowie glatt polierte Felslöcher, durch die sich das Wasser des Murtle River lautstark rumorend seinen Weg sucht.

Von den Dawson Falls kann man auf der Südseite der Schlucht den Helmcken Falls Rim Trail entlangwandern, der nach vier Kilometern einen Aussichtspunkt auf die 137 Meter hohen **Helmcken Falls** erreicht, die größten Wasserfälle und einen der populärsten touristischen Anlaufpunkte des Parks. Mit dem Auto folgt man der Parkstraße einige Kilometer weiter bis zum Parkplatz. Schon nach kurzem Spaziergang, auf dem bereits lautes Rauschen die Wasserfälle ankündigt, ist dann der Aussichtspunkt erreicht.

Im Spätsommer kann man an den **Bailey's Chutes** des schäumenden Clearwater River die Königslachse *(Chinook Salmon)* bei der Bewältigung der Stromschnellen beobachten. Von hier aus ist es nicht mehr weit zum Clearwater Lake.

Auf den fünf großen Seen im Park – Clearwater, Azure, Murtle, Mahood und Hobson Lake – bieten sich Kanu- und Kajaktouren an. Kanus gibt es am Clearwater Lake stunden- oder tageweise, mit oder ohne gebietskundigen Führer zu mieten. Der unglaublich klare **Clearwater**, der auch für Motorboote freigegeben ist, und der benachbarte **Azure Lake**, die jeweils etwa 25 Kilometer lang und durch den Clearwater River miteinander verbunden sind, lassen sich zu einer rund 100 Kilometer langen Kanutour kombinieren. Wer auf dem **Murtle Lake**, auf dem Motorboote verboten sind, paddeln möchte, fährt

Ski-doo oder Hundeschlitten: Am Rande des Wells Gray Provincial Park bietet sich ein Paradies für Outdoorenthusiasten

Buschpilot am Clearwater Lake

von Blue River am Highway 5 nördlich von Clearwater in den fast gänzlich unberührten Ostteil des Parks. Den **Mahood Lake** am Westzipfel des Parks erreicht man auf Stichstraßen ab 100 Mile House am Cariboo Highway. Wenig besucht ruht im Norden der abgelegene Hobson Lake.

Wells Gray ist ein exzellenter Wanderpark mit Spazierwegen von wenigen Minuten über Tagestouren bis hin zu mehrtägigen Trips in die Wildnis. Im Park sind immer wieder Spuren der Trapper, Prospektoren und frühen Siedler zu entdecken, wie z.B. auf dem kurzen Rundgang von der Ray Mineral Spring, einer Mineralquelle, zu den Überresten einer alten Pionierfarm.

Zu den schönsten Wanderungen in den Sommermonaten gehören diejenigen im Gebiet der **Trophy Mountain Wildflower Meadows**. Unterhalb der bis zu 2575 Meter hohen Gipfel durchquert man dort wunderbare Wildblumenwiesen, die zwischen Ende Juni und Anfang August in verschwenderischer Blüte stehen und mit einer Vielzahl subalpiner Seen besetzt sind. Am südlichen Rand des Parks, nordöstlich von Clearwater erheben sich die Trophy Mountains. Die Zufahrt ab der Clearwater Valley Road erfolgt hinter den Spahats Falls nach rechts auf einer kleinen Forststraße.

Service & Tipps:

Wells Gray Provincial Park
Hwy. 5 bei Clearwater
www.env.gov.bc.ca/bcparks
5400 km² große Wald-, Wasser- und Bergwildnis in den südlichen Cariboo Mountains mit Spuren früher Besiedlung. Kanufahren und Wandern. Camping-Reservierungen unter © 1-800-689-9025 (in Vancouver mit der Vorwahl 604) oder www.discovercamping.ca.

Clearwater Visitor Info Centre
425 E. Yellowhead Hwy.
Clearwater, BC V0E 1N0
© (250) 674-2646
www.explorewellsgray.com
www.wellsgray.info

Clearwater Lake Tours
Clearwater Lake Campground
Wells Gray Provincial Park
✆ (250) 674-2121
www.clearwaterlaketours.com
Kanuverleih samt Zubehör. Je nach Kanu oder Kajak $ 50–65 pro Tag, ab $ 200 pro Woche. Geführte Paddeltouren $ 75 pro Person und Tag. Am Südufer des Clearwater Lake.

Interior Whitewater Expeditions
Old N. Thompson Hwy.
Clearwater, BC V0E 1N0
✆ (250) 674-3727, 1-800-661-7238
www.interiorwhitewater.bc.ca
Ab $ 78
Floßfahrten und Wildwasserfahrten auf verschiedenen Abschnitten des Clearwater River. Exzellent auch in Kombination mit einer Kanutour auf dem Mahood Lake und einer Wanderung entlang dem Mahood River zum Einsatzpunkt der Wildwasser-Schlauchboote.

Clearwater Trout Hatchery
40 E. Old N. Thompson Hwy.
Clearwater, BC V0E 1N0
✆ (250) 674-2580
www.gofishbc.com/cwh.htm
Tägl. 8.30–16 Uhr, Eintritt frei
3,5 Mill. Regenbogen-, Bach- und andere Forellenarten erblicken hier jährlich das Licht der Welt und stocken den Fischbestand der Gewässer von British Columbia auf. Beste Monate zur Beobachtung sind Mai, Juni und September.

13 Williams Lake

10 700 Einwohner zählt der am gleichnamigen See gelegene Ort Williams Lake. Die Stadt bildet das wirtschaftliche Zentrum der weiten Region auf dem trockenen Chilcotin Plateau zwischen Fraser River und Coast Mountains. Die Produktion der unvorstellbar großen Rinderranches wird zu einem großen Teil in Williams Lake verarbeitet. Das **Museum of the Cariboo Chilcotin** mit der »BC Cowboy Hall of Fame« berichtet von der Geschichte der Region, an der zunächst Pelzhändler und dann die Goldsucher Anteil hatten, bevor schließlich die große Zeit der Rinderrancher und Cowboys begann.

Bekannt ist Williams Lake auch durch die **Williams Lake Stampede**, eins der größten Rodeos West-Kanadas, bei dem sich am Canada-Day-Wochenende Anfang Juli die besten Cowboys in verschiedenen Disziplinen gegeneinander antreten. Ihren Ursprung haben die Rodeos in den Wettbewerben, mit denen die Cowboys und Rancher ihre Kräfte und Fähigkeiten maßen.

Quesnel Forks, die Geisterstadt am Ende der kurvenreichen, geschotterten Likely Road, erreicht man nach einer Stunde Fahrt nordöstlich von Williams Lake. Dank seiner strategisch günstigen Lage am Zusammenfluss von Quesnel und Cariboo River war das Örtchen während des Goldrausches in den frühen 1860er-Jahren eines der Zentren der durchziehenden Prospektoren. Das endete, als die neu gebaute Cariboo Gold Rush Road die Route zu den Goldfeldern änderte. Die pittoresk verwitterte Geisterstadt bietet Picknickplätze und reichlich Fotomotive.

In Williams Lake beginnt der 456 Kilometer lange **Highway 20** westwärts nach Bella Coola, auch Bella Coola Road oder Chilcotin Highway genannt. Nach dem tief eingeschnittenen Fraser River Valley schwingt sich der Highway hoch und passiert das weite Chilcotin Plateau, ein äußerst spärlich besiedeltes, niederschlagsarmes Ranchland im Regenschatten der Coast Mountains. Trockene Vegetation aus Gräsern und Sträuchern auf braunen Hügeln dominiert die Wildwestszenerie. Doch, wer auf der Bella Coola Road nur durchfährt, ohne zu stoppen, verpasst die eigentlichen Reize der auf den ersten Blick oft so abweisend und spröde erscheinenden Landschaft.

Nach 47 Kilometern zweigt bei Riske Creek vom Highway 20 eine Seitenstrecke ab. 26 Kilometer entfernt hat der rauschende Chilcotin River im **Farwell Canyon** eine interessante Schlucht geschaffen. Von Wind und Wasser

sehenswert erodierte *hoodoos*, aufgeschichtete Sandsteintürmchen mit Zacken und Zinnen, säumen den Flusscanyon; Sanddünen formen sich im Wind immer wieder neu.

Entweder folgt man dieser Seitenstraße weiter bis Big Creek oder man nimmt ab Hanceville am Hwy. 20 die Fletcher Lake Road nach Big Creek, wo man nach 31 Kilometern auf die abgelegene, aber leicht erreichbare Gästeranch Big Creek Lodge trifft. Dort kann man an Ausritten in die Wildnis, aber auch an Viehtrieben, Angeltrips und anderen Westernaktivitäten teilnehmen.

Westlich von Alexis Creek bietet sich der **Bull Canyon Provincial Park** zum Picknick oder als hübscher Ort zum Übernachten an. Der Platz mit Blick auf die steilen Felsklippen des Battle Mountain liegt auf dem Schwemmland an einer Biegung des gletscherblauen Chilcotin River. Die Flussschlucht selbst besteht aus uraltem Lavagestein, das im Laufe der Jahrtausende unter dem Einfluss von Wind und Wetter zu merkwürdigen Türmchen, Zinnen und Höhlungen ausgeformt wurde. (Zum weiteren Verlauf des Highway 20 vgl. Tweedsmuir Provincial Park S. 133 f. bzw. Bella Coola S. 122 f.)

Service & Tipps:

Williams Lake Visitor Info Centre
1660 S. Broadway St.
Williams Lake, BC V2G 2W4
✆ (250) 392-5025
www.williamslakechamber.com

Museum of the Cariboo Chilcotin and BC Cowboy Hall of Fame
113 N. 4th Ave., Williams Lake
BC V2G 2C8, ✆ (250) 392-7404
www.cowboy-museum.com
Juni–Aug. Mo–Sa 10–16, Sept.–Mai Di–Sa 11–16 Uhr, Eintritt $ 2/0–2
Cowboy- und Rodeomuseum in der Innenstadt von Williams Lake.

Big Creek Lodge
Box 20, Big Creek, BC V0L 1K0
✆ (250) 394-4831
www.bigcreeklodgebc.com
Komfortables Country Inn und authentische »Working Cattle Ranch« rund 120 km westl. von Williams Lake in der herrlich einsamen Bergwildnis nahe Big Creek. Problemlos vom Hwy. 20 ab Hanceville via Fletcher Lake Road zu erreichen. Ausritte, Viehtriebe, Goldwaschen, Angeln u.v.a.m. gehören zu den popu-

lären Gästeaktivitäten. Übernachtungen in der Lodge oder in den Blockhütten.

Bull Canyon Provincial Park
Am Hwy. 20, 6 km westl. von Alexis Creek, 119 km von Williams Lake
www.env.gov.bc.ca/bcparks
369 ha großer Park mit Campingplatz am Chilcotin River. Günstig als Ausgangspunkt für Fahrten nach Bella Coola.

Williams Lake Stampede
✆ (250) 398-8388, 1-800-71-RODEO
www.williamslakestampede.com
Ende Juni/Anfang Juli am Canada-Day-Wochenende, Eintritt $ 15/0–15
Eines der größten Rodeos in BC.

Cowboys beim Viehtrieb in der Chilcotin-Region

REGION 6
Nördl. BC und das Yukon T.

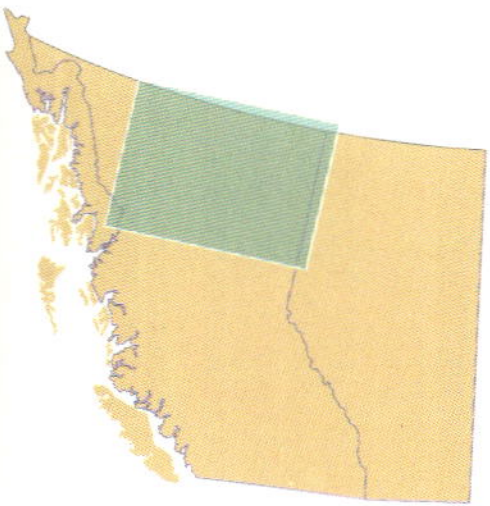

Das nördliche British Columbia und das Yukon Territory

Traumstraße Alaska Highway

Das nördliche British Columbia und das südliche Yukon Territory bilden ein weites, einsames Land, das von der Forstindustrie beherrscht wird, aber auch Öl- und Gasvorkommen südlich des Peace River birgt. Nur wenige kleinere Städte sind hier zu finden; der Norden ist hauptsächlich von schroffem Hochgebirge geprägt.

In Dawson Creek beginnt der legendäre Alaska Highway, der den Nordwesten British Columbias mit Watson Lake, dem Tor zum Yukon Territory, und mit Alaska, dem nördlichsten aller US-Bundesstaaten, verbindet. Fort St. John und Fort Nelson sind noch heute Etappenpunkte für den Reisenden – zum Verpflegen, Tanken und Rasten.

Unwegsames Felsengebirge und raues Klima dominieren die Szenerie des Stone Mountain Provincial Park. Jadegrün schimmert der See im Muncho Lake Provincial Park, und heiße Quellen sprudeln in der üppig grünen Umgebung des Liard River Provincial Park. Angeln, Kanu- und Kajakfahren, Wandern,

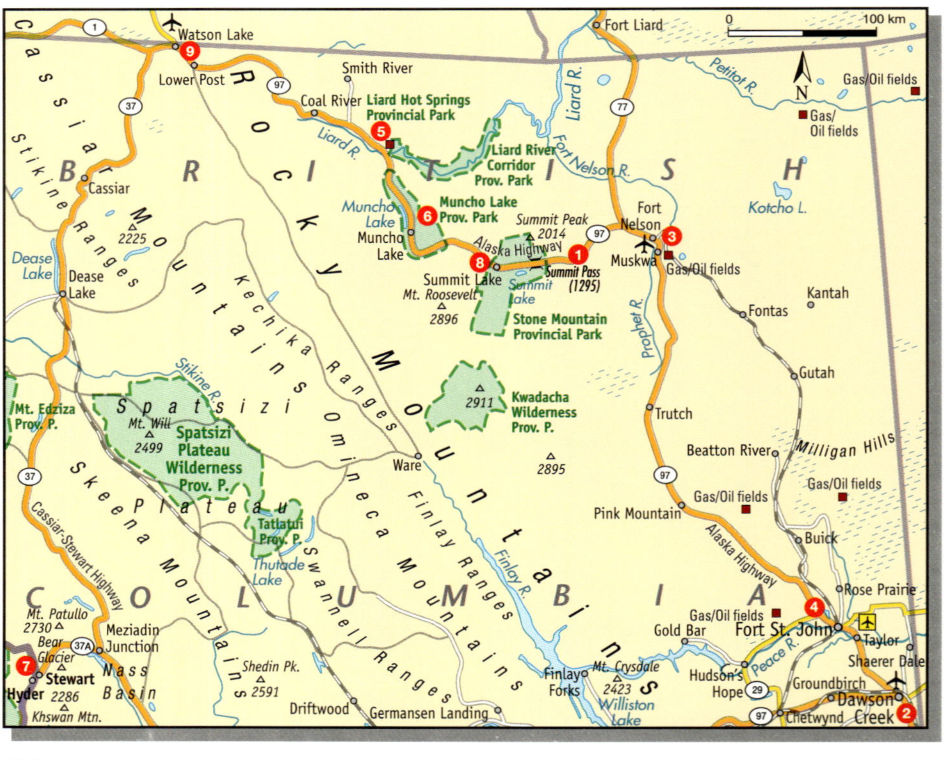

Indian Summer im Yukon Territory

Flüge zu Angelcamps und Wanderzielen in der Wildnis, Sightseeingflüge, Fotosafaris zu den wilden Tieren der Rockies, Campen und Picknicken – die Palette der möglichen Freizeitaktivitäten unter freiem Himmel ist im Norden British Columbias und dem Süden des Yukon Territory außerordentlich groß.

1 Alaska Highway

Der legendäre Alaska Highway verläuft von den grünen Tälern der Peace-River-Region im nördlichen British Columbia durch unvergleichlich weite, einsame Gebiete über das gebirgige Yukon Territory nach Alaska. 2236 Kilometer lang ist die Fernstraße von ihrem Startpunkt in **Dawson Creek**, British Columbia, bis zu ihrem offiziellen Endpunkt in **Delta Junction**, Alaska. Inoffiziell reicht der Alaska Highway von dort sogar noch 480 Kilometer weiter bis Fairbanks.

Am Wegesrand folgen in unregelmäßigen Abständen – etwa alle 50 bis 80 Kilometer, längstens 160 Kilometer – kleine Ortschaften oder Servicestationen mit Restaurants und Geschäften, Tankstellen und Werkstätten, die oft aus den isolierten Versorgungs- und Baucamps der 1940er-Jahre entstanden sind. Immer wieder beeindrucken einzelne Lodges in außergewöhnlicher Lage und Provincial Parks mit großen Naturschönheiten und fantastischen Camping- und Picknickplätzen. **Stone Mountain**, **Muncho Lake** und **Liard Hot Springs** am Alaska Highway zählen zu den schönsten Provincial Parks British Columbias.

Während des Zweiten Weltkriegs reifte die Idee, schnellstmöglich eine militärische Versorgungs- und Nachschubstrecke von British Columbia und den Zentren in Alberta nach Alaska zu bauen, um der Bedrohung einer japanischen Invasion auf den Aleuten und damit auf US-amerikanischem Boden zuvorzukommen. In einer Rekordbauzeit von nur achteinhalb Monaten schlugen Militärtrupps der US-Armee, Holzfäller und Bauarbeiter mithilfe von mächtigen Maschinen und viel Material eine abenteuerliche, schlammige und oft gefährliche Piste durch Berge und Wälder, über Flüsse und Täler. Zwischen März und November 1942 arbeitete man sich von Norden und von Süden entgegen. Der offizielle Zusammenschluss der Teilstücke fand am **Contact Creek** an der Grenzlinie zwischen British Columbia und dem Yukon Territory statt. Offizieller Eröffnungstag des Alaska-Canada Military Highway, militärisch kurz Alcan genannt, war der 20. November 1942. Die Feier fand am **Soldier's Summit** am Kluane Lake im Yukon Territory statt.

Startpunkt des Alaska Highway in Dawson Creek in British Columbia und ...

... Endpunkt in Delta Junction in Alaska

Nachdem der Alaska Highway 1948 für den Privatverkehr freigegeben wurde, entwickelte er sich zur legendären Abenteuerpiste. Er wurde stilisiert zum Mythos nordlandhungriger Touristen, die sich in vielerlei Verkehrsmitteln aufmachten, seinen Gefahren zu trotzen. Erfolgreiche Highway-Bezwinger deklarierten Wagemut und Durchhaltevermögen mit markigen Autoaufklebern à la »I Survived the Alcan«.

Ab den 1980er-Jahren wurde der Traum einer Alaskafahrt per Auto für beinahe jeden realisierbar und erschwinglich. Fortwährend wurden unsichere Abschnitte begradigt und verbreitert und bis zum 50. Jahrestag des Highway 1992 die Schotterstrecken vollständig asphaltiert. All das führte dazu, dass sich immer mehr reguläre Pkw und bequeme Wohnmobile in den Norden aufmachten, und bis heute ist die Anziehungskraft der *last frontier*, bei der der Weg das Ziel ist, ungebrochen. Doch muss man nun häufiger anhalten, aussteigen, wandern und schauen, um die wahre Schönheit und Einsamkeit des Alaska Highway zu erleben, denn Erdrutsche, Frostaufbrüche und ähnliche Vorkommnisse in der Natur sorgen für fortwährende Baustellen am modernen Highway, die den Verkehr oft lange aufhalten und die Nerven der Reisenden strapazieren.

Informationen zum Alaska Highway finden sich unter Dawson Creek und Watson Lake.

Unklar erscheinen zunächst die wechselnden bzw. unterschiedlichen Angaben von Meilen und Kilometern. Obwohl heute in Kanada das metrische System gilt und Kilometer die Entfernungen messen, bleiben die historischen Meilen in Adressen und Ortsangaben erhalten. Es ist wichtig zu wissen, dass sie sich nicht einfach umrechnen lassen. Die historischen Meilenangaben kennzeichnen die alte Streckenführung, und die neuen Kilometerangaben messen die zunehmend begradigte und somit gegenüber den 1940er-Jahren um etwa 35 Meilen (56 km) verkürzte Trasse. Und so ist eben die historische Meile 462 an der Northern Rockies Lodge heute bei Kilometer 708 (ab Dawson Creek) angesiedelt.

2 Dawson Creek

Die beschauliche 11 000-Einwohner-Stadt ist Mittelpunkt, Versorgungs- und Dienstleistungszentrum der Peace-River-Region. Das wellige Land südlich des Peace River mit seinen weiten Raps- und Getreidefeldern ist eines der nördlichsten kanadischen Getreideanbaugebiete. Unter rein optischen Aspekten gibt die Region dem Alaska Highway allerdings einen unerwartet unspektakulären Start.

Der **Mile Zero Post** auf der Kreuzung 10th Street & 102nd Avenue gegenüber dem Alaska Hotel verkündet den offiziellen Beginn des Alaska Highway und ist selbstverständlich ebenso ein Muss-Foto-Punkt vor Reisebeginn wie der große Bogen mit der Aufschrift »You Are Now Entering the World-Famous Alaska Highway« und dem wegweisenden roten Pfeil am Kreisverkehr vor der Touristeninformation.

Die Touristeninformation zeigt einen Film über die Straßenkonstruktion und gibt Landkarten und Informationen heraus. Das **Dawson Creek Station Museum** im historischen Bahnhof der Northern Alberta Railway aus dem Jahr 1931 dokumentiert die Bedeutung der Eisenbahnen in der straßenlosen Zeit. In unmittelbarer Nachbarschaft befindet sich in einem der »Kathedralen der Prärie« genannten historischen Getreideheber die **Kunstgalerie von Dawson Creek**.

1907 wurde die Region Dawson Creek erstmals von Weißen besiedelt, aber erst 1942 kam es durch den Bau des Alaska Highway zum Boom: Holzfäller, Bauarbeiter, Versorgungstrupps, Maschinen – alle und alles wurden durch die Stadt geschleust. Auf der Meile 1 des Alaska Highway kündet das **Walter Wright Pioneer Village** von den Pionieren des frühen 20. Jahrhundert. Eine Schmiede, eine Schule, zwei Kirchen und eine Trapperhütte gehören zu dem

Freilichtmuseum. Alles stammt aus der Zeit vor dem Bau des Alaska Highway, als Dawson Creek noch eine kleine landwirtschaftliche Gemeinde mit 500 Einwohnern war.

Service & Tipps:

Dawson Creek Visitor Info Centre
900 Alaska Ave. (am Kreisverkehr)
Dawson Creek, BC V1G 4T6
✆ (250) 782-9595, 1-866-645-3022
www.tourismdawsoncreek.com

Dawson Creek Station Museum
900 Alaska Ave. (am Kreisverkehr)
Dawson Creek, BC V1G 4T6
✆ (250) 782-9595, Mai–Sept. tägl. 8–19, sonst Mo–Sa 9–17 Uhr
Eintritt frei, Spenden erwünscht
Eisenbahnmuseum im historischen Bahnhof.

Walter Wright Pioneer Village
1901 Alaska Hwy. (im Mile Zero Rotary Park)
Dawson Creek, BC V1G 1P7
✆ (250) 782-7144
Tägl. Juni–Mitte Aug. 9–18, bis Ende Aug. bis 17 Uhr, sonst geschl.
Eintritt frei, Spenden erwünscht
Kleines Freilichtmuseum mit 14 Gebäuden.

Dawson Creek Art Gallery
101–816 Alaska Ave.
Dawson Creek, BC V1G 4T6
✆ (250) 782-2601
www.dcartgallery.ca
Ende Mai–Anfang Sept. tägl. 9–17, Anfang Sept.–Mai Di–Fr 10–17, Sa/So 10–16 Uhr
Kunstgalerie im Northern Alberta Railway Park in historischem Getreideheber.

3 Fort Nelson

4500 Einwohner leben in der von dichten, wildreichen Wäldern umgebenen Stadt am Alaska Highway, der größten Ansiedlung zwischen Fort St. John und der Yukon-Grenze. Bei einem Stopp kann man das **Fort Nelson Heritage Museum** besuchen, ein kleines Regionalmuseum voller Kuriositäten und Pionierflair mit authentischer Trapperhütte, selbstgebautem Rindenkanu, pensionierten Oldtimern, einem Albino-Elch und sonstigen Relikten aus der Geschichte des Ortes.

Ansonsten lebt Fort Nelson weniger von den Touristen als von der Versorgung des Umlandes, von der Holzwirtschaft und etwas Öl- und Gasförderung. Seinen Ursprung hatte es Anfang des 19. Jahrhunderts als Pelzhandelsfort der North West Company. Nördlich der Stadt punktet der Alaska Highway mit großen landschaftlichen Reizen, die in **Stone Mountain** und dem **Muncho Lake Provincial Park** gipfeln.

Service & Tipps:

Fort Nelson Visitor Info Centre
5319 50th Ave. N
Fort Nelson, BC V0C 1R0
✆ (250) 774-2541
www.tourismnorthernrockies.ca
Gut ausgestattetes Informationszentrum am Mile 300 Marker am Alaska Highway.

Fort Nelson Heritage Museum
Hwy. 97, Fort Nelson, BC V0C 1R0
✆ (250) 774-3536
www.fortnelsonmuseum.ca
Tägl. Mitte Mai–Anfang Sept. 8.30–19.30 Uhr, Eintritt $ 5.50/0–5.50
Regionalgeschichtliches Museum gegenüber dem Visitor Info Centre.

Relikte aus der Zeit der Trapper und Goldsucher

4 Fort St. John

Mit seinen 17 400 Einwohnern ist Fort St. John die größte Stadt in British Columbias Nordosten. Gegründet wurde der 72 Kilometer nordwestlich von Dawson Creek gelegene Ort im ausgehenden 18. Jahrhundert als Pelzhandelsfort der North West Company. Während des Baus des Alaska Highway diente Fort St. John als Station für die Arbeiter und auch heute noch ist es die letzte größere Ansiedlung an der Strecke vor Whitehorse im Yukon Territory.

Erdgas- und Ölförderung spielen in Fort St. John eine große Rolle, wie die Bohrtürme und die auf und ab nickenden Ölpumpen im Umland beweisen. Im **Fort St. John North Peace Museum** kann man sich über die Rohstoffgewinnung und den Bau des Alaska Highway informieren. Zur Anschauung steht vor dem Museum ein über 40 Meter hoher Ölbohrturm. Getreidefelder und grüne Weiden dominieren das Land am nördlichen Ufer des Peace River.

Service & Tipps:

Fort St. John Visitor Centre
19523 100th St.
Fort St. John, BC V1J 4N4
✆ (250) 785-3033, 1-877-785-6037
www.fortstjohn.ca

Fort St. John North Peace Museum
9323 100th St.
Fort St. John, BC V1J 4N4
✆ (250) 787-0430
www.fsjmuseum.com
Mo–Sa 9–17 Uhr
Eintritt $ 5/0–3

5 Liard Hot Springs Provincial Park

Versteckt und doch so nah am Alaska Highway liegen die Liard Hot Springs samt populärem Campingplatz im Tal des Liard River. **Alpha und Beta Pool**, die beiden dampfenden Naturbecken mit dem heißen, mineralienreichen Wasser, erlauben ganzjähriges Baden. Ob an den langen, sonnigen Sommerabenden, an den vom goldgelben Laub erleuchteten Herbstnachmittagen oder den von Nordlicht geprägten Winternächten: Eine halbe Stunde im Pool verschafft immer Wohlbehagen. Der Alpha Pool ist bis zu 53 Grad heiß, auf seinen Unterwasserbänken kann man es sich gemütlich machen. Knapp einen halben Kilometer weiter befindet sich im Wald der größere und tiefere Beta Pool mit 42 Grad warmem Wasser. Baden ist auch hier den ganzen Tag über möglich, jedoch sollte die Dauer wegen der hohen Temperaturen 20 bis 30 Minuten nicht überschreiten.

Rings um die heißen Quellen breitet sich ein ungewöhnliches **Sumpfgebiet** mit üppigem Bewuchs aus. In dem einzigartigen Ökosystem gedeihen fleischfressende Pflanzen, zarte Farne und sogar Orchideen. Elche, Hirsche und andere Waldbewohner genießen in der Dämmerung die wärmespendende Wirkung des Wassers. Die Sümpfe lassen sich trockenen Fußes auf Boardwalks überqueren.

Service & Tipps:

Liard River Hot Springs Provincial Park
Km 765 des Alaska Hwy., rund 60 km nördl. des Muncho Lake P.P.
www.env.gov.bc.ca/bcparks
Tägl. 6–22 Uhr, Eintritt $ 5/3, $ 10 pro Auto oder Familie
Knapp 11 km² großer Naturpark mit heißen Quellen. Camping-Reservierungen: ✆ 1-800-689-9025 (in Vancouver mit der Vorwahl 604)
www.discovercamping.ca.

6 Muncho Lake Provincial Park

Der Provinzpark in den nördlichen Ausläufern der Rocky Mountains gehört zu den landschaftlichen Höhepunkten am Alaska Highway in British Columbia. Der prächtige, jadegrüne **Muncho Lake** ist etwa zwölf Kilometer lang, nur einen bis höchstens sechs Kilometer breit, 100 bis 200 Meter tief und sehr kalt. In ihn münden die direkt aus den oberen Gipfellagen der Berge herunterrauschenden Bäche. Man muss auf Wassertemperaturen gefasst sein, die auch im Hochsommer zehn Grad nicht übersteigen.

Die steilen Berge der Terminal Range im Westen und der Sentinel Range im Osten sind oft bemerkenswert aufgefaltet. Seinem Namen alle Ehre macht der im Süden des Parks sich auftürmende, besonders fotogene **Folded Mountain**. Zunächst begleitet der Highway den türkisfarbenen **Toad River**, später das östliche Ufer des Muncho Lake und dann das Tal des milchigen und wilden **Trout River**. Immer wieder überrascht die Strecke, besonders längs des Muncho Lake, mit wunderschönen Ausblicken. Der Bau der Trasse um den See war kostspielig und aufwendig, denn sie musste durch die Berge hindurchgesprengt werden.

Am Fahrbahnrand sieht man häufig Dickhornschafe, die Mineralsalze auflecken. Sehr hübsch liegen sowohl der **Strawberry Flats Campground** am südlichen Seeufer als auch der etwa mittig auf der Ostseite des Sees angesiedelte **MacDonald Campground** und die **Northern Rockies Lodge**. In der Lodge kann man ein Kanu leihen, sich zu einem Angelwochenende zu einem See in den Bergen fliegen lassen oder einen Rundflug über die Virginia Falls im Nahanni National Park buchen

»Stop« auf dem Alaska Highway

Service & Tipps:

Muncho Lake Provincial Park
Km 681 des Alaska Hwy.
www.env.gov.bc.ca/bcparks
861 km² großer Hochgebirgspark.

Northern Rockies Lodge
Alaska Hwy.
Muncho Lake, BC V0C 1Z0
✆ (250) 776-3481 und
1-800-663-5269
www.northernrockieslodge.com
Lodge bei Meile 462 des Alaska Highway am Muncho Lake.
Restaurant, Motelzimmer und Blockhäuser, Campingplatz. Ausrüster und Touranbieter für Sightseeingflüge, Angeltrips etc.

7 Stewart (British Columbia) und Hyder (Alaska)

Von der Meziadin Junction am Cassiar Highway zweigt der Highway 37A zu dem Doppelörtchen Stewart/Hyder an der kanadisch-amerikanischen Grenze ab. Dort kommen British Columbia und der südlichste Zipfel Alaskas zusammen und ermöglichen es, **Alaska** auf den Reiseplan zu setzen, ohne den zeitraubenden Weg durch das nördliche British Columbia und den Yukon auf sich nehmen zu müssen.

Bereits der 65 Kilometer lange Weg vom Cassiar Highway durch die schroffen, eisverkrusteten Coast Mountains nach Stewart/Hyder hinunter birgt so manche Überraschung. Man kann nur hoffen, dass nicht alle Aussichten unter Regenwolken und Nebel verborgen bleiben. Eines der schönsten Bilder liefert unterwegs der **Bear Glacier** bei Kilometer 24 mit seinem blauweißen Eis und dem davorliegenden **Strohn Lake**.

Rund 500 Personen leben in **Stewart** auf der British-Columbia-Seite, knapp 100 in **Hyder** auf der Alaska-Seite. Beide Orte hängen wirtschaftlich voneinander ab, besonders Hyder von Stewart und seinen Verkehrs- und Versorgungseinrichtungen. Das Leben an der durch bunte Wimpel und Schilder geschmückten Grenze birgt unterschiedliche Gesetze und Regelungen und so manche Kuriosität. So gilt in Stewart und dem knapp 3,5 Kilometer entfernten Hyder *Pacific Standard Time* (– 8 Std. MEZ), obwohl Alaska eigentlich *Alaska Standard Time* (– 9 Std. MEZ) hat, d. h. es offiziell eine Stunde Zeitunterschied geben müsste. Bemerkenswert ist, dass das staatliche Postamt von Hyder im Gegensatz zum Rest der Stadt nach Alaska-Zeit geführt wird.

Eine gewisse Reputation besitzt Hyder aufgrund der längeren Ausschankzeiten und einem Nachtleben, das natürlich an sich keines ist, aber dank der restriktiveren Bestimmungen auf kanadischer Seite eine Aufwertung erfährt. Mit gewisser Selbstironie nennt sich Hyder *The Friendliest Little Ghost Town in Alaska,* die »freundlichste kleine Geisterstadt Alaskas«.

Stewart, der nördlichste eisfreie Hafen Kanadas, liegt am Ende des **Portland Canal**, eines 145 Kilometer langen, schmalen Fjords vom Pazifik, der die natürliche Grenze zwischen British Columbia und Alaska bildet. Seine Infrastruktur ist allerdings unbedeutend. Die frühen Nass-River-Indianer nannten den Portland Canal *Skam-A-Koumst,* »sicherer Platz«, weil sie dort Schutz fanden vor den Nachstellungen der Haida-Küstenstämme. Jenseits von Hyder, dem (neben Haines und Skagway) südlichsten der drei per Straße zugänglichen Orte Südostalaskas, erstreckt sich nur noch die Küsten- und Hochgebirgswildnis des alaskischen Misty Fjords National Monument.

1896 segelte Captain D. D. Gaillard als erster Weißer in den Portland Canal, 1902 folgten die schottischen Stewart-Brüder, die sich hier niederließen. Einer von ihnen, Robert M. Stewart, seines Zeichens erster Postbeamter der abgelegenen Siedlung, verlieh dem Ort 1905 seinen Namen. Hyder, das zunächst Portland City getauft worden war, nannte man später aufgrund der generellen Häufigkeit dieses Ortsnamens nach dem Bergbauingenieur Frederick B. Hyder um. Im Laufe der Zeit brachte es die Region in der Goldrauschzeit auf zeitweise rund 10 000 Einwohner. Während viele Gebäude in Stewart noch aus jenen Anfangstagen stammen, fiel 1948 das originale Hyder einem Brand zum Opfer.

Die Gold- und Silberausbeutung in den Bergen prägte die frühe Wirtschaft des Doppelörtchens, doch 1956 war weitgehend Schluss mit dem Bergbau, nur die Granduc-Kupfermine operierte bis 1984 weiter. Heute spielt der Metallbergbau neben der Forstwirtschaft und dem Tourismus eine untergeordnete Rolle. Ab 1986 legten in Stewart die Fähren der Alaska State Ferries an, doch Ende der 1990er-Jahre wurde der Dienst wieder eingestellt.

In der Region herrscht ein maritimes Klima mit kühlen, regenreichen Sommern und milden, schneereichen Wintern. Der Schnee nährt den gewaltigen Gletscherreichtum der Region, darunter auch den **Salmon Glacier** bei Hyder. Eng und kurvenreich, aber in äußerst sehenswerter Streckenführung windet sich die Salmon Glacier Road, ursprünglich eine Minenstraße, oberhalb des Gletschers. Stopps am Wege ermöglichen immer wieder atemberaubende Ausblicke. Nach 28 Kilometern ist der Fuß des Gletschers erreicht.

Am **Summit Viewpoint** nach 37 Kilometern eröffnet sich eine besonders spektakuläre Aussicht über den von mächtigen Gipfeln begrenzten, gewundenen Fluss. Mit seinen dunklen Randstreifen, mit denen er loses Randgestein und Schutt mitnimmt, gleicht er einem riesigen Förderband, das sich durch die Berge hinabwälzt.

Nervenkitzel verspricht die Bärenbeobachtung von Plattformen der **Fish Creek Viewing Area** – fünf Kilometer nördlich von Hyder via Granduc Road zu erreichen –, wo sich zwischen Mitte Juni und Anfang September sowohl Grizzlys als auch Schwarzbären aufhalten. Nahezu unbeeindruckt von den menschlichen Beobachtern »angeln« die pelzigen Raubtiere in den klaren, kalten Gewässern von Fish und Marx Creek nach fetten Buckel- und großen Hundslachsen. Näher als hier kommt man im Süden kaum an die Bären ran. In der Feuerwache von 1910 ist das **Stewart Historical Society Museum**

»Kayaking« vor dem blauweißen Eis des Bear Glacier

Wild Crab Apples

beheimatet. Eine Ausstellung befasst sich mit Kinofilmen, die in den Canyons und Bergen und vor den Hinterlassenschaften der Bergwerke in der Umgebung gedreht wurden. Dazu zählen u.a. »Die Häreninsel in der Hölle der Arktis« (1978), »Das Ding aus einer anderen Welt« (1982), »Der Mann aus dem Eis« (1984) und »Auf und davon« (1991).

Service & Tipps:

Stewart/Hyder International Chamber of Commerce
222 5th Ave.
Stewart, BC V0T 1W0
✆ (250) 636-9224, 1-888-366-5999
www.stewart-hyder.com

Stewart Historical Society Museum
603 Columbia St.
Stewart, BC V0T 1W0
✆ (250) 636-2568
Juli/Aug. tägl. 11–19 Uhr, Mai/Juni und Sept. nur Sa/So
Eintritt $ 3/1.50

Stewart-Hyder International Rodeo
Am 2. Juniwochenende
Großes Rodeo mit kanadischer und US-amerikanischer Beteiligung.

Sealaska Inn Restaurant
1001 Premier Ave.
Hyder, AK 99923
✆ (250) 636-2486, 1-888-393-1199
www.sealaskainn.com
Einfaches Hotelrestaurant und Bar in Hyder. Preiswerte mexikanische Küche, Burger und lokale Fischspezialitäten, vor allem Heilbutt. $–$$

Meziadin Lake Provincial Park
155 km nördl. von Kitwanga, südl. der Meziadin Junction und 50 km östl. von Stewart
www.env.gov.bc.ca/bcparks
3,5 km² großer Park mit Campingplatz am nördlichen Ufer des Sees.

8 Stone Mountain Provincial Park

Die Fahrt durch die hochalpine Szenerie des Stone Mountain Provincial Park gehört zu den schönsten Strecken in den nördlichen Rocky Mountains. Rund 100 Kilometer nördlich des Muncho Lake Provincial Park geht es kurvenreich hoch zum **Summit Lake**, dem größten Gewässer im Park, in dessen Nähe sich auch ein Campingplatz befindet.

Mit 1295 Metern ist der **Summit Pass** der höchste am Alaska Highway. Fast immer weht ein strammer, kalter Wind, und dennoch erfüllt der Stone Mountain Park mit der von Gletschern geschaffenen, kargen Berglandschaft der Muskwa Range (1200–2500 Meter hoch) alle Erwartungen. Am Straßenrand halten sich oft Dickhornschafe auf.

Im Gebiet des Summit Pass kann man sehr gut wandern. Auf der Nordseite des Highways geht es zum 2014 Meter hohen **Summit Peak** und seinen schönen Aussichtspunkten. Der Weg hin und zurück ist fünf Kilometer lang und führt durch die alpinen Tundrazonen in Höhen über 1500 Meter. Mit knapp 5,5 Kilometern ist der vom Highway südwärts verlaufende Rundweg des **Flower Springs Trail** nur geringfügig länger. Er führt den Wanderer zu Seen, Wasserfällen und alpinen Blumenwiesen. Vier Kilometer weiter nördlich auf dem Alaska Highway gelangt man auf dem kurzen **Erosion Pillars Trail** zu den **Hoodoos**, sehenswert erodierten Sandsteinfelstürmen.

Service & Tipps:

Stone Mountain Provincial Park
Km 595 des Alaska Hwy., rund 140 km westl. von Fort Nelson
www.env.gov.bc.ca/bcparks
257 km² großer Hochgebirgspark.

9 Watson Lake (Yukon Territory)

Knapp 850 Menschen leben in Watson Lake, dem Tor zum Yukon Territory, einem der wichtigsten Orte und Versorgungszentren am Alaska Highway (Hwy. 1 im Yukon Territory) und einem Verkehrsknotenpunkt, von dem der Robert Campbell Highway (Hwy. 4) nach Dawson City im Norden und der Cassiar Highway (Hwy. 37) nach Süden (22 km westlich von Watson Lake) abzweigen.

Unbestrittene Hauptsehenswürdigkeit von Watson Lake ist der Signpost Forest

1898 von einem goldsuchenden Trapper namens Frank Watson gegründet, blieb der Ort bis zum Anschluss an den Alaska Highway ein Außenposten in der Wildnis, doch mit den Anforderungen des Tourismus kam das Wachstum in Gang. Im **Alaska Highway Interpretive Centre** gibt es Infos und Filme über diese Entwicklung und nebenan »gedeiht« der **Signpost Forest**, die unbestrittene Hauptsehenswürdigkeit des Ortes.

Als der US-Soldat Carl K. Lindle beim Bau des Highway aus Heimweh ein Schild mit dem Namen seines Heimatortes Danville, Illinois, aufhängte, konnte er nicht ahnen, dass es ihm später Zehntausende nachtun würden. Inzwischen ist der kunterbunte Signpost Forest der Blickfang des Ortes, an dem Reisende aus aller Welt Schilder aller Arten, von Autokennzeichnen über Ortsschilder bis hin zu selbstgebastelten Papptellerschildern, mit dem Namen ihres Heimatortes hinterlassen. Schätzungsweise sind es insgesamt rund 60 000, und es werden immer mehr.

Seit 1996 befindet sich gegenüber dem Alaska Highway Interpretive Centre das **Northern Lights Centre** mit einer sehenswerten Multimediaschau über das Phänomen des Nordlichts, der *Aurora borealis*. In natura bekommen allerdings nur Reisende der Neben- und Wintersaison das Phänomen zu Gesicht, weil sich die wunderbaren Farbschleier nur am kalten, dunklen Winterhimmel zeigen.

Service & Tipps:

Watson Lake Visitor Info Centre/Alaska Highway Interpretive Centre
Alaska Hwy. & Robert Campbell Hwy., Watson Lake, YT Y0A 1C0
✆ (867) 536-7469
www.watsonlake.ca, Mitte Mai–Mitte Sept. tägl. 8–20 Uhr, Eintritt frei
Informationszentrum zum Yukon Territory und Museum zum Bau des Alaska Highway. Historische Fotos, Filme und Gegenstände.

Northern Lights Centre
Alaska Hwy.
Watson Lake, YT Y0A 1C0
✆ (867) 536-7827
www.northernlightscentre.ca
Mitte Mai–Anfang Sept. tägl. 13, 14, 15, 18.30, 19.30 und 20.30 Uhr
Eintritt $ 10/0–6
Interaktive Ausstellungen und Multimediaschauen zum Thema Nordlicht.

Belvedere Motor Hotel Restaurant
Frank Trail am Alaska Hwy.
Watson Lake, YT Y0A 1C0
✆ (867) 536-7712
Gutes Restaurant im Belvedere Motor Hotel.
$$

ALBERTA

Calgary

Großstadt mit Westernflair

Calgary schmiegt sich an das südliche Ufer des Bow River und erfreut sich einer sonnigen Lage auf den Prärien vor den Rocky Mountains, die sich am westlichen Horizont als weiße, gezackte Linie zu erkennen geben. Mit 988 000 Einwohnern im Stadtgebiet und 1,12 Millionen im Einzugsbereich ist Calgary die größte Stadt Albertas. Die relativ junge Bevölkerung – das Durchschnittsalter beträgt 35 Jahre – schätzt die interessanten Einkaufsmöglichkeiten, die beachtliche Restaurantvielfalt und die florierende Kunst- und Kulturlandschaft.

Der Wohlstand der Stadt basiert auf dem Öl- und Gasreichtum der Prärien sowie auf Rinderzucht und Getreideanbau. Dank der unmittelbaren Nähe zu den Rocky Mountains und des internationalen Flughafens spielt der Tourismus eine bedeutende Rolle. Darüber hinaus gehören die Hightech- und Computerindustrie sowie das Finanzwesen zu den Wachstumsbranchen. Seit im 20. Jahrhundert das Ölzeitalter in Calgary begann, wird seine Skyline zunehmend von Wolkenkratzern geprägt, die markantesten Gebäude sind der schlanke Calgary Tower und der wie ein Westernsattel geformte Saddle Dome.

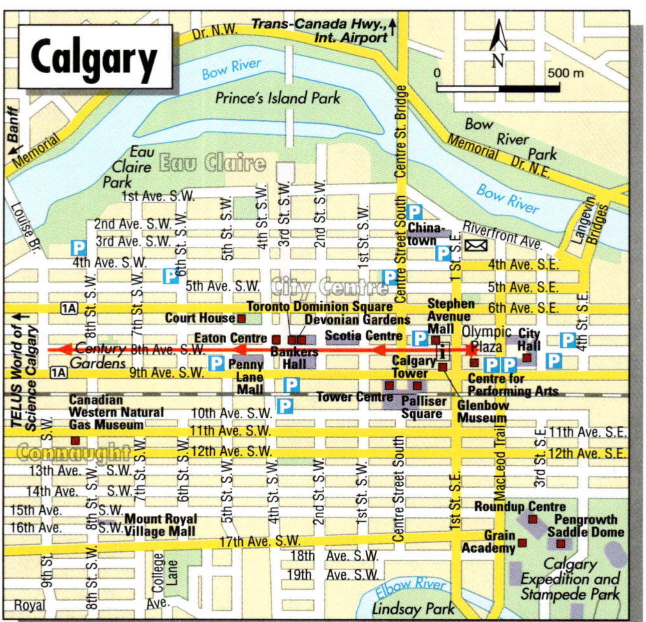

Dome.

Calgary gilt als kosmopolitische Stadt mit Western Style. Die Hinwendung zur Cowboykultur kulminiert alljährlich in den Festivitäten der Stampede. Doch sieht man auch im gesamten Jahr Manager in normalen Anzügen, die mit Cowboystiefeln und Hut ins Büro gehen – Cowboy-Accessoires und konservative Werte sind ebenso allgegenwärtig wie die Wrangler-

Jeans der Cowboys. Geschäfte für Westernzubehör, Restaurants und Bars spiegeln wie Fort Calgary und Heritage Park den Westernlebensstil wider.

Calgary ist ein hervorragender Startpunkt für Rundfahrten durch West-Kanada und gilt als Tor zu Albertas Rocky Mountains und zu den grandiosen Nationalparks Banff und Jasper, zum Kananaskis Country und seinen Skipisten sowie in die Nachbarprovinz British Columbia mit den Nationalparks Yoho und Kootenay.

Zur Geschichte von Calgary

1875 wurde Fort Calgary als Außenposten der North West Mounted Police gegründet. Die berittene Polizeitruppe war zur Kontrolle und Eindämmung des Whiskeyhandels und -schmuggels in Südalberta eingesetzt worden. Bereits 1883 erreichten die Schienenstränge der Canadian Pacific Railway die Siedlung, die sich um das Fort entwickelt hatte. Siedler strömten in das Umland, und 1894 erhielt Calgary schließlich das Stadtrecht. Farmen und Ranches entstanden und machten Calgary zum Viehzuchtzentrum von Südalberta. Schlachthöfe und Fleischereibetriebe verarbeiteten das Fleisch der Rinder, die auf den Prärien heranwuchsen. So erhielt Calgary den Beinamen *Cowtown*. 1912, in der Blütezeit der Rinderzucht und -verarbeitung, fand das erste professionelle Rodeo, der Vorläufer der Calgary Stampede, statt. Das Cowboytum begann Kultstatus zu erlangen.

Einen bedeutenden und profitablen wirtschaftlichen Boom entfachte 1914 die Entdeckung von Öl- und Gasvorkommen im Turner Valley südlich der Stadt. Calgary gedieh zum Handels- und Dienstleistungszentrum, die Bevölkerung wuchs stetig. Als 1947 bei Leduc südlich von Edmonton Öl gefunden wurde,

Calgarys Skyline im Abendlicht

löste dies einen wirtschaftlichen Aufschwung aus; bis zur Ölkrise in den 1970er-Jahren schossen in der Innenstadt mehrere Bürotürme aus Glas, Stahl und Beton empor.

1988 brachte die Austragung der XV. Olympischen Winterspiele Calgary international in die Schlagzeilen und zudem den lang ersehnten neuerlichen wirtschaftlichen Aufschwung. 2002 erlangte Calgary wieder weltweite Aufmerksamkeit, als der Weltwirtschaftsgipfel der acht wichtigsten Industrienationen (G 8) im Kananaskis Village in den Rocky Mountains westlich der Stadt tagte.

Spaziergang durch Downtown Calgary

Auf der **Olympic Plaza** fanden 1988 die Siegerehrungen während der Olympischen Winterspiele statt. Mit seinen gepflegten Grünanlagen, markanten Bögen und den hübschen Wasserbecken ist der Platz heute ein beliebter Treffpunkt in der Innenstadt. Vom Halbrund der Sitzbänke fällt der Blick auf die umliegenden historischen und modernen Gebäude, darunter das **Rathaus**, ein rustikales, rötliches Sandsteingebäude, und in seiner unmittelbaren Nachbarschaft moderne Bauten aus Glas und Stahl.

Weiter führt der Stadtbummel über die **Stephen Avenue Mall**. Calgarys Fußgängerzone und Flaniermeile wurde aus einem sechs Straßenblocks langen Abschnitt der 8th Avenue S.W. zwischen Macleod Trail S.E. und 3rd Street S.W. geschaffen. Die Stephen Avenue Mall und ihre Seiten- und Parallelstraßen ist gesäumt von Einkaufszentren, Kaufhäusern, Westerngeschäften, Straßenständen und einer Fülle an Restaurants.

Mitten aus dem Herzen Downtowns strebt der schlanke Pfeiler des **Calgary Tower** empor. Zwei Hochgeschwindigkeitsaufzüge sausen innerhalb von 62 Sekunden zur Aussichtsetage bzw. zum Drehrestaurant des 190 Meter

Auf der Olympic Plaza in Calgary wurden 1988 die Medaillen an die Sieger übergeben

hohen Turms. Obgleich der im Juni 1968 eröffnete Calgary Tower nur noch das dritthöchste Gebäude der Innenstadt ist, schweift der Blick relativ ungestört von den Straßenzügen unterhalb des Turms über Wohngebiete und Parks bis hin zur Kette der Rockies am Horizont. Während der Olympischen Winterspiele brannte auf der Spitze des Turms ständig eine Flamme. Nervenkitzel verschafft der elf Meter lange und 1,20 Meter breite Glasboden, der im Juni 2005 eingefügt wurde. Beim Betreten stockt einem angesichts des 160 Meter tiefen, freien Blickes auf 9th Avenue und Centre Street North der Atem.

In unmittelbarer Nachbarschaft befindet sich das **Glenbow Museum**, eines der besten und größten Museen West-Kanadas. Sein Trumpf ist die gelungene Präsentation der Geschichte der Region von den frühesten indianischen Besiedlungsspuren über die Ankunft der Europäer bis hin zum dritten Jahrtausend. Darin spiegeln sich sowohl die facettenreiche Kulturgeschichte der Blackfoot und anderer Prärie-Indianer wider, die wilde Zeit des Pelzhandels

Guy Weadick, der Gründer des Calgary Stampede

als auch die umtriebige Periode während des Baus der Eisenbahnlinien und die allmähliche Umwandlung der Prärien in Acker- und Weideland sowie die rasante Entstehung der Ölindustrie.

Eine grüne Oase bilden die **Devonian Gardens**, die 2009/10 renoviert wurden. Die riesige Grünanlage gedeiht unter dem Glasdach des **Toronto Dominion Square Shopping Centre**, eines modernen Büro- und Geschäftsgebäudes in der Innenstadt. Rund 20 000 Pflanzen aus 135 Arten formen ein üppiges Arrangement. Kleine Wasserfälle plätschern in bepflanzten Becken und schaffen eine erholsame Atmosphäre abseits des innerstädtischen Trubels.

Am westlichen Rand von Downtown ist das **TELUS World of Science Calgary** angesiedelt. Interessante interaktive Ausstellungen und spielerisch-lehrreiche Vorführungen sowie Experimente zu Physik, Chemie und anderen naturwissenschaftlichen Belangen kennzeichnen das moderne Technik- und Wissenschaftsmuseum. Auf der riesigen, gewölbten Kuppel des Discovery Dome Theatre werden Filme gezeigt.

Rund um die Innenstadt

Südöstlich der Innenstadt liegt der **Calgary Exhibition and Stampede Park**. Der in Form eines riesigen Westernsattels erbaute **Pengrowth Saddle Dome** ist ein markanter Blickfang in Calgarys Skyline und Teil des Geländes. 1988 diente er als Olympiastadion. Heute ist die 19 200 Zuschauer fassende Mehrzweckarena die sportliche Heimat des Eishockeyteams »Calgary Flames«, außerdem findet hier alljährlich in der ersten Julihälfte das zehntägige Rodeospektakel der **Calgary Stampede** mit unzähligen Veranstaltungen im Park und im übrigen Stadtbereich statt. Nachmittags werden in der Grandstand Arena *Bareback Riding* (Reiten ohne Sattel) und *Saddle Bronc Riding* (Reiten mit Sattel), Bullenreiten, *Steer Wrestling* (Stierringen) und *Barrel Racing* (Tonnenrennen), das unterhaltsame Wildkuhmelken und der prächtig anzusehende Musical Ride der rotberockten Royal Canadian Mounted Police geboten.

Calgary Stampede: Parade der rotberockten Royal Canadian Mounted Police

Abends beeindrucken die rasanten *Chuckwagon Races* (Planwagenrennen) und die große, bunte Bühnenshow.

Das vielfältige Beiprogramm umfasst landwirtschaftliche Ausstellungen und Auktionen im Saddle Dome, Kirmesvergnügungen, Square-Dance-Veranstaltungen, ein Indianerdorf, Bühnenshows und ein kostenloses Pancake Breakfast auf der Olympic Plaza. Weit über eine Million Besucher zieht die Stampede, die ihre Eröffnung immer mit der großen Parade am Freitagvormittag feiert, in ihren Bann.

Außerhalb der Stampede finden Sportveranstaltungen, Konzerte und Ausstellungen im Stampede Park statt. Auf der Rennbahn stehen von Ende März bis Mitte Juni Galopprennen und von Ende Juli bis Ende September Trabrennen auf dem Programm.

Im Roundup Centre befindet sich die **Grain Academy** mit Ausstellungen zum Getreideanbau in Alberta. Es wird die Funktionsweise eines Getreidehebers erläutert und eine Modelleisenbahn demonstriert anschaulich den schienengebundenen Getreidetransport von den Prärien bis zur Pazifikküste.

Calgarys Keimzeile liegt im **Fort Calgary Historic Park** am Zusammenfluss von Bow und Elbow River am östlichen Rand der Innenstadt. Das Fort der North West Mounted Police (1875) und die Mannschaftsquartiere (1888) beleuchten als Museum die Jahre 1875 bis 1940, in denen sich die winzige Ansiedlung zur Großstadt mauserte. In unmittelbarer Nachbarschaft serviert das historische »Dean House Restaurant« in angenehmer Atmosphäre Lunch und Brunch.

Der weitläufige **Calgary Zoo, Botanical Garden and Prehistoric Park** liegt hübsch und innenstadtnah auf St. George's Island im Bow River. Weit über tausend Tiere leben hier in naturgetreu nachgebildeten Gehegen. Im sehenswerten Dinosaurierpark schauen lebensgroß nachgebildete Urzeitechsen aus den Büschen und stampfen durch nachgebildete Erosionslandschaften.

Flagge von Alberta

Ausflüge in die nähere Umgebung

Naturliebhaber schätzen die **Bow Habitat Station**, eine schöne Auenlandschaft am Westufer des Bow River im Osten der Innenstadt. In der dortigen **Sam Livingston Hatchery** kann man Jungforellen beobachten und erfährt einiges über die Aufzucht und das Bestocken von Seen und Flüssen mit Jungfischen. Nur wenige Kilometer südlich schließt sich in einer weiteren Biegung des Bow River das **Inglewood Bird Sanctuary** an. Spazierwege ziehen sich durch die grünen Landschaften des Vogel- und Tierreservats, das von rund 250 Vogelarten bevölkert ist.

Die nähere Umgebung der Innenstadt weist einige interessante Aussichtspunkte auf. Von der **Crescent Road** am hoch gelegenen nördlichen Ufer des Bow River wirkt die Skyline besonders fotogen bei Sonnenuntergang. Stimmungsvolle Aufnahmen der Skyline aus einem östlichen Blickwinkel garantiert die **Salisbury Street** auf einem Hügel nahe dem Stampede Park.

Das **Heritage Park Historical Village** im Südwesten der Stadt ist eines von Kanadas größten Freilichtmuseen. Authentisch kostümierte »Bewohner« und rotberockte »Mounties« spielen vor der Kulisse originalgetreu rekonstruierter Gebäude das Leben in einer Kleinstadt Albertas zu Anfang des 20. Jahrhunderts nach. Das alte Fort der Hudson's Bay Company demonstriert, welche große Bedeutung der Pelzhandel vor der Viehzucht hatte. Tante-Emma-Laden, Postamt und Opernhaus können ebenso besucht werden wie Indianertipis, rustikale Blockhütten oder gutbürgerliche Kleinstadthäuser.

Rekonstruiert wurde die **Dingman # 1 Oil Well** mit dem Ölbohrturm, der 1914 im Turner Valley Albertas erstes Öl sprudeln ließ. Einem Schmied und anderen Handwerkern kann man bei ihren Vorführungen zusehen, bevor man mit der historischen Dampflok zur Fahrt um das Museumsgelände oder einer gemächlichen Seerundfahrt mit dem Schaufelraddampfer »Moyie« auf dem Glenmore Reservoir aufbricht.

Ein lohnendes Ausflugsziel im Süden der Stadt ist der **Fish Creek Provincial Park**. Der schöne Naturpark am Fish Creek ist einer der größten Stadtparks Kanadas. Camping ist dort zwar nicht möglich, aber man kann wandern und picknicken und das Informationszentrum besuchen. Das schlichte und doch sehr edle »Ranche Restaurant« des Parks gilt als eines der besten Restaurants in Calgary.

Calgarys Olympia-Skihügel mit Museum ist im **Canada Olympic Park** beheimatet. Der Park am Trans-Canada Highway westlich der Stadt war einer der Austragungsorte während der Olympischen Winterspiele von 1988. Innen- und Außenanlagen bieten heute Trainingseinrichtungen für Profi-Athleten und Freizeitsportler; im Sommer nutzen besonders gern Mountainbiker das Areal. In der **Olympic Hall of Fame and Museum** erfährt man bei Audiotouren Interessantes über die Winterspiele. Der Besuch der Bobbahn, des Ice House und der beeindruckenden, 90 Meter hohen Sprungschanze runden einen Besuch ab. Unweit des Olympiaparks garantiert der **Calaway Park**, West-Kanadas größter Vergnügungspark mit zahlreichen Fahrgeschäften, Spaß für die ganze Familie.

Service & Tipps:

Tourism Calgary
200–238 11th Ave. S.E.
Calgary, AB T2G 0X8
✆ (403) 263-8510, 1-800-661-1678
www.visitcalgary.com
Mo–Fr 8–17 Uhr
Weitere Infostellen: am Calgary Tower, auf der 1. Etage im Calgary Airport und in der Southcentre Hall.

Fort Calgary Historic Park
750 9th Ave. S.E.
Calgary, AB T2P 5E1
✆ (403) 290-1875
www.fortcalgary.com
Tägl. 9–17 Uhr, Eintritt $ 11/0–7
Calgarys ursprünglicher Kern am östlichen Rand von Downtown. Museum mit rekonstruiertem Fort von 1875 und Mannschaftsquartieren der Mounties von 1888. Anbei befindet

Sie schießen wie Pilze aus dem Boden: Wolkenkratzer im Business District in Calgary

sich das historische **Dean House Restaurant** (vgl. dort).

Glenbow Museum
130 9th Ave. S.E. (im Calgary Convention Centre)
Calgary, AB T2G 0P3
✆ (403) 268-4100, www.glenbow.org
Tägl. 9–17, So 12–17 Uhr
Eintritt $ 14/0–9
West-Kanadas größtes Museum. Exzellente Präsentationen der Geschichte des Landes von den frühesten indianischen Besiedlungsspuren bis hin zur Ankunft der Europäer. Sehr gutes Museumsgeschäft.

Grain Academy
Im BMO Centre des Stampede Park, Plus 15 Level
Calgary, AB T2P 2K8
✆ (403) 263-4594
www.grainacademymuseum.com
Mo–Fr 10–16 Uhr, Eintritt frei, Spenden erwünscht, Parken $ 12
Getreidemuseum im Stampede Park

Heritage Park Historical Village
1900 Heritage Dr. S.W.
Calgary, AB T2V 2X3
✆ (403) 268-8500
www.heritagepark.ca
Mitte Mai–Anfang Sept. tägl. 9.30–17, bis Anfang Okt. Sa/So 9–17 Uhr, Eintritt $ 19/0–14
Freilichtmuseum mit Kleinstadtszenen aus dem Leben in Alberta vor 1914. Dampflokfahrten, Seerundfahrten mit dem Schaufelraddampfer SS »Moyie«. Historische Gebäude, kostümierte Darsteller. Vor 10 Uhr gratis Pancake-Frühstück.

TELUS World of Science Calgary
701 11th St. S.W.
Calgary, AB T2P 2M5
✆ (403) 268-8300
www.calgaryscience.ca
Tägl. 9–18 Uhr, Eintritt $ 8,50/0-8,50
Technik- und Wissenschaftsmuseum für Kinder und andere Interessierte mit dem »Creative Kids Museum« und Sonderausstellungen wie »The Body Works & The Brain«. Für Ende 2011 ist der Umzug in den modernen Neubau am St. George's Drive, nördlich des Zoos, geplant. Weitere Informationen über das neue Science Centre unter www.imagineaction.ca.

Im Herzen der Innenstadt: Calgary Tower

Calgary Exhibition and Stampede Park
1410 Olympic Way S.E.
Calgary, AB T2G 2W1
Stampede ✆ (403) 269-9822 und 1-800-661-1767
www.calgarystampede.com
Veranstaltungsgelände der Stampede. Außerdem: **Pengrowth Saddle Dome** (vgl. S. 158), Rennbahn und **Grain Academy** (vgl. oben). Außerhalb der Stampede finden Galopp- und Trabrennen und andere Veranstaltungen statt.

Calgary Tower
101 9th Ave. S.W.
Calgary, AB T2P 1J9
Informationen ✆ (403) 266-7171
www.calgarytower.com
Drehrestaurant ✆ (403) 532-7966
www.sky360.ca, Juni–Aug. tägl. 9–22, sonst bis 21 Uhr Eintritt $ 14/0–10
190 m hoher Aussichtsturm im Herzen der Innenstadt. Mit Drehrestaurant »Sky 360« ($$$–$$$$).

Calgary Zoo, Botanical Garden and Prehistoric Park
1300 Zoo Rd. N.E.
Calgary, AB T2E 7V6
✆ (403) 232-9300, 1-800-588-9993
www.calgaryzoo.com
Tägl. 9–18 Uhr, Eintritt $ 19/0–19, im

Winter etwas weniger
Weitläufiger und gut ausgestatteter Zoo. Angeschlossen sind der botanische Garten und ein Dinosaurierpark. Im Restaurant kann man sich stärken.

Canada Olympic Park
88 Canada Olympic Rd. S.W.
Calgary, AB T3B 5R5
✆ (403) 247-5452
www.winsport.ca
Mitte Mai–Ende Sept. tägl. 10–16 Uhr, Eintritt $ 5/0–5
Schauplatz der Olympischen Winterspiele von 1988. Trainingseinrichtungen, Mountainbike-Park, Bobbahn. Audiotour durch die Olympic Hall of Fame im 4. Stock des Ski Jump Tower.

Pengrowth Saddle Dome
555 Saddledome Rise S.E.
Calgary, AB T2G 2W1
✆ (403) 777-4636
www.pengrowthsaddledome.com
Markante Mehrzweckarena im Stampede Park. Trainingszentrum der Calgary Flames und anderer Sportteams. Tickets für Konzerte u.a. Veranstaltungen auch unter: www.ticketmaster.ca.

Bow Habitat Station
1440 17A St. S.E.
Calgary, AB T2G 4T9
✆ (403) 297-6561
www.srd.gov.ab.ca

Türme in Downtown Calgary

14,6 ha großes Feuchtgebiet des Pearce Estate Park Interpretive Wetland. Aufzucht von Jungforellen in der **Sam Livingston Fish Hatchery** (Führungen tägl. 14 Uhr, reservieren, inkl. Aquarium $ 15/0–9). Wanderwege. 2009 eröffnete das neue Besucherzentrum. In Inglewood, am Westufer des Bow River, östlich von Downtown.

Devonian Gardens
317 7th Ave. S.W. (im 4. Stock des Toronto Dominion Sq.)
Calgary, AB T2P 2Y9
✆ (403) 221-4274
www.calgary.ca/parks/devonian
Sa–Mi 9.30–18, Do/Fr 9.30–20 Uhr
Eintritt frei
Üppige Parkanlagen unter Glas.

Fish Creek Provincial Park
Bow Valley Visitor Centre
✆ (403) 297-5293
www.fishcreekpark.ca
Tägl. 8 Uhr bis Sonnenuntergang
1350 ha großer Wald- und Präriepark am Südrand von Calgary, zwischen 37th St. S.W. und dem Bow River im Südosten. Mit dem Restaurant **The Ranche** (vgl. S. 159). Kein Camping.

Inglewood Bird Sanctuary
2425 9th Ave. S.E.
Calgary, AB T2G 4T4
✆ (403) 268-2489
www.calgary.ca/parks/naturecentre
Tägl. von Sonnenaufgang bis Sonnenuntergang
Nature Centre: Mai–Sept. tägl. 10–16, sonst Di–So 10–16 Uhr, Eintritt frei
32 ha großes, bewaldetes Vogel- und Tierreservat am Bow River. Über 2 km Wege am Fluss, Auen. Naturschutzzentrum.

Calaway Park
245033 Range Rd. 33
(am Trans Canada Hwy., 10 km westl. von Calgary), Calgary, AB T3Z 2E9
✆ (403) 240-3822
www.calawaypark.com
Juli/Aug. tägl. 10–19 Uhr, Frühjahr/Herbst nur Sa/So
Eintritt $ 32/0–32
West-Kanadas größter Vergnügungspark. 30 Fahrgeschäfte, musikalische Bühnenshows, Minigolf, Fastfood und Souvenir Shops etc.

Brewster Sightseeing Excursions
✆ (403) 760-6934, 1-800-760-6934
www.explorerockies.com/sightseeing-tours
Halb- und ganztägige Ausflüge in und um Calgary, zu den Nationalparks Banff und Jasper. Tierbeobachtungen, Fototouren.

The Deane House Restaurant
806 9th Ave. S.E.
Calgary, AB T2G 0S2
✆ (403) 269-7747, www.fortcalgary.com
Di–Fr 11–15, Sa/So 10–15 Uhr
Restaurant am historischen Fort Calgary unmittelbar am östlichen Rand von Downtown. Brunch und Lunch mit Steaks, Salat, Pasta und guter Weinauswahl. $$-$$$

The Ranche
15979 Bow Bottom Trail S.E.
Fish Creek P.P., Calgary, AB T2P 0Y8
✆ (403) 225-3939
www.crmr.com/theranche
Feines Restaurant in 100-jährigem Ranchhaus im Fish Creek Provincial Park. Täglich Lunch, Dinner und So Brunch. Im Sommer auf der Veranda, im Winter vor dem offenen Kamin. $$$$

Ranchman's
9615 Macleod Trail S.
Calgary, AB T2J 0P6
✆ (403) 253-1100
www.ranchmans.com
Populäres Western-Restaurant und Saloon. Mo–Sa Live-Country-Musik. Square und Line Dance. $$

River Café
25 Prince's Island Park
Calgary, AB T2P 0R1
✆ (403) 261-7670, www.river-cafe.com
Schön gelegenes Restaurant im Prince's Island Park mit Sicht auf Fluss und Skyline. Exquisite westkanadische Küche mit Fisch, Bisonfleisch und Biogemüse. Lunch, Dinner und Wochenend-Brunch. Offener Kamin. Parken am Eau Claire Market, Zugang zu Park und Restaurant via Jaipur Footbridge. $$$$

The Bistro at Art Central
111, 100 7th Ave. S.W.
Calgary, AB T2P 0W4
✆ (403) 262-0282
www.artcentralbistro.ca
Modernes Caférestaurant im Art Central Building mit Sicht auf die Schienenstrecke des C-Train in Downtown. $$-$$$

Blink Restaurant & Bar
111 8th Ave. S.W.
Calgary, AB T2P 1B4
✆ (403) 263-5330
www.blinkcalgary.com
Vielgelobtes Restaurant in Downtown. Moderne kanadische Küche, gepaart mit einer exzellenten Weinliste. $$-$$$$

Alberta Boot Company
50 50th Ave. S.
Calgary, AB T2G 5N3
✆ (403) 263-4623
www.albertaboot.com
Mo–Sa 9–18, So 11–16 Uhr
Albertas wichtigster Cowboystiefelproduzent und Geschäft für Western-Accessoires. Auswahl aus 12 000 Paar Stiefeln auf Vorrat – oder Maßanfertigung. Hier werden auch die Stiefel der Royal Canadian Mounted Police angefertigt. Stiefel ab $ 270.

Art Central Building
100 7th Ave. S.W.
Calgary, AB T2P 0W4
✆ (403) 543-9600
www.artcentral.ca, Mo–Fr 10–18, Sa 12–18 Uhr, So unterschiedlich
Für Kunstliebhaber und Künstler: rund 50 Galerien und Studios, Kunst- und exklusive Bekleidungsgeschäfte sowie das **Bistro at Art Central** und ein Coffee Shop. Zahlreiche Kunstveranstaltungen.

Eaton Centre/ Toronto Dominion Square
317 7th Ave. S.W. (zw. 2nd & 4th Sts. S.W. und 7th & 8th Ave. S.W.)
Calgary, AB T2P 2Y9
✆ (403) 441-4940
www.coreshopping.ca, Mo–Mi, Sa 9.30–18, Do/Fr 9.30–20, So 12–17 Uhr
Großes Einkaufszentrum in Downtown Calgary. Hier befinden sich auch die Devonian Gardens (vgl. S. 158).

The Bay – Downtown
200 8th Ave. S.W.
Calgary, AB T2P 1B5

Historischer Chuckwagon

✆ (403) 262-0345, www.hbc.com
Mo–Mi, Sa 9.30–18, Do/Fr 9.30–20, So 12–18 Uhr
Kanadas traditionsreiches Kaufhaus der Hudson's Bay Company besitzt Filialen in jeder großen Stadt und eine in Downtown Calgary.

Pages
1135 Kensington Rd. N.W.
Calgary, AB T2N 3P4
✆ (403) 283-6655, www.pages.ab.ca
Sa–Mi 11–18, Do/Fr 11–21 Uhr
Unabhängiger freundlicher Buchladen im Stadtteil Kensington. Große Auswahl, Literatur, Lesungen etc.

Alberta Ballet
Theater: 19th Ave. S.W., Box Office: 341 17th Ave., Calgary AB T2S 0B8, ✆ (403) 205-4549
www.albertaballet.com
Tickets ab $ 42
Klassische und moderne Ballettaufführungen im Nat Christie Centre.

Calgary Philharmonic Orchestra
205 8th Ave. S.E.
Calgary, AB T2G 0K9
✆ (403) 571-0849, www.cpo-live.com
Tickets ca. $ 16–85
Klassische Musikdarbietungen in der Jack Singer Concert Hall.

Calgary Stampede
Anfang oder Mitte Juli, 10 Tage
✆ (403) 269-9822, 1-800-661-1767
www.calgarystampede.com
Eintritt Ausstellungsgelände $ 14/0–7, Eintritt Rodeo ab $ 24, Stehplätze ab $ 12, Chuckwagon Races mit Evening Show ab $ 36,50, Stehplätze ab $ 15, bei vorbestellten Karten ist der Eintritt ins Ausstellungsgelände enthalten, Parken $ 12. Tickets auch unter: www.ticketmaster.ca.

Calgary International Children's Festival
Ende Mai
✆ (403) 294-9494
www.calgarychildfest.org
Calgarys großes Kinderfestival dauert fünf Tage.

Calgary International Airport (YYC)
2000 Airport Rd. N.E.

Calgary, AB T2E 6W5
✆ (403) 735-1200, 1-877-254-7427
www.calgaryairport.com
10 km nordöstlich der Innenstadt. Etwa 20 Min. Fahrt.

Calgary Transit
224 7th Ave. S.W.
Calgary, AB T2P 2M5
✆ (403) 262-1000
www.calgarytransit.com
Ticket $ 2.75/0–1.75
Preiswertes Nahverkehrssystem mit Bussen und Bahnen.

Free Fare Zone: Gratis-Straßenbahn C-Train auf der 7th Ave. in der Innenstadt, zwischen 3rd St. S.E. und 10th St. S.W.

Chuckwagon Race während der Calgary Stampede

REGION 8
Edmonton

»Festival City« Edmonton

Edmonton

Albertas Kapitale und das Tor zum Norden

Der North Saskatchewan River, der in den Rocky Mountains entspringt, durchfließt die freundliche Provinzhauptstadt Edmonton. Zahlreiche Parks, Blumenrabatten, Wiesen und Wege säumen den Fluss und auf einem Hügel am nördlichen Ufer erhebt sich eine Skyline aus modernen Hochhäusern, Bäumen, dem gläsernen Kongresszentrum und dem historischen Fairmont Hotel MacDonald. Am südlichen Ufer setzen die glänzenden Glaspyramiden des Muttart Conservatory städtebauliche Akzente.

Mit 730 400 Einwohnern im Stadtgebiet und 1 035 000 im Großraum ist Edmonton die zweitgrößte Stadt Albertas und die sechstgrößte Kanadas. Es gilt als »Tor zum Norden«, denn hier treffen das nördliche Waldland und die südliche Prärie aufeinander.

Edmontons (relative) nördliche Lage sorgt im Hochsommer für lange, helle Tage mit warmen Nächten. Das Sommerhalbjahr verzeichnet eine Fülle an Festivals, die der Stadt den Beinamen »Festival City« einbringen.

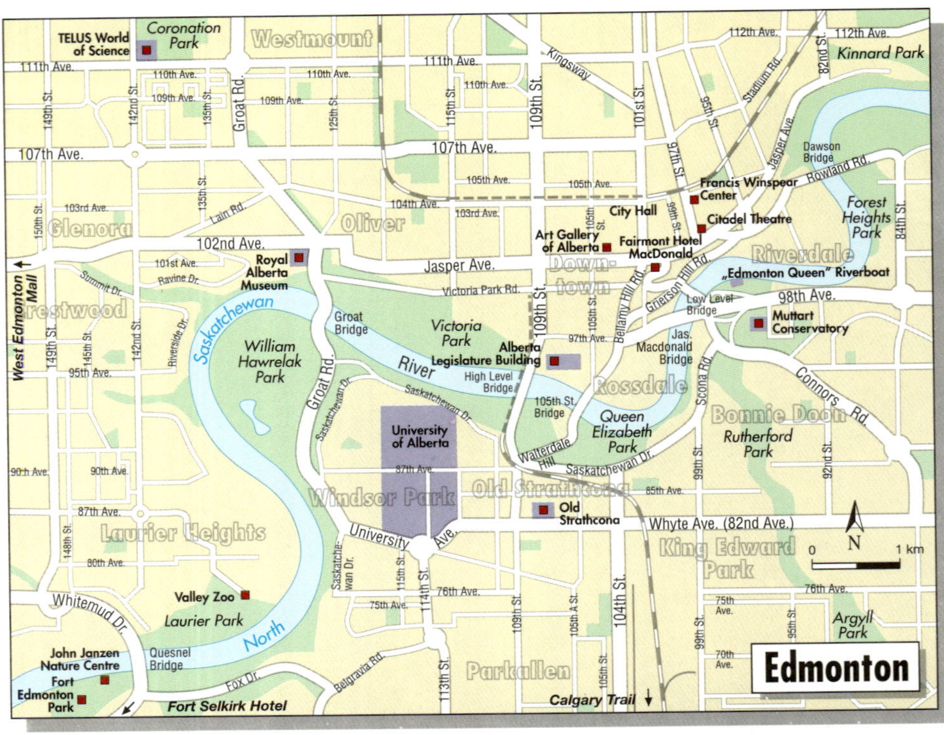

Zur Geschichte Edmontons

1795 erbaute die Hudson's Bay Company (HBC) bei Fort Saskatchewan das Edmonton House, eine Pelzhandelsniederlassung. Mit den Indianern betrieb man dort jahrzehntelang einen lebhaften Pelz-, Nahrungs- und Konsumgüter-

Winterliches Edmonton

tausch. Während des Goldrauschs 1897/98 brachen von dieser damals nur etwa 700 Einwohner zählenden Ortschaft Tausende zu den Territorien im Norden auf. Viele der Gold- und Glückssucher, die nach dem Boom von den unwirtlichen Bergen zurückkamen, ließen sich in Edmonton nieder. 1905, im Jahr als die neu gegründete Provinz Alberta der kanadischen Konföderation beitrat, erhielt die etwa 8400 Einwohner große Stadt durch die Canadian National Railway auch einen Schienenanschluss. Edmonton schlug seine größere Rivalin Calgary im selben Jahr bei der Ernennung zur Provinzhauptstadt. Bereits 1908 wurde die University of Alberta gegründet. 1912 vergrößerte sich Edmonton weiter durch die Eingemeindung der kleinen Stadt Strathcona südlich des Flusses. Das neuerbaute Regierungsgebäude demonstrierte die Entwicklung vom landwirtschaftlichen Zentrum zur aufstrebenden Stadt.

Die Provinzhauptstadt baute ihre Rolle als Transport- und Nachschubzentrum für den Norden weiter aus, wurde zum Startpunkt der Buschflieger und diente 1942 als Basislager für Männer, Maschinen und Material beim Bau des Alaska Highway. Als Imperial Oil bei Leduc, südlich von Edmonton 1947 das schwarze Gold anzapfte, machte dies die Stadt praktisch über Nacht zur *Oil Capital of Canada*. Albertas Öl- und Gasindustrie kurbelte die Wirtschaft enorm an und sorgte für Bevölkerungswachstum. Von etwa 150 000 stieg Edmontons Einwohnerzahl bis zum Ende der 1950er-Jahre auf annähernd 270 000. Die Ausbeutung der Öl- und Gasvorkommen ist mitverantwortlich für den Wohlstand der Provinz und der Hauptstadt.

1978 installierte Edmonton ein eigenes U-Bahn-System und schuf 1981 mit der West Edmonton Mall das seinerzeit größte Einkaufs- und Unterhaltungszentrum der Welt, das auch heute noch zu den zehn größten Malls zählt.

Vor der futuristischen Glaspyramide des Muttart Conservatory am North Saskatchewan River in Edmonton

REGION 8
Edmonton

Das Alberta Legislature Building in Edmonton ist Sitz von Albertas Provinzregierung und zudem das älteste historische Gebäude in Alberta

Stadtrundgang durch Downtown Edmonton

Ein Spaziergang durch das Zentrum der Provinzhauptstadt beginnt am **Sir Winston Chrchill Square** und führt entlang der **Jasper Avenue**, die von jeher Edmontons Haupt- und Haupteinkaufsstraße ist. Rings um den offenen Sir Winston Churchill Square mit Skulpturen und hübschen Grünanlagen im Herzen des Arts District reihen sich moderne Gebäude mit Museen, Theatern und öffentlichen Einrichtungen wie der 1992 erbauten, futuristischen **City Hall**. Das **Francis Winspear Centre** auf der Ostseite ist die Heimstatt von Edmontons Symphonieorchester. Die Konzerthalle mit der hervorragenden

Edmontons Straßenbezeichnungssystem ist überschaubar. Die meisten der von Nord nach Süd verlaufenden Streets und der von Ost nach West ziehenden Avenues tragen Nummern. Wenige Straßen haben einen zusätzlichen Namen oder bestehen nur aus einem Namen.

Akustik bietet jährlich eine Vielzahl an Konzerten von Klassik bis Pop. Das benachbarte **Citadel Theatre** gilt als erste Theateradresse der Stadt.

Die **Art Gallery of Alberta**, das älteste und größte Kunstmuseum der Provinz, zog 2007 vom Churchill Square ein paar Blocks weiter auf die Jasper Avenue/Ecke 102nd Street. Das Museum zeigt vorzügliche Ausstellungen moderner und klassischer kanadischer sowie internationaler Kunst.

Ein sehenswertes historisches Gebäude ist das altehrwürdige **Fairmont Hotel MacDonald** oberhalb des Flusstals am südlichen Rand der Innenstadt. Im Jahr 1915 war es als eines der großen kanadischen Eisenbahnhotels eröffnet worden.

Acht Querstraßen nach Westen und einen Block nach Süden geht es weiter zum **Alberta Legislature Building**, das einen wahren Blickfang bietet. Das aus Sandstein konstruierte Regierungsgebäude der Provinz mit seiner wuchtigen Kuppel wurde 1912 an der Stelle des alten Pelzhandelsforts errichtet und ist von ansehnlichen Parkanlagen mit Springbrunnen und Wasserbecken umgeben.

Ziele in der näheren Umgebung von Downtown

Das Südufer des North Saskatchewan River oder eine einstündige Bootsfahrt mit dem kleinen **Schaufelraddampfer »Edmonton Queen«**, der an Rafter's Landing andockt, gewährt den besten Blick auf die Skyline der Stadt. Ein besonders gutes Downtown-Foto gelingt von bzw. mit den vier Glaspyramiden des **Muttart Conservatory** unweit des Flusses. In den markant konstruierten Gewächshäusern finden Pflanzenfreunde unterschiedlich klimatisierte Paradiese mit Dschungel-, Wüsten- und Waldvegetation sowie wechselnde Blumenschauen.

Old Strathcona südlich des Flusses ist Edmontons Trendviertel mit denkmalgeschützten Häusern aus dem späten 19. Jahrhundert und der baumbestandenen Hauptstraße Whyte Avenue, die neben hübschen kleinen Boutiquen und Läden für kanadisches Kunsthandwerk, Bücher, Geschenke und Antiquitäten Restaurants, Bars und freundliche Straßencafés aufweist.

Originell sind die rund 40 kunstvoll bemalten **Elektrokästen**, die heute das Viertel zieren. Gracie Jane Genereux malte »The Flavour of Whyte Avenue«, und Christine Ridgway beschäftigte sich mit Strathconas »Children of the Past, the Present and the Future«. Die Aktion des *Old Strathcona Centennial Mural Project* wurde 2005 zur Hundertjahrfeier von Alberta initiiert und unterstreicht Edmontons Rolle als Stadt der Künste im Norden.

Als weiterer populärer Anziehungspunkt erweist sich das Freilichtmuseum **Fort Edmonton Park**. Mit zeitgenössisch kostümierten Darstellern, die Handwerk und alltägliches Leben demonstrieren, und authentisch restaurierten Häusern und Gegenständen lässt das Fort am North Saskatchewan River die wechselvolle Geschichte der Stadt aufleben. Prunkstück ist die originalgetreue Nachbildung des Fort Edmonton House, das die frühen Tage als isolierter Pelzhandelsposten der Hudson's Bay Company anno 1846 widerspiegelt. Straßenzüge repräsentieren die Ortschaft anno 1885, 1905 und 1920. Aus dem Jahr 1919 stammt der Dampfzug, der um das Fort schnauft. Besonderer Clou ist, dass man innerhalb des Forts übernachten kann. Das im Stil der 1920er-Jahre gehaltene **Fort Selkirk Hotel** bietet 30 Zimmer und vollen Service.

In unmittelbarer Nachbarschaft informiert das **John Janzen Nature Centre** über die Vielfalt der städtischen und stadtnahen Flora und Fauna. Weiter geht es mit den Besichtigungen am Nordufer, wo nicht weit entfernt der **Valley Zoo** liegt.

Westlich von Downtown präsentiert das **Royal Alberta Museum** seine interaktiven Ausstellungen zur Natur- und Kulturgeschichte Albertas. Anschaulich informiert die Syncrude Gallery of Aboriginal Culture über die rund 11 000 Jahre und 500 Generationen umfassende Kulturgeschichte der Indianer und ihre Konfrontation mit den weißen Siedlern. »Wild Alberta« prä-

Viele Bürohäuser, Einkaufszentren und Stationen des Light Rail Transit System (LRT), des Edmontoner Nahverkehrssystems, sind in der Innenstadt durch Pedways miteinander verbunden. Die über- und unterirdischen, wettergeschützten und klimatisierten Überwege bilden ein etwa 17 km langes System.

sentiert die mannigfaltige Fauna der Provinz Alberta mit ausgestopften Vertretern der Tierwelt in naturgetreu nachgestellten Szenen.

Kinder- und familienfreundlich gestaltet sich ein Besuch des nordwestlich von Downtown gelegenen Technik- und Wissenschaftsmuseums **TELUS World of Science**. Architektonisch wird der futuristische weiße Bau gern mit einem Ufo verglichen. Diesen Eindruck untermauert die Teilnahme an einer

simulierten Raumfahrt. Mit computergesteuerten Laser- und Sternenshows beeindruckt das Margaret Zeidler Star Theatre.

Im Westen der Stadt befindet sich die vielleicht beliebteste Attraktion, die **West Edmonton Mall**, die bei ihrer Eröffnung 1981 das größte Einkaufszentrum der Welt war und auch heute noch zu den zehn größten gehört. Mit einem Seitenhieb auf Calgarys Super-Rodeo nennt sich die West Edmonton Mall *The Greatest Indoor Show on Earth*. Einen Eindruck von den Dimensionen vermitteln folgende Zahlen: Die Mall verfügt über 800 Geschäfte und Kaufhäuser, 100 Restaurants und Imbissstände an diversen Einkaufsstraßen, 20 000 kostenlose Parkplätze, 58 Eingänge, mehrere Kinos samt IMAX-Riesenleinwand und mit dem glasüberdachten World Water Park das weltgrößte Spaßbad mit zahlreichen Riesenrutschen, Wellenbad und Bungee-Sprungturm. Der Galaxyland Amusement Park ist eine Art überdimensionierte Kirmes, und auf der großen Eislaufbahn des Ice Palace können sogar die Edmonton Oilers trainieren.

Ziele in der weiteren Umgebung

Zu den beliebtesten Zielen außerhalb von Edmonton gehört der **Elk Island National Park**, 47 Kilometer östlich der Stadt am Yellowhead Highway. Der Park, der sich wie eine bewaldete Insel aus der Prärie zu erheben scheint, lädt zum Wandern, Picknicken, Campen sowie zu Tierbeobachtungen ein. 1906 wurde der Park als einziger umzäunter Nationalpark Kanadas zum Schutze der *Elks* (dt. Wapitihirsche) eingerichtet. Trotz des Parknamens sind heute die

Bisons der Grund für die Popularität des kleinen Nationalparks. Sowohl Präriebisons, die häufig neben der Parkstraße grasen, als auch ihre größeren, dunkleren und selteneren Vettern, die scheueren Waldbisons, die eher die unwegsamen Gebiete bevorzugen, leben hier. Insgesamt elf Wanderwege verzeichnet der Park – vom kurzen Spaziergang auf dem Living Waters Boardwalk bis hin zum 18,5 Kilometer langen Wood Bison Trail. Der 14 Kilometer nördlich der Parkeinfahrt gelegene, idyllische **Astotin Lake** bietet einen Badestrand und drei Wanderwege in seiner Nähe.

Das **Ukrainian Cultural Heritage Village**, 50 Kilometer östlich von Edmonton am Yellowhead Highway, beleuchtet die Kultur der ukrainischen Pioniere, die sich im ausgehenden 19. und frühen 20. Jahrhundert in den Prärien Albertas ein neues Leben in der Landwirtschaft aufgebaut hatten. Mit seinen kostümierten »Bewohnern« und über 30 restaurierten und rekonstruierten Gebäuden, mit Kutschfahrten, ukrainischem Essen und Musik lässt das Freilichtmuseum das Leben in der größten ukrainischen Siedlung Kanadas wieder aufleben. Symbol der ukrainischen Kultur in Alberta ist die **Vladimir's Ukrainian Greek Orthodox Church**, eine traditionelle ukrainische Kirche mit großer, silberner Zwiebelkuppel und kreuzförmiger Bauart, die 1934 ursprünglich in Vegreville erbaut wurde.

Vegreville, eine kleine Stadt 105 Kilometer östlich von Edmonton am Yellowhead Highway, ist stolz auf sein 7,80 Meter hohes »Pysanka«. Das weltweit größte Osterei, das Wohlstand, Glück und Ewigkeit repräsentiert, ist im Elks Kinsmen Community Park zu bewundern. Es wurde zum 100. Jahrestag der Royal Canadian Mounted Police aus rund 2500 Aluminiumteilen konstruiert.

Ein wichtiges Kapitel der Geschichte Edmontons beleuchtet das **Canadian Petroleum Interpretive Centre** südlich von Devon. Hier ragt die Nachbildung des Original-Bohrturms in den Himmel. Anhand weiterer historischer Gerätschaften, Fotos, Modelle und Gegenstände beleuchtet das Canadian Petroleum Interpretive Centre die wechselvolle Geschichte der kanadischen Ölindustrie, die an einem Nachmittag anno 1947 begonnen hatte.

Auf unterhaltsam-lehrreiche Art bereitet das **Reynolds-Alberta Museum** in dem 68 Kilometer südlich von Edmonton gelegenen Wetaskiwin die Geschichte der Technik und des Transportwesens in Alberta auf. Interessant inszenierte Ausstellungen begeistern mit wunderbar restaurierten Dampfmaschinen, frühen Automobilen und Treckern, Motorrädern, Feuerwehrwagen und landwirtschaftlichen Fahrzeugen. Zu dem modernen Museum gehört auch die Canadian Aviation Hall of Fame mit einer sehenswerten Sammlung kanadischer Flugzeug-Oldtimer.

Zeitgenössische Kunst in der Art Gallery of Alberta im Herzen von Edmontons Arts District

Service & Tipps:

Edmonton Tourism Downtown Visitor Centre
9990 Jasper Ave.
Edmonton, AB T5J 1P7
✆ (780) 426-4715, 1-800-463-4667
www.edmonton.com
Touristeninformation im World Trade Centre.

Gateway Park Visitor Information Centre
2404 Gateway Blvd. S.W.
Edmonton, AB T6W 1A1
✆ (780) 496-8400, 1-800-463-4667
Touristeninformation im Gateway Park am Hwy. 2, südlich von Edmonton.

REGION 8 Edmonton

Nachbildung des Ölbohrturms von 1947 im Canadian Petroleum Interpretive Centre in Devon südlich von Edmonton

Art Gallery of Alberta
2 Winston Churchill Sq.
Edmonton, AB T5J 4P6
✆ (780) 422-6223
www.artgalleryalberta.com
Di–Fr 11–19, Sa/So 10–17 Uhr
Eintritt $ 12/0–8
Albertas Kunstmuseum zeigt rund 5000 Werke: historische und zeitgenössische Gemälde, Skulpturen, Installationen und Fotografien.

Canadian Petroleum Interpretive Centre/Leduc # 1 Discovery Well Historic Site
6-20 Haven Ave., Devon, AB T9G 2B9
✆ 1-866-987-4323, www.c-pic.org
Tägl. 9–17 Uhr, Eintritt $ 8/0–5
Museum zur Geschichte der Ölindustrie in Kanada mit der Nachbildung des Ölbohrturms von 1947.

Fort Edmonton Park
Whitemud & Fox Drs.
Edmonton, AB T5J 2R7
✆ (780) 442-5311
www.fortedmontonpark.ca
Ende Mai–Ende Juni Mo–Fr 10–16, Sa/So 10–18, Juli/Aug. tägl. 10–18, Sept. So 10–18 Uhr
Eintritt $ 13.75/0–10.50
Freilichtmuseum zur Geschichte Edmontons am Südufer des North Saskatchewan River. Verschiedene Epochen: das Fort anno 1846, Straßenszenen von 1885, 1905 und 1920. Rekonstruierte Gebäude, kostümierte Darsteller, Dampfzugfahrten. Hotel mit vollem Service.

Reynolds-Alberta Museum
Hwy. 13
Wetaskiwin AB T9A 2G1
✆ (780) 361-1351, 1-800-661-4726
www.reynoldsalbertamuseum.com
Ende Mai–Anfang Sept. tägl. 10–17 Uhr, sonst Mo geschl.
Eintritt $ 9/0–5
Modernes Museum zur Geschichte des Transportwesens und der Technik in Alberta. In der Canadian Aviation Hall of Fame gibt es eine interessante Sammlung von Flugzeug-Oldtimern. 45 km südl. von Edmonton.

Royal Alberta Museum
12845 102 Ave.
Edmonton, AB T5N 0M6
✆ 1-310-0000 plus Telefonnummer samt Vorwahl (780) 453-9100 (in Alberta gebührenfrei)
www.royalalbertamuseum.ca
Tägl. 9–17 Uhr
Eintritt $ 10/0–5
Natur- und Kulturgeschichte Albertas und West-Kanadas in interessanten, permanenten und temporären Ausstellungen. In Old Glenora, westlich der Innenstadt gelegen.

TELUS World of Science
11211 142 St.
Edmonton, AB T5M 4A1
✆ (780) 451-3344
www.edmontonscience.com
Im Sommer tägl. 10–17 Uhr
Eintritt Museum und IMAX je $ 14/0–12, Kombiticket $ 22.50/0–19
Edmontons Technik- und Naturwissenschaftsmuseum mit IMAX-Kino, Planetarium, Discoveryland und interessanten Ausstellungen und Vorführungen.

Ukrainian Cultural Heritage Village
Hwy 16, 50 km östl. von Edmonton, nahe dem Elk Island N.P.
Edmonton, AB T6G 2P8
✆ (780) 662-3640
www.cd.gov.ab.ca/uchv
Ende Mai–Anfang Sept. tägl. 10–17, bis Mitte Okt. Sa/So 10–18 Uhr
Eintritt $ 8/0–4
Ausgezeichnetes Freilichtmuseum, das ein rekonstruiertes ukrainisches Dorf zeigt.

Alberta Legislature Building
10800 97 Ave.
Edmonton, AB T5K 2B6
✆ (780) 427-7362, gebührenfrei in AB (780) 310-0000
www.assembly.ab.ca
Führungen Anfang Mai–Mitte Okt. 9–12 stdl., 12.30–16.30 halbstdl.
Eintritt und Führungen frei
Albertas Regierungsgebäude aus dem Jahre 1912 liegt umgeben von schönen Parkanlagen und Springbrunnen am Ufer des North Saskatchewan River. Täglich 30-min. Führungen.

Elk Island National Park
Site 4, RR # 1, 47 km östl. von Edmonton
Fort Saskatchewan, AB T8L 2N7

Visitor Centre ✆ (780) 922-5790
Camping ✆ 1-877-737-3783
www.pccamping.ca
www.pc.gc.ca/elkisland
Eintritt $ 7.80/0–3.90, Jahrespässe $ 31.40/15.70
194 km² großer Nationalpark am Yellowhead Hwy. Heimat von Prärie- und Waldbisons. Camping-Reservierungen auf dem Sandy Beach Campground (Mai–Sept.) möglich.

John Janzen Nature Centre
Fox Dr. & Whitemud Dr.
Edmonton, AB T5J 2R7
✆ (780) 442-5311 oder 311 (in Edmonton)
www.edmonton.ca/johnjanzen
Juli/Aug. Mo–Fr 9–18, Sa/So 11–18 Uhr, sonst kürzer
Eintritt $ 2/0–1.35
Naturschutzzentrum am Fort Edmonton Park, das sich vor allem mit der Stadtnatur beschäftigt.

Muttart Conservatory
9626 96 A St.
Edmonton, AB T6C 4L8
✆ (780) 442-5311
www.muttartconservatory.ca
Mo–Fr 10–17, Sa/So 11–17 Uhr
Eintritt $ 10.50/0–8
Botanischer Garten unter und um vier weithin sichtbare Glaspyramiden. Innen- und Außengelände mit Pflanzen aus verschiedenen Klimazonen.

Valley Zoo
13315 Buena Vista Rd. & 134 St.
Edmonton, AB T5J 2R7
✆ (780) 442-5311 oder
✆ 311 (in Edmonton)
www.valleyzoo.ca
Mai–Aug. tägl. 9.30–18, Sept.–Mitte Okt. Mo–Fr 9.30–16, Sa/So 9.30–18 Uhr, Eintritt $ 10.50/0–8
In Edmontons Zoo kann man neben verschiedenen Tierarten auch »Elephant Art« bestaunen und erwerben. Lucy, der asiatische Elefant, hat diese Bilder gemalt.

West Edmonton Mall
1755, 8882 170th St.
Edmonton, AB T5T 4J2
✆ (780) 444-5321 und
1-800-661-8890
www.wem.ca
Mo–Sa 10–21, So 11–17 Uhr
World Waterpark und Galaxyland: $ 32/0–25, Ice Palace $ 8/0–6
1981 als größtes Einkaufs- und Entertainmentzentrum der Welt eröffnet. Mit 800 Geschäften und Kaufhäusern, rund 100 Restaurants und Imbissständen, riesigem Schwimm- und Spaßbad World Waterpark, Galaxy Kids Playpark, Galaxyland Amusement Park, Eislaufarena, Aquarium, zwei Hotels u.v.a.m.

Edmonton Queen Riverboat
Rafter's Landing, 9734 98 7th Ave., Edmonton, AB T6C 4P6
✆ (780) 424-2628
www.edmontonqueen.com
Mitte Mai–Mitte Sept. Do–Sa 11, 14, 17.30, So 15 und 17.30 Uhr
Fahrpreis $ 18/0–12/15, Dinner Cruises $ 50/0–40

Wildnisparadies für Bisons: der Elk Island National Park östlich von Edmonton

Edmontons Entertainment-Szene ist abwechslungsreich, ob auf dem Heritage Festival oder …

Ausflugsfahrt mit dem Schaufelraddampfer auf dem North Saskatchewan River. Mit Buffet und Unterhaltungsprogramm. Auch Abendfahrten. Ab Rafter's Landing am Südufer gegenüber von Downtown.

Hardware Grill
9698 Jasper Ave.
Edmonton, AB T5H 3V5
✆ (780) 423-0969
www.hardwaregrill.com
Lunch (Mo–Fr), Dinner (Mo–Sa)
Edles Restaurant im Downtowns Arts District. Hervorragende Grillgerichte, exzellente Vorspeisen.
$$$–$$$$

Outback Steakhouse
2874 Calgary Trail S.
Edmonton, AB T6J 6V7
✆ (780) 432-2200, www.outback.com
Australisch inspiriertes Steakhaus am Hwy. 2 im Süden Edmontons.
$$–$$$

DaDeO Restaurant
10548A 82 Ave.
Edmonton, AB T6E 2A4
✆ (780) 433-0930
www.dadeo.ca
Diner und Bar im Stil der 1950er-Jahre. Auf der Speisekarte Cajun- und Creole-Gerichte aus Süd-Louisiana. $$

O'Byrnes Irish Pub
10616 82nd Ave.
Edmonton, AB T6E 2A7
✆ (780) 414-6766, www.obyrnes.com
Irische Bar in Old Strathcona.
$–$$

Welsh's Saddlery and Western Wear
16504 100 Ave.
Edmonton, AB T5P 4X5
✆ (780) 484-4328, 1-877-952-9005
www.welshssaddlery.com
Mo–Mi 9–18, Do/Fr 9–21, Sa 9–17.30, So 11–16 Uhr
Westerngeschäft mit einem Riesenangebot an Kleidung, Zubehör und Souvenirs.

Citadel Theatre
9828 101A Ave., Shoctor Alley
Edmonton, ABT5J 3C6
✆ (780) 425-1820, 1-888-425-1820
www.citadeltheatre.com
Theaterkomplex mit fünf unterschiedlichen Theatern im Downtown Arts District.

Francis Winspear Centre for Music
9720 102 Ave.
Edmonton, AB T5J 4B2
✆ (780) 428-1414, 1-800-563-5081
www.winspearcentre.com
Verschiedene Konzerte, von Klassik bis Pop, u.a. vom Edmonton Symphony Orchestra im Downtown Arts District.

Edmonton's Capital Ex
Mitte/Ende Juli

www.capitalex.ca
Edmontons ältestes Festival, vormals unter der Bezeichnung Klondike Days Exposition and Festival bekannt. Mit Kirmes, Planwagenrennen, RCMP Musical Ride, Parade, Konzerten, Musicalvorführungen, Feuerwerk und weiteren Unterhaltungsprogrammen etc.

Big Valley Country Music Jamboree
Anfang Aug.
✆ 1-888-404-1234 und
(780) 672-0224
www.bigvalleyjamboree.com
Viertägiges großes Country-Musik-Festival, in Camrose südöstlich von Edmonton. Tickets auch unter: www.ticketmaster.com

Cariwest – Edmonton Caribbean Arts Festival
Anfang/Mitte Aug.
www.cariwestfestival.com
Karibikfestival mit Parade, Calypso-Tänzen, karibischem Essen, Kunst und natürlich viel Musik.

International Fringe Theatre Festival
Mitte/Ende Aug.
✆ (780) 448-9000 (Info)
✆ (780) 409-1910 (Tickets)
www.fringetheatreadventures.ca
11-tägiges alternatives Theaterfestival in Old Strathcona: 1200 Vorführungen von 140 Produktionen auf 30 Bühnen.

Edmonton International Airport (YEG)
Edmonton, AB T5J 2T2
✆ (780) 890-8900, 1-800-268-7134
www.flyeia.com
Internationaler Flughafen 29 km südlich der Stadt, via Hwy. 2. Eine Erweiterung ist für 2012 geplant.

Sky Shuttle
10135-31st Ave.
Edmonton, AB T6N 1C2
✆ (780) 465-8515, 1-888-438-2342
www.flyeia.com
Mo–Fr 6–21 Uhr alle 20 Min.
Fahrpreis $ 15/0–7
Taxidienst zwischen bestimmten Hotels und anderen Punkten und dem Flughafen nach Absprache.

Edmonton Transit System (ETS)
✆ (780) 442-5311 oder 311 (in Edmonton), www.takeETS.com
Servicezentrum: Mo–Fr 8.30–17.30 Uhr, Fahrpreise: $ 2.75/0–2.75, 10er-Fahrkarten $ 22/0–19.25, Tagespässe 8.25/0–8.25
Edmontons Nahverkehrssystem besteht hauptsächlich aus Bussen. Eine Straßenbahnlinie, die Edmonton Light Rail Transit (LRT), verkehrt zwischen Clareview im Nordosten und der Universität südl. des North Saskatchewan River.

... dem Folk Festival

REGION 9
Rocky Mountains

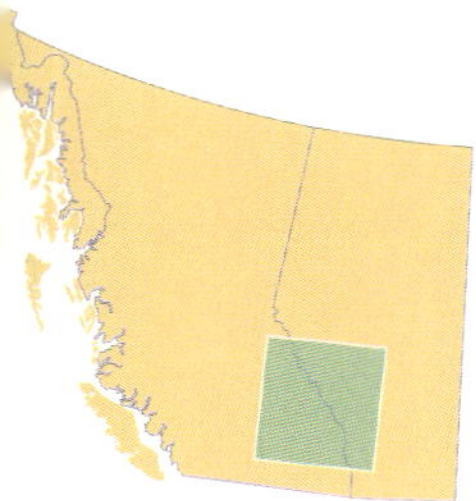

Rocky Mountains

Nordamerikas berühmteste Berge

Schroffe Gipfel, zerklüftete Gletscher, türkisblaue Bergseen, dunkelgrüne Wälder, tosende Bergflüsse und blumenübersäte alpine Hochflächen – zu beiden Seiten des Hauptkammes der Rocky Mountains, die sich von Alaska bis Mexiko ziehen, erstreckt sich eine spektakuläre Bergwelt. Auf ihrem Rücken verläuft im Zickzack der Berge die kontinentale Hauptwasserscheide *(Continental Divide)*, die die Einzugsgebiete der Flüsse trennt, die in den Pazifik, in den Atlantik oder ins Nordpolarmeer münden. Die Rocky Mountains, ein relativ junges Gebirge, entstanden bei der Aufwölbung der nordamerikanischen Kontinentalplatte, als diese mit der pazifischen Platte kolli-

Zauberhafte Farbkontraste: Sonnenaufgang am Herbert Lake vor der Kulisse des 3544 Meter hohen Mount Temple im Banff National Park

dierte. Aufwölbungen, Überschiebungen, Brüche und Hebungen sorgten für die typische Schrägstellung der Bergketten und Berge und brachten Milliarden Jahre altes Gestein ans Tageslicht. Die Eiszeiten in den nördlichen Rocky Mountains hinterließen ihre Spuren unter anderem im Columbia Icefield, einem ausgedehnten Eisfeld und seinen Gletschern.

Tausende von Jahren waren die Rocky Mountains der Lebensraum verschiedener Indianerstämme. Anfang des 19. Jahrhunderts kamen dann die ersten Europäer ins Land: Fallensteller, Pelzhändler und Forscher. 1811 etablierte der Pelzhändler und Erforscher Simon Fraser eine Handelsroute über den Athabasca Pass. Später, in den 1880er-Jahren, verband die transkontinentale Eisenbahn den Westen und Osten Kanadas und brachte eine Menge neuer Siedler.

Nachdem heiße Quellen und reichhaltige Bodenschätze entdeckt wurden, erkannte man das touristische Potenzial der Rockies schnell, sodass mit dem Bau prestigeträchtiger Eisenbahnhotels wie dem Banff Springs Hotel und dem Chateau Lake Louise begonnen wurde. Wohlhabende Sommergäste badeten in den heißen Quellen, erfreuten sich an der Bergwelt und den wilden Tieren und bestiegen die Gipfel mit Schweizer Bergführern.

Einzigartig und zeitlos ist die Naturschönheit der vier zusammenhängenden Rocky-Mountains-Nationalparks: Banff und Jasper gehören zu Alberta, Yoho und Kootenay liegen in British Columbia. Zusammen bedecken sie eine Fläche von über 20 000 Quadratkilometern. Gemeinsam mit den benachbarten Provincial Parks Mount Robson, Assiniboine und Hamber bilden sie eine Welterbestätte der UNESCO. Banff und Jasper National Parks sind durch den Icefields Parkway, eine der schönsten Panoramastraßen Nordamerikas, verbunden.

REGION 9
Rocky Mountains

1 Banff National Park

Der Park liegt 130 Kilometer westlich von Calgary – er ist mit seinen 125 Jahren der älteste und populärste in West-Kanada und ein Natur- und Wanderparadies ohnegleichen, das zu den Welterbestätten zählt. Seine Zentren sind die Orte **Banff Townsite** und **Lake Louise**, zu ihm gehören **Lake Louise** und **Moraine Lake**, die beiden bekanntesten Seen der Rockies. Banff wurde 1885 unter der Ägide der ersten transkontinentalen Eisenbahngesellschaft Canadian Pacific Railway als erster kanadischer Nationalpark gegründet. Schon früh hatte man die touristische Anziehungskraft der heißen Quellen inmitten der herrlichen Bergumgebung erkannt und die kanadische Regierung zur Etablierung eines Naturschutzgebiets veranlasst. Heute beschränkt die Eisenbahn ihre Rolle auf den Frachtverkehr, der regelmäßig durch den Nationalpark rollt; die Touristen kommen per Auto.

Auf dem 45 Kilometer langen, eingezäunten Teilstück des **Trans-Canada Highway** (Hwy. 1) im Tal des Bow River ermöglichen 24 bewaldete Brücken und in die Natur eingebettete Unterführungen den Tieren ein gefahrloses Wechseln auf die Gegenseite. Eine interessante Fotoausstellung zu diesem Thema ist im Whyte Museum in Banff zu sehen.

In langsamen Kurven windet sich der **Bow Valley Parkway** parallel zum Trans-Canada Highway durch das Flusstal. Von den 1920er- bis in die 1950er-Jahre war er die erste und einzige Verbindungsstrecke von Lake Louise nach Banff. Unterwegs bieten sich Picknick-, Camping- und Wandermöglichkeiten, und oft kann man Dickhornschafe und andere Tiere beobachten. 25 Kilometer westlich von Banff lockt eine kurze Wanderung zum **Johnston Canyon**, einer engen Kalksteinschlucht mit zwei Wasserfällen. Etwa auf halbem Weg zwischen Lake Louise und Banff erhebt sich das auffällige Massiv des Castle Mountain hinter weiten, baumbestandenen Wiesen.

Von Lake Louise führt der **Icefields Parkway** (Hwy. 93 North) Richtung Norden. Entlang dem Hauptkamm der Rocky Mountains durchquert die Panoramastraße das Herz des Hochgebirges von tiefen Talgründen bis zu Hochlagen oberhalb der Baumgrenze, vorbei an etwa 25 Gletschern aus sieben Eisfeldern, ungebändigten Flüssen und türkisblauen Seen sowie durch den Lebensraum wilder Tiere – die Traumlandschaften unzähliger Kanadareisender.

Der Bau des Icefields Parkway begann 1931 als Schotterstrecke namens Wonder Trail. Neun Jahre später wurde die Straße als Banff–Jasper Road eröffnet. Nach Ausbau- und Erweiterungsmaßnahmen in den 1950er- und 1960er-Jahren erhielt sie dann ihren heutigen Namen.

Mistaya Canyon im Banff National Park: Der Mistaya River hat sich hier tief in der Felsen eingegraben

Banff

Im weiten Tal des jadegrünen Bow River, in den der kleinere, wilde Spray River mündet, liegt das hübsche, gepflegte **Banff** in beeindruckender alpiner Umgebung. Die Stadt ist ein ganzjähriges, populäres Touristenziel und bietet mit Museen, Restaurants, Thermalpools, Möglichkeiten für Wildwasserfahrten, Ausritte, kurze Wanderungen und ausgedehnte Touren ins Hinterland für jeden etwas. Und wer die Massen scheut, kann auch schnell in die Wildnis flüchten.

6700 Einwohner leben in Banff Townsite, viele Saison-Arbeitskräfte kommen hinzu, und mit den Sommertouristen steigt die Zahl auf ein Vielfaches. Wer dann kein Quartier vorgebucht hat, wird kaum mehr eines finden. Auf der mit Blumen und Flaggen dekorierten Hauptstraße **Banff Avenue** und ihren Nebenstraßen reihen sich Kunst- und Souvenirläden, preiswerte Kaufhäuser und edle Boutiquen, kleine Geschäfte, Restaurants, Cafés und Bars, Ausrüster, Verleiher und Tourenanbieter verschiedenster Couleur aneinander. Ansprechend präsentiert sich der moderne **Bison Courtyard** an der Bear Street, in dem sich Restaurants, Cafés, Geschäfte und hübsche Plätze befinden. Unterkünfte von gut bis mondän verteilen sich über das gesamte Stadtgebiet.

Huftiere im Banff-Nationalpark: äsender Wapitihirsch und …

Banffs architektonisches Wahrzeichen ist das oberhalb der rauschenden Bow River Falls errichtete schlossähnliche **Banff Springs Hotel**, das 1888 für die zahlungskräftige Kundschaft der Canadian Pacific Railway eröffnet wurde. In ihren spätviktorianischen Mauern birgt die noble Herberge unter anderem Restaurants, Boutiquen und Schönheitssalons. Nach englischem Vorbild nimmt man in der Rundle Lounge stilvoll den Nachmittagstee oder -kaffee ein. Weit schweift der Blick vom Hotel über den riesigen Golfplatz am Spray River, einen der schönsten Plätze Kanadas. Ihn kann man auf einer elf Kilometer langen Autotour umrunden und auch durchqueren. Häufig kann man dabei Wapitihirsche beobachten, die sich auf dem Golfplatz vor allem in der Brunftzeit versammeln.

Auf der gegenüberliegenden Seite des Tals erhebt sich der **Tunnel Mountain** (1690 m), an seinem nordöstlichen Fuß befinden sich Banffs große Campingplätze. Beim Bau der Eisenbahnstrecke durch das Tal glaubte Major A. B. Rogers zunächst, aufgrund der Lage des Berges einen Tunnel hindurchbohren zu müssen – daher der Name. Der sieben Kilometer lange **Tunnel Mountain Drive** führt auf den Berg, wo man vom sommerlichen Trubel in Banff Townsite nur noch wenig spürt. Nach kurzer Wanderung ab dem Tunnel Mountain Drive – östlicher Beginn entweder ab dem Surprise Corner Viewpoint oder der Einmündung der St. Julien Road und westlicher Beginn in der Nähe der Tunnel Mountain Campgrounds – sind die exponierten Gesteinstürmchen der *hoodoos* (Kalksteinformationen) und die exzellenten Aussichtspunkte über dem Tal des Bow River erreicht. Im Gipfelbereich des Tunnel Mountain, 300 Meter über der Stadt, beginnt an der St. Julien Road ein zweieinhalb Kilometer langer Wanderpfad.

Schaut man auf der Banff Avenue nordwärts, erhebt sich eindrucksvoll über dem Ort der 2997 Meter hohe Cascade Mountain.

Zu den besten Museen der Stadt gehört das von dem Künstlerehepaar Catherine und Peter Whyte gegründete **Whyte Museum of the Canadian Rockies**. Fotografien, Kunstwerke von den 1930er- bis 1960er-Jahren und persönliche Gegenstände vermitteln einen Einblick in die Entstehung und Entwicklung von Banff in der ersten Hälfte des 20. Jahrhunderts. Eine Sonderausstellung widmet sich den innovativen Tierbrücken und -tunnels am Trans-Canada Highway. Als nostalgisches naturgeschichtliches Museum erweist sich die **Banff Park Museum National Historic Site**. Mit den feinen Galerien bildet der atriumähnliche Holzbau des Museums ein charakteristisches Beispiel der rustikalen Nationalpark-Architektur Anfang des 20. Jahrhunderts. Ausgestopfte Wildtiere, Trophäen und geologische Ausstellungen in Vitrinen demonstrieren die Natur der Rockies anschaulich.

… eine Schneeziege mit ihren kleinen, spitzen Hörnern (»Mountain Goat«)

Gleich südlich der Bow-River-Brücke befindet sich die Parkverwaltung mit dem **Canada Place**, einer Ausstellung zu Kanada. Von den benachbarten **Cascade Gardens** genießt man neben bezaubernden Blumenrabatten und Steingärten einen ungestörten Blick über die Banff

Avenue bis hin zum Cascade Mountain. Am südlichen Ufer des Bow River verbirgt sich hinter einem Palisadenzaun das **Buffalo Nations Luxton Museum** zur Kulturgeschichte der Indianer der Rocky Mountains und der Prärien.

Die **Cave & Basin National Historic Site** lädt zur Besichtigung einer Höhle mit Quellteich und eines inzwischen stillgelegten, steinernen Badehauses von 1914 ein. Man erfährt, wie drei Eisenbahnarbeiter 1883 durch Zufall auf die heißen Quellen von Banff stießen – heißes Wasser war eine Rarität in jenen badezimmerlosen Zeiten – eine Entdeckung, die später für den touristischen Zulauf sorgen sollte, aber auch einer der Gründe für die Einrichtung des Parks war. Die Umgebung bietet freie Sicht auf den Mount Norquay (2522 m) und gemütliche Wanderrouten: zweieinhalb Kilometer lang ist der **Marsh Loop Trail** um das angrenzende Feuchtgebiet, das von den warmen Wassern der Quellen gespeist wird. Dreieinhalb Kilometer lang ist der asphaltierte **Sundance Trail** zum gleichnamigen Canyon, der sich mit dem **Sundance Canyon Loop** zu einer neuneinhalb Kilometer langen Wanderung verbinden lässt.

Nordwestlich von Banff Townsite erreicht man auf dem Vermilion Lakes Drive die glitzernden Flächen der drei miteinander verbundenen **Vermilion Lakes**, eins der größten Feuchtgebiete der Region. In den Seen spiegelt sich das schräge Massiv des Mount Rundle (2949 m). Auf dem Rundgang über den zweieinhalb Kilometer langen Fenland Trail lassen sich in den Marschen zahlreiche Vögel beobachten.

Ein Bad vor wunderbarer Bergkulisse und im historischen Badehaus bietet der **Upper Hot Springs Pool**, das schöne, oberhalb des Ortes gelegene Thermalbad. Im zwischen 38 und 41 Grad Celsius heißen, mineralienreichen und leicht nach Schwefel riechenden Wasser kann man selbst an kühlen, regnerischen Tagen gemütlich am Poolrand sitzen. Für Spaß sorgen nostalgische Badekostüme, die man ausleihen kann.

In unmittelbarer Nachbarschaft der Upper Hot Springs startet die **Sulphur Mountain Gondola** ihren achtminütigen Aufstieg auf den 2281 Meter hohen Berg. Ein einzigartiges, aus Holz erbautes Wegesystem schützt die empfindliche alpine Vegetation vor dem Besucheransturm. 700 Meter über dem Tal bietet sich ein herrlicher Rundumblick auf Mount Norquay, Cascade Mountain

Mit dem Kanu über die Vermilion Lakes im Banff National Park

und die anderen Gipfel der Rockies, die Stadt Banff und das Tal des Bow River bis hin zum Lake Minnewanka. Auf der Messstation von 1903 machte Meteorologe Norman Sanson 29 Jahre lang seine Wetterbeobachtungen. Dafür stieg er etwa tausend Mal auf den Berg und wieder hinab. Wer wie er den Fußweg wählt, muss 670 Meter Höhenunterschied auf der fünfeinhalb Kilometer langen Strecke bewältigen.

Von Banff Townsite gelangt man nordwärts zum malerischen **Lake Minnewanka**, dem größten See des Parks und dem einzigen, auf dem Motorboote erlaubt sind. Er ist außerdem der einzige Stausee in einem kanadischen Nationalpark, der zur Energiegewinnung genutzt wird. Die Stoney-Indianer nannten ihn den »See des Wassergeistes«. Entlang der Lake Minnewanka Loop Road findet man zahlreiche Möglichkeiten für ein Picknick oder eine Wanderung; auf dem See selbst werden Rundfahrten angeboten. In der Nachbarschaft liegt der idyllische **Two Jack Lake** mit einem Campingplatz.

Lake Louise

Lake Louise ist der wohl berühmteste See der Rockies und Ziel jedes Reisenden im kanadischen Westen. Sein Bild mit dem Mount Victoria (3464 m) im Hintergrund prangt auf vielen Büchern. Der Ort Lake Louise mit 950 Einwohnern ist wesentlich kleiner als Banff und liegt verkehrstechnisch günstig am Trans-Canada Highway zwischen Calgary und dem Yoho National Park, während nach Norden hin der Icefields Parkway seinen Lauf nimmt.

Der milchig-türkisblaue Lake Louise wird vom Schmelzwasser des Victoria Glacier gespeist, der vom majestätischen Mount Victoria heruntergleitet. Bis in den Juni hinein bedecken oft eine Eisdecke bzw. schwimmende Eisschollen die Seeoberfläche. Wenn diese geschmolzen sind, spiegeln sich fotogen die beiden symmetrischen, dunkel bewaldeten Bergflanken und die schneebedeckten Gipfel der Umgebung.

Die Stoney-Indianer nannten ihn »See der kleinen Fische«, seinen heutigen Namen erhielt er 1884 nach Prinzessin Louise Caroline Alberta, einer Tochter von Königin Victoria. Es ist kein Wunder, dass die Fische klein bleiben, denn selbst im August erreicht der See nur eine maximale Höchsttemperatur von neun Grad Celsius.

Am westlichen Ufer schlängelt sich über drei Kilometer ein Spazierweg, auf dem vom Frühjahr bis zum Herbst Touristenscharen flanieren, oberhalb führt ein Reitweg durch den dichten Wald und Alphornbläser spielen schwermütige Weisen am Seeufer vor dem **Chateau Lake Louise**. Dieser luxuriöse, aber nicht ganz so prächtige Hotelpalast wie der in Banff wurde ebenfalls von der Canadian Pacific Railway erbaut und hat rund 550 Zimmer. Mit einem Leihkanu kann man in einer mittäglichen Sonnenstunde auf den See hinauspaddeln und von dort das Spektakel am Ufer und die großartige Gebirgsszenerie betrachten. In den Abendstunden, wenn die Sonne nur noch die oberen Bergspitzen anleuchtet, hüllt sich der See in eine wunderbare Stimmung.

Das Tea House ist eine von Mitte Juni bis Mitte Oktober bewirtschaftete Hütte am malerischen **Lake Agnes**, der beachtliche 370 Meter oberhalb des Lake Louise liegt. Eine sehr populäre, dreieinhalb Kilometer lange Wanderung führt vom Lake Louise hinauf. Weitere eineinhalb Kilometer wandert man hoch zum Aussichtspunkt auf dem Big Beehive, dem größeren der beiden bienenkorbförmigen Berge am kleinen Mirror Lake.

Die sieben Kilometer lange Wanderung vom Lake Louise zum **Plain of Six Glaciers** ist ein Vorstoß in eine monumentale Landschaft aus schroffem Fels, Eis und Schnee. Sie ist gewissermaßen die Verlängerung des Seeuferwegs in die Berge. Nach fünfeinhalb Kilometern erreicht man die Hütte **Plain of Six Glaciers Tea House**, die von Mitte Juni bis Oktober betrieben wird.

Der 13 Kilometer von Lake Louise auf rund 1900 Metern gelegene **Moraine Lake** im Valley of Ten Peaks ist *das* Ausflugsziel und entsprechend stark frequentiert, wenn die kurvenreiche Zufahrtstraße von Ende Mai bis Anfang

Die Orte Banff und Lake Louise sind durch den vierspurigen Trans-Canada Highway mit seinen guten Aussichten auf das Bow River Valley und den kurvigeren, zweispurigen Bow Valley Parkway verbunden. Auf dem Icefields Parkway (Hwy. 93) gelangt man vom Banff- zum Jasper-Nationalpark und umgekehrt.

3 km lang ist die Wanderung vom Moraine Lake zum Larch Valley, zum Lower Consolation Lake ebenfalls, zum Eiffel Lake sind es 5,5 km. Wegen der Grizzlybären im Hinterland werden von der Parkverwaltung Wandergruppen von mindestens sechs Personen vorgeschrieben.

Oktober schneefrei und geöffnet ist. Am besten kommt man vor 10 Uhr – nicht zuletzt wegen des geeigneten Lichts zum Fotografieren – oder nach 17 Uhr, um dem größten Ansturm zu entgehen.

Das grandiose Panorama des von zehn Gipfeln umrahmten Moraine Lake zierte die Rückseite des alten kanadischen Zwanzigdollarscheins. Auf unvergleichliche Weise spiegelt sich die zackige Kette der schneebedeckten Gipfel im See. Im Vordergrund ragen die dunklen Silhouetten der alten Bäume am Seeufer auf, gefallene Stämme liegen im klaren Wasser. Eine schöne Atmosphäre herrscht am Morgen, wenn die Sonne langsam über die Bergspitzen steigt. Von Minute zu Minute ändert sich mit dem zunehmenden Sonnenlicht die Stimmung, wenn der See allmählich vom Blaugrau des Morgens in ein leuchtendes Türkis übergeht. In der **Moraine Lake Lodge** am Westufer kann man nicht nur schlafen und essen, sondern auch ein Kanu ausleihen.

Neben der drei Kilometer langen Wanderung am steinigen Seeufer sollte man den kurzen Aufstieg auf den **Rock Pile** am Anfang des Sees nicht versäumen. Der aus Felsbrocken aufgetürmte natürliche Hügel verschließt den Talkessel und wird dadurch zu einem exzellenten Aussichtspunkt auf den See. Der Blick schweift auch hinüber zum **Larch Valley** mit seinen im Herbst goldgelb leuchtenden Lärchen. Viereinhalb Kilometer nördlich des Ortes ührt die **Lake Louise Sightseeing Gondola** hoch zum Skigebiet, das aufgrund der reichlichen Schneefälle und der modernen Liftsysteme eines der bedeutendsten in den kanadischen Rocky Mountains ist.

Entlang dem Icefields Parkway

230 Kilometer lang ist Nordamerikas grandioseste Panoramastraße zwischen Lake Louise und Jasper entlang dem Hauptkamm der Rocky Mountains. Ein türkisfarbener See reiht sich an den anderen, in ihnen spiegeln sich die dunklen Wälder und die gezackten Gipfel der umliegenden Berge. Oft sind die Seen bis in den Sommer hinein vereist, um dann mit einem Mal aufzutauen und im strahlenden Sommersonnenschein zu glitzern. Wasserfälle stürzen sich steil oder fächerartig an den Bergflanken herab, und uralte Gletscher verharren, als ob sie angesichts der Blechlawine in der Hauptsaison erstarrten und sich lieber zurückziehen wollten. Von den Wanderparkplätzen ziehen sich Wege ver-

Von Gletschern gespeist: der Moraine Lake im Valley of Ten Peaks, Banff-Nationalpark. Der Blick auf den See vom sogenannten »Rockpile« ist eines der am häufigsten fotografierten Motive West-Kanadas

schiedenster Längen und Schwierigkeitsgrade in das Hinterland, und meist gelangt man rasch weg von den touristischen Brennpunkten und hin zu Aussichts, Picknick- und Campingplätzen.

Wunderschöne Bilder liefern der blaue **Herbert Lake** mit der Spiegelung des 3544 Meter hohen Mount Temple und der malerische **Hector Lake**, der zweitgrößte See des Parks. Beide bieten eine großartige Einstimmung zur Fahrt auf dem Icefields Parkway nach Norden. Die Panoramastraße beginnt nördlich von Lake Louise und führt zunächst durch das breite Tal zwischen der Front Range der Rockies im Osten und dem Hauptkamm im Westen, bevor die Bergketten allmählich näher zueinanderrücken. Der **Crowfoot Glacier** (34 km nördlich von Lake Louise) ähnelte einst einem Krähenfuss, doch längst ist eine der drei eisigen Zehen abgebrochen.

<u>Unterkünfte</u> sollten, wenn möglich, vorher reserviert werden, besonders an Hochsommerwochenenden wird es schon mal eng.

Eisig blau leuchtet der **Bow Lake** aus dem kargen Talgrund. Sein klares Wasser entstammt dem mächtigen **Bow Glacier**, einem Gletscher aus dem Wapta Icefield an der kontinentalen Wasserscheide, und fließt als Bow River aus dem See ab. Einen willkommenen Farbtupfer am viel fotografierten See bietet das leuchtend rote Dach der **Num-Ti Jah Lodge**. Jimmy Simpson (1887–1972), einer der bekanntesten Bergführer seiner Zeit, errichtet sie 1937 an der Stelle seiner alten Blockhütte. Seit der Eröffnung des Parkway ist die Lodge das Ziel vieler Touristen, die hier essen, übernachten oder im kleinen Souvenirladen einkaufen. Viereinhalb Kilometer weit wandert man von der Lodge bis zum Fuß des Bow Glacier

40 Kilometer nördlich von Lake Louise wird der 2088 Meter hohe **Bow Summit** erreicht, der höchste Straßenpunkt des Icefields Parkway. Ein kurzer Weg steigt durch subalpinen Nadelwald zum **Peyto Lake Viewpoint** hoch. Vom Aussichtspunkt oberhalb der Baumgrenze sieht man den gletschergespeisten

Peyto Lake, das landschaftliche Juwel des Icefields Parkway. Wenn er ab Juni eisfrei ist, präsentiert sich keiner in so leuchtendem, milchigem Türkisblau wie er. Die milchige Trübung stammt wie bei allen Gletscherseen von den abgeriebenen Gesteinsmehlpartikeln, die im Wasser gelöst schweben. Benannt ist der See nach dem Trapper, Goldsucher, Touristenführer und späteren Parkranger Bill Peyto (1863–1943). Atemberaubend ist der Blick über das einsame, fast unberührt wirkende **Mistaya Valley**, das der von so hoch oben kaum sichtbare Icefields Parkway durchzieht.

Dickhornschaf – »Bighorn Mountain Sheep« – in freier Wildbahn im Banff National Park

Aus dem Peyto Lake bahnt sich der Mistaya River seinen Weg gen Saskatchewan Crossing, begleitet vom Parkway und einer großartigen Gebirgskulisse mit einer Kette von Bergseen. Am Westufer des **Waterfowl Lake** steigt das markante Massiv des 3307 Meter hohen Mount Chephren empor. 72 Kilometer nördlich von Lake Louise, noch vor der Saskatchewan Crossing, führt ein kurzer Wanderweg zur Brücke über den **Mistaya Canyon**. Mit ungezügeltem Vorwärtsdrang formte und polierte der junge Mistaya River die engen Kalksteinwände der Schlucht.

Saskatchewan Crossing, 77 Kilometer nördlich von Lake Louise, ist eine historische Furt über den North Saskatchewan River und einer der niedrigsten Punkte am Parkway.

Im Sommerhalbjahr öffnen hier Tankstelle, Restaurant und Unterkünfte. Der einsame **David Thompson Highway** (Hwy. 11) zweigt an dieser Stelle vom Icefields Parkway ab und folgt dem wilden North Saskatchewan River durch die östlichen Hänge der Rockies bis in die Prärie. Ein möglicher Abstecher könnte auf dem Highway 11 bis zum blauen Abraham Lake führen.

Wasser in jeglicher Form ist überhaupt der große Akteur im Park. Sehenswert ist die **Weeping Wall** 27 Kilometer nördlich von Saskatchewan Crossing, eine Felswand, aus der sich eine Vielzahl von Wasserfällen herabstürzt. Am **Big Bend Hill** geht es wenig später in einer weiten Kurve über den North Saskatchewan River bergauf. Vom schönen Aussichtspunkt oben an der Straße schweift der Blick über das tief unten liegende, schattige Tal und die bizarr aufgefalteten, steilen Gipfel.

Fünf Kilometer lang ist der Hin- und Rückweg auf dem **Parker Ridge Trail** (120 km nördlich von Lake Louise). Auf 250 Höhenmeter steigt er auf den Höhenzug der Parker Ridge. Sein Trumpf ist die Sicht auf den **Saskatchewan Glacier**, den längsten Gletscher des Parks, der nur vom rund 2300 Meter hohen Gipfelplateau selbst und nicht von der Straße aus sichtbar ist. Zusätzlich erfreuen im Hochsommer artenreiche Alpenblumenwiesen das Auge.

Über den 2030 Meter hohen **Sunwapta Pass** quert man schließlich die unsichtbare Grenze zwischen Jasper (vgl. S. 184 ff.) und Banff National Park.

Service & Tipps:

Banff Information Centre
224 Banff Ave.
Banff, AB T1L 1K2
Banff/Lake Louise ✆ (403) 762-8421
www.banfflakelouise.com
Sehr gutes Informations- und Reservierungszentrum für Banff-Stadt und den Nationalpark. Im Souvenir-Shop gibt es qualitativ hochwertige kanadische Souvenirs.

Lake Louise Visitor Centre
201 Village Rd.
Lake Louise, AB T0L 1E0
Nationalpark ✆ (403) 522-3833
Lake Louise ✆ (403) 552-2744
www.banfflakelouise.com
Informationszentrum an der Samson Mall. Hervorragende Ausstellungen.

Banff National Park
Banff, AB T1L 1K2
Nationalpark ✆ (403) 762-1550
www.pc.gc.ca/banff

Eintritt $ 9.80/0–4.90 pro Tag oder Jahrespass (vgl. Randspalte)
6640 km² große Hochgebirgswildnis im Herzen der Rocky Mountains, 130 km westl. von Calgary, südlich an den Jasper N.P. angrenzend.

Camping-Reservierungen
✆ (450) 505-8302 und 1-877-737-3783
www.pccamping.ca
Reservierungen für Lake Louise Tent und Trailer Campgrounds, Tunnel Mountain Trailer Court, Tunnel Mountain Village 1 und 2.

Banff Park Museum National Historic Site
91 Banff Ave., Banff, AB T1L 1K2
✆ (403) 762-1558
www.pc.gc.ca/banffparkmuseum
Mitte Mai–Ende Sept. tägl. 10–18, sonst tägl. 13–17 Uhr, Eintritt $ 4/0–2
1903 eingerichtetes Naturkundemuseum mit ausgestopften Tieren der Rocky Mountains, nördlich der Bow River Bridge.

Buffalo Nations Luxton Museum
1 Birch Ave., Banff, AB T1L 1A8
✆ (403) 762-2388
www.buffalonationsmuseum.ca
Anfang Mai–Anfang Okt. tägl. 11–18, sonst tägl. 13–17 Uhr
Eintritt $ 8/0–6
Museum zur Kultur und Geschichte der Indianerstämme der Rocky Mountains und der Prärien.

Canada Place & Cascade of Time Gardens
317 Banff Ave.
Banff, AB T1L 1K2
✆ (403) 760-1338
www.pc.gc.ca/pn-np/ab/banff
Ende Mai–Ende Sept. tägl. 10–18 Uhr
Eintritt frei
Interaktive Ausstellungen über Kanada. Südlich der Bow River Bridge im Gebäude der Parkverwaltung. Hauptblütezeit in den benachbarten Cascade Gardens: Juli/Aug.

Whyte Museum of The Canadian Rockies
111 Bear St., Banff, AB T1L 1A3
✆ (403) 762-2291
www.whyte.org
Tägl. 10–17 Uhr, Eintritt $ 8/0–5
Interessantes Geschichtsmuseum zu Banff und der Rocky-Mountains-Region. Werke lokaler und regionaler Künstler. Gut sortiertes Museumsgeschäft.

Cave & Basin National Historic Site
311 Cave Ave.
Banff, AB T1L 1K2
✆ (403) 762-1566, www.pc.gc.ca/cave
Mitte Mai–Ende Sept. tägl. 9–18, sonst Mo–Fr tägl. 11–16 Uhr, Führungen tägl. 11, 14 und 16 Uhr, Eintritt $ 4/0–2
Historisches Schwimmbad und Höhle mit Thermalquellen 1 km südwestlich des Ortes. Bis Ende 2011 wird renoviert. Auf kurzen Spazierwegen lässt sich die Umgebung erkunden.

Banff Upper Hot Springs
1 Mountain Ave.
Banff, AB T1L 1K2
✆ (403) 762-1515, 1-800-767-1611
www.hotsprings.ca
Mitte Mai–Anfang Sept. tägl. 9–23, Anfang Sept.–Mitte Mai So–Do 10–22, Fr/Sa 10–23 Uhr
Eintritt $ 7.30/0–6.30
Mineralienreicher Thermalpool mit herrlichem Bergblick, 4 km von Banff gelegen. Mit Restaurant.

Lake Louise Sightseeing Gondola
Whitehorn Rd.
Lake Louise, AB T0L 1E0
✆ (403) 522-3555
www.lakelouisegondola.com
Mitte Mai–Ende Sept. tägl. 9–16.30/17 Uhr, Fahrt $ 26/0–13
13-minütige Gondelfahrt zur Bergstation auf dem Whitehorn Mountain in 2034 m Höhe. Gratis-Zubringerbus vom Chateau und anderen Hotels im Lake Louise Village.

Sulphur Mountain Gondola
Mountain Ave.
Banff, AB T1L 1B3
✆ (403) 762-2523 und 1-800-760-6934
www.explorerockies.com/banff-gondola, April/Mai 8.30–18, Anfang Juni–Anfang Sept. tägl. 8.30–21, Anfang Sept.–Mitte Okt. tägl. 8.30–18.30 Uhr, sonst kürzer
Fahrt $ 30/0–15

Eine seltene Beobachtung auch für Ornithologen im Banff-Nationalpark: der »Clark's Nutcracker« (Kiefernhäher)

Der Nationalpark-Tagespass gilt jeweils bis zum nächsten Tag 16 Uhr, der Kauf eines Nationalpark-Jahrespasses (Erwachsene $ 67.70, Kinder $ 33.30) lohnt sich bei einem mehrtägigen Aufenthalt in den Nationalparks.

Seilbahn auf den Sulphur Mountain. Bergstation mit Aussichtsterrasse und Restaurant. Aussichtspunkte. 4 km von Banff, neben den Upper Hot Springs.

Blue Canoe Rentals
Wolf St., Banff, AB T1L 1B5
✆ (403) 760-5007, 1-877-565-9372
www.banfftours.com
Mitte Mai–Mitte Okt.
1 Std. $ 34, 2 Std. $ 54
Kanufahren auf den ruhigen Abschnitten des Bow River, des Forty Mile Creek und auf den Vermilion Lakes. Einsatzstelle Blue Canoe Bow River Docks.

Brewster Sightseeing Excursions
100 Gopher St., Banff, AB T1L 1J3
✆ (403) 760-6934, 1-800-760-6934
www.explorerockies.com/sightseeing-tours
Halb- und ganztägige Ausflüge. Tierbeobachtungen, Fototouren. Touren in und um Calgary, zu den Nationalparks Banff und Jasper.

Brewster Lake Louise Stables
Lake Louise, AB T1L 1A5
✆ (403) 762-5454, 1-800-691-5085
www.brewsterlakelouisestables.com
Stunden-, Tages- oder mehrtägige Ausritte ab $ 72, z. B. zum Lake Agnes ($ 115) oder der Plain of Six Glaciers ($ 145). Pferdeschlittenfahrten ab Chateau Lake Louise. Stallungen auf der Ostseite vor dem Chateau Lake Louise.

Discover Banff Tours
215 Banff Ave.
Banff, AB T1L 1B5
✆ (403) 760-5007 und 1-877-565-9372
www.banfftours.com
Ausrüster für Touren aller Arten im Banff N.P.: Sightseeing, Kanufahren, Tierbeobachtungen, Wandern, Wildwasserfahrten, Reiten, Helikoptertouren etc. Das Büro liegt in der Sundance Mall.

Lake Minnewanka Boat Tours
Lake Minnewanka
Banff, AB T1L 1J3
✆ (403) 762-3473, 1-800-760-6934
www.explorerockies.com/minnewanka, Mitte Mai–Anfang Okt. Abfahrten tägl. 10–18 Uhr, Tickets $ 44/0–19
1,5-stündige Seerundfahrten auf dem Lake Minnewanka.

Lake Louise Canoe Rentals
Am See vor dem Chateau Lake Louise
✆ (403) 522-1601, 1 Std. $ 50
www.fairmont.com/lakelouise
im Sommer tägl. 10–18 Uhr
Preis: 30 Min. $ 40
Paddeltour vor famoser Kulisse.

Coyote Grill
206 Caribou St.
Banff, AB T1L 1A2
✆ (403) 762-3963
www.coyotesbanff.com
Populäres, kleines Restaurant in Downtown Banff. Küche im Stil des amerikanischen Südwestens: Steaks, Pasta, Pizza, Geflügel, Tortillas.
$$–$$$

Melissa's Restaurant & Bar
218 Lynx St., Banff, AB T1L 1A9
✆ (403) 762-5511
www.melissasrestaurant.com
Frühstück, Lunch und Dinner. Fleisch- und Fischgerichte. Beliebtes Familienrestaurant in einem denkmalgeschützten Gebäude. $$–$$$$

Laggan's Bakery and Deli
101 Lake Louise Dr./Samson Mall
Lake Louise, AB T0L 1E0
✆ (403) 522-2017
Café in der Samson Mall. Zum Frühstück und für die Pause zwischendurch. $–$$

Samson Mall
Lake Louise Dr.
Lake Louise, AB T0L 1E0
✆ (403) 522-2125
Kleines Einkaufszentrum mit Park- und Stadtinformation, Supermarkt, Fotogeschäft, Bäckerei, Cafés etc.

Banff Public Transit
✆ (403) 762-6770
www.banff.ca
Einzeltickets $ 2/0–1, Tagespässe $ 5
Regelmäßiger Busservice zwischen Banff Ave., Banff Springs Hotel und Tunnel Mountain. Tickets in der Banff Town Hall (110 Bear St.).

2 Canmore

Die 12 000 Einwohner der Stadt haben das Glück, direkt vor den Toren des Banff National Park zu leben, vor der einzigartigen Kulisse der bis zu 3000 Meter hohen Three Sisters Mountain Range und des wilden Kananaskis Country. Auf dem autobahnähnlichen Trans-Canada Highway (Hwy. 1) ist das rund 100 Kilometer ostwärts gelegene Calgary in einer knappen Stunde zu erreichen. Bekanntheit und nachfolgendes Wachstum erlangte das ehemalige Bergwerksstädtchen, dessen Minen bis zu den 1970er-Jahren alle geschlossen worden waren, als Gastgeber der nordischen Ski- und Biathlonwettbewerbe bei den Olympischen Winterspielen 1988.

Lake Louise Village am Ufer des Bow River

Im Westen und Norden erstrecken sich der Banff National Park (22 km entfernt via Hwy. 1) und im Südosten das **Kananaskis Country** mit seinen wunderbaren Provincial Parks. Einen fabelhaften Ausflug von Canmore versprechen die **Spray Lakes**. Man kann auf eigene Faust entlang dem Bow River und in die Berge wandern, aber es werden auch viele organisierte Aktivitäten angeboten.

Das Ranchleben lernt man auf der am Bow River am Fuße des Yamnuska Mountain gelegenen **Kananaskis Guest Ranch** kennen. Wintersportler schätzen das **Canmore Nordic Centre** (vgl. Kananaskis Country, S. 189 f.), ein »Erbstück« der Olympischen Winterspiele von 1988. Mehr zu diesem sportlichen Großereignis sowie zur Geschichte des ehemaligen Bergwerksorts erfährt man im **Canmore Museum & Geoscience Centre**.

Canmore präsentiert heute eine Fülle von einfachen bis luxuriösen Unterkünften und Restaurants sowie Ausrüster aller Kategorien, Kunstgalerien, Boutiquen und andere Geschäfte.

Service & Tipps:

Canmore Visitor Info
907 7th Ave.
Canmore, AB T1W 2V3
✆ (403) 678-1295, 1-866-CANMORE
www.tourismcanmore.com

Canmore Museum & Geoscience Centre
902 B 7th Ave.
Canmore, AB T1W 3K1
✆ (403) 678-2462, www.cmags.org
Ende Mai–Anfang Sept. Mo/Di 12–17, Mi–So 10–18, im Winter Mo–Fr 12–17, Sa/So 11–17 Uhr, Eintritt $ 5/0–3
Canmores Geschichtsmuseum.

Brewster's Kananaskis Guest Ranch
Ranch Rd./Hwy. 1 X
Exshaw, AB T0L 2C0
✆ (403) 673-3737 und 1-800-691-5085
www.kananaskisguestranch.com
Juni–Sept.
Gästeranch seit 1923. Blockhäuser und -hütten am Bow River. Reitstunden, 2-stündige oder 2–4-tägige Ausritte. Rodeos, Barbecues und Western-Unterhaltung.

Südöstlich von Exshaw am Hwy. 1 X zwischen Trans-Canada Highway und Bow Valley Trail.

Canmore Nordic Centre Provincial Park
1988 Olympic Way
Canmore, AB T1W 2T6
✆ (403) 678-2400
http://tpr-alberta.ca/parks/kananaskis/parks_canmore.asp
Stätte der nordischen Skiwettbewerbe der Olympischen Spiele von 1988.

Heute ein Skipark mit insgesamt 60 km Loipen. Am südwestlichen Rand von Canmore.

Canadian Rockies Rafting Company
1727 Mountain Ave.
Canmore, AB T1W 2L1
✆ (403) 678-6535, 1-877-226-7625
www.rafting.ca
Mai–Sept. tägl. 8–20 Uhr
Ab $ 55/45 Floßfahrt Bow River, ab $ 79/70 Bow River Rafting, ab $ 75/65 Kananaskis River Rafting, ab $ 125/115 Kicking Horse River Rafting.

Murrieta's Bar & Grill
200 737 Main St.
Canmore, AB T1W 2B2
✆ (403) 609-9500, www.murrietas.ca
Steak- und Fischspezialitäten. Panoramablick auf die Rockies. Lunch und Dinner. $$–$$$

Tim Hortons
1729 Mountain Ave.
Canmore, AB T1W 2W1
✆ (403) 678-9900
www.timhortons.com
Kaffee, Donuts, Suppen und Sandwiches. $

Seilbahn hinauf zum Whistlers Mountain: Jasper Tramway

3 Jasper National Park

Traumlandschaften kennzeichnen auch den nördlichsten und größten der vier zusammenhängenden Nationalparks in den Rocky Mountains: lange Täler, malerische Seen, heiße Quellen und versickernde Flüsse. 1907 wurde Jasper als Schutzgebiet und 1930 als Nationalpark etabliert. Er ist abseits seiner touristischen Brennpunkte ruhiger und abgelegener als Banff, aber nicht minder interessant und schön. Die gleichnamige Kleinstadt am nördlichen Ausgangspunkt des Icefields Parkway bietet alles, was das Touristenherz begehrt.

Jasper liegt an einem historischen Handelspfad der Indianer und Pelzhändler durch die Rocky Mountains, der Edmonton und Prince George verband. Bereits 1811 hatte David Thompson von der North West Company die heutige Parkregion erforscht und die Pelzhandelsroute über den Athabasca Pass geführt. Beim Bau der Grand Trunk Pacific Railway über den Yellowhead Pass um 1911 entstand die Bahnsiedlung Fitzhugh. Der heutige Name stammt von Jasper Hawes, der Anfang des 19. Jahrhunderts in der Nähe des östlichen Parkeingangs eine Unterkunft betrieb.

Jasper Townsite

In dem J-förmig am Westufer des Athabasca River gelegenen Ort herrscht ganzjähriger Tourismusbe-

trieb. 4300 Einwohner leben hier, aber ein Vielfaches an Touristen kommt im Sommerhalbjahr hinzu. Jasper Townsite und seine Hauptstraße Connaught Drive sind ideale Ausgangspunkte für alle Outdoor-Aktivitäten im Park. Die Vielzahl der Ausrüster und Touranbieter sorgt für die Organisation von Wildwasserfahrten auf den Flüssen Athabasca und Sunwapta, für Ausritte und Touren mit dem Mountainbike sowie Kanufahrten. Um etwas über Jaspers Geschichte und Entstehung als Touristenort in einem Nationalpark zu erfahren, empfiehlt sich ein Besuch des **Jasper-Yellowhead Museum**.

Auf der Whistlers Road gelangt man in wenigen Minuten zur **Jasper Tramway**. Die Seilbahn führt sieben Kilometer westlich von Jasper auf den **Whistlers Mountain**. Seinen Namen erhielt der Berg nach den schrillen Pfiffen der Murmeltiere. In nur sieben Minuten schwebt man 920 Meter hoch bis zur Bergstation, die in baumlosen, panoramareichen 2277 Metern Höhe liegt. Oben kann man auf steinigem Pfad zum Gipfel wandern.

An Schönwettertagen bieten Jaspers kleine Seen, **Pyramid** und **Patricia Lake**, nur fünf bzw. sieben Kilometer nordwestlich des Ortes, mit ihren Stränden, Wander- und Radwegen viele Anreize für Aktivitäten. Im Juli und August

Wer von der Whistlers Road zum Gipfel des Whistlers Mountain wandern will, nimmt ab Kilometer 2,7 an der Zufahrtstraße den 8 km langen, recht steilen Aufstiegsweg.

Elch nahe dem Icefields Parkway im Jasper National Park

kann man auch an den Sandstränden von **Lake Annette und Lake Edith**, etwa fünf Kilometer östlich von Jasper, ein Bad wagen.

Auf dem Weg zum Maligne Lake

Der 48 Kilometer von Jasper entfernte, größte gletschergespeiste See der Rockies bietet den schönsten Abstecher von Jasper aus. Fünf Kilometer östlich des Ortes zweigt die Stichstraße zum See ab und kurz danach bietet sich der erste Stopp an: beim **Maligne Canyon**, einer stellenweise nur bis zu drei Meter breiten, aber bis zu 50 Meter tiefen Kalksteinklamm, die von den strudelnden Wassern des Maligne River erschaffen wurde. Zwischen Felsen, Moosen und Farnen arbeitet sich der Fluss jedes Jahr einen halben Zentimeter tiefer in den Kalkstein ein. Eine dreieinhalb Kilometer lange Wanderung an und über die Schlucht beginnt an der Sixth Bridge. Stromabwärts kann man von der vierten Brücke Quellen an den Canyonwänden erkennen, aus denen das Wasser des Medicine Lake fließt. An der zweiten Brücke gibt es dagegen sehenswerte Strudellöcher und oberhalb der ersten Brücke schäumt der Wasserfall des Maligne River 23 Meter hoch.

Das Wasser des **Medicine Lake** (27 km von Jasper entfernt) verschwindet gänzlich beim Austritt aus dem See im porösen Kalkgestein und versickert in darunter verborgenen Karsthöhlen. Dieses Naturphänomen gehört zu einer der größten unterirdischen Flussdrainagen Nordamerikas. Das Wasser tritt erst nach etwa 16 unterirdischen Kilometern durch das höhlenreiche Gestein wieder zutage, wie im Bereich der eben erwähnten vierten Brücke. Im Herbst kann es vorkommen, dass sich der See zum Ende des Schmelzwasserzuflusses völlig leert.

Ein Highlight während eines Kanadaurlaubs: der Maligne Lake südlich von Jasper

Ein wahrhaftes Postkartenpanorama bietet der lang gestreckte **Maligne Lake**. Maler und Fotografen schätzen das rotbedachte Bootshaus mit der Aufschrift »Maligne Tours« als Motiv. Bekannt ist jedoch vor allem das Bild des Sees mit der winzigen abgelegenen Insel Spirit Island, an der auch das Ausflugsboot kurz hält.

Kürzere und längere Wanderungen beginnen am See: Drei Kilometer lang ist der Lake Trail an der Ostseite und fünf Kilometer lang der Bald Hills Lookout Trail, der 480 Meter steil zu einem prächtigen Aussichtspunkt hoch führt. Unvergleichlich ist die Aussicht vom **Schäffer Point**, den man vom Parkplatz am Ostufer des Sees auf einem knapp über drei Kilometer langen Rundgang erreicht. Seinen Namen erhielt der Aussichtspunkt nach Mary Schäffer, die von den Stoney-Indianern ehrfurchtsvoll *Mountain Woman* genannt wurde. Sie hatte 1908 als erste Frau diese Gegend erforscht und einige der Berge benannt.

Unaufhörlich sprudeln die **Miette Hot Springs**, die mit 54 Grad heißesten Quellen der Rockies, aus dem Berg. Abgekühlt füllt das mineralienreiche Wasser vier Pools. Sie liegen im reizvollen Fiddle Valley 61 Kilometer nordöstlich von Jasper und können über die Miette Road erreicht werden, die von Mai bis Mitte Oktober schneefrei ist.

Entlang dem Icefields Parkway

Der Icefields Parkway zieht sich vom Banff National Park über den 2030 Meter hohen Sunwapta Pass, den zweithöchsten Straßenpass des Parkway, hinüber zum Jasper National Park. Wer die grandiose Umgebung näher kennenlernen möchte, wandert auf dem erst steil, dann langsamer ansteigenden Wilcox Pass Trail vom Wilcox Creek Campground hinauf zur Passhöhe auf 2375 Meter. Von oben schweift der Blick über subalpine Blumenwiesen, den Athabasca Glacier und hinüber zu Mount Athabasca (3493 m) und Snowdome (3459 m). Auf diesem Weg umgingen die frühen Erforscher den seinerzeit bis auf die hiesige Talseite reichenden Athabasca Glacier.

103 Kilometer südlich von Jasper trifft der Icefields Parkway auf das moderne **Columbia Icefield Centre** – mit Nationalparkmuseum, Restaurant sowie Informations- und Reservierungsschaltern ein großer Anziehungspunkt am Parkway. Die breite Zunge des Athabasca auf der anderen Straßenseite ist vom Icefield Centre aus hervorragend zu überblicken. Im Icefield Centre reserviert man sich einen Platz für die überaus populären Gletschertouren mit den Icefield Explorern. Die riesigen busähnlichen Fahrzeuge mit Spezialreifen fahren auf den **Athabasca Glacier** hinaus, wo man zu einem sicheren Spaziergang auf dem Gletscher aussteigt.

Multimedia-Ausstellungen im Icefield Centre informieren über das Eisfeld entlang der kontinentalen Wasserscheide, dessen Ausdehnung nahezu 325 Quadratkilometer erreicht. Bis zu 350 Meter ist das durchschnittlich 3000 Meter hoch gelegene Eisfeld dick. Ein Modell zeigt alle Gletscher und Flüsse, die von seinen Seiten abgehen. Der fast fünfeinhalb Kilometer lange und bis zu einem Kilometer breite Athabasca Glacier strebt als einer der vier Gletscher in Richtung Icefields Parkway zu Tale. Anhand von Fotos lässt sich die Rückbildung des Gletschers seit Beginn des letzten Jahrhunderts erkennen. Sehr populär ist der kurze Spaziergang längs des gurgelnden Schmelzwasserbaches zum Fuß des Gletschers.

Großartig ist der Blick auf den **Stutfield Glacier** und die kiesübersäte Ebene zu seinen Füßen. Im Talgrund entspringt der von den Stoney-Indianern »turbulenter Fluss« genannte Sunwapta River. Rechter Hand begleiten die fortlaufenden, steil gekippten Bergzacken der Endless Chain Ridge den Verlauf des Icefields Parkway auf rund 20 Kilometern.

55 Kilometer südlich von Jasper trifft man auf die Serviceeinrichtungen an der Sunwapta Falls Junction. An den **Sunwapta Falls** zwängt sich der Sunwapta River durch sehenswerte Kalksteinengen. Zum unteren Teil der Fälle wandert man eine knappe Viertelstunde. 24 Kilometer weiter nördlich stürzen die **Athabasca Falls** eine zwölf Meter hohe Felsstufe hinunter. Der Kies und Sand tragende Athabasca River hat seit Urzeiten wuchtige, glatte Strudellöcher in die Felsblöcke gewaschen. Im Hintergrund erhebt sich der 2955 Meter hohe Mount Kerkeslin über dem breiten Athabasca-Tal. Die Aussichtspunkte und Wanderwege an diesen bekannten Wasserfällen sind in der Hochsaison tagsüber meist sehr überlaufen.

Der Athabasca Parkway (Hwy. 93 A) zweigt vom heutigen Icefields Parkway ab und begleitet den Athabasca River auf der originalen Parkway-Route nordwärts, bevor er kurz vor Jasper wieder auf den modernen Parkway stößt. Die Nebenstrecke bietet Zugang zur **Marmot Basin Ski Area** sowie zur 14,5 Kilometer langen Stichstraße, die zur Nordseite des 3363 Meter hohen **Mount Edith Cavell** (29 km südlich von Jasper) führt. Die enge, kurvenreiche Straße ist von Mitte Juni bis Oktober schneefrei und für Autos, aber nicht für große Wohnmobile befahrbar.

Eisschollen und -blöcke treiben bis in den Sommer hinein auf dem **Cavell Lake**, der sich fotogen unterhalb des **Angel Glacier** am Mount Edith Cavell befindet. Knapp eineinhalb Kilometer wandert man auf dem **Path of the Glacier Trail**, der durch das Moränengelände unterhalb des Gletschers verläuft, wo sich noch vor rund hundert Jahren Gletschereis ausbreitete.

Dunenspecht – »Downy Woodpecker«

Eine detaillierte Karte des Icefields Parkway finden Sie auf S. 179.

Service & Tipps:

Jasper National Park Information Centre
500 Connaught Dr.
Jasper, AB T0E 1E0
Jasper ✆ (780) 852-6176
Icefield Centre ✆ (780) 852-6288
www.pc.gc.ca/jasper
1914 erbautes Parkinformationsgebäude. Vorzeigebeispiel kanadischer Nationalparkarchitektur.

Jasper National Park
Nördlich des Banff N.P.
www.pc.gc.ca/jasper
Eintritt $ 9.80/0–4.90 oder Jahrespass (vgl. S. 181)
11 230 km² großer Nationalpark in den Rocky Mountains von Alberta.

Camping-Reservierungen
✆ 1-877-737-3783
www.pccamping.ca, (450) 505-8302
Reservierungen für die Campingplätze Pocahontas, Wabasso, Wapiti und Whistlers.

Jasper-Yellowhead Museum and Archives
400 Pyramid Lake Rd.
Jasper, AB T0E 1E0
✆ (780) 852-3013
www.jaspermuseum.org
Ende Mai–Anfang Okt. tägl. 10–17, im Winter Do–So 10–17 Uhr
Eintritt $ 5/0–4
Museum zur Geschichte Jaspers.

Columbia Icefield Centre
Icefield Parkway, 103 km südl. von Jasper
Jasper N.P., AB T0E 1E0
Nationalpark ✆ (780) 852-6288
www.columbiaicefield.com
Mitte Juni–Ende Aug. tägl. 8.30–19 Uhr, sonst kürzer
Eintritt frei
Großes Gletscherzentrum mit Aussichtsterrasse, Museum, Restaurant, Hotel etc. Hier bucht man die Bustour zum Athabasca-Gletscher.

Columbia Icefield Glacier Experience
✆ (403) 762-6700 und 1-877-ICE-RIDE
www.explorerockies.com/columbia-icefield
Tägl. Mitte April–Ende Sept. 9–17, alle 15–30 Min., Juni–Aug. bis 18 Uhr
Fahrpreis $ 49/0–24
1,5-stündige Touren mit dem Ice Explorer Bus auf den Athabasca-Gletscher. Vom Columbia Icefield Centre am Hwy. 93. Siehe auch Brewster Guided Excursions in Banff (vgl. S. 182).

Maligne Tours bieten die Möglichkeit, im azurblauen Wasser des Maligne Lake zu paddeln

Jasper Tramway
Whistlers Rd., Jasper
Jasper N.P., AB T0E 1E0
✆ (780) 852-3093, 1-866-850-8726
www.jaspertramway.com
Tägl. April–Mitte Mai und Mitte Aug.–Anfang Okt. 10–17, Mitte Mai–Ende Juni 9.30–18.30, Ende Juni–Ende Aug. 9–20 Uhr, Tickets $ 29/0–15
Seilbahn auf den Whistlers Mountain. Bergstation mit Restaurant auf 2277 m. Höhenwanderwege.

Patricia Lake Canoe Rental
Pyramid Lake Rd.
Jasper, AB AB T0E 1E0
✆ (780) 852-3560, Kanu $ 15, Kajaks $ 20 pro Std.
Kanu -und Kajakverleih am Patricia Lake, an den Patricia Lake Bungalows.

Maligne Tours
616 Patricia St.
Jasper, AB T0E 1E0
✆ (780) 852-3370, 1-866-625-4463
www.malignelake.com
Ende Mai/Anfang Juni–Anfang/Mitte Okt.
Fahrpreis $ 55/0–27.50
1,5-stündige Seerundfahrten mit kurzem Stopp auf Spirit Island. Rechtzeitig reservieren.

Miette Hot Springs
Miette Hot Springs Rd.
Miette Hot Springs, AB T0E 1E0
✆ (780) 866-3939, 1-800-767-1611
www.hotsprings.ca
Tägl. Mitte Juni–Anfang Sept. 8.30–22.30, sonst bis 21 Uhr
Eintritt $ 6.05/0–5.15
Thermalbad mit zwei heißen und zwei kühleren Pools. Mit Restaurant.

Jasper Raft Tours
604 Connaught Dr.
Jasper, AB T0E 1E0
✆ (780) 852-2665, 1-888-553-5628
www.jasperrafttours.com, Mitte Mai–Ende Sept. tägl. 12.10 Uhr ab Jasper Park Lodge, 12.30 Uhr ab Bahnhof, Ende Juni–Anfang Sept. zusätzlich 9 und 16 Uhr ab Bahnhof, $ 55/0–20
2,5-stündige Schlauchboottouren auf dem Athabasca River. Tickets in der Jasper Park Lodge oder im Jasper Adventure Centre am Connaught Drive.

Jasper Brewing Company
624 Connaught Dr.
Jasper, AB T0E 1E0, ✆ (780) 852-4111
www.jasperbrewingco.ca
Brauereirestaurant in Downtown Jasper. $$–$$$

Flora der kanadischen Rockies

4 Kananaskis Country

Eine Dreiviertelstunde Fahrtzeit westlich von Calgary beginnen die Gefilde des Kananaskis Country, bestens zugänglich über den Trans-Canada Highway zwischen Calgary und Banff. Die von Albertas Einwohnern gern kurz *K-Country* genannte Region umfasst rund 4000 Quadratkilometer schönste Gebirgslandschaft am östlichen Rand der Rocky Mountains, eine fantastische Kulisse für Aktivitäten in freier Natur von Paddeln über Wildwasserfahren, Wandern, Angeln, Reiten, Mountainbiken oder Campen bis hin zum Skilaufen.

Eine schöne Rundfahrt durch das Kananaskis Valley verläuft ab Canmore via Kananaskis Trail (Hwy. 40).

Als sportliches und kommerzielles Zentrum des K-Country ist das **Kananaskis Village** bekannt, das zuletzt 2002 als Tagungsort des G8-Weltwirtschaftsgipfels in aller Munde war. Der Ort liegt im Kananaskis Provincial Park und bietet Unterkünfte, Restaurants, Geschäfte, Ausrüster und einen Golfplatz. Abfahrtsläufer finden mit **Nakiska** und **Fortress Mountain** zwei Top-Skigebiete in der Nähe. Nakiska am Mount Allan war bei den Olympischen Winterspielen 1988 Austragungsort der alpinen Skiwettbewerbe.

In der unvergleichlichen Gebirgslandschaft des **Peter Loughheed Provincial Park** am Upper Kananaskis Lake wurden Szenen des preisgekrönten Kinofilms »Brokeback Mountain« (2006) von Regisseur Ang Lee mit Heath Ledger und Jake Gyllenhaal gedreht. Im Park gibt es einige sehr schöne Campingplätze und Wanderwege sowie ein Informationszentrum am Highway 40 (56 km südlich des Hwy. 1).

Zurück Richtung Canmore führt die Smith Dorrien-Spray Lakes Road, eine unbefestigte Straße, durch die tiefen Wälder am Fuß der Berge. An den glitzernden **Spray Lakes** stehen die Chancen gut, auf Bären, Elche oder Wapitihirsche zu treffen. Zahlreiche Wanderwege führen von der Straße in die Bergwildnis. Ein fünf Kilometer langer Rundwanderweg zu den **Grassi Lakes**, mehreren felsumrahmten, kleinen Seen an der Smith-Dorrien Spray Lakes Road, beginnt nahe dem Canmore Nordic Centre. Unterwegs sieht man hübsche Wasserfälle und wunderbare Panoramen. Das **Canmore Nordic Centre** war das Zentrum der nordischen Skiwettbewerbe bei den Olympischen Winterspielen 1988. Über 60 Kilometer Cross-Country-Loipen können im Sommer als Wander- und Mountainbike-Wege benutzt werden.

Service & Tipps:

Canmore Nordic Centre Provincial Park
1988 Olympic Way
Canmore, AB T1W 2T6
✆ (403) 678-2400
www.tpr.alberta.ca/parks/kananaskis/parks_canmore.asp
Ein Skipark mit insgesamt 60 km Loipen. Am südwestlichen Rand von Canmore (vgl. auch S. 183).

Peter Lougheed Provincial Park
✆ 1-310-0000 plus Telefonnummer samt Vorwahl (403) 591-6322 (in Alberta gebührenfrei) oder
✆ (403) 591-7226, Camping-Reservierung: ✆ 1-877-537-2757, http://tpr.alberta.ca/parks/kananaskis
Mai–Okt.
Über 500 km^2 großer alpiner Wildnispark vor den Toren Canmores und des Banff N.P.

5 Kootenay National Park

Südlich des Yoho strebt der Kootenay-Nationalpark wie ein Finger aus den Westhängen der Rocky Mountains. Zu seinen Besonderheiten zählen neben der überragenden landschaftlichen Schönheit sowohl die Gletscher, die von alters her in Form von Moränen und hängenden Tälern ihre Spuren hinterlassen haben, als auch die *prickley pears*, Feigenkakteen (Opuntien), in den trockenen Niederungen des Rocky Mountain Trench. Der kontrastreiche Park umfasst zudem alpine Tundra, in der nur noch kleinste Pflanzen existieren, sowie die dicht bewaldeten Täler von Kootenay und Vermilion River, die vielen Tieren Schutz und Nahrung bieten und den Niederschlag aus den Gipfelregionen an der kontinentalen Wasserscheide abtransportieren.

Der von vielen Bächen und Zuflüssen gespeiste, turbulente Kootenay River fließt in das Columbia Valley, verpasst interessanterweise den Columbia River nur um einige wenige Kilometer und fließt stattdessen erst einmal südwärts entlang den Rocky Mountains. Er macht dann noch einen Abstecher in die USA, bevor er nach Kanada zurückfließt und sich bei Castlegar letztendlich doch mit dem Columbia River vereinigt.

Schmal und lang erstreckt sich der Kootenay National Park entlang dem 95 Kilometer langen Highway 93, der auch Kootenay Highway oder Banff-Windermere Highway genannt wird. Zu beiden Seiten der 1922, zwei Jahre nach der Parkgründung erbauten Straße – der ersten Autostraße über die kanadischen Rockies – dehnt sich der Park etwa acht Kilometer aus. Der abwechslungsreiche und sehenswerte Streckenverlauf bietet zu allen Sehenswürdigkeiten und Wanderwegen des Parks Zugang. Die Kilometerzahlen bei der Beschreibung des Highways gehen stets von seinem Beginn in Radium Hot Springs aus.

Bei **Radium Hot Springs**, einem kleinen Ort, der durch seine Thermalquellen und seine Lage am westlichen Eingang des Kootenay National Park bekannt ist, verlässt man das breite Tal des Rocky Mountain Trench und überquert die geografische Grenze zu den Rocky Mountains. Das Visitor Centre des

Nationalparks findet man gleich am Beginn der Redstreak Road zum gleichnamigen Campingplatz in Radium Hot Springs.

Nördlich von Radium Hot Springs zwängt sich der Highway 93 durch den **Sinclair Canyon**, der gewissermaßen das westliche Eingangstor zum Kootenay National Park bildet. Die gewundene, enge Schlucht ist Teil der Redwall Fault, einer markanten Verwerfungslinie mit eisenhaltigen, rötlichen Sandsteinfelsen und heißen Quellen.

Drei Kilometer nördlich von Radium Hot Springs gelangt man zu den gleichnamigen warmen Quellen, die die Pools von Kanadas größtem Thermalbad speisen. Das heiße Becken mit 39 Grad und ein kühleres Schwimmbecken mit etwa 29 Grad laden sommers wie winters zum Baden ein. Verglichen mit den anderen Quellen der Rockies ist das Wasser relativ geruchsneutral und mineralienarm. Im Bereich der Redwall Fault halten sich des Öfteren Dickhornschafe auf, die man auch vom Pool aus beobachten kann.

Bei Kilometerstein 16 ist der **Kootenay Valley Viewpoint** erreicht, ein fantastischer Aussichtspunkt auf das schmale Tal des Kootenay River und die Berge der Mitchell und Vermilion Ranges. Bei Vermilion Crossing (63 km nördlich von Radium Hot Springs) befindet sich in der **Kootenay Park Lodge** ein weiteres Informationszentrum des Nationalparks. Von dort aus geht es in das Tal des Vermilion River.

Bei Kilometer 85 ab Radium Hot Springs bietet sich ein kurzer Spaziergang zu den faszinierenden **Paint Pots** an. Spannend ist die Überquerung des schäumenden Vermilion River auf einer Hängebrücke. Sanft klingt das Blubbern der kalten, eisenreichen »Ockerteiche« durch den Wald. Ihr Name stammt von den Kutenai-Indianern, die den Schlamm der in verschiedenen Orangetönen leuchtenden Teiche für die Herstellung ihrer Körpermalfarben benutzten. Sie trockneten den Lehm und zermalmten ihn, bevor sie ihn mit Tierfett vermischten und sich damit bemalten. Später nahmen weiße Siedler den farbigen Lehm zur kommerziellen Farbherstellung.

Drei Kilometer weiter nördlich gelangt man zum **Marble Canyon**. Nach dem Waldbrand von 2003 war der Wanderweg durch die Schlucht, die nach dem hellen, marmorähnlichen Gestein benannt wurde, lange Zeit geschlossen.

Als großer Riss in der Erdkruste zieht sich der Rocky Mountain Trench längs der Westseite der Rocky Mountains von der US-amerikanischen Grenze bis hoch zur Provinzgrenze zwischen British Columbia und dem Yukon Territory.

Camp am Floe Lake im Kootenay National Park

Heute kann man wieder dem Weg über die sieben Brücken der eindrucksvoll kantigen Kalksteinschlucht folgen. Bis zu 37 Meter tief und fast 600 Meter lang hat sich der Tokumm Creek, ein wildes Gletscherflüsschen, in das wildromantische Tal eingefressen.

Nach insgesamt 95 Kilometern ist der 1651 Meter hohe **Vermilion Pass** erreicht – die kontinentale Wasserscheide zwischen Atlantik und Pazifik, die Grenze zwischen British Columbia und Alberta und damit auch die Grenzlinie zwischen Kootenay und Banff National Park. Nur knapp einen Kilometer lang ist der Fireweed Trail, der durch einen Bereich des **Vermilion Pass Burn** führt. Sehr gut kann man hier erkennen, wie sich der Bergwald nach einem Brand auf natürliche Weise regeneriert. 1968 war eine große Waldfläche den Flammen zum Opfer gefallen. Benannt ist der Pfad nach dem Weidenröschen *(fireweed)*, der rosafarben blühenden Pflanze, die sich nach einem Feuer schnell auf den offenen Flächen ansiedelt. Doch längst wird auch das Fireweed vom nachwachsenden Wald in den Schatten gestellt.

Service & Tipps:

Kootenay National Park Visitor Centre
7556 Main St. E.
Radium Hot Springs, BC V0A 1M0
✆ (250) 347-9505
www.pc.gc.ca/kootenay

Kootenay National Park
Zwischen Radium Hot Springs und Banff N.P.
www.pc.gc.ca/kootenay, Eintritt $ 9.80 /0–4.90 oder Jahrespass
1400 km² großer Nationalpark der Rocky Mountains von British Columbia. Tagespass gültig bis zum nächsten Tag um 16 Uhr, Jahrespässe lohnen bei einem mehrtägigen Aufenthalt in den Nationalparks.

Camping-Reservierungen
✆ 1-877-737-3783, (450) 505-8302
www.pccamping.ca
Reservierungen für den Redstreak Campground.

Radium Hot Springs Chamber of Commerce
Main St. E.
Radium Hot Springs, BC V0A 1M0
✆ (250) 347-9331, 1-800-347-9331
www.radiumhotsprings.com

Radium Hot Springs Pools
Hwy. 935, 1 km nördl. von Radium Hot Springs
Radium Hot Springs, BC V0A 1M0
✆ (250) 347-9485, 1-800-767-1611
www.hotsprings.ca
Ganzjährig tägl. geöffnet
Heißer Pool Mitte Mai–Mitte Okt. tägl. 9–23 Uhr, sonst kürzer
Kühlerer Pool Ende Juni–Anfang Sept. tägl. 9–23 Uhr, sonst kürzer
Eintritt $ 6.30/0–5.40
Heiße Quellen am Südrand des Kootenay N.P. Mit Restaurant.

Typisch für die Waldlichtungen im Waterton Lakes National Park: das über einen halben Meter hohe Bärengras (»Bear Grass«)

6 Waterton Lakes National Park

Dramatische und vielfältige Landschaftsformen kennzeichnen das Reich des 1895 etablierten Waterton Lakes National Park, des kleinsten und südlichsten der kanadischen Nationalparks in den Rocky Mountains. Abrupt erheben sich hier im äußersten Südwesten Albertas die bis zu 3000 Meter hohen, schneebedeckten, gezackten Gipfel der Rocky Mountain Front Ranges aus dem bräunlichen und welligen Grasland der Prärie.

Auf US-Seite schließt sich im Bundesstaat Montana nahtlos der 1910 gegründete, weitaus größere Glacier National Park an. Bereits 1932 wurden beide Naturschutzgebiete zum ersten **International Peace Park** zusammengeschlossen und 1995 gemeinsam zum grenzüberschreitenden UNESCO-Weltnaturerbe ernannt. Und so teilt der **Upper Waterton Lake**, der größte der hiesigen Seenkette, seine Ufer zwischen dem Waterton Lakes und dem Glacier National Park sowie zwischen Alberta und Montana, Kanada und den USA. Middle und Lower Waterton Lake, zwei kleinere, aber nicht minder prächtige Bergseen, schließen sich ihm an. Im Sommer schimmern die Seen tiefblau in den von Gletschern glatt geschliffen Bergtälern.

Entlang den Ufern von Middle und Lower Waterton Lakes verläuft die **Entrance Road** in sehenswerter Streckenführung in Richtung Upper Waterton Lake. Vor dessen traumhafter Kulisse liegt das historische **Prince of Wales Hotel** auf einer von Gras bewachsenen, freien Anhöhe. Es ist eines der großen, alten kanadischen Eisenbahnhotels und wurde 1926 von der Great Northern Railway ganz aus Holz konstruiert. Mit seinen spitzen Giebeln, zahlreichen Türmchen und Balkonen ist es eines der meistfotografierten Hotels Kanadas.

Stachelschweinbaby – »Porcupine« – inmitten wilder blauer Lupinen

Der an Naturschönheiten reiche Park bietet vielfältige Möglichkeiten zur sportlichen Betätigung oder zu Tierbeobachtungen: Grizzly- und Schwarzbären, Bergziegen, Maultierhirsche und Dickhornschafe tollen auf steilen alpinen Hängen und saftig-grünen Bergwiesen. Einige Präriebisons leben ganzjährig im umzäunten **Buffalo Paddock** unweit der nördlichen Parkzufahrt – eine Reminiszenz an die großen Herden, die einst wild und frei die Prärien durchstreiften.

Recht übersichtlich präsentiert sich das Städtchen **Waterton Townsite** am Zufluss des Cameron Creek in den Upper Waterton Lake. Der Ort weist eine sehr gute touristische Infrastruktur auf. Allerdings ist Waterton Townsite in der Hauptsaison im Juli und August ziemlich überlaufen. Von der Brücke an der Evergreen Avenue kann man die zehn Meter hohen Wasserfälle des Cameron Creek sehr schön sehen.

Zum Glück gibt es viele Möglichkeiten, dem Ansturm zu entfliehen. Der Waterton Lakes National Park ist ein herrliches Wanderparadies, das kurze Spazierwege, mehrstündige Wanderungen und anspruchsvolle Tages- und Mehrtagestouren bietet. Kurz, aber steil ist die Wanderung auf den **Bear's Hump** knapp 200 Meter oberhalb des Visitor Centre, von wo man eine tolle Aussicht auf Berge, Stadt und See hat. Weitere Wanderungen starten am Akamina Parkway und am Red Rock Parkway. Ein Hiker-Shuttlebus fährt zum Red Rock Canyon, dem Cameron Lake und anderen Wandergegenden.

Der Nordeingang des Waterton Lakes National Park befindet sich am ausgedehnten Feuchtgebiet der Maskinonge Wetlands. In der südöstlichen Parkecke besteht über den Chief Mountain Highway (Hwy. 6 in Alberta, Hwy. 17 in Montana) eine Zufahrt in den benachbarten Glacier National Park.

Sehr beliebt ist die Bootsfahrt mit der MV »International«, dem 200 Passagiere fassenden Flaggschiff des Upper Waterton Lake, das seit 1927 auf dem See unterwegs ist. Geruhsam geht es über den herrlichen, aber manchmal auch unglaublich windigen, elf Kilometer langen See. Eine halbe Stunde Aufenthalt in **Goat Haunt** am anderen Ufer erlaubt es, das nördliche Eingangstor des **Glacier National Park** (Reisepass mitnehmen!) zu durchschreiten und US-amerikanisches Territorium zu betreten. Die Seerundfahrt lohnt wegen der Tierbeobachtungen besonders morgens oder abends.

Wanderer können sich von einem Zubringerboot auch am Ostufer des Waterton Lake absetzen lassen und dort den Marsch zum Crypt Lake antreten. Der **Crypt Lake Trail** zählt zu den besten Wanderwegen West-Kanadas, er ist etwas anspruchsvoll, kann aber von Leuten ohne Höhenangst und mit halbwegs guter Kondition bewältigt werden. Bei einer Wanderzeit zwischen sechs und acht Stunden muss man ihn als Tagestour planen. Eine Strecke ist etwa achteinhalb Kilometer lang, beinhaltet die Überwindung von 700 Höhenmetern beim Auf- und Wiederabstieg sowie das Erklimmen einer Stahlleiter, das Gehen entlang einer mit Stahlseil gesicherten Felswand und die Durchquerung eines 25 Meter langen Felstunnels.

Am Ziel angekommen, liegt der türkisfarbene, weit bis in den Sommer vereiste Crypt Lake malerisch in einem Felskessel. Allerdings darf man vor Begeisterung die rechtzeitige Rückkehr zum Boot nicht vergessen. Wer zügig vorankommt, kann bei der Rückkehr vom Crypt Lake zum Bootsanleger am Upper Waterton Lake noch einen Abstecher zu den **Hell Roaring Falls** machen.

Akamina und Red Rock Parkway dringen in das Parkinnere vor und bieten weitere Zugänge ins Hinterland, allerdings nur zu Fuß. Der **Akamina Park-**

way startet in Waterton Townsite und bahnt sich längs des Cameron Creek seinen Weg bergauf. Abwechslungsreiche Höhenlagen mit subalpinen Wäldern begleiten die 16 Kilometer lange Strecke zum hübschen **Akamina Lake** und dem größeren **Cameron Lake**. Besonders am wald- und bergumsäumten Cameron Lake ist die Idylle an einem sonnigen Nachmittag perfekt. Man kann picknicken, ein Kanu mieten oder einem reizvollen, eineinhalb Kilometer langen Wanderweg am Westufer folgen.

Zu den populärsten Tagestouren vom Cameron Lake zählt die 20-Kilometer-Wanderung auf dem **Carthew-Alderson Trail** nach Waterton Townsite. Zum Etappenpunkt Summit Lake sind es vier Kilometer, eine Strecke, die sich hin und zurück gut als eigenständige Wanderung eignet. Im weiteren Verlauf passiert der Weg den 2311 Meter hohen Carthew Summit, die Carthew Lakes sowie den Alderson Lake und windet sich durch schönstes alpines Gelände hinunter zu Stadt und See. Um zum Ausgangspunkt zurückzukehren, reserviert man am besten Plätze im Hiker-Shuttle.

Zwischen Middle und Lower Waterton Lake beginnt der **Red Rock Parkway** seinen 15 Kilometer langen Weg in die Berge, begleitet von den rauschenden Wassern des Blakiston Creek. Im Verlauf des Red Rock Parkway erlebt man den Übergang von den Prärien zu den Bergen besonders kontrastreich. An seinem Ende liegen die eisenhaltigen, leuchtend roten Felsen des **Red Rock Canyon** in malerisch grüner Vegetation. Der **Red Rock Canyon Trail** ist ein lohnenswerter Spaziergang von nur knapp 500 Metern entlang dem Wildbach und den roten Felsen. In den kalten Felsenpools kann man sich an einem heißen Sommertag erfrischen. Nur ein Kilometer lang ist der Weg zu den **Blakiston Falls**. In den Abendstunden ist die Chance groß, an den Straßenrändern des Red Rock Parkway Schwarzbären, Elche oder Bergziegen zu beobachten.

Gut, wenn man dann bereits einen Schlafplatz hat! Möchte man auf dem schönen Crandell Mountain Campground übernachten, sucht man sich am besten vor der weiteren Parkerkundung einen Stellplatz. Besonders im Juli und August füllt sich der Campingplatz sehr schnell, und leider kann man nicht vorher reservieren. Gleiches gilt für den Belly River Campground am Chief Mountain Highway. Auf dem populären Waterton Townsite Campground kann und muss man in der Hauptsaison schon sehr frühzeitig reservieren.

Service & Tipps:

Waterton Lakes N.P. Chamber of Commerce
215 Mount View Rd.
Waterton Park, AB T0K 2M0
✆ (403) 859-2224
www.mywaterton.ca

Weitere Parkinformationen unter: www.watertonpark.com

Waterton Lakes National Park
215 Mount View Rd.
Waterton Lakes N.P., AB T0K 2M0
✆ (403) 859-2224
www.pc.gc.ca/waterton
Tagesticket $ 7.80/0–3.90, Jahrespass Waterton Lakes N.P. $ 39.20/0–19.60, Nationalpark-Jahrespass (vgl. S. 181)
525 km² großer Hochgebirgsnationalpark in den Rocky Mountains im äußersten Südwesten Albertas, verbunden mit dem Glacier N.P. Visitor Centre an der Entrance Road.

Camping-Reservierungen
✆ (450) 505-8302, 1-877-737-3783
www.pccamping.ca
Der Townsite Campground kann reserviert werden, Crandell and Belly River Campgrounds nicht.

Waterton Shoreline Cruise Company
Ab Waterton Marina
Waterton Townsite, AB T0K 2M0
✆ (403) 859-2362
www.watertoncruise.com
Mitte Mai–Ende Sept. tägl. 10, 13 und 16, Juli/Aug. auch 19 Uhr
Fahrpreis $ 36/0–18
Bootstour mit der MV »International« über den Waterton Lake. Dauer 2,5 Std., inkl. halbstündigem Aufenthalt in Goat Haunt.

Südlichster und ältester der kanadischen Nationalparks: Waterton Lakes

Crypt Lake Water Shuttle
Ab Waterton Marina, Juli/Aug. tägl. 9 und 10 Uhr, ab Crypt Landing, Juli/Aug. 16 und 17.30 Uhr, Fahrpreis $ 18/0–9
15-minütige Bootsfahrt über den Waterton Lake, 8,5-km-Wanderung zum Crypt Lake in den Bergen.

US-/Kanadische Grenze bei Chief Mountain
www.watertonpark.com/maps/tchief.htm, Juni–Okt. tägl. 7–22 Uhr

Hiker Shuttle/Tamarack Outdoor Outfitting Services
Waterton Lakes N.P.
AB T0K 2M0
✆ (403) 859-2378
www.watertonvisitorservices.com
Zubringerbus zu Red Rock Canyon, Cameron Lake und verschiedenen Wanderwegen. Auch geführte Wanderungen.

Vimy's Ridge Lounge & Grill
101 Clematis Ave.
Waterton Lakes N.P., AB T0K 2M0
✆ (403) 859-2150, 1-888-985-6343
www.watertonlakeslodge.com
Steak- und Grillrestaurant mit Terrasse und Blick auf die Berge. In der rustikalen Waterton Lakes Lodge.
$$$

Thirsty Bear Saloon
111 Waterton Ave.
Waterton Lakes N.P., AB T0K2M0
✆ (403) 859-2211
www.thirstybearsaloon.com
Populärer Saloon im Bayshore Inn. Live-Musik, Tanz. $–$$

7 Yoho National Park

Der kleinste der vier zusammenhängenden Nationalparks in den Rocky Mountains liegt an deren Westhängen nördlich des Kootenay National Park und wurde 1886 gegründet. Angesichts der großartigen Bergwelt mit 28 gletscherbedeckten Gipfeln über 3000 Meter und zahlreichen Wasserfällen verwundert es nicht, dass die Cree-Indianer der Region den Namen *Yoho* gaben, was soviel wie »Erstaunen« bedeutet.

Faszinierend sind die Landschaften zwischen **Golden** und **Lake Louise**, durch die sich der Trans-Canada Highway in großzügigen Bögen windet. Herrliche Ansichten der schneebedeckten Berge und ihrer bewaldeten unteren

<u>Yoho-Nationalpark:</u> Ein streng limitierter und rechtzeitig zu reservierender Abstecher per Zubringerbus (42 Plätze) zum abgelegenen Lake O'Hara bietet Aussichten und Wanderwege zu alpinen Seen, hohen Gipfeln und weiten Alpenblumenwiesen sowie möglicherweise Übernachtungen in der dortigen Lodge oder auf einem der Wilderness Campgrounds.

Östlich der Berge, zu denen auch Mt. Victoria (3464 m) gehört, schließt sich der Banff National Park an.

Lake O'Hara Shuttle Bus
✆ (250) 343-6433
Mitte Juni–Anf. Okt.
Erw. $ 14.70, Kinder $ 7.30, plus $ 11.70 Reservierungsgebühr

Hänge und Flusstäler begleiten den Straßenverlauf vom Columbia Valley im Westen bis hin zu den höchsten Gipfeln an der kontinentalen Wasserscheide im Osten. Im Herbst leuchtet das goldfarbene Laub der Bäume zwischen dunklen Nadelwäldern hervor. Einen der Höhepunkte des Parks bilden jedoch die Takkakaw Falls im Yoho Valley, die zur den schönsten und höchsten Wasserfällen West-Kanadas zählen.

Upper und Lower Spiral Tunnels

Zu den Attraktionen des Parks gehören die beiden Spiraltunnel, zwei lange Tunnel, die jeweils eine Schleife innerhalb der Berge drehen und mit dieser komplizierten Streckenführung das ehemals gefährliche Gefälle mindern. Der knapp einen Kilometer lange obere Tunnel dreht seine verborgene Runde im **Cathedral Mountain**, der etwa 900 Meter lange untere Tunnel kreist ebenso unsichtbar im **Mount Ogden**.

Bereits 1884 hatte man in einer technischen Meisterleistung die Schienenstränge der Canadian Pacific Railway über den **Kicking Horse Pass** geschoben. Mit viereinhalb Prozent Gefälle gehörte die von Major A.B. Rogers konzipierte Strecke aber nicht nur zu den steilsten und kurvenreichsten, sondern auch zu den gefährlichsten des kanadischen Eisenbahnnetzes. Viele Züge entgleisten bei der schwierigen Bergabfahrt am »Big Hill« in Richtung Field. Der Bau des oberen und unteren Spiraltunnels 1909, die die Strecke um die spiralförmigen Kurven im Berginneren verlängerten, entschärften sie am Big Hill auf »nur noch« 2,2 Prozent Gefälle. In den 1950er- und 1960er-Jahren verkleidete man die Innenwände zur Sicherheit mit Beton und Stahl, und 1992 erhöhte und erweiterte man die Tunnel, um auch die Durchfahrt doppelstöckiger Containerzüge zu ermöglichen.

Zu sehen, wie sich der lange Zug in den Tunnelanfang hinein- und aus dem nächsten Ausgang wieder herausschiebt, lockt stets Schaulustige an die Aussichtspunkte. Meist verrät die versammelte Menge der Zuschauer, wann der nächste Zug kommt. Schautafeln erklären und illustrieren das System der Spiraltunnel, mit deren Hilfe der Zug so auf wenigen Kilometern die 400 Meter Höhenunterschied des Big Hill überwindet.

Die heutige pulsierende Verkehrsader des Parks, der Trans-Canada Highway (Hwy. 1), wurde in den späten 1920er-Jahren gebaut. 22 Kilometer sind es noch von der Parkgrenze bei Golden bis Field, dem kleinen und einzigen Nationalparkort. Oberhalb des Ortes türmen sich die Massive von **Mount Stephen** (3199 m) und **Mount Dennis** (2539 m) auf.

Natural Bridge im Yoho National Park: der Kicking Horse River zwängt sich schäumend unter mächtigen Felsbrocken hindurch

Das **Visitor Centre** des Yoho National Park informiert über Flora und Fauna sowie die Besiedlung des Parks. Besonderes Thema sind die exzellent erhaltenen Fossilienfunde in den 510 Millionen Jahre alten Gesteinsschichten der Burgess Shale, die 1909 im Park ausgegraben wurden. Die über hundert Meerestierarten aus dem Mittleren Kambrium vermitteln genaue Eindrücke vom Leben in der Urzeit.

Bei Field zweigt die ganzjährig befahrbare Stichstraße zum **Emerald Lake**, dem größten See des Yoho National Park, ab. Nach drei Kilometern Fahrt empfiehlt sich ein kurzer Spaziergang zur **Natural Bridge**, einer Natursteinbrücke, unter der sich der Kicking Horse River hindurch-

zwängt. Nach insgesamt elf Kilometern eröffnet sich das Traumpanorama des gletschergespeisten, smaragdgrünen Emerald Lake, in dem sich die Berge der Umgebung spiegeln. Ein Kanuverleih vermietet die roten Kanus, mit denen man weit hinaus paddeln kann. Ein etwa fünf Kilometer langer Wanderweg umkreist den unglaublich schönen See. Am Ufer liegen die 1986 errichteten Blockhäuser und -hütten der Emerald Lake Lodge.

Ins **Yoho Valley**, ein friedvolles Seitental des Kicking Horse Valley, führt die 13 Kilometer lange Yoho Valley Road. Nach fünfeinhalb Kilometern müssen zwei Zick-Zack-Spitzkehren bewältigt werden, daher lässt man große Wohnmobile besser auf dem Parkplatz des Monarch Campground, denn sonst muss man umständlich rangieren bzw. den mittleren Teil der Serpentinen rückwärts fahren. Von Ende Juni bis Anfang Oktober ist die Straße schneefrei und befahrbar. Vom Upper Spiral Tunnel Viewpoint, zwei Kilometer nördlich des Kicking Horse Campground, sieht man die langen Güterzüge am Tunnel des **Cathedral Mountain** (3189 m) hinein- und hinausfahren.

Die **Takakkaw Falls**, 17 Kilometer nordwestlich von Field sind mit 380 Metern – wenn man alle Kaskaden zählt – die zweithöchsten Wasserfälle Kanadas. Rechnet man nur die längste Kaskade sind es »nur« 254 Meter. Das Cree-Wort *Takakkaw* bedeutet »großartig«, und das sind sie auf jeden Fall. Gespeist werden die Fälle vom mächtigen, versteckten Daly Glacier, und ihr Wasser fließt in den Yoho River. Vom autofreien Walk-In Campground am Fluss aus sind die Fälle vom späten Morgen bis zum frühen Abend gut zu sehen.

Der Parkplatz an den Wasserfällen ist Ausgangspunkt schöner Wanderwege wie des achteinhalb Kilometer langen Aufstiegs durch dichten Bergwald längs dem rauschenden Yoho River zum **Twin Falls Chalet**, einer bewirtschafteten Hütte. 300 Meter Höhenunterschied müssen überwunden werden. Die 1908 nahe den Twin Falls, einem Doppelwasserfall, erbaute Hütte öffnet im Juli und August ihre Pforten. Sie bietet Unterkünfte und serviert kleine Mahlzeiten. Der Iceline Trail (13 km hin und zurück) führt vom **Whiskey Jack Hostel**, einer Jugendherberge am Kilometerpunkt 13 der Yoho Valley Road, bis zur Kammlinie auf 2200 Metern Höhe.

Kurz nach dem Abzweig der Yoho Valley Road gelangt man auf dem Trans-Canada Highway zum Aussichtspunkt auf die unteren Spiraltunnel im Mount Ogden (2695 m) und der **Kicking Horse Pass National Historic Site** (8 km östlich von Field) – für Eisenbahnfans ein Muss (vgl. oben).

Aus dem Tal des Kicking Horse River schwingt sich der Trans-Canada Highway steil auf zum **Kicking Horse Pass**. Mit 1627 Metern ist er der höchste Straßenpass des Trans-Canada Highway überhaupt. Er markiert sowohl die Grenze zwischen Banff und Yoho als auch die Grenze zwischen Alberta und British Columbia und gleichzeitig die Wasserscheide zwischen Atlantik und Pazifik. Hier steht man an der Gabelung eines Baches, dessen Wasserströme schließlich 4500 Kilometer voneinander entfernt in zwei verschiedene Ozeane münden. Rund 30 Kilometer nordöstlich von Field erreicht man Lake Louise am Trans-Canada Highway.

Der Kicking Horse Pass und der Kicking Horse River wurden nach <u>Sir James Hector</u> benannt, einem Teilnehmer der Expedition unter der Ägide des Forschers John Palliser, die den noch unbekannten Nordwesten Nordamerikas erforschte.

Sir James Hector hatte 1858 als erster den Weg über diesen Rocky-Mountain-Pass gefunden, an dem er den namengebenden heftigen Tritt (kick) von seinem Pferd (horse) erhalten hatte.

Service & Tipps:

Yoho National Park Visitor Centre
Trans-Canada Hwy., Field, BC V0A 1G0
✆ (250) 343-6783, www.pc.gc.ca/yoho

Yoho National Park
www.pc.gc.ca/yoho
Eintritt $ 9.80/0–4.90 oder Jahrespass
1310 km² großer Nationalpark zwischen Golden und Lake Louise. Keine Camping-Reservierungen im Park möglich.

Twin Falls Chalet
✆ (403) 228-7079, Juli–Sept.
Zimmer und Restaurant auf einer Berghütte im Yoho N.P. $$$$

Truffle Pigs Bistro
Field, BC V0A 1G0
✆ (250) 343-6303, www.trufflepigs.com
Exquisites, kleines Restaurant. Frühstück, Lunch und Dinner. $$

REGION 10
Südalberta

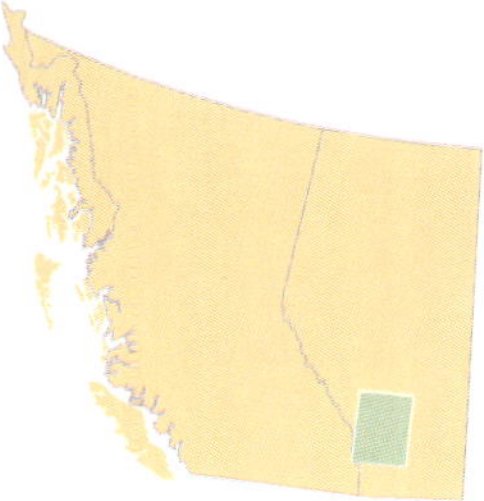

Südalberta

Felsengebirge, Badlands und Prärie

Albertas südliches Prärieland erstreckt sich von Calgary bis an die Grenze der Nachbarprovinz Saskatchewan und zur US-Grenze nach Montana. Die trockenheißen Prärien mit ihren unterschiedlichen landschaftlichen Erscheinungen üben einen besonderen Reiz aus. Eine eigentümliche, offene Stille breitet sich aus, überspannt von einem meist klaren, blauen Himmel. Schnurgerade Landstraßen durchschneiden eine, wie es scheint, von allem Überfluss befreite Landschaft. Die Badlands öffnen sich als vegetationslose Stellen in dem bräunlich-gelbem Grasland. Hier werden die Auswirkungen von Südalbertas Kontinentalklima am deutlichsten: Die trockenen und regenarmen Sommertage mit Temperaturen von über 30 Grad Celsius verhindern jegliche landwirtschaftliche Nutzung.

Dinosaurier, Reptilien, Amphibien und Fische lebten in Südalberta zu einer Zeit, als es die Badlands in ihrer heutigen Form nicht gab. Im feuchtwarmen Klima breitete sich stattdessen an ihrer Stelle an den Ufern eines riesigen Binnenmeeres namens Bearpaw Sea ein subtropisches Paradies aus. In den fruchtbaren, sumpfigen Niederungen fanden Dinosaurier und ihre Zeitgenossen zunächst genügend Futter und Platz. Doch als die Bearpaw Sea die Uferniederungen zu verschlucken begann, neigte sich das Zeitalter der Dinosaurier dem Ende zu. Ihre Knochen und Hörner blieben im Schlamm liegen. Als das Meer dann wieder austrocknete, saugten sie sich voll mit Mine-

Südalberta: die Getreidesilos der Prärie

ralien, versteinerten und blieben so der Nachwelt erhalten. Eine weitere Eiszeit kam und ging im einstigen subtropischen Land. Vor rund 13 000 Jahren begannen die Schmelzwasser dieser letzten Eiszeit mit der Erosion der weichen Sedimentschichten unter der Prärie. Starke Gewittergüsse und der konstante Wind setzen bis heute das Werk fort. Kontinuierlich nagen und schleifen sie an den Steilabbrüchen und *hoodoos*. Sie schneiden tiefe Schluchten in die mondähnlichen Landschaften, aus deren Sedimentgesteinen immer wieder neue Dinosaurierknochen und Fossilien zutage treten.

Wen das Dinosaurierfieber gepackt hat, der darf auf keinen Fall den Besuch des hoch interessanten Royal Tyrrell Museum bei Drumheller verpassen. Es stellt eine Vielzahl von Dinosau-

Orden und Medaillen: Royal Canadian Mounted Police

rierskeletten, Knochen- und Fossilienfunden aus den Badlands aus. Um die wichtigsten Aussichtspunkte und Sehenswürdigkeiten um Drumheller und in den Badlands zu erreichen, folgt man am besten dem rund 50 Kilometer langen, ausgeschilderten Dinosaur Trail, der vom Tyrrell Museum aus eine Runde in nordwestliche Richtung und zurück dreht.

Auf dem Highway 10 von Drumheller in südöstliche Richtung erreicht man bei East Coulee die Hoodoos im Tal des Red Deer River. Im Dinosaur Provincial Park nordöstlich von Brooks finden sich in den Badlands zwei Dinosaurierskelette, die an ihren ursprünglichen Fundorten präpariert worden sind. Weitere gut erhaltene Skelette zeigt die Tyrrell Museum Field Station, die auch das Informationszentrum des Parks beherbergt.

Die Geschichte der North West Mounted Police (NWMP) lebt auf in Fort Macleod. Als Vorgänger der Royal Canadian Mounted Police (RCMP) errichteten die Rotröcke dort ihr erstes Fort, um im Zeitalter der beginnenden weißen Besiedlung der Prärien für Recht und Ordnung zu sorgen. Einen eindrucksvollen Einblick in die Lebensweise der Prärieindianer und ihre jahrtausendealten Jagdtechniken der Bisontreibjagd vermittelt das Museum des Buffalo Jump Interpretive Centre nordwestlich von Fort Macleod.

Rinderzucht und Anbau von Getreide gehören zu Südalbertas wichtigsten Wirtschaftszweigen. Schier endlose Getreidefelder streben in den welligen Prärien Südwestalbertas bis zum Rande der Rocky Mountains. Im äußersten Südwesten der Provinz, wo plötzlich die Rocky Mountains aus der welligen Prärie aufsteigen, liegt an der Grenze zu den USA der Waterton Lakes National Park. Diese tierreiche Hochgebirgswildnis mit wunderschönen Seen ist ein weiteres Naturparadies von Alberta.

Der Anbau von Getreide gehört neben der Rinderzucht zu Südalbertas wichtigstem Wirtschaftszweig

1 Cardston

3500 Einwohner leben in dem kleinen, von Mormonen gegründeten Städtchen östlich des Waterton Lakes National Park. Architektonisches Wahrzeichen des Ortes ist ein weißer Mormonentempel aus Granit. Seine touristische Hauptsehenswürdigkeit ist das **Remington Carriage Museum**, das mit 225 Pferdekutschen eine der größten Sammlungen ihrer Art besitzt. Postkutschen Planwagen, Schlitten und andere von Pferden gezogene Vehikel demonstrieren die Mobilität im kanadischen Westen vor der Erfindung und Verbreitung des Autos. In seiner eigenen Werkstatt restauriert das Museum historische Kutschen.

Service & Tipps:

Remington Carriage Museum
623 Main St.
Cardston, AB T0K 0K0
✆ 1-310-0000 plus Vorwahl samt Telefonnummer (403) 653-5139 (in Alberta gebührenfrei)
www.remingtoncarriagemuseum.com
Juli/Aug. tägl. 9–18, sonst 10–17 Uhr
Eintritt $ 9/0–5, Kutschfahrten $ 4/0–2.50
Nordamerikas größte Sammlung an Kutschen.

2 Crowsnest Pass

Wanderer, Angler und Mountainbiker finden am Crowsnest Pass ein Paradies. Die Gemeinde besteht aus Bellevue, Hillcrest, Frank, Blairmore und Coleman, mehreren kleinen Orten am Crowsnest Highway (Hwy. 3) mit insgesamt rund 5700 Einwohnern. Der Highway über den 1396 Meter hohen Crowsnest Pass nach British Columbia bildet den südlichsten und niedrigsten kanadischen Übergang über die Rocky Mountains. 1898 waren die Schienenstränge der Canadian Pacific Railway (CPR) über den Pass gelegt worden, und mit ihnen wuchs die Ausbeutung der Kohlevorkommen dieser Region. Während jener Zeit entstanden die oben genannten kleinen Orte der heutigen Gemeinde Crowsnest Pass.

Landschaftliches Wahrzeichen, außer dem 2769 Meter hohen, isoliert stehenden Crowsnest Mountain, ist die **Frank Slide** (Bergsturz in Frank). Noch heute kann man das ganze Ausmaß des gigantischen Erdrutsches vom 29. April 1903 am Turtle Mountain (2093 m) erkennen, der den Ort Frank, 70 Einwohner und die einzige Zufahrtsstraße unter sich begrub. Über die Hintergründe dieses tragischen Zwischenfalls informiert das **Frank Slide Interpretive Centre**.

Ein ähnliches Schicksal erlitten die 189 Bergleute des Hillcrest Mine Disaster am 19. Juni 1914, die bei einer Methangasexplosion ums Leben kamen und dem Crowsnest Pass ein weiteres Unglück bescherten. Das **Crowsnest Pass Museum** in Coleman erzählt von der wechselvollen Geschichte der Menschen am Crownest Pass.

In den **Bellevue Mines** wurde von 1903 bis 1962 Kohle gefördert. Nach der Stilllegung begann Bellevue eine neue Karriere als Touristenbergwerk. Auf Führungen im nostalgischen Stil gehen Besucher, ausgerüstet mit einem Originalpack, das einen Helm, eine Helmlampe und einen Satz Batterien umfasst, mit einem Führer unter Tage. Eine halbe Stunde lang stapft man durch den unbeleuchteten Stollen und gewinnt so einen Eindruck von den Arbeitsbedingungen in den alten Kohlebergwerken.

In den **Leitch Collieries** sind die Ruinen eines von 1907 bis 1915 aktiven Kohlebergwerkes und seiner Verarbeitungsanlagen zu besichtigen. Es war bis zum Ersten Weltkrieg eines der größten und bestproduzierenden Bergwerke der Region. Gut erhaltene Ruinen, historische Relikte wie Öfen und Maschinen sowie die Schaltzentrale und andere Räumlichkeiten sind anzuschauen.

Service & Tipps:

Crowsnest Pass Chamber of Commerce
12707 20th Ave.
Crownest Pass, AB T0K 0E0
✆ (403) 562-7108, 1-888-562-7108
www.crowsnest-pass.com
Infozentrum für Blairmore, Coleman und Frank und die anderen kleinen Gemeinden im Tal am Crowsnest Pass.

Frank Slide Interpretive Centre
Hwy. 3, Blairmore
Crowsnest Pass, AB T0K 0E0
✆ 1-310-0000 plus Vorwahl und Telefonnummer (403) 562-7388 (in Alberta gebührenfrei), www.frankslide.com
Mitte Mai–Mitte Sept. tägl. 9–18, Mitte Sept.–Mitte Mai tägl. 10–17 Uhr
Eintritt $ 9/0–5
Einer der größten Erdrutsche West-Kanadas und der Kohlebergbau am Crowsnest Pass sind Themen des Besucherzentrums. Audiovisuelle Shows und historische Exponate.

Bellevue Mine Underground
21814 28th Ave., Bellevue
Crowsnest Pass, AB T0K 0E0
✆ (403) 564-4700
www.crowsnestguide.com/bellevuemine, Mitte Mai–Anfang Sept. tägl. 10–18 Uhr
Eintritt $ 10/0–8
Führungen durch ein 1962 stillgelegtes Kohlebergwerk.

Crowsnest Pass Museum
7701 18th Ave., Coleman
Crowsnest Pass, AB T0K 0E0
✆ (403) 563-5434
www.crowsnestmuseum.ca
Di–So 8–17 Uhr, im Winter Mo–Fr 8–12 und 13–17 Uhr
Eintritt $ 7/0–5
Kleines regionalgeschichtliches Museum in Coleman.

Leitch Collieries Provincial Historic Site
Hwy. 3, Blairmore
Crowsnest Pass, AB T0K 0E0
✆ (403) 564-4211
www.culture.alberta.ca/museums
Mitte Mai–Anfang Sept. tägl. 10–17 Uhr, Eintritt frei, Spenden erwünscht
Besichtigungen der Ruinen eines von 1907–15 aktiven Kohlebergwerkes.

»Hoodoos« in den Badlands von Alberta

3 Dinosaur Provincial Park

48 Kilometer nordöstlich des kleinen Ortes **Brooks** erstrecken sich die zerfurchten Sandsteinhügel und Schluchten des Dinosaur Provincial Park. Kakteen und Salbeibüsche gedeihen in der wüstenhaften Umgebung am Red Deer River, die zu den trockensten Regionen West-Kanadas zählt. Als eine der ergiebigsten Dinosaurierfundstätten der Erde wurde der Park 1979 zur UNESCO-Weltnaturerbestätte deklariert. 75 Millionen Jahre Erd- und Menschheitsgeschichte treten hier in Form von vielfarbigen Gesteinsschichten, bizarren Hoodoos und prähistorischen Knochen und Fossilien zutage.

Fossiliensucher im Dinosaur Provincial Park

Als Ableger des großartigen Museums in Drumheller erforscht und präsentiert die **Royal Tyrrell Museum Field Station** Theorien und Fakten zu den Lebensbedingungen und den Gründen für das Aussterben der Dinosaurier. Im Park selbst bietet sich die Gelegenheit, anhand informativer Führungen und Fahrten mehr zu erfahren. Zu den aktuellen Ausgrabungsstellen gelangt man als Besucher allerdings nicht. Sehr gute Öffentlichkeitsarbeit betreiben das Royal Tyrrell Museum und die Field Station, welche die Besucher über die neuesten Ausgrabungen der letzten Saison und den Stand der Forschungen informieren.

Zweistündige Bustouren durch den Park vermitteln einen exzellenten Einblick in die Naturgeschichte. Auch spezielle Führungen zu den schönsten Punkten der Badlands und den ehemaligen Ausgrabungsorten sind lohnenswert. Der **Centrosaurus Bone Bed Hike**, eine knapp dreistündige geführte Wanderung, führt zu einer bedeutenden Dinosaurier-Ausgrabungsstelle der 1980er-Jahre. Auf dem ebenso langen **Fossil Bed Hike** werden weitere Fossilienfundstätten aufgesucht. Bei Regen gibt es Alternativangebote wie Bustouren.

Wunderbar lassen sich die kargen Sandsteinlandschaften bei tief stehender Sonne fotografieren. Schöne Kurzwanderungen führen zu Aussichtspunkten und geologischen Besonderheiten. Durch eine Hügellandschaft mit Hoodoos schlängelt sich der knapp 1,5 Kilometer lange **Badlands Trail**. Zu weiteren lohnenden Kurzwanderungen gehören der nicht einmal ein Kilometer lange Coulee Viewpoint Trail und der ebenso lange Trail of the Fossil Hunters.

Service & Tipps:

Dinosaur Provincial Park
Patricia, AB T0J 2K0
✆ (403) 378-4342
Camping-Reservierungen:
✆ 1-310-0000 plus Telefonnummer samt Vorwahl (403) 378-3700 (in Alberta gebührenfrei), 1-877-537-2757, www.reserve.albertaparks.ca, www.dinosaurpark.ca
Visitor Centre Ende Mai–Anfang Sept. tägl. 8.30–17, Sa/So 8.30–19 Uhr, sonst kürzer, Eintritt $ 3/0–2
Populärer Naturpark in den Badlands, 48 km nordöstlich von Brooks. Reiche Fossilienfunde, Infozentrum in der Tyrrell Museum Field Station. Verschiedene Bustouren oder Führungen, telefonisch oder persönlich am Vortag reservieren unter ✆ (403) 378-4344 oder online. Festes Schuhwerk ist Bedingung. Einfacher Campingplatz.

4 Drumheller

In Drumheller, im Tal des Red Deer River rund 140 Kilometer nordwestlich von Calgary, schlägt das Herz der Badlands von Südostalberta. Die 7900-Einwohner-Stadt, die einst vom Kohlereichtum der Umgebung lebte, hat sich gänzlich dem Thema Dinosaurier verschrieben und nennt sich »Dinosaur Capital of the World«, »Dinosaurierhauptstadt der Welt«.

Die gekrümmte Klaue eines Dromaeosauriers aus dem Tal des Red Deer River

Joseph Burr Tyrrell entdeckte bereits 1884 in den Alberta Badlands die ersten Dinosaurierknochen

Ein wenig Erdöl- und Erdgasförderung kurbelt die Wirtschaft an. Zu Drumhellers größten Sehenswürdigkeiten zählen neben dem Royal Tyrrell Museum die Badlands selbst, die hier in ihrer schönsten Ausprägung zu sehen sind. Faszinierend sind die Hoodoos und die vielfarbig gestreiften Gesteinsschichten der ausgewaschenen Canyons, deren Farbenpalette von grünlich bis gräulich, von bräunlich bis hin zu rötlich reicht. Gut geschützt in den abgelagerten Sedimenten haben zahlreiche Fossilien aus der Dinosaurierzeit überdauert.

1884 entdeckte Joseph Burr Tyrrell nordwestlich von Drumheller auf der Suche nach Kohlevorkommen die ersten Dinsosaurierknochen und den gut erhaltenen Schädel eines Dinosauriers, der später Albertosaurus genannt wurde. Tyrrells Funde initiierten den »Great Canadian Dinosaur Rush«, der Albertas Badlands als eine der bedeutendsten Fossilienfundstätten der Welt bekannt machte.

An der ersten Fundstelle wurde 1985 das **Royal Tyrrell Museum** errichtet. Dem Besucher vermittelt das Museum eine hochinteressante Einführung in die Welt der Urzeit und der Paläontologie. Knapp 40 komplette Skelette und lebensechte Sauriermodelle, inklusive eines Tyrannosaurus Rex, machen das Royal Tyrrell zum führenden Museum seiner Art. Es beherbergt außerdem weit mehr als 80 000 exzellent erhaltene Fossilien von Dinosauriern, Reptilien, Fischen und anderen Lebewesen der Urzeit. Gelungene Dioramen stellen die subtropischen Uferlandschaften von vor 75 Millionen Jahren dar, in der über 30 Saurierarten beheimatet waren.

Das Royal Tyrrell Museum liegt am Kilometer 6 des **Dinosaur Trail**, einer 48 Kilometer langen, ausgeschilderten Strecke zu den interessantesten Punkten der Badlands nordwestlich von Drumheller. Die Rundfahrt führt von der Touristeninformation in Drumheller über den North Dinosaur Trail (Hwy. 838) nach Norden und über den South Dinosaur Trail (Hwy. 837) zurück zum Visitor Centre. Dort grinst der mit über 26 Metern Höhe »weltgrößte Dino« fröhlich in die Kameras. Das Modell des Tyrannosaurus Rex ist zwar viermal größer als sein Original, doch in seinem Inneren darf man hochsteigen und aus dem zahnbewehrten Maul die Aussicht auf das Tal von Drumheller genießen.

Wie kaum ein anderer repräsentiert der **Horsethief Canyon** die karge, unfruchtbare Schönheit der Alberta Badlands. Nach 16 Kilometern Fahrt auf dem Dinosaur Trail ist dieser Aussichtspunkt erreicht, von dem man auf die vielfarbig gestreiften Gesteinsschichten und bizarren Gesteinsausbildungen blicken kann. Bei Kilometer 24 zuckelt die **Bleriot Ferry**, eine der letzten

Skelett eines Tyrannosaurus Rex im Royal Tyrrell Museum in Drumheller

Staunen im Royal Tyrrell Museum, Drumheller

Kabelfähren Albertas, über den Red Deer River. Nächster Stopp des Dinosaur Trail ist der Aussichtspunkt am **Orkney Hill** bei Kilometer 29. Ungestört schweift der Blick über die zerfurchten Sandsteinhügel der Badlands. 17 Kilometer südwestlich von Drumheller beeindruckt abseits des Highway 9 die Badlands-Szenerie am **Horseshoe Canyon** – ein lohnender Abstecher vom eigentlichen Dinosaur Trail.

Das Ziel des **Hoodoo Drive** (Hwy. 10) sind die seltsamen Gesteinstürmchen im Tal des Red Deer River bei East Coulee. Die Hoodoos sind etwa fünf bis sieben Meter hoch und von verschiedener, oft skurriler Gestalt. Aus einer breiteren, dunklen Basis strebt, beinahe pilzähnlich, meist ein heller, schlanker, runder Pfeiler empor. Dieser ist gewöhnlich von einer härteren, flachen Gesteinsplatte bedeckt, die das Gestein darunter wie ein Hut vor den unaufhörlichen Erosionseinwirkungen schützt. Man kommt ganz nah an die Hoodoos heran und kann zwischen ihnen herumspazieren. In den Abendstunden wird die außergewöhnliche Kulisse von der tief stehenden Sonne fotogen beleuchtet.

Am östlichen Ende des Hoodoo Drive bei East Coulee befindet sich die **Atlas Coal Mine Historic Site**. Das Freilicht- und Bergbaumuseum thematisiert den Kohlreichtum der Region und das Leben in dem kleinen Minenstädtchen während des Kohlebooms. Man kann im Kohlewagen mitfahren, die historischen Bauten ansehen und erfährt, wie die kanadischen Kumpel gearbeitet und unter welchen Umständen sie gelebt haben.

Service & Tipps:

Drumheller Tourist Information Centre
60 1st. Ave. W., Drumheller, AB T0J 0Y0
✆ (403) 823-8100, 1-866-823-8100
www.traveldrumheller.com
Touristeninformation mit dem weltgrößten Dinosaurier vor der Tür.

Royal Tyrrell Museum of Paleontology
Hwy. 838, Midland Provincial Park, Drumheller, AB T0J 0Y0
✆ 1-310-0000 plus Vorwahl samt Telefonnummer (403) 823-7707 (in Alberta gebührenfrei) und 1-888-440-4240
www.tyrrellmuseum.com
Mitte Mai–Ende Aug. tägl. 9–21, Anfang Sept.–Mitte Okt. 10–17, sonst Di–So 10–17 Uhr, Eintritt $ 10/0–6
Exzellentes paläontologisches Museum mit vielen Fossilien und Knochenfunden aus Südalberta. Komplette Dinosaurierskelette.

Badlands Historical Centre
335 1st St. E., Drumheller
AB T0J 0Y0, ✆ (403) 823-2593
www.traveldrumheller.com/museums, Mai–Okt. tägl. 10–18 Uhr
Eintritt $ 4/0–3
Kleines Museum zur Geschichte des Drumheller Valley.

REGION 10
Südalberta

Royal Canadian Mounted Police: *1873 als North West Mounted Police gegründet, sorgte die berittene Truppe für Recht und Ordnung bei der Besiedlung der von Indianern bewohnten Prärien. Sie kämpfte in Südalberta gegen Whiskeyschmuggler und überwachte im Norden das Tun der Goldsucher. Ihre Nachfolgerorganisation ist die RCMP, deren bekannte Symbole die rote Jacke und der breitkrempige Filzhut sind. Mit ihren schwarzen Pferden tritt die Showtruppe der RCMP bei Veranstaltungen auf.*

Historische Aufnahmen: Die kanadischen Blackfoot-Prärieindianer …

… teilten sich die Great Plains mit den Bisons

Atlas Coal Mine National Historic Site
Hwy. 10, East Coulee, AB T0J 1B0
✆ (403) 822-2220
www.atlascoalmine.ab.ca, Mai/Juni tägl. 9.30–17.30, Juli/Aug. tägl. 9.30–20.30, Anfang Sept.–Mitte Okt. tägl. 10–17 Uhr, Eintritt $ 7/0–7
Historisches Kohlebergwerk und Bergbaumuseum im Drumheller Valley. Am östlichen Ende des Hoodoo Drive. Verschiedene Führungen (ab $ 9).

5 Fort Macleod

Die 3100 Einwohner zählende Präriestadt am Oldman River liegt an den Highways 2 und 3. Highway 2 verbindet Fort Macleod mit Lethbridge im Südosten und Calgary im Norden. Highway 3, der Crowsnest Highway, kreuzt in Ost-West-Richtung zwischen Medicine Hat und dem Crowsnest Pass und führt weiter nach British Columbia.

Wichtigste Attraktion von Fort Macleod ist das **Fort Museum**, eine exakte Rekonstruktion des 1874 erbauten Hauptquartiers der North West Mounted Police, die im ausgehenden 19. Jahrhundert die zunehmende Besiedlung der Prärien und das wechselvolle Miteinander von Indianern und weißen Siedlern überwachen sollte. Aus der North West Mounted Police (NWMP) ging später die Royal Canadian Mounted Police hervor, die heutige kanadische Bundespolizei. Ein Touristenmagnet des Forts ist der Musical Ride. In den roten Uniformröcken der NWMP reitet die Polizeitruppe in der Hochsaison mehrmals täglich vor den Touristen auf.

Hauptsehenswürdigkeit der Umgebung ist der **Head-Smashed-In Buffalo Jump** nordwestlich der Stadt, der aufgrund seiner kulturellen Bedeutung 1981 zum UNESCO-Weltkulturerbe erklärt wurde. Auf Treibjagden versetzten die Indianer im Stammesverband die Bisons in Panik und trieben sie über den Steilabbruch. Unten verarbeiteten die Indianer die herabgestürzten Tiere, die ihnen neben Nahrung alles lieferten, was sie für Kleidung, Werkzeug und Waffen brauchten. Dieser Bisonsturz wurde bis zur Einführung des Pferdes im 18. Jahrhundert rund 5000 Jahre lang betrieben. Über die Zeit bildete sich so am unteren Hang eine bis zu neun Meter dicke Knochenschicht.

Ein modernes **Museum** wurde architektonisch unauffällig in die hügelige Landschaft integriert. Ausgezeichnete Ausstellungen zeigen die Geschichte und Kultur der Blackfoot-Prärieindianer und ihre Art der Bisonjagd. Spazierwege führen zu den oberen und unteren Stellen des Buffalo Jump und zu archäologischen Fundstätten.

Erläutert wird im Museum auch die Herkunft des interessanten Namens *Head-Smashed-In* (deutsch: eingeschlagener Kopf). Der Legende nach hatten die Indianer eines Tages einen ihrer jüngeren Stammesbrüder mit eingeschlagenem Kopf unten am Hang gefunden. Alles deutete darauf hin, dass er näher an das Spektakel herangehen wollte und so von einem der herabstürzenden Bisons getötet worden war.

Service & Tipps:

Fort Macleod Visitor Centre
2330 7th Ave.
Fort Macleod, AB T0L 0Z0
✆ (403) 553-2500
www.fortmacleod.com

The Fort Museum
219 25th St.
Fort Macleod, AB T0L 0Z0
✆ (403) 533-4703 und 1-866-273-6841
www.nwmpmuseum.com
Mitte Mai–Ende Juni tägl. 9–17, Juli–Anfang Sept. tägl. 9–18, Anfang–Mitte Mai und Sept./Okt. Mi–So 10–17 Uhr
Musical Ride Anfang Juli–Anfang Sept. tägl. 10, 11.30, 14 und 15.30 Uhr

Eintritt $ 8.50/0–6
Rekonstruiertes Fort der North West Mounted Police von 1874. Auftritte der berittenen Rotröcke beim *Musical Ride*.

Head-Smashed-In Buffalo Jump Interpretive Centre
Hwy. 785
Fort Macleod, AB T0L 0Z0
✆ 1-310-0000 plus Vorwahl samt Telefonnummer (403) 553-2731 (in Alberta gebührenfrei)
www.head-smashed-in.com
Anfang Juli–Anfang Sept. tägl. 10–17 Uhr, Eintritt $ 9/0–5
18 km nordwestlich von Fort Macleod. Eine der größten und besterhaltenen Bison-Jagdstätten Nordamerikas. Bemerkenswertes Museum.

National Aboriginal Day Celebrations
Das indianische Festival am Head Smashed In Buffalo Jump findet jährlich am 21. Juni statt.

Touristisches Tipi-Camping in der Head-Smashed-In Buffalo Jump nordwestlich von Fort Macleod

6 Lethbridge

75 000 Einwohner leben in Lethbridge am Ufer des Oldman River, dem kommerziellen Zentrum des südlichen Alberta. Einst wegen seiner Kohlevorkommen gegründet, spielen heute Landwirtschaft und Viehzucht eine größere Rolle in der Region.

Architektonisches Wahrzeichen von Lethbridge ist die **High Level Bridge**, die sich 96 Meter hoch in einem Bogen über den Oldman River spannt. Sie gehört zu den längsten stählernen Eisenbahnviadukten überhaupt und wurde ab 1909 von der Canadian Pacific Railway auf dem Weg nach Calgary befahren.

Originalgetreu rekonstruiert erzählt das **Fort Whoop-Up Interpretive Centre** von der Zeit des berüchtigten Forts, in der die Prärien von weißen Einwanderern besiedelt wurden und das traditionelle Leben der Indianerstämme ein Ende fand. 1869 war die palisadenumzäunte, auch »Whiskeyfort« genannte kleine Festung von Händlern aus den USA errichtet und dann als Umschlagplatz für Whiskeylieferungen aus dem Nachbarland benutzt worden. Die Lieferanten tauschten mit den Indianern Feuerwasser gegen Bisonfelle und -häute sowie Pferde. Ab 1874 übernahm die North West Mounted Police in Fort Whoop-Up das Kommando und den Kampf gegen die Whiskeyschmuggler. Die mit Liebe zum Detail eingerichteten historischen Häuser und Baracken vermitteln einen authentischen Einblick in die damaligen Lebens- und Arbeitsverhältnisse.

In den **Nikka Yuko Japanese Gardens** vereinigen sich Gartenarchitektur und Natur zum harmonischen Bild eines traditionellen japanischen Gartens. Alles ist sehr friedlich, hübsch und wohlgeordnet, wenn auch blütenlos: geradlinige Wasserbecken mit Pflanzen, ein plätschernder Bach, ordentliche Stein- und Sandgärten und in akkurate Formen geschnittene grüne Ziersträucher.

Von Lethbridge bietet sich ein Ausflug zum **Alberta Birds of Prey Centre** bei Coaldale an, einem Schutzzentrum und Zoo für Greifvögel, die hier gesund gepflegt und auf ihre Wiederauswilderung vorbereitet werden.

REGION 10 Südalberta

Als die Prärien von weißen Einwanderern besiedelt wurden, fand das traditionelle Leben der Indianer ein Ende

Service & Tipps:

Chinook Country Tourist Association
2805 Scenic Dr. S.
Lethbridge, AB T1K 5B7
✆ (403) 320-1222, 1-800-661-1222
www.chinookcountry.com

Fort Whoop-Up Interpretive Centre
3rd Ave., Lethbridge, AB T1J 4A2
✆ (403) 329-0444
www.fortwhoopup.com
Mitte Mai–Ende Sept. tägl. 10–17, Anfang April–Mitte Mai, Okt. tägl. 13–16, Nov.–März Sa/So 13–16 Uhr
Eintritt $ 7/0–5
1869 erbautes Fort im Indian Battle Park, das im Pelzhandel, beim Whiskeyschmuggel und später von der North West Mounted Police genutzt wurde.

Nikka Yuko Japanese Gardens
9th Ave, S. & Mayor Magrath Dr.
Lethbridge, AB T1J 3Z6
✆ (403) 328-3511
www.nikkayuko.com
Tägl. Mai–Ende Juni, Sept.–Mitte Okt. 9–17, Juli/Aug. 9–20 Uhr
Eintritt $ 7/0–4
Traditioneller japanischer Garten im Henderson Lake Park.

Alberta Birds of Prey Centre
2124 Burrowing Owl Lane
Coaldale, AB T1M 1M8
✆ (403) 345-4262
www.burrowingowl.com
Mitte Mai–Mitte Sept. tägl. 9.30–17 Uhr
Eintritt $ 8.50/0–5.50
Schutzzentrum und Zoo für Greifvögel mit Flugschauen. 11 km östlich von Lethbridge.

Vista Point Routen durch
West-Kanada

◁ *Spektakuläres Panorama im Banff National Park: Moraine Lake*

Vista Point Routen durch West-Kanada

Die vorgeschlagenen Routen teilen das Reiseland West-Kanada in optimale Strecken auf und empfehlen ein interessantes Tagesprogramm für alle Altersgruppen, das nach persönlichen Vorlieben und Ansprüchen oder je nach Wetterlage beschränkt oder ausgebaut werden kann.

Größe und Beschaffenheit des Landes verlangen dem Reisenden naturgemäß einiges an Kilometerleistung ab. Als Orientierungshilfe und zur Vermeidung unnötiger Umwege werden Zeit- und Kilometerangaben gemacht, die sich im Allgemeinen auf die direkte Strecke beziehen und Stopps an allen wichtigen Attraktionen beinhalten. Abstecher zu Sehenswürdigkeiten abseits der eigentlichen Route werden extra angegeben. Die zusätzlichen Kilometer bei Rundfahrten durch Städte und Nationalparks etc. müssen hinzugerechnet werden. Dadurch verlängert sich die Strecke erfahrungsgemäß um etwa 15 bis 20 Prozent.

Doch (auch) der Weg ist das Ziel, das heißt, dass selbst bei längeren Tagesetappen durch die herrliche Landschaft Pausen

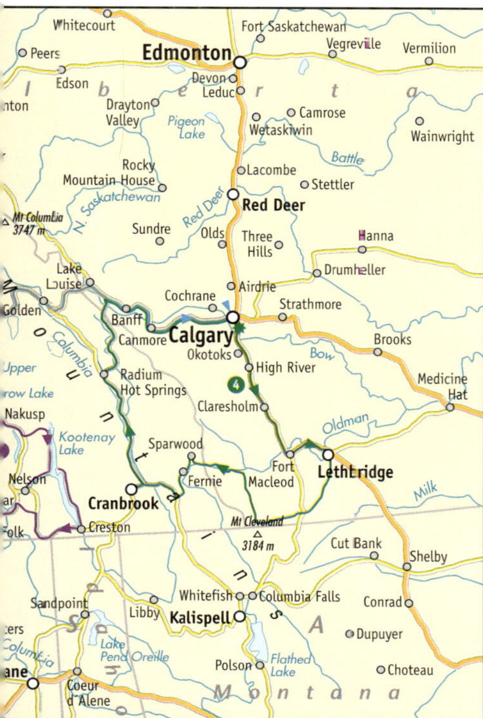

zum Wandern, Picknicken oder an einem Flussufer sitzen nicht fehlen dürfen und zeitlich eingerechnet werden sollten. Bei der Reiseplanung sollte man außerdem an genügend Pausentage denken, um längere Aufenthalte in einem Naturpark, einer Stadt oder an einem überraschend schönen Plätzchen genießen zu können. Ausflüge auf Inseln, Seerundfahrten, Ausritte in den Rocky Mountains, längere Wanderungen oder ausgedehnte Badetage an einem der warmen Badeseen British Columbias benötigen ausreichend Zeit.

Ideale Ausgangspunkte für Reisen

Ein stiller See, ein Kanu – der Traum von der kanadischen Wildnis ist perfekt

durch West-Kanada sind Vancouver und Calgary mit ihren internationalen Flughäfen in optimaler Lage am westlichen bzw. östlichen Rand des Reisegebietes. Beide Flughäfen werden regelmäßig von Mitteleuropa aus angeflogen. Vancouvers Flughafen ist idealer Ausgangspunkt für die Routen 1, 2 und 3, Calgary für die Route 4 bzw. auch für die Route 2 in der entgegengesetzten Variante von Calgary nach Vancouver.

Route 1, die rote Route, erkundet Vancouver Island, die größte Insel an der nordamerikanischen Westküste. **Route 2, die blaue Route**, startet in der Metropole Vancouver zu einer Tour durch den Süden von British Columbia und die Rocky Mountains und endet in Calgary. Anfangs- und Endpunkt ist Vancouver auch für **Route 3, die lila Route**, von Vancouver durch das südlich-zentrale British Columbia. **Route 4, die grüne Route**, führt von Calgary durch Südalberta mit dem prächtigen Waterton Lakes National Park und durch den Südosten British Columbias.

Schnittpunkte im Verlauf der einzelnen Routen schaffen Kombinationsmöglichkeiten: **Vancouver** und **Hope** sind Schnittpunkte der Routen 2 und 3. Weitere mögliche Verbindungspunkte der beiden Routen finden sich in **Vernon** und **Sicamous** (via Hwy. 97A), in **Nakusp** und **Revelstoke** (via Hwy. 23) sowie in **Merritt** und **Kamloops** via Highway 5, der Fortsetzung des Coquihalla Highway.

Creston und **Cranbrook** bieten via Hwy. 3/95 eine mögliche Verbindung der Routen 3 und 4.

Calgary ist eine Schnittstelle der Routen 2 und 4. **Golden** und **Radium Hot Springs** ermöglichen via Hwy. 95 eine weitere Verknüpfung zwischen den beiden Routen.

Über Vancouver hat man Anschluss an Route 1, die Vancouver Island erschließt.

Glitzernde Lichtspiele: Fjordlandschaft im Norden von Vancouver Island

Route 1 (rote Route) Durch Vancouver Island

Victoria (Anschluss an Route 2 und Route 3 über Vancouver) – Nanaimo – Port Alberni – Tofino – Ucluelet – Pacific Rim N.P. – Campbell River – Port Hardy (859 km) – Campbell River – Victoria (insgesamt 1343 km)

Die Streckenlänge der direkten Rückfahrt von Port Hardy nach Victoria beträgt 484 km. Es empfehlen sich ein oder mehrere Zwischenstopps, so z. B. in **Campbell River** nach 219 km und vielleicht in **Nanaimo** nach 371 km, weil sonst die Rückfahrt zu lang würde. Auch der Abstecher auf dem Highway 4 zum **Pacific Rim National Park** könnte bequem auf der Rückfahrt eingeschoben werden.

Flagge von Vancouver Island

Route 1

Einen Stadtplan von Victoria sowie weiter Informationen finden Sie auf den Seiten 42 bis 53.

1 Victoria

Spaziergang durch die Hauptstadt British Columbias

Vormittags:
Ein guter Ausgangspunkt für einen Spaziergang durch Downtown Victoria ist der **Bastion Square** am Hafen von Victoria. Im **Maritime Museum** kann man mehr über die Schifffahrttradition der Region erfahren. Gleich dort beginnt der **Inner Harbour Walk**, von dem sich immer wieder schöne Blicke auf die Jachten, Fährschiffe und anderen Boote im Hafen ergeben. Blumengeschmückte Laternen, parkende Pferdekutschen und rote Doppeldeckerbusse sorgen zusätzlich für ein malerisches Ambiente. Prominentestes Gebäude auf dieser Seite des Hafens ist das altehrwürdige, grün berankte **Empress Hotel**. Vor der Lunchpause macht man noch einen Bummel über die **Government Street** mit ihren vielen Geschäften, Restaurants und Cafés. Zwischen Government Street und Douglas Street befindet sich das traditionsreiche Kaufhaus **The Bay**.

Nachmittags:
Südwärts spaziert man die Douglas Street hinunter. Am Empress Hotel vorbei gelangt man über die Belleville Street zum fabelhaften **Royal BC Museum** mit dem IMAX Theatre. Anschließend geht es über die Government Street zu den von weiten Rasenflächen umgebenen, eindrucksvollen **Parliament Buildings**. Sie blicken auf den Inner Harbour mit den **Pacific Undersea Gardens**, wo Tiere und Pflanzen aus der Unterwasserwelt um Vancouver Island gezeigt werden. Danach bleibt vielleicht noch Zeit für einen Besuch des **Royal London Wax Museum** oder einen Spaziergang im **Beacon Hill Park**.

2 Nanaimo

Wichtiger Fährhafen und Eingangstor zu Vancouver Island

Der hochbeinige Wasserläufer (»Sandpiper«) ist im Schlickwatt von Vancouver Island anzutreffen

Route: Victoria – Nanaimo (113 km) **Vgl. Karte S. 213.**

km	Zeit	Route
0	9.00 Uhr	Ab **Victoria** den Trans Canada Hwy. (Hwy. 1) nordwärts über den **Malahat Summit**, dort Aussicht auf die Gulf Islands und die Strait of Georgia, durch das Cowichan Valley nach
56	9.45 Uhr	**Cowichan Bay,** Stadtbummel. Weiterfahrt nach
62	12.00 Uhr	**Duncan** und Besuch des **Quw'utsun' Cultural Centre** und des **BC Forest Discovery Centre**, kurzer Stopp in
77	14.00 Uhr	**Chemainus,** weiter auf dem Hwy. 1 nach
113	15.30 Uhr	**Nanaimo**, Stadtbummel und Spaziergang am Hafen.

Victoria bleibt allmählich zurück, während sich der Trans-Canada Highway nordwärts wendet. Einer seiner schönsten Abschnitte ist der **Malahat Drive**, der durch schattige Wälder bergauf und bergab führt. Von der Passhöhe eröffnet sich eine weite Aussicht auf die Gulf Islands, bevor es hinunter geht ins landwirtschaftlich geprägte Cowichan Valley. **Cowichan Bay** (vgl. S. 62) ist ein sehenswerter Hafenort südöstlich von Duncan. Das größere **Duncan** (vgl. S. 62) ist als Stadt der Totempfähle und Heimat der Cowichan-Küstenindianer bekannt, deren Kultur man im **Quw'utsun' Cultural Centre and Museum** kennenlernen kann. Das **BC Forest Discovery Centre** informiert über die Forstwirtschaft und ihre weitreichenden ökonomischen und ökologischen Aspekte auf Vancouver Island. Der Trans-Canada Highway strebt weiter in Nordrichtung und gelangt nach **Chemainus** (vgl. S. 60), das sich durch seine hervorragenden Wandgemälde in der Innenstadt Ruhm erworben hat.

Schließlich erreicht der Highway **Nanaimo** (vgl. S. 65 ff.), wo sich ein Spaziergang auf dem Harbourside Walkway am Hafen empfiehlt. Die Hafenstadt ist ein idealer Ausgangspunkt für Ausflüge zu den Gulf Islands.

»Haida-Eagle« von Joe Sylvester (Vancouver Island)

3 Tofino und Ucluelet

Kleine Städte am Rande des Pazifiks

Route: Nanaimo – Tofino (208 km) **Vgl. Karte S. 213.**

km	Zeit	Route
0	9.00 Uhr	**Nanaimo** auf dem Hwy. 19 nach
35	9.30 Uhr	**Parksville.** Strandaufenthalt im **Rathtrevor Beach P.P.**, Abzweig auf den Hwy. 4,
	12.00 Uhr	kurze Wanderung im **Englishman River Falls P.P.**, anschließend
	13.00 Uhr	Besuch des **Old Country Market in Coombs** und Lunch, Weiterfahrt und
	15.30 Uhr	Wanderung durch die **Cathedral Grove**, vorbei an
82	17.30 Uhr	**Port Alberni** weiter auf dem Hwy. 4 nach
208	19.00 Uhr	**Tofino**.

Von **Nanaimo** gelangt der Highway 19 schnell an die Strände von **Parksville** (vgl. S. 69 ff.), wo sich bei gutem Wetter ein Stopp am **Parksville Community Beach** oder im **Rathtrevor Beach Provincial Park** anbietet. Es folgt der Abzweig auf den schönen, aber kurvenreichen und gut befahrenen Highway 4. Westwärts streift die Strecke großflächige Kahlschläge und Aufforstungsgebiete, gibt aber auch immer wieder Zugang zu Parks mit den schützenswerten, weil selten gewordenen Urwaldbeständen Vancouver Islands.

Unterwegs empfiehlt sich eine kurze Wanderung im **Englishman River Falls Provincial Park** (vgl. S. 69 f.) mit seinen zwei Wasserfällen und der wildromatischen Schlucht. Ein idealer Platz für den Lunchstopp ist der **Old Country Market in Coombs**. Auf dem mit Gras bewachsenen Dach des Marktes weiden Ziegen. Später dann folgt die kurze Wanderung zwischen den eindrucksvollen Baumveteranen der **Cathedral Grove** im MacMillan Provincial Park (vgl. S. 70).

Unter Auslassung von Port Alberni, das als übernächster Etappenpunkt geführt ist (vgl. Etappe 5, S. 217), geht es auf dem Highway 4 weiter zu dem kleinen Küstenort **Tofino** (vgl. S. 81 ff.) am ursprünglichen Clayoqout Sound. In der Nachbarschaft des Städtchens erstrecken sich die wilden Gefilde des **Pacific Rim National Park** (vgl. S. 67 ff.).

4 Pacific Rim National Park

Wale, Wind und Wellen an der Westküste

Vormittags:
Ein Muss ist die Strandwanderung auf dem wind- und wellenumtosten **Long Beach**, der einer der zugänglichsten Bereiche des **Pacific Rim National Park** (vgl. S. 67 ff.) ist. Dort kann man lange Strecken am Strand und auch kurze Trails in den Küstenregenwald wandern. Walbeobachtungen direkt an der Küste sind nicht selten. Das **Wickaninnish Interpretive Centre** informiert über die einzigartige Natur und Geografie des Nationalparks und der Westküste, über die Rangerprogramme und die vielfältigen Veranstaltungen im Parkbereich. Die Lunchpause bietet sich an in einem von Tofinos Restaurants.

Nachmittags:
In **Tofino** empfiehlt sich ein Besuch des kleinen, aber informativen **Whale Centre Museum** und des **Rainforest Interpretive Centre**. Letzteres gibt Auskunft über die Ökologie des an der Westküste Vancouver Islands noch relativ weit verbreiteten Regenwaldes. Am späteren Nachmittag bzw. frühen Abend geht es weiter zum Dinner nach **Ucluelet** (vgl. S. 83).

Strandgut am Long Beach im Pacific Rim National Park

5 Port Alberni

Eine der beiden »Lachshauptstädte« der Welt

Route: Tofino – Port Alberni (126 km) **Vgl. Karte S. 213.**

km	Zeit	Route
0	9.30 Uhr	**Tofino**, Besuch des botanischen Gartens, bevor die Fahrt auf dem Hwy. 4 weiter geht nach
126	12.00 Uhr	**Port Alberni**, Besuch des **Maritime Discovery Centre** und Spaziergang am Hafen, Ausflug zur **McLean Mill National Historic Site**.

Vor der Abfahrt besucht man in **Tofino** (vgl. S. 83) noch den botanischen Garten mit seinen regionalen Pflanzen. Der Highway 4 führt dann wieder nach Osten, diesmal mit einem Abstecher zum abseits gelegenen **Port Alberni** (vgl. S. 71 ff.). Von der am Ende eines langen Fjordes angesiedelten Hafenstadt beginnen die Fahrten mit der **MV »Lady Rose«** und der **MV »Frances Barkley«** nach Bamfield, dem Ausgangspunkt für den **West Coast Trail** (vgl. S. 68 f.). In Port Alberni darf ein Stadt- und Hafenbummel nicht fehlen, ebenso wenig wie ein Besuch des Freilichtmuseums um die historische, dampfgetriebene Sägemühle. Später könnte ein Abstecher zum **Sproat Lake Provincial Park** folgen, einem bewaldeten Park mit See, der die Heimat der Mars Bombers, zweier großer Löschflugzeuge, ist.

Pacific Rim National Park: In den nachgelassenen Vertiefungen kann man bei Ebbe Muscheln, purpurne Seesterne und …

6 Campbell River

Die andere der beiden »Lachshauptstädte der Welt«

Route: Port Alberni – Campbell River (148 km) **Vgl. Karte S. 213.**

km	Zeit	Route
0	9.00 Uhr	Ab **Port Alberni** Hwy. 4, nach
41	9.30 Uhr	**Qualicum Beach** am Hwy. 19 A, Stopp am Badestrand oder Besuch des **Old Schoolhouse Arts Centre**, weiter nach
102	11.30 Uhr	**Courtenay**, Spaziergang auf dem **Estuary Walkway**, Besuch des **Courtenay District Museum and Paleontology Centre,** weiter nach
148	14.00 Uhr	**Campbell River**, Fährfahrt nach **Quadra Island**, abends Spaziergang zur **Discovery Pier**.

… fünfarmige rote »Bat Stars« finden

Von **Port Alberni** geht es wieder auf den Highway 4 und dann weiter zum Highway 19 A nach **Qualicum Beach** (vgl. S. 77 f.). Dort lohnen ein Strandaufenthalt mit Bad im Meer oder ein Besuch des Old Schoolhouse Arts Centre.

Über den Highway 19 A gelangt man nach **Courtenay** (vgl. S. 60 f.), das einen geruhsamen Bummel durch die Stadt und auf dem Estuary Walkway bietet.

Das **Courtenay District Museum and Paleontology Centre** ist die Heimat des etwa 80 Millionen Jahre alten, zwölf Meter langen Elasmosauriers, der 1988 als erster seiner Art westlich der Rocky Mountains gefunden wurde.

Weiter geht es nach **Campbell River** (vgl. S. 59 f.), wo ein Ausflug nach **Quadra Island** und die Erkundung der Inselstrände und -sehenswürdigkeiten auf dem Programm stehen. Nach der Rückkehr bietet sich ein abendlicher Spaziergang zur Discovery Pier von Campbell River an.

7 Port Hardy
Fährhafen des Nordens

Route: Campbell River – Port Hardy (264 km) **Vgl. Karte S. 213.**

km	Zeit	Route
0	9.00 Uhr	Bei **Campbell** River Besuch der
5		**Quinsam River Hatchery** am Hwy. 28.
10		Weiter auf dem Hwy. 19 North nach
194	12.00 Uhr	**Port McNeill**, Besuch des **North Island Discovery Centre**.
	13.00 Uhr	Abstecher nach **Telegraph Cove** (16 km hin und zurück), dort Walbeobachtungstour möglich, Lunch.
210	18.00 Uhr	Weiterfahrt von Port McNeill nach
254	18.30 Uhr	**Port Hardy**, Spaziergang längs des Waterfront Walkway.

Bevor man **Campbell River** verlässt, kann man der **Quinsam Hatchery** (vgl. S. 59), einer Lachszuchtstation nordwestlich der Stadt, einen Besuch abstatten. Dort schlüpfen und wachsen die Jungfische heran, die später in den Bächen, Flüssen und Seen der Insel ausgesetzt werden. Von **Port McNeill** (vgl. S. 75 f.) empfiehlt sich eine Fährfahrt nach Alert Bay auf **Cormorant Island** oder nach Sointula auf **Malcolm Island** (vgl. S. 75).

Ansonsten lohnt sich der Abstecher nach **Telegraph Cove** (vgl. S. 75 f.). Das pittoreske Hafenörtchen ist Ausgangspunkt für Walbeobachtungsfahrten in die Johnstone Strait und um das Blackfish Archipelago.

Nördlichste Stadt Vancouver Islands und am Highway 19 gelegen ist **Port Hardy** (vgl. S. 73 ff.), das vor allem bekannt ist als Ausgangspunkt für die Fährfahrten durch die Inside Passage nach Prince Rupert bzw. durch die Discovery Coast Passage nach Bella Coola. Ein abendlicher Spaziergang auf dem Waterfront Walkway beschließt den Tag.

Route 2 (blaue Route)
Auf dem Trans-Canada Highway durch British Columbia und die Rocky Mountains nach Calgary

Route: Vancouver – Hope (Anschluss an Route 3) – Fraser Canyon – Lytton – Cache Creek – Kamloops (Anschluss an Route 3 über Vernon) – Shuswap Lakes – Revelstoke N.P. – Glacier N.P. – Golden (Anschluss an Route 4 über Kootenay N.P.) – Yoho N.P. – Banff N.P. – Abstecher Icefields Parkway – Canmore – Kananaskis Country – Calgary (1364 km)

1 Vancouver
Streifzug durch Vancouvers Stadtzentrum

Einen Stadtplan von Vancouver sowie weitere Informationen finden Sie auf den Seiten 22 bis 41.

Vormittags:
Der Stadtrundgang beginnt mit einer kurzen Überfahrt mit der False Creek Ferry von der Burrard Street Bridge hinüber nach **Granville Island**. Auf der Halbinsel im False Creek kann man einen Rundgang machen, bevor es mit dem Aquabus weiter geht. Der **Aquabus** verspricht eine geruhsame Bootsfahrt vorbei an neugestalteten Uferanlagen mit Stadtparks, an hohen Wohntürmen und an Jachthäfen, in denen schneeweiße Jachten und Motorboote ankern. Unterwegs fällt das **BC Place Stadium** ins Auge, das von der Weltausstellung »Expo 86« stammende, 60 000 Zuschauer fassende Footballstadion mit der markanten Luftkissenkuppel.

Der Endpunkt der Bootsfahrt liegt nahe der Silberkuppel des Wissenschafts- und Kindermuseums **Science World** am Ende des False Creek. Nach einem Besuch der Science World fährt man von der nach gelegenen Haltestelle mit dem SkyTrain in wenigen Minuten zur **Waterfront** in die Innenstadt.

Für Vancouver eher ungewöhnlich: Schnee auf Meereshöhe

Nachmittags:
Nach dem Mittagessen folgt eine Aufzugfahrt auf den **Harbour Centre Tower**, von dem der Rundumblick weit über die Stadt, den Hafen und die Umgebung samt den Bergen North Vancouvers schweift. Zweifelsohne fasziniert das unablässige Gewirr und die Bewegungen der Luxusliner, der Fähren und Schlepper, der Autos, Busse, Wasserflugzeuge, Züge und Hafenkräne tief unter dem Betrachter.

Zurück auf Straßenniveau führt der Weg nach **Gastown,** wo man auf der Water Street und ihren Nebenstraßen bummeln kann. Auf der Carrall Street oder einer Parallelstraße geht es nach **Chinatown** hinüber, wo die West Pender Street und ihre Umgebung zu Erkundungen einladen. Von Chinatown ist man in wenigen Minuten wieder zurück in Downtown.

2 Hope

Stadt des »Rambo« im Tal des Fraser River

Route: Vancouver – Hope (186 km)

km	Zeit	Route
0	9.00 Uhr	Ab **Vancouver** Trans-Canada Hwy. nach Osten, Abfahrt am
111	10.00 Uhr	Harrison Hot Springs Exit, Fahrt nach **Harrison Hot Springs** (32 km hin und zurück). Baden und Strandaufenthalt am **Harrison Lake** und/oder Besuch der **Kilby Historic Site**,

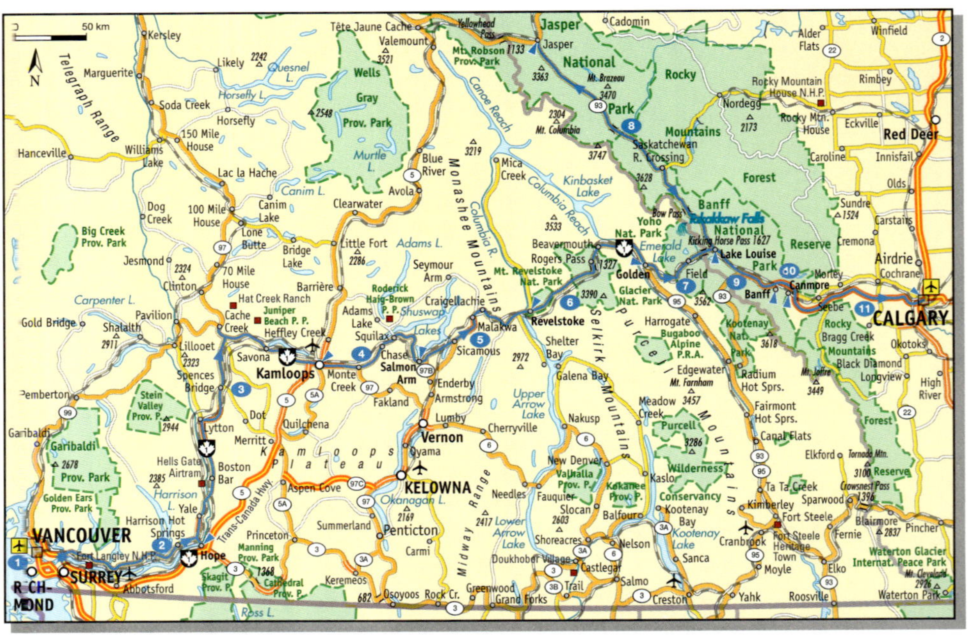

143	16.15 Uhr	weiter auf dem Trans-Canada Hwy. nach
186	17.00 Uhr	**Hope**, Spaziergang durch die Othello Quintette Tunnels.

Ab **Vancouver** fährt man den Trans-Canada Highway (Hwy. 1) in Ostrichtung. Die stark frequentierte Autobahn schlängelt sich durch die östlichen Vororte von Vancouver und folgt später dem Südufer des Fraser River. Der anfänglich dichte Verkehr lässt in der Umgebung des weiten, landwirtschaftlich geprägten Fraser River Valley allmählich nach.

Am Harrison Hot Springs Exit verlässt man den Trans-Canada Highway und folgt dem Highway 9 nach **Harrison Hot Springs** (vgl. S. 92 f.) und zum See. Bei schönem Wetter tut man gut daran, dort einen mehr oder weniger ausgedehnten Strandaufenthalt einzulegen und wahlweise einen Besuch der **Kilby Historic Site** oder der **Minter Gardens** hinzuzufügen.

Danach geht es auf dem Trans-Canada Highway East weiter nach **Hope** (vgl. S. 93 ff.), das vor den Küstenbergen am Ende des breiten Fraser-Tals liegt. Ein Spaziergang durch die **Othello Quintette Tunnels** bildet den Abschluss des Tagesprogramms.

3 Kamloops

Im trockenheißen Inland British Columbias

Route: Hope – Lytton – Cache Creek – Kamloops (299 km)

km	Zeit	Route
		Vgl. Karte S. 220.
0	9.00 Uhr	Abfahrt in **Hope** auf dem Trans-Canada Hwy. zum Fraser Canyon,
54	9.30 Uhr	Stopp an der **Hell's Gate Air Tram** und Fahrt in den Canyon.
		Weiterfahrt über
108	12.00 Uhr	**Lytton** nach
193	13.00 Uhr	**Cache Creek**, von dort Abstecher zur **Hat Creek Ranch** (hin und zurück 22 km),

Die Westkreischeule – »Western Screech Owl« – lebt in den Wäldern westlich der Rocky Mountains

215	14.30 Uhr	weiter auf dem Trans-Canada Hwy. bis
299	15.30 Uhr	**Kamloops**, Besuch des **Secwepemc Museum** und der **Sunmore Ginseng Factory,**
	19.00 Uhr	Fahrt mit der **Kamloops Heritage Railway**.

Von **Hope** führt die Route auf dem Trans-Canada Highway längs des Flusses nach Norden. Im **Fraser Canyon** wird die Landschaft zunehmend trockener. Die Coast und Cascade Mountains rücken immer mehr zusammen, bis sie schließlich an der engsten Stelle im Fraser Canyon nur noch 33 Meter auseinanderklaffen. An diese Stelle des Canyons gelangt man mit einer der roten Kabinen der **Hell's Gate Air Tram** (vgl. S. 95) hinunter.

Bei **Lytton** (vgl. S. 100), einem Zentrum des Wildwassersports, verlässt der Trans-Canada Highway den Fraser River und folgt nunmehr dem wilden, engen Felsental des North Thompson River flussaufwärts. Ein Besuch der historischen **Hat Creek Ranch** (vgl. S. 86) elf Kilometer nördlich der Kleinstadt Cache Creek bringt dem Reisenden das traditionelle Ranchwesen dieser Region näher.

Östlich von Cache Creek bietet sich ein Stopp im wüstenhaften **Juniper Beach Provincial Park** (vgl. S. 86) am Thompson River. Es ist eine der wenigen Stellen, wo man an das Flussufer herankommt und auch ein kleiner Campingplatz existiert.

In seinem weiteren Verlauf führt der Trans-Canada Highway nach **Kamloops** (vgl. S. 95 ff.), das mit dem Besuch des **Secwepemc Museum** und der **Sunmore Ginseng Factory** Informationen zur indianischen Kultur der Region und dem Ginsenganbau bietet. Eventuell ist am Abend eine Dampfzugfahrt mit der **Kamloops Heritage Railway** möglich.

Hat Creek Ranch an der Cariboo Wagon Road

Im Roderick Haig-Brown Provincial Park bei Squilax

4 Shuswap Lakes

Wunderbares Wassersportparadies in weiten Wäldern

Route: Kamloops – Salmon Arm/Shuswap Lakes (108 km)

km	Zeit	Route	Vgl. Karte S. 220.
0	9.00 Uhr	Von **Kamloops** weiter auf dem Trans-Canada Hwy. über	
65	9.45 Uhr	Chase in Richtung **Shuswap Lakes**,	
73	10.00 Uhr	bei Squilax Abzweig zum **Roderick Haig-Brown P.P.**, kurze Wanderung im Park, weiter auf dem Trans-Canada Hwy. nach	
108		**Salmon Arm**.	

Die Fahrt mit der **Kamloops Heritage Railway** kann auch an einem Samstagvormittag stattfinden. Entlang dem South Thompson River geht die Fahrt auf dem Trans-Canada Highway über die Kleinstadt Chase weiter in eine sich verändernde Landschaft.

Die Gegend wird wieder grüner, der Wald reicht bis an die Fluss- und Seeufer. In Squilax lohnt sich, insbesondere zu Zeiten der Lachszüge im Herbst, ein Abstecher zum Adams River im **Roderick Haig-Brown Provincial Park** (vgl. S. 112). Bemerkenswert ist die rustikale, kleine Jugendherberge von Squilax, wo Gäste in ausgedienten Eisenbahnwaggons direkt am Seeufer nächtigen können.

Der Highway schlängelt sich entlang den **Shuswap Lakes** (vgl. S. 111 f.), die als Paradies für Hausbootferien bekannt sind, bis zum Etappenziel **Salmon Arm**.

Forellenangeln in British Columbia

Bei Craigellachie wurden 1885 die östlichen und westlichen Schienenstränge der transkontinentalen Eisenbahn vereinigt

5 Revelstoke National Park

Ein Berg, ein Nationalpark und ein Eisenbahnstädtchen

Route: Salmon Arm – Revelstoke National Park (105 km)

km	Zeit	Route
0	9.00 Uhr	Ab **Salmon Arm** weiter dem Trans-Canada Hwy. folgen bis
31	9.30 Uhr	**Sicamous**, unterwegs Stopp in **Craigellachie**; vom Trans-Canada Hwy. zweigt man ab in das Stadtzentrum von
101	10.30 Uhr	**Revelstoke**, Stadtbummel, Besuch des Eisenbahnmuseums, weiter zum benachbarten
103	12.30 Uhr	**Mount Revelstoke National Park** und am Abend wieder zurück nach
105		**Revelstoke**.

Von **Salmon Arm** geht es weiter auf dem Trans-Canada Highway nach **Sicamous**. Schließlich verlässt der Highway das Seengebiet wieder und wendet sich nunmehr ins Tal des Eagle River und auf die Monashee Mountains zu. Bei **Craigellachie**, das heute eine historische Gedenkstätte ist, wurden 1885 beim Bau der transkontinentalen Eisenbahn die östlichen und westlichen Schienenstränge vereinigt.

In dem beschaulichen Eisenbahnstädtchen **Revelstoke** (vgl. S. 111) ergibt sich vor dem Besuch des Eisenbahnmuseums die Gelegenheit zu einem kurzen Stadtbummel und dem Besuch des National Park Visitor Centre.

Nördlich des Städtchens und des Trans-Canada Highway erhebt sich das Massiv des **Mount Revelstoke** (vgl. S. 111) mit dem gleichnamigen Nationalpark. Die Fahrt auf dem **Meadows in the Sky Parkway** zum Gipfelbereich sollte man sich bei gutem Wetter nicht entgehen lassen. Im Juli und August ist ein Spaziergang auf den Wildblumenwiesen eine Wonne.

6 Golden

Gletscher, Wölfe und Bisons

Route: Revelstoke National Park – Glacier National Park – Golden (148 km)

Vgl. Karte S. 220.

km	Zeit	Route
0	9.00 Uhr	Ab **Revelstoke** dem Trans-Canada Hwy. entlang dem Revelstoke National Park folgen, unterwegs zwei kurze Trails, weiter zum
76	10.30 Uhr	**Rogers Pass/Glacier National Park**, Besuch des Visitor Centre, einige kürzere Wanderungen, Tagesziel ist
148	14.30 Uhr	**Golden**. Besuch des **Northern Lights Wolf Centre** und der **Bisonranch**.

Von **Revelstoke** führt der Trans-Canada Highway am südlichen Rand des Mount Revelstoke National Park durch das Tal des Illecillewaet River. Unterwegs bietet sich die Gelegenheit zu zwei Kurzwanderungen durch den Regenwald am Fuße des Mount Revelstoke. Nächste Station ist der **Glacier National Park** (vgl. S. 90), wo man das Rogers Pass Visitor Centre besucht. In der grandiosen Hochgebirgsumgebung empfehlen sich vor der Weiterfahrt nach Golden ein oder zwei kurze Wanderungen. Im **Blaeberry Valley** nördlich von Golden (vgl. S. 91 f.) warten das **Northern Lights Wolf Centre** und die **Bisonranch** auf einen Besuch.

7 Yoho National Park

Kleiner, aber feiner Nationalpark in den Rocky Mountains

Route: Golden – Lake Louise/Banff National Park (81 km)

km	Zeit	Route	Vgl. Karten S. 220 und 179.
0	8.30 Uhr	Von **Golden** erfolgt die direkte Fahrt auf dem Trans-Canada Hwy. in den **Yoho National Park**.	
22		In **Field** Besuch des National Park Visitor Centre, Abstecher zum **Emerald Lake** und zu den **Takakkaw Falls**, Aussichtspunkte auf die **Spiral Tunnels**, Stopp an der **Kicking Horse National Historic Site**,	
71	18.15 Uhr	Grenze **Banff National Park**, der Trans-Canada Hwy. zweigt ostwärts ab nach	
81	18.30 Uhr	**Lake Louise/Banff National Park**.	

Von **Golden** führt der Trans-Canada Highway in den **Yoho National Park** (vgl. S. 195 ff.). In **Field** besucht man das National Park Visitor Centre (vgl. S. 197). Bei einem Abstecher zum **Emerald Lake** bieten sich Gelegenheiten zu einer Wanderung oder einer Kanufahrt auf dem leuchtend blauen See.

Lohnend ist ebenfalls ein Trip zu den **Takakkaw Falls** im Yoho Valley. Auf der Yoho Valley Road trifft man auf den Aussichtspunkt auf den **Upper Spiral Tunnel**. Den Aussichtspunkt auf den **Lower Spiral Tunnel** (vgl. S. 196) entdeckt man bei der Weiterfahrt auf dem Trans-Canada Highway. An beiden Aussichtspunkten kann man kilometerlange Züge bei der Ein- und Ausfahrt beobachten. Danach geht es weiter auf dem Trans-Canada Highway nordwärts bis nach **Lake Louise** (vgl. S. 177 ff.) im Banff National Park.

Eine Herde »Bighorn Mountain Sheep« im Banff-Nationalpark

8 Banff National Park und der Icefields Parkway

Auf der Traumstraße durch die Rocky Mountains

Route: Lake Louise – Columbia Icefield – Lake Louise (260 km)

km	Zeit	Route
0	9.00 Uhr	**Lake Louise/Banff National Park** auf dem Icefields

		Parkway zum
130	13.00 Uhr	**Columbia Icefield Centre/Jasper National Park**, von dort Rückfahrt nach
260		**Lake Louise**.

»Hoodoos« – die bizarren Erdpyramiden im Bow River Valley im Banff National Park

Von **Lake Louise** im Banff National Park verläuft der **Icefields Parkway** (vgl. S. 178 ff.) in traumhafter Streckenführung vorbei an Herbert Lake, Hector Lake und Crowfoot Glacier. Eindrucksvolle Bilder der Hochgebirgslandschaft liefert ein Spaziergang am **Bow Lake** (vgl. S. 179) und zum **Bow Glacier**, den man mit einem Besuch in der Num-Ti Jah Lodge verbinden kann. Ein unverzichtbarer Stopp gilt dem **Bow Summit**. Der Blick auf den **Peyto Lake** und das unberührt erscheinende **Mistaya Valley** ist einfach unvergleichlich.

Weitere Stopps und Kurzwanderungen, wie der Trail zum wildromantischen **Mistaya Canyon**, unterbrechen die Autofahrt immer wieder. Nachfolgend passiert der Icefields Parkway **Saskatchewan Crossing**, wo Highway 11 und der North Saskatchewan River zu den Prärien im Osten abzweigen.

Die **Weeping Wall** (vgl. S. 180), wo Bäche aus der Felswand strömen, und die Kurven des mächtigen **Big Bend Hill** (vgl. S. 180) mit dem anschließenden fantastischen Ausblick sind nur zwei weitere der vielen landschaftlichen Besonderheiten am Icefields Parkway. Sehr schön ist die Wanderung auf dem Parker Ridge Trail mit Aussicht auf den **Saskatchewan Glacier** (vgl. S. 180).

Der Sunwapta Pass bildet den Übergang zum **Jasper National Park** (vgl. S. 184 ff.), wo der **Athabasca Glacier** und das **Icefield Centre** die großen Anziehungspunkte sind. Von dort aus geht es auf selber Strecke wieder zurück nach Süden. Der Abstecher ist besonders bei gutem Wetter in jedem Fall lohnenswert, denn die Anblicke der Hochgebirgsszenerie sind aus beiden Richtungen fantastisch und sehenswert.

9 Banff

Das touristische Herz des Banff National Park

Route: Lake Louise – Banff (56 km) **Vgl. Karte S. 220.**

km	Zeit	Route
0	9.00 Uhr	Abfahrt vom Ort **Lake Louise** auf dem Lake Louise Drive zum gleichnamigen See.
5		Wanderung vom **Chateau Lake Louise** entlang dem Seeufer, dann ein Stück auf dem Lake Louise Drive zurückfahren und auf die Moraine Lake Road abbiegen zum

◁ Die Takakkaw Falls sind mit 380 Metern – wenn man alle Kaskaden zählt – die zweithöchsten Wasserfälle Kanadas

km	Zeit	Route
	11.00 Uhr	**Moraine Lake**, kurzer Aufstieg auf den **Rock Pile** und Spaziergang am Ufer, zurück nach **Lake Louise** und weiter auf dem
	13.00 Uhr	Trans-Canada Hwy. oder Bow Valley Parkway (Hwy. 1A) nach
56	13.30 Uhr	**Banff**, Stadtbummel und Lunch in Downtown, Fahrt mit der **Sulphur Mountain Gondola**, Wanderung im Gipfelbereich, abends Baden in den **Upper Hot Springs**.

Der Morgen beginnt mit einem Spaziergang am **Lake Louise** (vgl. S. 177), dem See, der oft als der schönste der kanadischen Rockies bezeichnet wird. Neben der kurzen Uferwanderung kann man eine Paddeltour auf dem See unternehmen. Anschließend erfolgt der Abstecher zum Moraine Lake, der Lake Louise in seiner Schönheit nicht nachsteht. Manche halten den von den Ten Peaks umrahmten Bergsee sogar für den Favoriten.

Eher scheu: die »Moose« genannten großen kanadischen Elche

Wahlweise auf dem Trans-Canada Highway oder dem Bow Valley Parkway (Hwy. 1 A) fährt man dann nach **Banff** (vgl. S. 174 ff.), in das touristische Herz des Banff National Park. Der Bow Valley Parkway ist die kurvigere, aber landschaftlich reizvollere Alternative zum autobahnähnlichen Trans-Canada Highway, in dessen Verlauf allerdings einige der Tierbrücken zu sehen sind.

In Banff lohnt sich angesichts der Vielfalt an Geschäften und Restaurants ein Stadtbummel. Bei gutem Wetter folgt dann eine Fahrt mit der **Sulphur Mountain Gondola** auf den Gipfel. Die Wanderung im Gipfelbereich beeindruckt mit herrlichem Talblick ringsherum.

Anschließend lockt das Thermalbad der **Upper Hot Springs** zum entspannenden abendlichen Bad.

10 Canmore und Kananaskis Country

Schönes Land auf der Ostseite der Rocky Mountains

Route: Banff – Canmore (21 km) **Vgl. Karte S. 220.**

km	Zeit	Route
0	9.00 Uhr	Von **Banff/Banff National Park** kurze Fahrt nach
21	9.30 Uhr	**Canmore**, Besuch des Canmore Museum & Geoscience Centre und des Canmore Nordic Centre.
	12.00 Uhr	Rundfahrt durch das **Kananaskis Country**, Stopp im **Kananaskis Village**, Kurzwanderungen und Stopps im **Peter Lougheed P.P.** und **Spray Lakes P.P.** und zurück nach
155	19 Uhr	**Canmore**.

Von **Banff** geht es auf dem Trans-Canada Highway zügig nach **Canmore** (vgl. S. 183 f.), wo das **Canmore Museum & Geoscience Centre** und das **Canmore Nordic Centre** auf dem Programm stehen Von Canmore lohnt sich eine Tagestour durch das herrliche **Kananaskis Country**, zum **Kananaskis Village** und den wilden, tierreichen Landschaften von **Peter Lougheed Provincial Park** und **Spray Lakes Provincial Park.** Immer wieder gibt es dort Gelegenheiten zum Wandern, Picknicken oder Genießen der Aussichten, sodass man die Tour zeitlich ohne Weiteres beliebig ausdehnen kann.

Kananaskis Country: schönste Gebirgslandschaft am östlichen Rand der Rocky Mountains

11 Calgary

Albertas Präriemetropole

Route: Canmore – Calgary (100 km) **Vgl. Karte S. 220.**

km	Zeit	Route
0	9.00 Uhr	Von **Canmore** auf dem Trans-Canada Hwy. nach
90	10.00 Uhr	**Calgary**. Am Westrand Besuch des **Olympic Park** und Audiotour durch die **Hall of Fame**, weiter zum
100	12.00 Uhr	Stadtbummel durch **Downtown Calgary**, Lunch und Besuch der Aussichtsetage des **Calgary Tower**, später Ausflug zum **Fort Calgary** oder in den **Zoo**.

Einen Stadtplan von Calgary sowie weitere Informationen finden Sie auf den Seiten 150 bis 161.

Von **Canmore** bringt der Trans-Canada Highway den Autofahrer zügig nach **Calgary**. Im **Canada Olympic Park** (vgl. S. 158) bietet sich die Gelegenheit zur Audiotour durch die **Olympic Hall of Fame and Museum**, bei der man Interessantes und längst Vergessenes zu den Olympischen Winterspielen von 1988 erfährt.

Mit dem Aufzug fährt man zur Sprungschanze hoch. Bei klarem Wetter genießt man eine Fernsicht über die weite, hügelige Prärielandschaft von den Hochhäusern in Calgarys Innenstadt im Osten bis zu der gezackten Linie der Rocky Mountains am westlichen Horizont. Für Familien mit kleineren Kindern steht statt des Olympic Park eventuell auch ein Besuch des nahen Vergnügungsparks **Calaway Park** (vgl. S. 158) auf dem Programm.

Für einen Einkaufsbummel in Downtown eignen sich die **Stephen Avenue Mall** (vgl. S. 152) und ihre Nebenstraßen mit diversen Westerngeschäften, einer großen Buchhandlung und dem traditionsreichen Kaufhaus **The Bay**.

Nach dem Einkaufsvergnügen kommen der Besuch der Aussichtsetage des **Calgary Tower** (vgl. S. 152 f.) und ein Lunch im Drehrestaurant gerade recht. Beide bieten eine großartige Rundumsicht. Im Anschluss könnte man noch das **Fort Calgary** (vgl. S. 156 f.) und/oder den **Calgary Zoo** (vgl. S. 157 f.) besuchen.

Route 3 (lila Route)
Rundfahrt von Vancouver durch das südlich-zentrale British Columbia

Vancouver – Hope (Anschluss an Route 2) – Kelowna – Vernon (Anschluss an Route 2 über Shuswap Lakes) – Nakusp (Anschluss an Route 2 über Revelstoke) – Kaslo – Nelson – Creston (Anschluss an Route 4 über Cranbrook) – Castlegar – Osoyoos – Penticton – Manning P.P. – Hope – Vancouver (1900 km)

1 Hope
Stadt des »Rambo« im Tal des Fraser River

Route: Vancouver – Hope (186 km), inkl. Abstecher nach Harrison Hot Springs, vgl. S. 220 f.

2 Kelowna
Im Herzen des Okanagan Valley

Route: Hope – Kelowna (245 km)

km	Zeit	Route
0	8.30 Uhr	Ab **Hope** auf dem Coquihalla Hwy. nach
117	9.30 Uhr	**Merritt**, Abzweig auf den Hwy. 97 C nach

245	11.00 Uhr	**Kelowna**, Fahrt zum Mount Knox, anschließend Kelowna.
Abends:		Weinprobe bei der **Cedar Creek Estate Winery**.

Von Hope geht es auf dem mautpflichtigen Coquihalla Highway nach Merritt, wo der Highway 97 C nach Kelowna abzweigt. In **Kelowna** (vgl. S. 97 f.) genießt man die Aussicht vom Mount Knox und fährt anschließend zum Lunch nach Downtown Kelowna und zur Weinprobe bei den **Calona Vineyards**. Mehr zum Thema Weinanbau im Okanagan Valley vermitteln das **Orchard Industry Museum** und das **Wine Museum**. Eine Weinprobe bei der **Cedar Creek Estate Winery** schließt das Besichtigungsprogramm des Tages ab.

»Cattle Drive« bei Merritt

3 Vernon

Nördlichste Stadt im Okanagan Valley

Route: Kelowna – Vernon (70 km) **Vgl. Karte S. 230.**

km	Zeit	Route
0	9.00 Uhr	Von **Kelowna** auf dem Hwy. 97 North nach
46	9.45 Uhr	**Vernon**, Aussicht vom **Kalamalka Lake Viewpoint**. Anschließend Seerundfahrt auf dem **Okanagan Lake** und Besuch der **Davison Orchards**, weiter zur
58	16.30 Uhr	**O'Keefe Ranch** und
70	19.00 Uhr	zurück nach **Vernon**.

Vom **Kalamalka Lake Viewpoint** in **Vernon** (vgl. S. 114 f.) schweift der Blick weit über den blauen See. Wer bekommt da keine Lust auf ein Bad? Danach geht es zum **Okanagan Lake** hinüber zu einer Seerundfahrt mit der »Spirit of the Okanagan«. Mit ihren Obstplantagen und Feldern, die dank der Bewässerung üppig gedeihen, untermauern die **Davison Orchards** (vgl. S. 115) die wichtige Rolle des Wassers im Okanagan Valley.

Die **O'Keefe Ranch** (vgl. S. 115) nördlich von Vernon zeichnet ein Bild vom Ranchleben im Okanagan Valley zur Mitte des 19. Jahrhunderts.

Wiesenklee – »Red Clover«

4 Nakusp
Kleinstadtidylle am Upper Arrow Lake

Route: Vernon – Nakusp (218 km)

km	Zeit	Route	vgl. Karte S. 230.
0	9.00 Uhr	Ab **Vernon** auf Hwy. 6 durch die Monashee Mountains, zur	
135	11.00 Uhr	Überfahrt mit der **Needles–Fauquier Ferry**, weiter auf dem Hwy. 6 am Ostufer des Arrow Lake nach	
194	12.00 Uhr	**Nakusp**, anschließend zum	
206		Thermalbad **Nakusp Hot Springs**. Zurück nach	
218		**Nakusp**.	

Kanadareiher (»Great Blue Heron«) bevorzugen die Nähe von Seen, Flüssen und Sümpfen

In schönster Streckenführung windet sich Highway 6 ostwärts durch die Monashee Mountains und erreicht am 1199 Meter hohen **Monashee Pass** seinen höchsten Punkt. Alle halbe Stunde legt die kostenlose **Needles–Fauquier Ferry** (vgl. S. 105) ab. Nach fünf Minuten Überfahrt geht es entlang dem Ostufer des Upper Arrow Lake nach **Nakusp** (vgl. S. 103 ff.) in den Selkirk Mountains. Dort lockt bei schönem Wetter ein erfrischendes Bad. Wer wärmeres Wasser bevorzugt, ist zwölf Kilometer nördlich von Nakusp beim Thermalbad **Nakusp Hot Springs** (vgl. S. 105) oder wahlweise in den 32 Kilometer nördlich von Nakusp gelegenen **Halcyon Hot Springs** (vgl. S. 105) richtig. Einen passenden Abschluss des Tagesprogramms liefert ein Abendspaziergang am Seeufer von **Nakusp**.

5 Nelson
Malerisches Städtchen am Kootenay Lake

Route: Nakusp – Nelson (164 km)

km	Zeit	Route	vgl. Karte S. 230.
0	8.30 Uhr	Ab **Nakusp** strebt Hwy. 6 südwärts nach	
47	9.00 Uhr	**New Denver**, dort zweigt die Route ab auf den Hwy. 31A – Abstecher nach **Sandon** und zum **Idaho Peak** (Zeit einplanen und 55 km dazu rechnen) möglich – weiter nach	
94	9.45 Uhr	**Kaslo**, Besichtigung der SS »Moyie« National Historic Site, weiter Hwy. 31 nach	
115	11.15 Uhr	**Ainsworth Hot Springs**, Schwimmen in der Badehöhle, von dort Hwy. 31 vorbei an der	

130	13.00 Uhr	Balfour-Kootenay Bay Ferry, Fortsetzung der Fahrt auf dem Hwy. 3A nach
164	13.30 Uhr	**Nelson**. Stadtbummel, Besuch des Museums **Touchstones Nelson** und Fahrt mit der Streetcar 23.

Östlich von **New Denver** legt man bei gutem Wetter einen Abstecher vom Highway 31 A zur Geisterstadt **Sandon** (vgl. S. 104, plus 13 km je Strecke) ein. Von dort aus geht es eventuell weiter zum Aussichtspunkt auf dem **Idaho Peak** (vgl. S. 104, plus weitere 19,5 km je Strecke).

In dem hübsch am Ufer des Kootenay Lake gelegenen **Kaslo** (vgl. S. 106) wird der **Schaufelraddampfer SS »Moyie«** besichtigt, der 59 Jahre lang Minenarbeiter und Fracht zu den Bergwerken transportierte.

Danach geht es zum Schwimmen in die Badehöhle der **Ainsworth Hot Springs** (vgl. S. 106), 49 Kilometer nördlich von Nelson. Am Nachmittag bleibt in **Nelson** (vgl. S. 105 ff.) Zeit zum Lunch und einem anschließenden Stadtbummel, zum Besuch von **Touchstones Nelson** und einer Fahrt mit der Streetcar 23.

6 Creston

Bierbrauerstadt am Fuße der Columbia Mountains

Route: Nelson – Creston (136 km)

km	Zeit	Route	vgl. Karte S. 230.
0	9.00 Uhr	Von **Nelson** geht es zur	
34	9.30 Uhr	**Balfour-Kootenay Bay Ferry**, weiter auf Hwy. 3 A nach Süden, unterwegs Stopp am **Boswell Glass House**, weiter nach	
114	12.00 Uhr	**Creston**, 13 Uhr Führung durch die **Columbia Brewery**. Weiter auf Hwy. 3 West zur	
125	14.30 Uhr	Creston Valley Wildlife Management Area und zurück nach	
136		**Creston**.	

Der Highway 3 A verlässt Nelson in nördlicher Richtung und gelangt schnell zur **Balfour-Kootenay Bay Ferry**. Knapp über eine halbe Stunde dauert die Überfahrt über den **Kootenay Lake** (vgl. S. 105) – das ist die längste kostenlose Fährfahrt in British Columbia. Hohe Gipfel mit dunklen Wäldern, die bis fast ins Wasser reichen, begleiten die Fahrt.

144 Kilometer lang ist der See, aber nur rund vier Kilometer breit, seine Wassertiefe beträgt durchschnittlich 150 Meter.

Weiter geht es auf dem Highway 3A am Ostufer des Sees entlang, zwischen Highway und Seeufer liegt das aus Glasflaschen erbaute **Boswell Glass House** (vgl. S. 89). **Creston** (vgl. S. 89) lädt ein zur Führung durch die **Columbia Brewery** und anschließenden Bierproben. Gerade im Frühjahr und Sommer ist eine Wanderung durch die Marsch der **Creston Valley Wildlife Management Area** (vgl. S. 89) westlich der Stadt reizvoll, denn dann sind dort besonders viele Vogelarten zu beobachten.

Im kanadischen Sommer blühen riesige Felder wilder blauer Lupinen

7 Castlegar
Stadt an Columbia River und Lower Arrow Lake

Route: Creston – Castlegar (160 km)

km	Zeit	Route	Vgl. Karte S. 230.
0	9.00 Uhr	Ab **Creston** Hwy. 3 West, über	
83	10.00 Uhr	**Salmo** weiter auf dem Hwy. 3 nach	
122	10.30 Uhr	**Castlegar**, Besuch des **Doukhobor Discovery Centre** und des **Zuckerberg Island Heritage Park**, Lunch, und ein Abstecher zum	
134	13.30 Uhr	**BC Hydro Hugh Keenleyside Dam** und zum	
141	14.00 Uhr	**Syringa P.P.**, von dort aus wieder zurück nach	
160	18.00 Uhr	**Castlegar**.	

Von Creston schlängelt sich der Highway 3 westwärts durch die **Selkirk Mountains**. Über den 1774 Meter hohen Kootenay Pass geht es via Salmo nach **Castlegar** (vgl. S. 86 f.) im Herzen der Kootenay-Region. In der Stadt an der Mündung des Kootenay in den Columbia River bieten sich das **Doukhobor Discovery Centre** und der **Zuckerberg Island Heritage Park** für einen Besuch an.

Am Nachmittag führt die Route vorbei am **BC Hydro Hugh Keenleyside Dam** zum hübschen **Syringa Creek Provincial Park** (vgl. S. 87) mit seinen Bademöglichkeiten am östlichen Ufer des Lower Arrow Lake und anschließend zurück nach **Castlegar**.

8 Osoyoos
Wüstenstädtchen an der kanadisch-amerikanischen Grenze

Route: Castlegar – Osoyoos (220 km)

km	Zeit	Route	Vgl. Karte S. 230.
0	9.00 Uhr	Ab **Castlegar** auf Hwy. 3 West, Stopp zur	
70	10.00 Uhr	Badepause im **Christina Lake P.P.**, Weiterfahrt über	
94	13.00 Uhr	**Grand Forks** nach	
220	15.00 Uhr	**Osoyoos**, Besuch des **Osoyoos Desert Centre** und des Nk'Mip Desert & Heritage Centre.	

Von Castlegar führt die Route auf dem Highway 3 westwärts. Unterwegs geht es über den 1535 Meter hohen Bonanza Pass. Herrlich ist eine Badepause am **Christina Lake** (vgl. S. 87), dem mit 23 Grad wärmsten Badesee Kanadas. Je schöner das Wetter, desto ausgedehnter wird der Aufenthalt sein. Über **Grand Forks** geht es weiter nach Westen. Etappenendpunkt ist **Osoyoos** (vgl. S. 107 f.), die kleine Stadt am Südende des wüstenhaften **Okanagan Valley**.

Die Wüste mit ihrer interessanten Flora und Fauna sowie das

extreme Klima sind Thema in dem neun Kilometer nördlich des Städtchens gelegenen **Osoyoos Desert Centre** (vgl. S. 108). Mehr über die Wüste und die regional ansässigen Indianer vermittelt ein Besuch des **Nk'Mip Desert & Heritage Centre** (vgl. S. 108).

9 Penticton

Am Südende des Okanagan Lake

Route: Osoyoos – Penticton (102 km)

km	Zeit	Route	Vgl. Karte S. 230.
0	9.00 Uhr	**Osoyoos**, Besuch der **Pocket Desert Federal Ecological Reserve** und	
2	10.30 Uhr	Badepause im **Haynes Point P.P.**, zurück nach	
4	13.00 Uhr	Osoyoos und weiter über	
27		**Oliver** nach	
39	15.30 Uhr	**Okanagan Falls**. Besichtigung des **Dominion Radio Astrophysical Observatory**, weiter nach	
62	17.00 Uhr	**Penticton**, Besichtigung des Schaufelraddampfers **SS »Sicamous«**, weiter nach	
82	18.30 Uhr	**Summerland**, dort Aussicht vom **Giants Head**, bevor es wieder zurück geht nach	
102	20.00 Uhr	**Penticton**.	

Bei Osoyoos bietet sich die Gelegenheit zu einer kurzen Wanderung in der **Pocket Desert Federal Ecological Reserve** (vgl. S. 107) an der Black Sage Road, dem Herzstück der hiesigen Wüste. Anschließend geht es zum Baden in den **Haynes Point Provincial Park** (vgl. S. 108), der südlich der Stadt auf einer Landzunge in den Osoyoos Lake vorstrebt.

Von Osoyoos führt der Highway 97 North via Oliver nach **Okanagan**

Am Osoyoos Lake im fruchtbaren Okanagan Valley

Falls (vgl. S. 110), 23 Kilometer südwestlich von Penticton. Dort befindet sich das **Dominion Radio Astrophysical Observatory** mit seinen leistungsstarken Teleskopen.

In **Penticton** (vgl. S. 109 f.) besichtigt man den restaurierten, kohlengefeuerten Schaufelraddampfer **SS »Sicamous«**, der ebenso wie der Schleppdampfer »Naramata« am Ufer des Okanagan Lake liegt.

Im Kleinstädtchen **Summerland** fährt man von der Prairie Valley Road ab auf die Zufahrt zum **Giants Head**, wo man in den Genuss der abendlichen Aussicht auf das Okanagan Valley kommt.

10 Manning Provincial Park
Wunderbare Wildnis am Crowsnest Highway

Route: Penticton – Hope (245 km)

km	Zeit	Route	Vgl. Karte S. 230.
0	8.30 Uhr	Ab **Penticton** Hwy. 97 South, Hwy. 3A West und Hwy. 3 West, nach	
45	9.15 Uhr	Keremeos, Besichtigung der **Keremeos Grist Mill**, weiter dem Hwy. 3 West folgen über	
112	10.15 Uhr	**Princeton** zum	
160	11.15 Uhr	**Manning Provincial Park**, Pause im Park zum Wandern, weiter nach	
245	19.30 Uhr	**Hope**.	

Manning Provincial Park: Die herrlichen Blüten der wilden Rhododendronbüsche sehen Sie am besten zwischen Anfang und Mitte Juni

Ab Penticton folgt die Route dem Highway 97 South, dem Highway 3 A West und schließlich weiter dem Highway 3 West. Erster Stopp bietet sich an der idyllisch gelegenen **Keremeos Grist Mill** (vgl. S. 108). Über Princeton geht es weiter zum **Manning Provincial Park** (vgl. S. 101). Im Park gibt es Gelegenheit zu einigen schönen Kurzwanderungen. Über den 1432 Meter hohen Allison Pass führt Highway 3 West zum Etappenendpunkt **Hope** (vgl. S. 93 ff.), der letzten Station vor dem Ende der Route in Vancouver.

11 Vancouver
Rückfahrt nach Vancouver

Route: Hope – Vancouver (154 km, vgl. S. 220 f.)

Route 4 (grüne Route)
Rundfahrt von Calgary durch Südalberta und den Südosten von British Columbia

Die Routenkarte finden Sie auf Seite 238.

Route: Calgary – Fort MacLeod – Cardston – Waterton N.P. – Crowsnest Pass – Fernie – Cranbrook (Anschluss an Route 3) – Kimberley – Kootenay N.P. (Anschluss an Route 2 über Golden) – Banff N.P. – Calgary (1047 km)

1 Calgary

Einen Stadtplan von Calgary sowie weitere Informationen finden Sie auf den Seiten 150 bis 161 und auf Seite 229.

2 Lethbridge
Bisons, berittene Polizisten und bemerkenswerte Botanik

Route: Calgary – Lethbridge (252 km)

km	Zeit	Route
0	9.00 Uhr	Ab **Calgary** auf dem Hwy. 2 South in Richtung Fort Macleod,
162	11.00 Uhr	kurz vor Fort Macleod am Abzweig des Hwy. 785 West vom Hwy. 2 und Abstecher zum

Bison in freier Wildbahn

180	11.15 Uhr	**Head-Smashed-In Buffalo Jump Interpretive Centre**, zurück auf dem Hwy. 785 East und weiter nach
201	14.00 Uhr	**Fort Macleod** zum **Fort Museum** und dem **Musical Ride**, anschließend
	16.00 Uhr	auf dem Hwy. 3 East nach
252	16.30 Uhr	**Lethbridge**, Besuch der **Nikka Yuko Japanese Gardens**.

Von **Calgary** führt die Route auf dem autobahnähnlich ausgebauten Highway 2 South zügig in Richtung **Fort Macleod** (vgl. S. 206 f.). Einen Kilometer vor der Kreuzung mit dem Highway 3 zweigt der Highway 785 West zum **Head-Smashed-In Buffalo Jump Interpretive Centre** (vgl. S. 207) ab.

Nach dem Museumsbesuch geht es auf dem Highway 785 zurück zum Highway 2 und nach Fort Macleod zum **Fort Museum**, wo man dem **Musical Ride** der rotberockten Mounties und ihrer prächtigen Pferde beiwohnen kann.

Auf dem Highway 3 East wird **Lethbridge** (vgl. S. 207 f.) mit den **Nikka Yuko Japanese Gardens** erreicht, die in ihrer gepflegten Anlage mit kunstvollen Arrangements von Pflanzen, Wasser und Steinen ein Bild fernöstlicher Ruhe und Harmonie vermitteln.

3 Waterton Lakes National Park

Von der Prärie zu den Gipfeln

Route: Lethbridge – Waterton Townsite/Waterton Lakes N.P. (131 km)

km	Zeit	Route
0	9.00 Uhr	**Lethbridge**, Besuch des **Fort Whoop-Up Interpretive Centre**, weiter
	10.00 Uhr	Hwy. 5 nach
77	11.00 Uhr	**Cardston**, dort Besuch des **Remington Carriage Museum** und Mittagessen, anschließend
	14.00 Uhr	weiter auf Hwy. 5 zum
131	14.30 Uhr	**Waterton Lakes N.P.**, Stadtbummel in **Waterton Townsite**, Besuch des Visitor Centre und Wanderung auf den **Bear's Hump**, Besuch des **Prince of Wales Hotel**.

Farbenspiel im Waterton Lakes National Park: der Red Rock Canyon

Das **Fort Whoop-Up Interpretive Centre** (vgl. S. 207) in Lethbridge erinnert an die Zeit Mitte des 19. Jahrhunderts, als die North West Mounted Police gegen die weißen Whiskeyschmuggler vorging und Albertas von Indianern besiedelte Prärien zunehmend von weißen Siedlern in Besitz genommen wurden.

Von Lethbridge führt der Highway 5 zunächst südwestwärts zur Kleinstadt **Cardston** (vgl. S. 201), wo das sehenswerte **Remington Carriage Museum** den Besucher erwartet. Nicht mehr weit ist es von dort zu den Rocky Mountains, die sich im Westen eindrucksvoll aus den baumlosen Prärien emporheben.

In **Waterton Townsite** im **Waterton Lakes National Park** (vgl. S. 192 ff.) beginnt die Parkerkundung am besten mit einem Stadtbummel und einem Besuch des National Park Visitor Centre.

Anschließend folgen eine Wanderung auf den **Bear's Hump** oberhalb des Visitor Centre und ein Besuch des **Prince of Wales Hotel**. Beide Ziele bieten hervorragende Ausblicke auf die grandiose Berglandschaft des Parks.

Wellige Strukturen: Getreidefeld in Südwestalberta

4 Waterton Lakes National Park

Rocky-Mountain-Bergwildnis im südwestlichen Alberta

Zeit	Programm
10.00 Uhr	Bootsfahrt mit der **MV »International«**.
12.30 Uhr	Fahrt auf dem 16 km langen **Akamina Parkway**, am **Cameron Lake** picknicken, ein Kanu mieten und auf dem ruhigen Bergsee paddeln, ein kurzes Stück entlang dem Westufer wandern.
17.00 Uhr	Dem **Red Rock Parkway** auf seinem 15 km langen Weg in die Berge folgen, kurzer Spaziergänge auf dem **Red Rock Canyon Trail** und zu den **Blakiston Falls**.

Wer statt der oben genannten Aktivitäten eine Tageswanderung bevorzugt, kann zwischen zwei sehr schönen Alternativen wählen: dem **Crypt Lake Trail** inklusive Bootsfahrt vom Waterton Lake und dem 20 Kilometer langen **Carthew-Alderson Trail** (vgl. S. 193 f.) vom Cameron Lake nach Waterton Townsite.

5 Crowsnest Pass

Bergwerksgeschichte in den Rockies

Route: Waterton Lakes N.P. – Crowsnest Pass (99 km)

km	Route
0	**Waterton Lakes National Park**, Hwy. 6 North nach
51	Pincher Creek, dort weiter auf dem Hwy. 3 West zum
99	**Crowsnest Pass**, dort Besichtigungen von **Bellevue Mine Underground, Leitch Collieries Provincial Historic Site, Frank Slide Interpretive Centre** und **Crowsnest Pass Museum.**

Vom **Waterton Lakes National Park** führt der Highway 6 nordwärts nach Pincher Creek. Von dort geht es via Highway 3 West nach **Crowsnest Pass** (vgl. S. 201 f.), einer aus mehreren kleinen Ortschaften bestehenden Gemeinde östlich des gleichnamigen Rocky-Mountain-Passes. In der Umgebung des Crowsnest Pass findet man die historischen **Bellevue Mine Underground** und die **Leitch Collieries**, die mit Ruinen und Führungen die Bergwerksgeschichte der Region widerspiegeln.

Das **Frank Slide Interpretive Centre** (vgl. S. 202) berichtet über den großen Erdrutsch anno 1903, bei dem eine ganze Bergflanke abstürzte, und das **Crowsnest Museum** gibt einen geschichtlichen Überblick über die Region.

Eine der Foto-Ikonen ▷ West-Kanadas: das Grün bedachte Prince of Wales Hotel auf einem kleinen Hügel über dem Waterton Lake

6 Cranbrook

Gelebte Geschichte

Route: Crowsnest Pass – Cranbrook (147 km)

km	Zeit	Route
0	9.00 Uhr	**Crowsnest Pass**, Hwy. 3 über
65	9.45 Uhr	Fernie zum
121	10.30 Uhr	Abzweig auf den Hwy. 93/95 North zur **Fort Steele Heritage Town**.
129	15.00 Uhr	Von Fort Steele Fortsetzung der Fahrt auf Hwy. 93/95 South und 3/95 South nach
147	15.30 Uhr	**Cranbrook**, Besuch des **Canadian Museum of Rail Travel**.

Wildwest: die Top of the World Ranch bei Cranbrook

Von der Gemeinde **Crowsnest Pass** geht es auf dem Highway 3 West über den 1396 Meter hohen, gleichnamigen Straßenpass, den niedrigsten und südlichsten Übergang über die kanadischen Rocky Mountains. Dem Highway 3 West folgt man über Fernie zum Abzweig auf den Highway 93/95 zur **Fort Steele Heritage Town** (vgl. S. 88),

»Canada Lynx« (Luchs) im Kootenay National Park: Aufgrund seiner Anpassungsfähigkeit an unterschiedlichste Lebensräume zählt er nicht zu den bedrohten Tierarten

dem großartigen Freilichtmuseum am Kootenay River.

Nach **Cranbrook** (vgl. S. 87 ff.) geht es dann wieder ein Stück südwärts auf dem Highway 3. Dort lebt im **Canadian Museum of Rail Travel** die Eisenbahnvergangenheit der Region wieder auf.

7 Kimberley

Oberbayern in West-Kanada

Route: Cranbrook – Radium Hot Springs/Kootenay National Park (164 km)

km	Zeit	Route
0	9.30 Uhr	**Cranbrook**, Abzweig auf Hwy. 95A nach
32	10.00 Uhr	**Kimberley**, Stadtbummel, Lunch und Fahrt mit der **Bavarian City Mining Railway**.
59	14.00 Uhr	Weiter zum Hwy. 95 und auf diesem nordwärts nach
164	15.30 Uhr	**Radium Hot Springs**, Baden in den heißen Quellen.

Von **Cranbrook** führt Highway 95A nach **Kimberley** (vgl. S. 98 f.), wo ein Bummel über das Platzl und durch seine bayerisch-gestylte Umgebung nicht fehlen darf. Der Highway 95A führt zum Highway 95 North. Auf diesem geht es vorbei am Columbia Lake, dem Quellsee des Columbia River, sowie dem Windermere Lake, langgestreckten See- und Feuchtgebieten am Fuße der Rocky Mountains.

Die Strecke folgt dem Lauf des jungen, wilden Columbia River bis nach **Radium Hot Springs** (vgl. S. 190 ff.), wo sich der Tag mit einem entspannten Bad in den gleichnamigen heißen Quellen von Kanadas größtem Thermalbad beschließen lässt.

Route 4

Hausberg von Banff: ▷ der markante Rundle Mountain

8 Kootenay National Park

Durch den schönen Kootenay National Park

Route: Radium Hot Springs – Banff/Banff N.P. (133 km)

km	Zeit	Route
0	9.00 Uhr	**Radium Hot Springs**, Besuch des Visitor Centre, Weiterfahrt auf dem Hwy. 93 North durch den **Kootenay National Park**,
16	10.00 Uhr	Stopp am **Kootenay Valley Viewpoint**, wahlweise ein Stopp bei
63		**Vermilion Crossing** mit Lodge und zweitem Visitor Centre,
85		kurze Wanderung zu den **Paint Pots**, Weiterfahrt,
88	12.00 Uhr	kurze Wanderung zum **Marble Canyon**, Weiterfahrt,
95	13.00 Uhr	kurze Wanderung durch den **Vermilion Pass Burn**, weiter zur
104		Kreuzung des Hwy. 93 North mit dem Trans-Canada Hwy., weiter geht es ostwärts nach
133	14.00 Uhr	**Banff/Banff National Park**.

In **Radium Hot Springs** (vgl. S. 192) informiert zunächst ein Besuch des Visitor Centre über Sehenswürdigkeiten und Wanderungen im **Kootenay National Park** (vgl. S. 190 ff.).

Eine fantastische Aussicht bietet der **Kootenay Valley Viewpoint**, und bei **Vermilion Crossing** gibt es die Lodge und das zweite Visitor Centre des Parks. Eine oder mehrere kurze Wanderungen wie die zu den **Paint Pots**, zum **Marble Canyon** und durch den **Vermilion Pass Burn** lassen sich unterwegs einschieben.

Nach dem Vermilion Pass beginnt der **Banff National Park** (vgl. S. 174 ff.), und an der großen Straßenkreuzung mit dem Trans-Canada Highway wendet sich die Route ostwärts in Richtung Banff.

9 Banff National Park

Erster Nationalpark der kanadischen Rockies

Zeit	Programm
Vormittags:	Stadtbummel und Lunch in Downtown **Banff**.
Mittags:	Fahrt mit der **Sulphur Mountain Gondola**, Wanderung im Gipfelbereich, anschließend Baden in den **Upper Hot Springs**.
Nachmittags:	Besuch des **Whyte Museum**, des **Banff Park Museum** oder Nachmittagstee im **Banff Springs Hotel**, wahlweise eine Fahrt zum **Lake Minnewanka**,
Abends:	Rundfahrt über den Golfplatz.

West-Kanada Werbung aus den 1920er-Jahren

Den Vormittag in **Downtown Banff** könnte man sehr gut mit einem ausgedehnten Stadtbummel durch die Boutiquen, Galerien und Ausrüstungsläden samt einem Besuch des **Banff und National Park Visitor Centre** sowie einem anschließenden Mittagessen verbinden. In der Mittagszeit bietet sich eine Gondelfahrt auf den **Sulphur Mountain** und dort oben eine kurze Wanderung zur historischen Wetterstation an. Nach der Bergfahrt entspannt eine Runde Baden in den **Upper Hot Springs**, den Thermalquellen unweit der Talstation der Gondel.

Am Nachmittag wählt man zwischen einem Besuch des **Whyte Museum**, des **Banff Park Museum** oder auch einem Nachmittagstee im **Banff Springs Hotel**.

Als Tagesabschluss vor dem Dinner könnte eine Rundfahrt über den weitläufigen, parkähnlichen Golfplatz in der Nähe des Hotels dienen, wo man, besonders im Herbst, auch gut die Wapitihirsche beobachten kann, die sich auf den herrlich grünen Rasenflächen gern aufhalten.

Alternativ zu diesem Nachmittagsprogramm bietet sich neben dem Besuch der Thermalquellen eine Fahrt zum **Lake Minnewanka** an und erst zum Dinner kehrt man wieder nach Downtown zurück.

10 Banff – Calgary

Von den Bergen zurück in die Präriemetropole

Banff – Calgary (121 km)

Einen Stadtplan von Calgary sowie weitere Informationen finden Sie auf den Seiten 150 bis 161 und auf Seite 229.

km	Zeit	Route
0	9.00 Uhr	Von **Banff/Banff National Park** kurze Fahrt nach
21		**Canmore**, Besuch des **Canmore Museum & Geoscience Centre** und des **Canmore Nordic Centre** sowie Lunch, dann
	12.00 Uhr	weiter auf dem Hwy. 1 nach
111	13.00 Uhr	**Calgary**. Am Westrand Besuch des **Olympic Park** und Audiotour durch die **Hall of Fame**, weiter zum
121	15.00 Uhr	Stadtbummel durch **Downtown Calgary**, Lunch und Besuch der Aussichtsetage im **Calgary Tower**, anschließender Besuch des **Glenbow Museum** oder des **Fort Calgary**.

Von Banff geht es in einer knappen halben Stunde nach **Canmore**, wo man das **Canmore Museum & Geoscience Centre** und das **Canmore Nordic Centre** (vgl. S. 183 f.) besucht. Danach fährt man auf dem Trans-Canada Highway East direkt nach **Calgary**, an dessen westlichen Stadtrand sich der **Olympic Park** befindet, der u. a. mit seinen Sprungschanzen und der Audio Tour durch die Hall of Fame an die Olympischen Winterspiele von 1988 erinnert.

In **Downtown Calgary** könnten Besuche des **Calgary Tower** mit seinem herrlichen Ausblick sowie des **Glenbow Museum** oder des **Fort Calgary** auf dem Programm stehen.

Unterkünfte

Hotels, Motels, Bed & Breakfasts, Lodges & Campgrounds

Alle überregionalen Hotel- und Motelketten sowie die meisten Jugendherbergen und viele kleinere Unterkünfte und Campingplätze haben für den Anrufer zumeist **gebührenfreie Telefonnummern** für Informationen und Reservierungen. Die jeweils erste der nachfolgenden Nummern gilt für Anrufe aus Deutschland, die zweite innerhalb Kanadas und der USA.

- Best Western ✆ (0800) 21 25 888 oder 1-800-780-7234, www.bestwestern.com
- Choice Hotels (Clarion, Comfort, Econo, Quality, Rodeway, Sleep) ✆ (0800) 185-5522 oder 1-877-424-6423, www.choicehotels.com
- Coast Hotels, ✆ (00800) 800-262 78 oder 1-800-716-6199, www.coasthotels.com
- Country Inn & Suites, ✆ (0800) 182-5435 oder 1-888-201-1747, www.countryinns.com
- Days Inn ✆ 1-800-DAYS-INN www.daysinn.com
- Fairmont ✆ (00800) 0441-1441 oder 1-800-257-7544, www.fairmont.com
- Hampton Inn, ✆ 1-800-HAMPTON http://hamptoninn1.hilton.com
- Hilton ✆ (0800) 181-8146 oder 1-800-HILTONS www1.hilton.com
- Holiday Inn ✆ (0800) 181-6068 oder 1-800-HOLIDAY, www.holiday-inn.com
- Howard Johnson ✆ 1-800-I-GO-HOJO www.hojo.com
- Hyatt ✆ (018 05) 23 12 34 oder 1-888-591-1234 www.hyatt.com
- Marriott ✆ (0800) 185-4422 oder 1-888-236-2427 www.marriott.com
- Radisson ✆ (0800) 181-4442 oder 1-800-333-333 www.radisson.com
- Ramada ✆ (0800) 181-9098 oder 1-800-2-RAMADA, www.ramada.com
- Sandman Hotels, ✆ 1-800-SANDMAN www.sandmanhotels.com
- Sheraton, Four Points ✆ (00800) 325-35 353 oder 1-800-325-3535, www.sheraton.com
- Super 8 Motel, ✆ 1-800-800-8000 www.super8.com
- TraveLodge ✆ 1-800-578-7878 www.travelodge.com
- Westin ✆ (00800) 32 59 59 59 oder 1-800-WESTIN-1 www.westin.com

Choice Hotels, TraveLodge u.a. Hotels gehören zu den preisgünstigeren **Hotelketten**. Der Bogen spannt sich hin bis zu den teueren Luxushotels der aus den alten kanadischen Eisenbahnhotels entstandenen Fairmont-Kette und einigen individuell geführten Lodges oder Guest Ranches. In den Städten werben große Hotelketten wie Best Western, Hyatt, Sheraton etc. oft mit günstigen Wochenendtarifen.

Generell bieten alle in diesem Reiseführer angeführten Unterkünfte je nach Standard optimalen und verlässlichen Service sowie eine gute Ausstattung an, z.B. Swimmingpools, Restaurants, Bars oder/und Cafés.

Neben den Hotelketten gibt es viele interessante, individuell geführte Häuser. Eine familiäre, luxuriösere Alternative mit einer geringen Zimmerzahl sind die **Bed & Breakfasts** (B&Bs), die teils in historischen Häusern eingerichtet sind. Das Frühstück ist generell inklusive, Kontakt zu den Gastgebern ist leicht möglich.

Country Inns sind in ländlichen Regionen angesiedelte kleinere, oft rustikalere Hotels. Im Allgemeinen sind sie mit mehr Zimmern ausgestattet als die Bed & Breakfasts und haben gelegentlich auch ein Restaurant.

Lodge am Clearwater Lake im Wells Gray Provincial Park

Unterkünfte

Lodges sind komfortable Unterkünfte in rustikalem Stil, oft in Wildnisgebieten. Sie offerieren meist Vollpension sowie Möglichkeiten zum Reiten, Kanufahren und diversen anderen Aktivitäten in der freien Natur.

In **Jugendherbergen** (Hostelling International, ✆ 1-800-663-5777, www.hihostels.ca) können Gäste zwischen preisgünstigen Mehrbett- oder Privatzimmern, Selbstversorgung oder Übernachtung mit Frühstück wählen. Meist sind Jugendherbergen günstig im Ortszentrum gelegen und Bahnhöfe und Busstationen gut erreichbar. Hier treffen sich vor allem junge Leute, Einzelreisende oder Familien; oft gibt es Lagerfeuer oder andere Freizeitaktivitäten.

Die **Campingplätze** umfassen die ganze Bandbreite von Wildnisplätzen in und außerhalb der Naturparks, wie z.B. in Provincial oder National Parks – dort kostet ein Stellplatz meist $ 8–20 pro Nacht –, bis hin zu komfortablen Großcampingplätzen, u.a. der KOA-Kette ($ 20–40 pro Nacht), für Wohnmobilfahrer. Lagerfeuerromantik garantiert: Feuerholz kann meist gegen wenige Dollars erworben werden. Picknicktische sind fast immer vorhanden (vgl. Service von A–Z, Camping, S. 269).

Die bei den Hoteladressen angegebenen $-Symbole beziehen sich auf die folgenden **Preiskategorien** für ein Doppelzimmer pro Nacht:

$ – bis 40 Can. Dollar
$$ – 40 bis 80 Can. Dollar
$$$ – 80 bis 120 Can. Dollar
$$$$ – über 120 Can. Dollar

Die Unterkünfte sind nach Provinzen, darunter alphabetisch nach Orten und schließlich nach Preiskategorien sortiert.

ALBERTA

Banff

Banff Caribou Lodge
521 Banff Ave., Banff, AB T1L 1H8
✆ (403) 762-5887, 1-800-563-8764
www.bestofbanff.com/bcl
Rustikal-elegante Lodge mit 200 Zimmern in der unmittelbaren Nähe des Ortszentrums. Mit Steakrestaurant und Bar. $$$$

Fairmont Banff Springs
405 Spray Ave., Banff, AB T1L 1J4
✆ (403) 762-2211, 1-800-257-7544
www.fairmont.com
Feudal und unvergleichlich: eines der großen alten kanadischen Eisenbahnhotels. 770 Zimmer und Suiten. $$$$

Feudal: das Fairmont Banff Springs

Hostelling International Banff Alpine Centre
801 Hidden Ridge Way, Banff AB T1L 1B3
✆ (403) 762-4123, 1-866-762-4122
www.hihostels.ca
Banffs rustikal-komfortable und nahe dem Stadtzentrum am Tunnel Mountain gelegene Jugendherberge im Alpinstil besitzt Ein- und Mehrbettzimmer und ein Restaurant. Bettenzahl: 216. $-$$$

Two Jack Lakeside/Two Jack Lake Main
Lake Minnewanka Rd., Banff, AB T1L 1K2
Zwei Nationalpark-Campingplätze 12 bzw. 13 km nordöstlich von Banff. Der erste mit 74, der zweite mit 380 Stellplätzen. Beide nicht reservierbar.

Banff National Park

Simpson's Num-Ti-Jah Lodge
Hwy. 93, Lake Louise, AB T0L 1E0
✆ (403) 522-2167
www.num-ti-jah.com
Rund 40 km nördlich von Lake Louise gelegene, rot bedachte Lodge am Icefields Parkway und dem eisblauen Bow Lake. Mit Restaurant. 25 Zimmer. $$$$

Banff National Park
Box 900, Banff, AB T1L 1K2
✆ (450) 505-8302, (403) 762-1550, 1-877-RESERVE, www.pccamping.ca
Lake Louise Tent and Trailer Campgrounds, Banff Tunnel Mountain Trailer Court und Tunnel Mountain Village I und II über diese Nummer zu reservieren.

Calgary

Fairmont Palliser Hotel
133 9th Ave. S.W., Calgary, AB T2P 2M3
✆ (403) 262-1234, 1-800-257-7544
www.fairmont.com
Historisches Grandhotel im Herzen der Stadt. 405 Zimmer. $$$$

Best Western Airport Inn
1947 18th Ave. N.E., Calgary, AB T2E 7T8
✆ (403) 250-5015, 1-877-499-5015
www.bestwesternairportinncalgary.com
76 Zimmer, Restaurant und Pendelbus zum nahe gelegenen Flughafen.
$$$-$$$$

Inglewood Bed & Breakfast
1006 8th Ave. S.E., Calgary, AB T2G 0M4
✆ (403) 262-6570
www.inglewoodbedandbreakfast.com
Innenstadtnahes B&B mit drei Zimmern. Ruhige Lage nahe dem Zusammenfluss von Elbow und Bow River. $$$-$$$$

Quality Inn University
2359 Banff Trail N.W.
Calgary, AB T2M 4L2
✆ (403) 289-1973, 1-800-661-4667
www.qualityinnuofc.com
105 Zimmer in einem modernisierten Hotel der bekannten Kette. Nahe der Universität. $$$

Hostelling International Calgary City Centre
520 7th Ave. S.E., Calgary, AB T2G 0J6
✆ (403) 269-8239, 1-866-762-4122
www.hihostels.ca
Jugendherberge am Rande von Downtown Calgary. 94 Betten in Zwei-, Drei- und Mehrbettzimmern. Nahe Fort Calgary. $-$$

Calaway RV Park & Campground
245 033 Range Rd. 33
Calgary, AB T3Z 2E9
✆ (403) 240-3822
www.calawaypark.com
Camping- und RV-Park am Calaway-Vergnügungspark 10 km westlich der Stadt.

Calgary West Campground
221 101 St. S.W., Calgary, AB T3B 5T2
✆ (403) 288-0411, 1-888-562-0842
www.calgarycampground.com
Campingplatz mit 320 Stellplätzen für Zelte und Wohnmobile am westlichen Stadtrand. Mit Swimmingpool.

Whispering Spruce Campground
Hwy. 2, Balzac, AB T0M 0E0
✆ (403) 226-0097, www.whisperingspruce.com
112 Stellplätze für Zelte und Wohnmobile. In Balzac, 30 km nördlich von Downtown Calgary.

Cardston

Rangeview Ranch
Box 28 Site 10, Cardston, AB T0K 0K0
✆ (403) 653 2292
www.abworkranch.com
Ranch auf der Milk River Ridge im Vorland der

Rockies. Reiten und aktive Rancharbeit mit Quarter Horses und Rindern. Vier Blockhütten. $$$-$$$$

Crowsnest Pass

Best Canadian Motor Inn
11217 21st Ave., Blairmore, AB T0K 0E0
✆ (403) 562-8851, 1-888-700-2264
www.bestcdn.com
Helles, freundliches Motorhotel am Crowsnest Pass. 47 Zimmer. $$-$$$

Drumheller

Ramada Inn & Suites
680 2nd St. SE, Hwy. 9 & 2nd St.
Drumheller, AB T0J 0Y0
✆ (403) 823-2028, 1-800-272-6232
www.ramada.com
Komfortables Hotel mit 51 Zimmern im Stadtzentrum. $$$-$$$$

Edmonton

Fantasyland Hotel at West Edmonton Mall
17700 87th Ave., Edmonton, AB T5T 4V4
✆ (780) 444-3000, 1-800-737-3783
www.fantasylandhotel.com
Vielgestaltiges Hotel in der West Edmonton Mall. 355 Zimmer, darunter Suiten in einem Dutzend unterschiedlicher Themen wie z.B. Igloo, Orient, Polynesien etc. $$$$

Fairmont Hotel Macdonald
10065 100th St., Edmonton, AB T5J 0N6
✆ (780) 424-5181, 1-800-257-7544
www.fairmont.com
Nobelhotel mit 199 Zimmern und ganz und gar luxuriösem Ambiente. Schöne Gärten am North Saskatchewan River. $$$$

Hotel Selkirk
1920s St., Fort Edmonton Park
Edmonton, AB T5J 2R7
✆ (780) 496-7227, 1-877-496-7227
www.hotelselkirk.com
Nostalgisches Hotel mit modernen Annehmlichkeiten. Mit Restaurant und Bar. Im Fort Edmonton Park. 30 Zimmer. $$$-$$$$

Green Acres Bed & Breakfast
Sitre 19, Box 7, RR 1, Edmonton, AB T6H 4N6
✆ (780) 929-7399, 1-888-999-7870
www.greenacresbedandbreakfast.com
B&B in parkähnlicher Umgebung. Drei Zimmer. Schnelle Verbindung zum Flughafen und zur West Edmonton Mall.
$$$

Econo Lodge
4009 Gateway Blvd., Edmonton, AB T6J 5H2
✆ (780) 438-7979, 1-877-424-6423
www.econologe.com
Standardmotel mit 37 Zimmern im Süden der Stadt.
$$-$$$

Hostelling International Edmonton
10647 81st Ave., Edmonton, AB T6E 1Y1
✆ (780) 988-6836, 1-866-762-4122
www.hihostels.ca
Populäre Jugendherberge in Old Strathcona in Universitätsnähe. Zwei-, Vier- und Sechsbettzimmer, insgesamt 88 Betten.
$-$$

Glowing Embers RV Park
26309 Hwy. 16 A
Acheson, AB T7X 5A6
✆ (780) 962-8100, 1-877-785-7275
www.glowingembersrvpark.com
288 Stellplätze für Zelte und Wohnmobile auf einem gut ausgestatten, großen RV Park am westlichen Rand von Calgary.

Rainbow Valley Campground
119 St., Edmonton, AB T6R 2V4
✆ (780) 434-5531, 1-888-434-3991
www.rainbow-valley.com
Populärer Campingplatz im Whitemud Park mit 86 Stellflächen für Zelte und Wohnmobile.

Elk Island National Park

Sandy Beach Campground
Site 4, R.R.#1
Fort Saskatchewan, AB T8L 2N7
✆ (450) 505-8302, 1-877-RESERVE
www.pccamping.ca
90 Stellplätze im Nationalpark der Bisons bietet der Sandy Beach Campground. Etwa eine Autostunde östlich von Edmonton.

Grande Prairie

Sandman Hotel
9805 100th St., Grande Prairie, AB T8V 6X3

✆ (780) 513-5555, 1-800-726-3626
www.sandmanhotels.com
Sehr komfortables Hotel mit 137 Zimmern, Restaurant und Bar. $$$-$$$$

Hinton

Black Cat Guest Ranch
Range Rd. 271A, Brule, AB T0E 0C0
✆ (780) 865-3084, 1-800-859-6840
www.blackcatguestranch.ca
16 Zimmer im Westernstil auf dieser Gästeranch vor den Toren des Jasper National Park. Reiten, Wandern, Fotografieren u.a. Aktivitäten.
$$$

Hinton/Jasper KOA
Hwy. 16, Hinton, AB T7V 1X3
✆ (780) 865-5061, 1-888-KOA-4714
www.koa.com
Großzügiger, frei liegender Campingplatz mit 113 Stellplätzen. 18 km vor den Toren des Jasper N.P. Mit Postkartenpanorama der Rockies.

Jasper

Amethyst Lodge
200 Connaught Dr.
Jasper, AB T0E 1E0
✆ (780) 852-3394, 1-888-8-JASPER
www.mpljasper.com
Modernes Hotel im Herzen Jaspers. 97 Zimmer. Mit Anthony's Restaurant. $$$$

Bear Hill Lodge
100 Bonhomme St., Jasper, AB T0E 1E0
✆ (780) 852-3209
www.bearhilllodge.com
Blockhütten- und Häuser sowie Bed & Breakfast-Zimmer. Nördlich des Ortszentrums. 40 Zimmer.
$$$$

Hostelling International Jasper
1 Skytram Rd., Jasper AB T0E 1E0
✆ (780) 852-3205, 1-866-762-4122
www.hihostels.ca
Jaspers gut ausgestattete Jugendherberge hat 84 Betten und drei Privatzimmer.
$-$$

Whistlers Campground
Hwy. 93, Jasper, AB T0E 1E0
✆ (450) 505-8302, 1-877-RESERVE
www.pccamping.ca
781 Stellplätze besitzt dieser ausgedehnte National-park-Campground 4 km südlich von Jasper.

Jasper National Park

Sunwapta Falls Resort
Hwy. 93, Jasper, A.B. T0E 1E0
✆ (780) 852-4852, 1-888-828-5777
www.sunwapta.com
Ideales Ferienresort mit 53 Zimmern und Hütten, 53 km südlich von Jasper in der Bergwelt am Icefields Parkway. Möglichkeiten zu Reitausflügen, Wildwasserfahrten, Angeln etc. $$$$

Mount Kerkeslin Campground
Hwy. 93, Jasper, AB T0E 1E0
✆ (780) 852-6176
Schöner, kleinerer Nationalpark-Campingplatz 36 km südlich von Jasper mit Lagerfeuer-Romantik. 42 Stellplätze. Keine Reservierungen.

Weitere Jasper National Park Campgrounds:
Box 10, Jasper, AB T0E 1E0
✆ (905) 426-4648, 1-877-RESERVE
www.pccamping.ca
Die Campingplätze Whistlers sowie Pocahontas, Wabasso und Whistlers lassen sich unter diesen Nummern reservieren.

Lake Louise

Fairmont Château Lake Louise
111 Lake Louise Dr., Lake Louise, AB T0L 1E0
✆ (403) 522-3511, 1-800-257-7544
www.fairmont.com
Feudale Unterkunft in einem Märchenschloss der Rockies: 550 Zimmer, teils mit Blick auf den malerischen Lake Louise. $$$$

Moraine Lake Lodge
Moraine Lake, Banff N.P., AB T0L 1E0
✆ (403) 522-3733, 1-877-522-2777
www.morainelake.com
Rustikale, aber komfortable Lodge am herrlichen Moraine Lake. $$$$

Hostelling International Lake Louise Alpine Centre
203 Village Rd., Lake Louise, AB T0L 1E0
✆ (403) 522-2201, 1-866-762-4122
www.hihostels.ca
Populäre Jugendherberge mit Restaurant. Zwei- und Mehrbettzimmer, insgesamt 164 Betten. $-$$$

National Park Camping in Lake Louise
Vgl. unter Banff.

Lethbridge

Comfort Inn
3226 Fairway Plaza Rd. S.
Lethbridge, AB T1K 7T5
✆ (403) 320-8874, 1-800-4CHOICE
www.choicehotels.ca
Gepflegtes Standardhotel mit 58 Zimmern. $$$

Medicine Hat

Best Western Inn
722 Redcliff Dr. S.W.
Medicine Hat, AB T1A 5E3
✆ (403) 527-3700, 1-800-780-7234
www.bestwestern.com
122 Zimmer und Suiten in bewährtem Komfort. $$$-$$$$

Nordegg

David Thompson Resort & Campground
Hwy. 11, Cline River
Nordegg, AB T0M 2H0
✆ (403) 721-2103, 1-888-810-2103
www.davidthompsonresort.com
120 Stellplätze verteilen sich auf diesem Campingplatz 42 km östlich des Icefields Parkway. Anbei gibt es auch ein Motel mit 46 Zimmern. $$$

Hostelling International Nordegg Shunda Creek
Shunda Creek Area Recreation Rd.
Nordegg, AB T0M 2H0
✆ (403) 721-2140, 1-866-762-4122
www.hihostels.ca
Kleinere Jugendherberge mit 47 Betten westlich von Nordegg. $-$$

Waterton Lakes National Park

Prince of Wales Hotel
Waterton Townsite
Waterton Lakes N.P., AB T0K 2M0
Reservierungen ✆ (403) 236-3400
www.princeofwaleswaterton.com
Historische Nobelherberge vor grandioser Kulisse am Waterton Lake. 86 Zimmer. $$$$

Crandell Mountain Lodge
102 Mount View Rd.
Waterton N.P., AB T0K 2M0
✆ (403) 859-2288, 1-866-859-2288
www.crandellmountainlodge.com
Rustikale Lodge mit Westernambiente im Herzen des Nationalparks. Einige der 17 Zimmer mit Küche und/oder Kamin. $$$$

Bear Mountain Motel
208 Mount View Rd.
Waterton Park, AB T0K 2M0
✆ (403) 859-2366
www.bearmountainmotel.com
35 Zimmer in einem klassischen Motel im Stil der 1960er-Jahre. Preiswerte Unterkunft innerhalb des Parks. $$$-$$$$

Waterton Townsite Campground
Hwy. 5
Waterton Park, AB T0K 2M0
✆ (450) 505-8302, 1-877-RESERVE
www.pccamping.ca
238 Stellplätze auf dem Nationalpark-Campingplatz im Ort. Zwei weitere Campingplätze: Crandell und Belly River.

BRITISH COLUMBIA

BC Provincial Parks
✆ 1-800-689-9025, (519) 826-6850
www.discovercamping.ca
Eine Reihe von Provincial Parks ist diesem Reservierungssystem angeschlossen.

100 Mile House

Ramada Limited
917 Alder Ave.
100 Mile House, BC V0K 2E0
✆ (250) 395-2777, 1-800-272-6232
www.ramada.com
Ranch Resort in den Cariboo Mountains. 36 geräumige Zimmer in Hotel der bekannten Kette. Kontinentales Frühstück. $$$-$$$$

Ainsworth Hot Springs

Ainsworth Hot Springs Resort
Hwy. 31

Ainsworth Hot Springs, BC V0G 1A0
✆ (250) 229-4212, 1-800-668-1171
www.hotnaturally.com
Resorthotel mit 43 Zimmern oberhalb des Kootenay Lake. Seine Besonderheiten: drei Thermalpools und eine etwa 50 m lange ›Badehöhle‹ im Felsgestein. $$$$

Alert Bay

Old Customs House Bed & Breakfast
119 Fir St., Alert Bay, BC V0N 1A0
✆ (250) 974-5869
www.alert-bay.com/customs
Bed & Breakfast mit drei Zimmern und weitem Blick auf Bucht und Hafen. $$-$$$

Barkerville

St. George Hotel
Barkerville Historic Town
Hwy. 26, Barkerville, BC V0K 1B0
✆ (250) 994-0008, 1-888-246-7690
www.stgeorgehotel.bc.ca
Kanadas wilder Westen lebt auf im historisch akkurat restaurierten Hotel im Freilichtmuseum Barkerville. 7 Zimmer.
$$$-$$$$

Bella Coola

Bella Coola Valley Inn
441 Mackenzie St., Bella Coola, BC V0T 1C0
✆ (250) 799-5316, 1-888-799-5316
www.bellacoolavalleyinn.com
Komfortables Hotel mit 20 Zimmern und Restaurant. $$-$$$

Bowron Lake Provincial Park

Becker's Lodge
Bowron Lake P.P.
P.O. Box 129, Wells, BC V0K 2R0
✆ (250) 992-8864, 1-800-808-4761
www.beckerslodge.com
Etablierte Lodge mit Blockhütten und -häusern am berühmten Kanurevier der Bowron Lakes. Auch Camping. Kauverleih, Geschäft.
$$$-$$$$

Bowron Lake Lodge
Bowron Lake Rd., Bowron Lake P.P.
✆ (250) 992-2733, 1-800-519-3399
www.bowronlakelodge.com

Lodge am Nordwestufer des Bowron Lake. Campingplatz, Motelzimmer und kleine Hütten. Kanuverleih, Einkaufsmöglichkeiten. $$-$$$$

Cache Creek

Historic Hat Creek Ranch
Junction Hwys. 97/99
Cache Creek, BC V0K 1H0
✆ (250) 457-9722, 1-800-782-0922
www.hatcreekranch.com
Vier einfache Blockhütten und acht Wohnmobilplätze sowie Platz für Zelte auf der malerischen historischen Ranch 11 km nördlich von Cache Creek. $-$$$

Campbell River

Coast Discovery Inn & Marina
975 Shoppers Row
Campbell River, BC V9W 2C4
✆ (250) 287-7155, 1-800-716-6199
www.coasthotels.com
Hotel mit 88 Zimmern und Blick auf die Discovery Passage mit dem Jachthafen. Nahe dem BC Ferry Terminal. Mit Restaurant. $$$$

Painter's Lodge Holiday & Fishing Resort
1625 MacDonald Rd.
Campbell River, BC V9W 4S5
✆ (250) 286-1102, 1-800-663-7090
www.painterslodge.com
94 Zimmer in elegant-rustikaler Lodge. Im Freizeitangebot Ausflüge zum Lachsangeln, Wale- und Bärenbeobachten. $$$$

Heriot Bay Inn
Heriot Bay, Quadra Island, BC V0P 1H0
✆ (250) 285-3322, 1-888-605-4545
www.heriotbayinn.com
Hübsches, historisches Hotel mit zehn modernen Zimmern, drei Blockhütten und kleinem Jachthafen auf Quadra Island. Mit **Herons Restaurant**. $$-$$$$

Castlegar

Quality Inn Castlegar
1935 Columbia Ave.

Castlegar, BC V1N 2W8
✆ (250) 365-2177, 1-877-424-6423
www.qualityinn.com
Angenehmes Hotel im Ortskern. Mit 48 Zimmern und Restaurant. $$–$$$$

Clearwater

Clearwater/Wells Gray KOA
373 Clearwater Valley Rd.
Clearwater, BC V0E 1N0
✆ (250) 674-3909, 1-800-KOA-3239
www.koa.com
Komfortabler Campingplatz mit 90 Stellplätzen südlich des Wells Gray Provincial Park.

Courtenay

Riding Fool Hostel
2705 Dunsmuir, Cumberland, BC V0R 1S0
✆ (250) 336-8250, 1-800-313-3665
www.ridingfool.com
Jugendherberge bei Courtenay/Comox. $

Cowichan Bay

Oceanfront Grand Resort & Marina
1681 Cowichan Bay Rd.
Cowichan Bay, BC V0R 1N0
✆ (250) 701-1000, 1-800-663-7898
www.thegrandresort.com
Hotel im Cowichan Valley nördlich von Victoria. Fisch- und Steakrestaurant. 4 km östlich des Hwy. 1. 56 Zimmer. $$$–$$$$

Cranbrook

Hostelling International Cranbrook
2700 College Way, Cranbrook, BC V1C 5L7
✆ (250) 489-8282, 1-877-489-2687
www.hihostels.ca
Das Purcell House Hostel ist eine Sommer-Jugendherberge in einem modernen Gebäude, 42 Betten. $

Dawson Creek

Super 8 Motel
1440 Alaska Ave., Dawson Creek, BC V1G 1Z5
✆ (250) 782-8899, 1-800-800-8000
www.super8.com
Gutes Standardmotel mit 66 Zimmern. Nahe dem Alaska Hwy. $$$

Camping am Clearwater Lake

Fernie

Hostelling International Fernie
892 6th Ave., Fernie, BC V0B 1M0
✆ (250) 423-6811, 1-888-423-6811
www.hihostels.ca
Raging Elk Hostel: Moderne Jugendherberge mit 90 Betten in Ein- bis Mehrbettzimmern. $-$$

Fort Nelson

Ramada Limited
5035 51st Ave. W.
Fort Nelson, BC V0C 1R0
✆ (250) 774-2844, 1-800-272-6232
www.ramada.com
Sehr gepflegtes Motorhotel im Ortskern. 41 Zimmer in bewährter Qualität. $$$

Fort St. James

Paarens Beach Provincial Park
Hwy. 27, Fort St. James, BC V0J 1P0
Camping-Reservierungen: ✆ 1-800-689-9025 und (519) 826-6850
www.discovercamping.ca
www.env.gov.bc.ca/bcparks
Einfacher und preiswerter Campingplatz am See. Schwimmen, Kanufahren u.a. Aktivitäten in und am Wasser möglich. 36 Stellplätze.

Fort St. John

Super 8 Motel
9500 Alaska Way
Fort St. John, BC V1J 6S7
✆ (250) 785-7588, 1-877-316-7666
www.super8.com
Freundliches Hotel mit 93 Zimmern und Restaurant. Im Ortszentrum am Alaska Highway. $$$-$$$$

Glacier National Park

Glacier Park Lodge
Trans Canada Hwy.
Rogers Pass, Revelstoke, BC V0E 2S0
✆ (250) 837-2126, 1-888-567-4477
www.glacierparklodge.ca
Rustikale Lodge auf dem Rogers Pass Summit. 50 Zimmer. Hochgebirgsumgebung, viele Wanderwege. $$$-$$$$

Campingplätze
P.O. Box 350, Revelstoke, BC V0E 2S0
✆ (250) 837-7500
www.pc.gc.ca/glacier
Die Campingplätze Illecillewaet (60 Stellplätze) und Loop Brook (20) sind westlich des Rogers Pass Summit nahe am Highway zu finden.

Golden

Kicking Horse River Lodge
801 9th St. N., Golden, BC V0A 1H2
✆ (250) 439-1112, 1-877-547-5266
www.khrl.com
Im typisch kanadischen Look: die »Kicking Horse River Lodge«, eine komfortable Herberge im Blockhausstil. 74 Betten in Ein- bis Mehrbettzimmern und ein Bistro. $-$$$$

Gulf Islands

Galiano Inn
134 Madrona Dr.
Galiano Island, BC V0N 1P0
✆ (250) 539-3388, 1-877-530-3939
www.galianoinn.com
Hotel an der Küste von Galiano Island. 20 komfortable, gemütliche Zimmer mit Meerblick. Mit Restaurant. $$$$

Salt Spring Harbour House Hotel
121 Upper Ganges Rd.
Salt Spring Island, BC V8K 2S2
✆ (250) 537-5571, 1-888-799-5571
www.saltspringharbourhouse.com
Hotel mit 35 Zimmern, teils mit Meeresblick, und Restaurant.
$$$-$$$$

Harrison Hot Springs

Harrison Hot Springs Resort
100 Esplanade Ave.
Harrison Hot Springs, BC, V0M 1K0
✆ (604) 796-2244,1-800-663-2266
www.harrisonresort.com
Komfortables Urlaubsresort mit 337 Hotelzimmern, Suiten und Ferienhäuschen. Durch fünf natürliche Quellen gespeiste Swimmingpools. Mit Café und Restaurant.
$$-$$$$

Hope

Evergreen Bed & Breakfast
1208 Ryder St., Hope, BC V0X 1L4
✆ (604) 869-9918, 1-800-810-7829
www.evergreen-bb.com
Drei komfortable Zimmer. $$$$

Kamloops

Ramada Inn Kamloops
555 W. Columbia St., Kamloops, BC V2C 1K7
✆ (250) 374-0358, 1-800-272-6232
www.ramada.com
Gutes Standardhotel mit 90 Zimmern, Restaurant und Pool. $$$

Kelowna

Holiday Inn Express
2429 Hwy. 97 N., Kelowna, BC V1X 4J2
✆ (250) 763-0500, 1-800-465-0200
www.kelownabc.hiexpress.com
Modernes, komfortables Hotel mit 120 Zimmern. 8 km südlich des Flughafens. $$$-$$$$

Kimberley

The Alpen Guest House
1690 Warren Ave.
Kimberley, BC V1A 1R6
✆ (250) 432-9233, 1-888-800-2576
www.thealpen.com
Kleines Gasthaus mit bayerischem »Touch« und zwei Privatzimmern für Übernachtung mit Frühstück. $

Kootenay National Park

Kootenay National Park
P.O. Box 220, Hwy. 93
Radium Hot Springs, BC V0A 1M0
✆ (450) 505-8302, 1-877-RESERVE
www.pccamping.ca
Insgesamt 431 Stellplätze zählen die vier Campingplätze in diesem vielseitigen Hochgebirgspark nördlich von Radium Hot Springs. Zu reservieren sind Plätze auf dem Redstreak Campground (242 Plätze).

Liard Hot Springs Provincial Park

Liard Hot Springs Provincial Park
Km 765, Alaska Hwy.
Liard Hot Springs, BC
Camping-Reservierungen:
✆ 1-800-689-9025, (519) 826-6850
www.discovercamping.ca,
www.env.gov.bc.ca/bcparks
Schöner Naturpark mit populärem Campingplatz am Alaska Hwy. und heißen, quellengespeisten Badebecken zwischen 42 und 52 °C. Ca. 60 km nördlich des Muncho Lake. Rechtzeitig reservieren.

Lillooet

Cayoosh Creek Campground
100 Hwy. 99 S., Lillooet, BC V0K 1V0
✆ (250) 256-4180, 1-877-748-2628
www.cayooshcampground.ca
42 Stellplätze für Wohnmobile und Zelte am Zusammenfluss von Seton und Fraser River. Auch ein Miet-Wohnmobil zum Übernachten. 1 km südlich des Ortes.

Manning Provincial Park

Manning Park Resort
7500 Hwy. 3
Manning Provincial Park, BC V0X 1R0
✆ (250) 840-8822, 1-800-330-3321
www.manningpark.com
Komfort in der Wildnis: Lodge im Blockhausstil, Blockhütten und -häuser. Insgesamt 66 Zimmer. Teil eines größeren Komplexes bestehend aus Unterkünften, Restaurants und Geschäften.
$$$$

Vier Campingplätze: Hampton (98 Stellplätze), Mule Deer (49), Coldspring (63) und Lightning Lake (144), letzterer ist über Discover Camping, ✆ 1-800-689-9025, (519) 826-6850, www.discovercamping.ca, zu reservieren.

Muncho Lake Provincial Park

Northern Rockies Lodge
Alaska Hwy., Muncho Lake, BC V0C 1Z0
✆ (250) 776-3481, 1-800-663-5269
www.northernrockieslodge.com
45 Motelzimmer, Blockhäuser und Campingplatz am herrlichen Muncho Lake. Restaurant, Ausrüster, Touranbieter.
$$$

Nakusp

Halcyon Hot Springs
Hwy. 23, Nakusp, BC V0G 1R0
✆ (250) 265-3554, 1-888-689-4699
www.halcyon-hotsprings.com
Luxuriöse Blockhäuschen und einfachere -hütten sowie ein RV Campingplatz. Thermalpools vor dem Panorama der Berge am Upper Arrow Lake. Mit dem **Kingfisher Restaurant**. Spa, Massagen.
$$$-$$$$

Nanaimo

The Coast Bastion Inn
11 Bastion St., Nanaimo, BC V9R 6E4
✆ (250) 753-6601, 1-800-716-6199
www.coasthotels.com
177 Zimmer, teils mit gutem Hafenblick. Mit Restaurant. $$$-$$$$

Hostelling International Nanaimo
121 Bastion St., Nanaimo, BC V9R 3A2
✆ (250) 753-4432, 1-866-309-4432
www.hihostels.ca
Das im Herzen des Arts District gelegene Painted Turtle Guesthouse zählt 45 Betten. In Hafen- und Strandnähe. $-$$

Nelson

Hostelling International Nelson
171 Baker St., Nelson, BC V1L 4H1
✆ (250) 352-7573, 1-877-352-7573, www.hihostels.ca
»Dancing Bear Inn«: Nelsons viel gepriesene, gemütliche Jugendherberge hat 43 Betten in Zwei- und Sechsbettzimmern. $-$$

Oliver

Gallagher Lake Campground Resort
39031 Hwy. 97, Site 41, C 8
Oliver, BC V0H 1T0
✆ (250) 498-3358, 1-866-751-1615
www.gallagherlakeresort.com
Ausgedehnter Campingplatz 8 km nördlich des Ortes. Am See mit Sandstrand. 140 Stellplätze.

Osoyoos

Chez Christiane Bed & Breakfast
5807 89th St., Osoyoos, BC V0H 1V1
✆ (250) 495-4314
www.bbcanada.com/chezchristiane
Drei Zimmer in Bed & Breakfast mit Sicht auf den Lake Osoyoos. $$$

Pacific Rim National Park Preserve

Green Point Campground
2185 Ocean Terrace Rd., Ucluelet, BC V0R 3A0
✆ (450) 505-8302, 1-877-RESERVE
www.pccamping.ca
Geschützt gelegener Campingplatz mit unmittelbarem Zugang zum langen, breiten Sandstrand des Parks. 114 Stellplätze. 4 km südlich von Tofino.

Penticton

Hostelling International Penticton
464 Ellis St., Penticton, BC V2A 4M2
✆ (250) 492-3992, 1-866-782-9736
www.hihostels.ca
Die Jugendherberge liegt nur wenige Schritte von den sonnenreichen Ufern des Okanagan Lake. Ein- und Mehrbettzimmer mit insgesamt 47 Betten. $-$$

Port Alberni

Somass Motel
5279 River Rd., Port Alberni, BC V9Y 6Z3
✆ (250) 724-3236, 1-800-927-2217
www.somass-motel.ca
Ruhiges, kleines, Motel am Somass River am Stadtrand von Port Alberni mit 14 Zimmern und RV Park. $$$

Port Hardy

Bear Cove Cottages
6715 Bear Cove Hwy., Port Hardy, BC V0N 2P0
✆ (250) 949-7939, 1-877-949-7939
www.bearcovecottages.ca
Acht individuelle Blockhütten rund 10 km südlich von Port Hardy. Nur 1 km vom Terminal der Price Rupert BC Ferries entfernt. $$$$

C&N Backpapers Port Hardy
8740 Main St., Port Hardy, BC V0N 2P0
✆ 1-888-434-6060, www.cnnbackpapers.com
Kleine Jugendherberge im Zentrum von Port Hardy, nahe dem Hafen. $

Unterkünfte

Prince George

Ramada Hotel
444 George St., Prince George, BC V2L 1R6
✆ (250) 563-0055, 1-800-272-6232
www.ramadaprincegeorge.com
193 Zimmer in komfortablem Downtown-Hotel. $$$

Prince Rupert

Highliner Plaza Hotel
815 1st Ave. W., Prince Rupert, BC V8J 1B3
✆ (250) 624-9060, 1-800-668-3115
www.highlinerplaza.com
Hotel im höchsten Gebäude der Stadt: 17 Stockwerke, 94 Zimmer und ein Restaurant. $$$–$$$$

Quesnel

TraveLodge Quesnel
524 Front St., Quesnel, BC, V2J 2K6
✆ (250) 992-7071, 1-800-578-7878
www.travelodge.com
Angenehmes Downtown-Motel mit 34 Zimmern. Am Hwy. 97. $$–$$$

Radium Hot Springs

Radium Resort
8100 Golf Course Rd.
Radium Hot Springs, BC V0A 1M0
✆ (250) 347-9311, 1-800-667-6444
www.radiumresort.com
Ferienresort mit Golfplatz, Restaurant und herrlichem Blick auf die Rockies. Am Kootenay N.P. 90 Zimmer.
$$$–$$$$

Revelstoke

Three Valley Gap Chateau
Trans-Canada Hwy., Revelstoke, BC V0E 2S0
✆ (250) 837-2109, 1-888-667-2109
www.3valley.com
Bekannt durch sein rotes Dach, die prächtige Gebirgskulisse und die schöne Lage am See. Hotel am Trans-Canada Hwy. 19 km westlich von Revelstoke. Anbei die gleichnamige Geisterstadt.
$$$–$$$$

Revelstoke KOA
E. Trans-Canada Hwy., KOA Rd. 2411
Revelstoke, BC V0E 2S0
✆ (250) 837-2085, 1-800-KOA-3905
www.koa.com
Wunderbar bewaldeter Campingplatz nahe dem Mount Revelstoke N.P. 200 Stellplätze für Zelte und Wohnmobile.

Shuswap Lake

Hostelling International Shuswap Lake
229 Trans-Canada Hwy.
Squilax, RR2 S 2 C11, BC V0E 1M0
✆ (250) 675-2977, 1-888-675-2977
www.hihostels.ca
Freundliche, schön gelegene Jugendherberge mit 24 Betten in Drei- und Sechsbetträumen, u.a. in nostalgischen Eisenbahnwaggons. Mit dem Squilax General Store, einem nostalgischen Tante-Emma-Laden aus den 1920er Jahren. Pancake-Breakfast, Kanu vorhanden. 10 km östlich von Chase. $–$$

Best Western Salmon Arm
61 10th St. S.W., Salmon Arm, BC V1E 1E4
✆ (250) 832-9793, 1-800-780-7234
www.bestwesternbc.com
Das Hotel zählt 77 komfortable Zimmer in bewährter Qualität. $$$

Sicamous KOA
3250 Oxbow Rd., Trans-Canada Hwy.
Sicamous, BC V0E 2V0
✆ (250) 836-2507, 1-800-KOA-0797
www.koa.com
Großer Campingplatz nahe von Shuswap Lake und Mara Lake.

Squamish

Nu-Salya Chalet Bed & Breakfast
2014 Glacier Heights Pl.
Garibaldi Highlands, Squamish, BC V0N 1T0
✆ (604) 898-3039, 1-877-604-9005
www.nusalya.com
Drei hervorragende Zimmer in luxuriös-rustikalem Blockhaus nördlich von Squamish.
$$$$

Stewart/Hyder, Alaska

Ripley Creek Inn
306 5th Ave., Stewart, BC V0T 1W0
✆ (250) 636-2344
www.ripleycreekinn.com

Modernes Hotel mit 32 Zimmern an der Grenze zu Alaska/USA. Besonderheit: das Toaster Museum mit einer umfangreichen Ausstellung der beliebten Brötchen-Röster! $$-$$$

Bear River RV Park
2200 Davis St., Stewart, BC VCT 1W0
✆ (250) 636-9205
www.stewartbc.com/rvpark
Moderner Wohnmobil-Campingplatz in Stewart. Am Hwy. 37A.

Strathcona Provincial Park

Strathcona Park Lodge
41040 Gold River Hwy.
Campbell River, BC V9W 5C5
✆ (250) 286-3122
www.strathcona.bc.ca
Strathcona Park Lodge am Upper Campbell Lake. Übernachtungsplätze für bis zu 200 Gäste in 40 Zimmern und Blockhütten, ohne Telefon und Fernseher. 42 km westlich von Campbell River am Hwy. 28. *Das* Alpine Chalet am Mount Washington nahe dem Skiresort. $$$-$$$$

Summerland

Wildhorse Mountain Ranch
25808 Wildhorse Rd.
Summerland, BC V0H 1Z3
✆ (250) 494-0506
www.wildhorsemountainranch.com
Reiturlaub auf einer Ranch im sonnenverwöhnten Okanagan Valley. Ausritte und Wanderungen gehören zum Freizeitangebot. Sieben Zimmer. $$$$

Terrace

Lanfear Guest House
5006 Walsh Ave., Terrace, BC V8G 3H7
✆ (250) 615-5440
www.dozzi.ca
Schönes, altes Farmhaus von 1922 mit zwei Gästezimmern. $$$

Tofino

Hostelling International Tofino
81 West St., Tofino, BC V0R 2Z0
✆ (250) 725-3443
www.hihostels.ca
Whalers on the Point Guesthouse: Tofinos gut ausgestattete, gemütliche Jugendherberge im Ortszentrum trumpft auf durch die schöne Aussicht auf den Clayoquot Sound. 56 Betten in Zwei- bis Sechsbettzimmern. $-$$$$

Tweedsmuir Provincial Park

Tweedsmuir Lodge
Hwy. 20, Bella Coola, BC V0T 1C0
✆ (250) 982-2407, 1-877-982-2407
www.tweedsmuirparklodge.com
Rustikale Lodge in fast unberührtem Wildnispark, mit Hauptgebäude und sechs Blockhäusern. $$$-$$$$

Ucluelet

Canadian Princess Resort
1943 Peninsula Rd.
Ucluelet, BC V0R 3A0
✆ (250) 598-3366, 1-800-663-7090
www.canadianprincess.com
74 Zimmer auf einem permanent im Hafen ankernden Dampfer sowie im dazu gehörigen Hotel am Hafen. Hochseeangeln inkl. Ausrüstung, Tierbeobachtungen. $$$-$$$$

Valemount

Mount Robson Lodge & Robson Shadows Campground
Hwy. 16, Valemount, BC V0E 2Z0
✆ (250) 566-4821, 1-888-566-4821
www.mountrobsonlodge.com
Lodge mit 4 Zimmern, 14 Blockhütten und einem Campingplatz mit 25 Stellplätzen am Fraser River. 5 km westlich des Mt. Robson Provincial Park. Gelegenheit zu Wildwasserfahrten. $$$

Vancouver

English Hills Bed & Breakfast
3483 Chesterfield Ave.
North Vancouver, BC V7N 4M7
✆ (604) 929-8527
www.englishhills.ca
Rein und ruhig: B&B im Tudorstil. Drei weiße Zimmer. In den Bergen von North Vancouver. $$$$

Unterkünfte

Fairmont Hotel Vancouver
900 W. Georgia St., Vancouver, BC V6C 2W6
✆ (604) 684-3131, 1-800-257-7544
www.fairmont.com
Luxuriöses Grandhotel in hervorragender Innenstadtlage. Gotisch inspirierte Architektur, elegantes Ambiente mit allen Annehmlichkeiten. 556 Zimmer. $$$$

Hampton Inn Vancouver Airport
8811 Bridgeport Rd.
Richmond, BC V6X 1R9
✆ (604) 232-5505, 1-800-HAMPTON
www.hamptoninn-vancouver.com
110 Zimmer in fabelhaftem Airport-Hotel. Zubringerbus zum Flughafen. $$$$

A Treehouse Bed & Breakfast
2490 West 49th Ave., Vancouver, BC V6M 2V3
✆ (604) 266-2962, 1-877-266-2960
www.treehousebb.com
Ein Augenschmaus: die drei stilvollen, zeitgenössischen Zimmer des innenstadtnah gelegenen B&Bs in Kerrisdale. $$$$

Comfort Inn and Suites-North Vancouver
1748 Capilano Rd.
North Vancouver, BC V7P 3B4
✆ (604) 988-3181, 1-888-988-3181
www.vancouvercomfort.com
Familienfreundliches Hotel mit 91 Zimmern am Fuße des Grouse Mountain. Nahe der Capilano Suspension Bridge.
$$$-$$$$

The Sylvia Hotel
1154 Gilford St.
Vancouver, BC V6G 2P6
✆ (604) 681-9321
www.sylviahotel.com
Seit 1912 gibt es dieses efeuberankte, denkmalgeschützte Hotel mit 120 Zimmern, darunter auch geräumige Suiten, an der English Bay. Stadtzentrum und Stanley Park liegen in Gehentfernung.
$$$-$$$$

Best Western King George Inn & Suites
8033 King George Hwy.
Surrey, BC V3W 5B4
✆ (604) 502-9000, 1-800-780-7234
www.bestwestern.com
Preiswertes Hotel mit 77 Zimmern nahe Vancouver.
$$$

Hostelling International Vancouver Downtown
1114 Burnaby St., Vancouver, BC V6E 1P1
✆ (604) 684-4565, 1-866-762-4122
www.hihostels.ca
Moderne, freundliche Jugendherberge mitten im Zentrum. 223 Betten in Ein- bis Mehrbettzimmern. Frühstück inklusive.
$-$$

Hostelling International Vancouver Jericho Beach
1515 Discovery St., Vancouver, BC V6R 4K5
✆ (604) 224-3208, 1-866-762-4122
www.hihostels.ca
Helle Jugendherberge am Strand des Jericho Park. 286 Betten in Zwei- und Mehrbettzimmern.
$-$$

Burnaby Cariboo RV Park
8765 Cariboo Place, Burnaby, BC V3N 4T2
✆ (604) 420-1722
www.bcrv.com
Sehr komfortabler, großer Campingplatz östlich von Vancouver. Vorwiegend Wohnmobile. Nahe Skytrain-Haltestelle mit Anschluss in die City.

Dogwood Campground & RV Park
15151 112th Ave., Surrey, BC V3R 6G8
✆ (604) 583-5585, 1-866-496-9484
www.dogwoodcampgrounds.com
Baumbestandener, weitläufiger Campingplatz, 200 Stellplätze für Wohnmobile, 150 für Zelte. Südöstlich von Vancouver.

Hazelmere RV Park
18843 8th Ave., Surrey, BC V3S 9R9
✆ (604) 538-1167, 1-877-501-5007
www.hazelmere.ca
Hübscher Campingplatz am Little Campbell River. Rund 200 Stellplätze, südöstlich von Vancouver.

Vernon

Best Western Vernon Lodge
3914 32nd St., Vernon, BC V1T 5P1
✆ (250) 545-3385, 1-800-663-4422
www.bestwesternvernonlodge.com
Komfortables Hotel mit 127 Zimmern und Restaurant.
$$$-$$$$

Victoria

The Fairmont Empress
721 Government St.,Victoria, BC V8W 1W5

© (250) 384-8111, 1-800-257-7544
www.fairmont.com
Erstes Hotel am Platz. Altehrwürdiges, efeuberanktes Gebäude in schönster Lage am Hafen. 476 Zimmer. Britische Teestunde um 16 Uhr. Vorzügliche Restaurants.
$$$$

Victoria Marriott Inner Harbour
728 Humboldt St., Victoria, BC V8W 3Z5
© (250) 480-3800, 1-877-333-8338
www.victoriamarriott.com
Elegantes Hotel nahe dem Inner Harbor. Auf 16 Stockwerken befinden sich 228 Zimmer und acht Suiten.
$$$$

Admiral Inn
257 Belleville St., Victoria, BC V8V 1X1
© (250) 388 6267, 1-888-823-6472
www.admiral.bc.ca
Kleines, aber feines Hotel am Inner Harbor. 33 Zimmer. $$$-$$$$

Super 8 Airport Motel
2477 Mt. Newton Cross Rd.
Saanichton, BC V8M 2B7
© (250) 652-6888, 1-800-800-8000
www.super8.com
Gepflegtes Motel mit 51 Zimmern. Am Hwy. 17 südlich der BC Ferries und des Flughafens.
$$$-$$$$

Robin Hood Motel
136 Gorge Rd. E., Victoria, BC V9A 1L4
© (250) 388-4302, 1-800-434-8835
www.robinhoodmotel.com
54 Zimmer in ruhig gelegenem Motel nordwestlich von Downtown.
$$$-$$$$

Cordova Beach Bed & Breakfast
5137 Cordova Bay Rd.
Victoria, BC V8Y 2K1
© (250) 658-1700, 1-866-658-1700
www.cordovabeach.com
3 Zimmer in schönem B&B. Sandstrand, Sonnenuntergänge und sehnsuchtsvolle Blicke auf die San Juan Islands. 6 km nördlich von Downtown.
$$$-$$$$

Brentwood Bay Heritage House
7247 W. Saanich Rd.
Brentwood Bay, BC V8M 1H4
© (250) 652-2012
www.bcheritagehouse.com
B&B mit drei schönen Zimmern. Nahe den Butchart Gardens. $$$-$$$$

Hostelling International Victoria
516 Yates St.
Victoria, BC V8W 1K8
© (250) 385-4511, 1-866-762-4122
www.hihostels.ca
Hübsche Jugendherberge im Herzen der Stadt. Zwei- und Mehrbettzimmer, insgesamt 108 Betten. $-$$

Victoria West KOA
230 Trans-Canada Hwy.
Malahat, BC V0R 2L0
© (250) 478-3332, 1-800-562-1732
www.koa.com
Komfortabler, großer Campingplatz am Trans-Canada Highway westlich von Victoria.

The Fairmont Empress in Victoria

Unterkünfte

Goldstream Provincial Park
Hwy. 1, Malahat, BC V0R 2L0
✆ (519) 826-6850, 1-800-689-9025
www.discovercamping.ca
Gut gelegener Campingplatz mit 167 Stellplätzen im Provincial Park 16 km nördlich von Victoria. Wunderschöner alter Waldbestand.

Wells Gray Provincial Park

Helmcken Falls Lodge
Clearwater, BC V0E 1N0
✆ (250) 674-3657
www.helmckenfalls.com
Seit fast 60 Jahren beliebte Lodge an der Hauptzufahrt des weitläufigen Wells Gray Provincial Park. Campingplatz, Restaurant.
$$$$

Whistler

Aava Whistler Hotel
4005 Whistler Way, Whistler, BC V0N 1B4
✆ (604) 932-2522, 1-800-663-5644
www.aavawhistlerhotel.com
Komfortables Hotel mit 193 Zimmern. In der Nähe der Skilifte und zahlreicher Geschäfte.
$$$-$$$$

Kanada-Urlaub im Tipi

Hostelling International Whistler
1035 Legacy Way
Whistler, BC V0N 1B1
✆ (604) 684-7101, 1-800-661-0020
Neue, moderne Jugendherberge in Downtown Whistler. 188 Betten in Mehrbett- und Familienzimmern. $-$$

Williams Lake

Drummond Lodge Motel
1405 Hwy. 97 S., Williams Lake, BC V2G 2W3
✆ (250) 392-5334, 1-800-667-4555
www.drummondlodge.com
Ruhiges Motel am Williams Lake mit 24 Zimmern und kleinem Wohnmobil-Campingplatz. $$-$$$

Yoho National Park

Emerald Lake Lodge
Field, BC V0A 1G0
✆ (250) 343-6321, 1-800-663-6336
www.crmr.com
Rustikale Lodge mit 85 Zimmern am wunderschönen, smaragdgrünen Emerald Lake im Yoho N.P. Mit Restaurant.
$$$$

Hostelling International Yoho National Park
Yoho Valley Rd., Yoho National Park, BC
c/o P.O. Box 1358, Banff, AB T1L 1B3
✆ (778) 328-2215, 1-866-762-4122
www.hihostels.ca, nur im Sommer geöffnet
Das Whiskey Jack Hostel ist eine kleine, einfache Sommer-Jugendherberge im Yoho N.P. 27 Betten. $

Yoho National Park Campgrounds
Hwy. 1, P.O. Box 99, Field, BC V0A 1G0
✆ (250) 343-6783, www.pc.gc.ca/yoho
Drei einfache Campingplätze: Monarch, Hoodoo und Kicking Horse sowie der autofreie Zeltplatz an den Takkakaw Falls. Keine Reservierungen.

Watson Lake (Yukon Territory)

Air Force Lodge
Adela Trail/Alaska Hwy.
Watson Lake, YT Y0A 1C0
✆ (867) 536-2890, www.airforcelodge.com
1942 erbautes Gebäude, das seinerzeit als Pilotenunterkunft genutzt und nach der Jahrtausendwende im Hinblick auf seine historische Funktion restauriert und in ein Motel verwandelt wurde. Nur zwölf Zimmer. $$

Service von A–Z

Mount Robson: der höchste Berg im kanadischen Teil der Rocky Mountains

An- und Einreise

Zur Einreise nach Kanada ist ein für die Reisezeit gültiger **Reisepass** erforderlich (max. Aufenthaltsdauer sechs Monate). Nach dem 25. Oktober 2005 ausgestellte Reisepässe müssen über ein digitales Foto verfügen, alle nach dem 25. Oktober 2006 ausgestellten über einen Chip mit biometrischen Daten.

Bei der Einreise erkundigt sich der Grenzbeamte *(immigration officer)* nach dem Zweck der Reise *(vacation, holidays)* sowie dem Rückreisetermin und stempelt den Reisepass ab. Gelegentlich werden bei längeren Aufenthalten das Vorzeigen des Flugtickets bzw. Erklärungen zur Finanzierung der Reise verlangt.

Bei einem Grenzübergang in die **USA** (Staaten: Washington, Idaho bzw. Montana) wird sowohl von jedem Erwachsenen als auch jedem Kind ein maschinenlesbarer Europapass verlangt, der bei einem Aufenthalt von bis zu 90 Tagen mindestens für die Dauer des Aufenthaltes gültig ist. Ein Rückreise- oder weiterführendes Ticket sollte vorhanden sein.

An der Grenze werden Fingerabdrücke ab- und ein Digitalfoto aufgenommen. Da die Einreisebedingungen in die USA immer wieder verschärft werden, sollten Sie sich vor Ihrer Abreise – falls Sie einen Grenzübertritt planen – über die aktuellen Bestimmungen (z.B. elektronische **Einreiseerlaubnis ESTA**) bei der US-Amerikanischen Botschaft oder unter **www.usembassy.de** informieren. Zu den strengeren Sicherheitsbestimmungen gehört auch, dass **verschlossene Gepäckstücke** mit großer Wahrscheinlichkeit von den Behörden geöffnet werden. Deshalb sollte man Koffer besser mit einem Gurt sichern als ein Zahlenschloss zu benutzen.

Ein Visum wird bei der Einreise generell nur verlangt, wenn der Aufenthalt 90 Tage überschreitet oder kein Rückflugticket vorhanden ist. Die Einreisebedingungen von Kanada und den USA sind weitgehend gleich. Zusätzlich erhält man bei der Einreise in die USA den *departure record* in den Reisepass eingeheftet, der bei der Ausreise an der Grenze oder am Flughafen wieder abgegeben werden muss.

Ärztliche Vorsorge

Europäische Reisende finden in Kanada beste ärztliche Versorgung, die aber auch teuer werden kann. Krankenhausaufenthalte werden je nach Schwere der Erkrankung oder Dauer der Behandlung nach Tagessätzen oder Gebühren abgerechnet. Da kommen schnell 1000–2000 Dollar am Tag zusammen. Die gesetzlichen Krankenkassen beteiligen sich nicht an den entstehenden Kosten. Unbedingt erforderlich ist daher der Abschluss einer **Reisekrankenversicherung** (z.B. beim ADAC, bei Reisebüros oder den Versicherungen). Vorsicht ist angebracht bei Langzeit- oder Vorerkrankungen, deren Kosten auch Reisekrankenversicherungen nicht übernehmen: Details stehen in den kleingedruckten Versicherungsbedingungen.

Bei regelmäßiger Medikamenteneinnahme sollte man einen ausreichenden Vorrat an Arzneimitteln und eventuell auch ein Rezept bzw. ein Attest des Arztes mitnehmen. In manchen Medikamenten können Stoffe enthalten sein, deren Einfuhr in die USA nicht erlaubt ist, z. B. Codein im Hustensaft.

Medikamente für Erkältungen, Kopfschmerzen, Durchfall u. a. leichte Erkrankungen gibt es frei verkäuflich in Kanadas Supermärkten. Verschreibungspflichtige Medikamente erhält man in einem Supermarkt oder Drugstore, der den Zusatz *Pharmacy* trägt.

Auskunft

Canadian Tourism Commission
c/o Lange Touristik-Dienst
Eichenheege 1–5
63477 Maintal
Kanada Hotline: ✆ 018 05-52 62 32 (€ 0,14/Min.)
www.kanada-entdecker.de

Tourism British Columbia
✆ 1-800-HELLO-BC (= 1-800-435-5622)
www.hellobc.com

Travel Alberta
✆ 1-800-ALBERTA (= 1-800-252-3782)
www.travelalberta.com

Erste Informationen vor Ort bekommt man in den lokalen **Touristeninformationen**, die zumeist gut erkennbar ausgeschildert und gekennzeichnet sind. Innerhalb der Reisebeschreibungen sind die Adressen unter den jeweiligen Städten und Ortschaften aufgelistet. Dort gibt es Informationen zu Unterkünften, Ausflugsmöglichkeiten, Öffnungszeiten von Museen etc.

Außerdem erhält man Landkarten, Stadtpläne und Broschüren zu den meisten Attraktionen der Region zum Mitnehmen sowie Rabattcoupons für Eintritte etc. Auch bei der Suche nach einem Arzt leisten die Touristeninformationen gute Dienste.

Ausweise und Dokumente

Vor der Reise sollte man
- Reisepass, Flugscheine und Führerschein kopieren,
- die Nummern der Kredit- und EC-Karten sowie deren Notfallnummern für die Kartensperrung notieren,
- Auflistung und Kaufquittungen der Reiseschecks mitnehmen, Nummern der ausgegebenen Reiseschecks notieren, ebenso die Notfallnummer, um deren eventuellen Ersatz anzufordern,
- Telefon- und Faxnummer der Reisekrankenversicherung notieren.

Auto- und Wohnmobilmiete

West-Kanada besitzt ein ausgezeichnetes Straßennetz, das bestens zum Reisen per Leihwagen oder Wohnmobil geeignet ist. Nicht zuletzt entscheiden individuelle Vorlieben, der Geldbeutel und die Reiseplanung über die Art des zu mietenden Fahrzeuges. Manche Wohnmobilvermieter verbieten das Befahren von Schotterstraßen.

Ein **Leihwagen** ist sparsam im Verbrauch, praktisch in den Städten, auf Schotterstraßen und schmalen Wegen. Mit zwei Personen und Hotelübernachtungen bzw. mit Zelt ist ein Pkw optimal, auf jeden Fall preiswerter als ein Wohnmobil.

Der Vorteil eines **Wohnmobils** besteht darin, dass man sein rollendes Zuhause immer dabei hat. An stürmischen Stränden oder an Schlechtwettertagen kann man im Warmen kochen und essen, man kann die eigene Toilette und sogar Dusche benutzen, und auch mal ein paar Stunden mit Lesen oder Kartenspielen zubringen.

Je größer das Wohnmobil, desto besser und komfortabler ist die Ausstattung. Zwar ist es nicht mehr so wendig – ein großes Wohnmobil misst auch mal acht Meter (26 ft.), doch auf den großen Highways kommt man damit in puncto Geschwindigkeit und Fahrverhalten gut voran. Aber man sollte vor der Wahl genau überlegen, ob man nicht mit einem sechs Meter langen Gefährt besser bedient ist, weil es wendiger und einfacher zu handhaben, fast genauso komfortabel und zudem noch billiger ist.

Auch bei vorhandener Erfahrung und trotz Spiegeln sollte man sich beim Rückwärtsfahren vom Beifahrer einwinken lassen, denn durch Begrenzungssteine und andere ungesehene Gegenstände im toten Winkel sowie überhängende Äste kann leicht ein Schaden entstehen.

Große **Wohnmobil-Vermietstationen** befinden sich in Calgary und Vancouver. Um das Wunschfahrzeug, den Mietort, die Preisvorstellungen und den Zeitrahmen, besonders wenn dieser in der Hauptreisezeit liegt, in Einklang zu bringen, sollte man im Herbst und Winter vor dem Reisesommer planen und die Buchungen einige Monate vor Reiseantritt abgeschlossen haben. In der Nebensaison sind zumindest die Mietpreise und die Verfügbarkeit etwas besser.

Pkws kann man einfacher und schneller mieten, notfalls auch noch vor Ort am Flughafen. Doch beruhigender und preiswerter ist es, auch diese bereits von zu Hause aus rechtzeitig gebucht zu haben. Dazu gibt es auch meist unbegrenzte Freikilometer.

Bei der **Autoübernahme** legt man den Voucher der Vermietfirma bzw. eine Reservierungsnummer vor, die man bei der Buchung erhalten hat, sowie den Führerschein und eine Kreditkarte. Im Allgemeinen vergehen zwischen der Ankunft am Flughafen und dem Transfer zur Vermietstation, der meist mit Bussen der Autovermieter geschieht, nur ein bis zwei Stunden Zeit. Die Autos sind problemlos zu bedienen, haben meist Automatikgetriebe und tanken bleifrei.

Einweisungen bei der **Wohnmobilübernahme** dauern da schon etwas länger und sind komplizierter. Meist liegt zwischen der Ankunft aus Europa und der Übernahme eine Übernachtung in Flughafennähe. Der Vermieter erklärt die Funktionsweise des Wohnmobils, man überprüft gemeinsam und sorgfältig die Einrichtung und sons-

»Moose Crossing«

tigen Gegenstände auf Vorschäden und hält diese notfalls schriftlich fest. Unklarheiten jeglicher Art und Fragen sollten vor der Abfahrt erledigt und beantwortet werden.

Autofahren/ Verkehrsregeln

Deutsche, österreichische und Schweizer Touristen dürfen in Kanada mindestens drei Monate lang Auto fahren, sofern sie den nationalen **Führerschein** besitzen, in British Columbia sogar sechs. Bis auf zwölf Monate erhöht sich der Zeitraum, wenn der Fahrer neben dem nationalen auch noch den internationalen Führerschein vorweist.

Sicherheitsgurte, Kindersitze, Fahrrad- und Motorradhelme sind in British Columbia und Alberta vorgeschrieben. Auch die **Verkehrsregeln** entsprechen im Wesentlichen den europäischen. Einige Unterschiede sollen hier erwähnt werden: Das **Tempolimit** beträgt auf den Autobahnen in der Regel 100 km/h. Es ist durchaus üblich, dass auf Autobahnen rechts überholt wird, daher zur Kontrolle stets ein Blick nach rechts! Auf Landstraßen gelten Höchstgeschwindigkeiten von etwa 80 km/h. In der Dämmerung oder bei Nacht sollte man besonders in waldreichen Regionen wegen der Wildwechselgefahr das Tempo drosseln. Innerhalb von Ortschaften sind höchstens 50 km/h erlaubt.

Parkbeschränkungen sind oft durch farbig markierte Bordsteine gekennzeichnet.

Priorität auf den Straßen genießen die gelben **Schulbusse**. Wenn Kinder ein- und aussteigen, blinken die Signalleuchten rot auf und ein Stoppschild ist ausgefahren. Dann ist das Überholen auch in der Gegenrichtung absolut verboten, und man wartet, bis die Aktion vorüber ist.

Bei **Verkehrsverstößen**, wenn einem der Polizeiwagen folgt, der übrigens nicht überholt, fährt man am besten rechts heran und wartet auf Anweisungen des Polizisten. Entweder kommt man mit einer mündlichen Verwarnung davon, oder man zahlt gleich an Ort und Stelle.

Benzin ist nur bleifrei erhältlich, *lead free* oder *no lead*, mit unterschiedlichen Oktanzahlen. Die Tankzentren in den größeren Städten und an den Hauptverkehrsverbindungen sind täglich, oft sogar rund um die Uhr geöffnet. In den Berg- und Waldregionen des Inlandes kann es insbesondere nachts Probleme mit der Benzinversorgung geben. Besser tagsüber und bei Gelegenheit volltanken!

Automobilclubs

Der **kanadische Automobilclub** (CAA, www.caa.ca) und der US-amerikanische Automobilclub (AAA, www.aaa.com) sind mit Büros in allen größeren Städten vertreten. Sie verteilen an Mitglieder des ADAC und anderer europäischer Klubs kostenloses Karten- und Informationsmaterial und helfen dem Reisenden rund um die Themen Reise, Kanada und Auto. In British Columbia und Alberta gibt es jeweils eigene Automobilclubs, die Teil der CAA sind.

Canadian Automobile Association (CAA)
✆ 1-877-325-8888 in British Columbia
✆ 1-800-642-3810 in Alberta
✆ 1-800-CAA-HELP (= 1-800-222-4357) Allgemein

Die wichtigsten Adressen:

Hauptbüro CAA British Columbia
4567 Canada Way, Burnaby, BC V5G 4T1
✆ (604) 268-5500, nur in BC: 1-877-325-8888
www.bcaa.com

– 999 W. Broadway, Vancouver, BC V5Z 1K5
✆ (604) 268-5600

– 1262 Quadra St., Victoria, BC V8W 2K7
✆ (250) 414-8320

– 400-500 Notre Dame Dr., Kamloops, BC V2C 6T6
✆ (250) 852-4600

Hauptbüro Alberta Motor Association
10310-39A G.A. MacDonald Ave.
Edmonton, Alberta T6J 6R7
✆ (780) 430-5555, nur in Alberta: 1-800-642-3810
www.ama.ab.ca

– 4700 17 Ave. S.W., Calgary, AB T3E 0E3
✆ (403) 240-5300

Auskünfte über Straßenzustände, Fähren, Brücken etc.:

In British Columbia:
✆ 1-800-550-4997
www.bcnetwork.com/roadreport.html

In Alberta: ✆ 1-877-262-4997, www.ama.ab.ca

Camping

Kanada ist das Traumland für einen Campingurlaub. **National und Provincial Parks** bieten für Zelte und Wohnmobile wunderbare Stellplätze, oft an malerischen Seeufern inmitten herrlicher Wälder. Dort findet man zumeist Bänke, Tische und eine Feuerstelle vor – das abendliche Lagerfeuer gehört beim kanadischen Campen einfach dazu. Ein Bündel Feuerholz gibt es zumeist zu kaufen, entweder beim Platzwart *(camp host)* oder auf einem Feuerholzplatz. Die Kosten für den Stellplatz betragen ca. $ 8–20 pro Nacht, auf privaten Plätzen deutlich mehr.

Vorausbuchungen sind auf den Campingplätzen der Provincial und National Parks oft nicht möglich. In der Regel gilt: *first come, first served*, das heißt, die Plätze werden in der Reihenfolge der Ankunft verteilt. An touristisch stark frequentierten Orten und in der Hochsaison bedeutet dies, dass man sich vor jeglichen weiteren Aktivitäten zuerst um einen Campingplatz kümmern muss.

In **British Columbias** Provincial Parks lassen sich, wenn die einzelnen Parks dem System angeschlossen sind, Stellplätze reservieren. Das geschieht entweder telefonisch unter ✆ 1-800-689-9025 (von Übersee unter ✆ 519-826-6850) oder im Internet unter www.discovercamping.ca.

In **Alberta** wählt man ✆ 1-877-537-2757 für Campingplatz-Reservierungen; man kann auch unter www.reserve.albertaparks.ca reservieren. Die Telefonnummern der einzelnen Provincial Parks sind unter www.albertaparks.ca zu finden.

Private Campingplätze kann man unter Angabe der Kreditkartennummer vorbuchen, z.B. bei der Kette **Kampgrounds of America (KOA)** unter ✆ (406) 248-7444, **www.koa.com**. Generell liegen die Privatplätze verkehrsgünstig und sind komfortabel. Es gibt dort Stellplätze mit und ohne Strom-, Wasser- und Abwasseranschlüsse *(hookups)*. Zum Service gehören außerdem Münzwaschsalons, Spielplätze, Fernseh-, Video- und Aufenthaltsräume. Eine Übernachtung auf einem privaten Campground kann $ 20–40 pro Nacht kosten.

Entlang der Reiserouten, abseits der Städte, liegen im Allgemeinen gute Campingplätze. Reklametafeln oder die lokalen Touristeninformationen weisen den Reisenden dorthin. Um Vancouver, Calgary oder Edmonton gibt es ebenfalls exzellente Plätze, die aber unbedingt vor Ankunft reserviert werden sollten.

Diplomatische Vertretungen

In Deutschland:

Kanadische Botschaft
Leipziger Platz 17, D-10117 Berlin
✆ (030) 203 12-0
www.kanada.de

US-Botschaft
Pariser Platz 2
D-14191 Berlin
✆ (030) 83 05-0
www.us-botschaft.de

In Österreich:

Kanadische Botschaft
Laurenzerberg 2, A-1010 Wien
✆ (01) 531 38-3000
www.kanada.at

US-Botschaft
Boltzmanngasse 16, A-1090 Wien
✆ (01) 313 39-0
www.usembassy.at

In der Schweiz:

Kanadische Botschaft
Kirchenfeldstr. 88, CH-3005 Bern
✆ (031) 357-3200, www.canadainternational.gc.ca/switzerland-suisse

US-Botschaft
Sulgeneckstr. 19, CH-3007 Bern
✆ (031) 357-7011
http://bern.usembassy.gov

Diplomatische Vertretungen in Kanada:

Deutsche Botschaft
1 Waverly St., Ottawa, ON K2P 0T8
✆ (613) 232-1101
www.ottawa.diplo.de

Österreichische Botschaft
445 Wilbrod St., Ottawa, ON K1N 6M7
✆ (613) 789-1444
www.austro.org

Schweizer Botschaft
5 Marlborough Ave., Ottawa, ON K1N 8E6
✆ (613) 235-1837
www.eda.admin.ch/canada

In den USA:

Deutsche Botschaft
4645 Reservoir Rd. N.W.
Washington, DC 20007
✆ (202) 298-4000
www.germany.info

Österreichische Botschaft
3524 International Court N.W.
Washington, DC 20008
✆ (202) 895-6700
www.austria.org

Schweizer Botschaft
2900 Cathedral Ave. N.W., Washington, DC 20008
✆ (202) 745-7900
www.swissemb.org

Einkaufen

Shopping Malls sind riesige Einkaufszentren mit breitgefächertem Warenangebot in Kaufhäusern und Spezialgeschäften, einschließlich Restaurants, Kinos und kostenlosen Parkplätzen. **Shopping Centre** wird die zumeist etwas kleinere Variante der Einkaufszentren genannt. Die größte Shopping Mall West-Kanadas ist die West Edmonton Mall (WEM).

In jeder größeren westkanadischen Stadt gibt es mindestens ein Kaufhaus der Kette The Bay. Vancouver bietet eine große Auswahl an Malls, Shopping Centres und Geschäften überhaupt, darunter die Pacific Centre Mall mit rund 200 Geschäften. Calgary und Edmonton besitzen sogenannte *Plus 15 Skywalks* bzw. *Pedways*, die die verschiedenen Geschäftsgebäude der Innenstadt durch verglaste, klimatisierte Übergänge miteinander verbinden.

Große **Supermärkte** wie Safeway Canada gibt es in vielen Orten, sie sind täglich von 7–22 Uhr, manchmal sogar rund um die Uhr geöffnet. Im ländlichen Raum sorgen vielerorts kleine Lebensmittelgeschäfte *(convenience stores),* Läden auf den Campingplätzen und Tankstellen für den täglichen Bedarf.

Besonders empfehlenswert sind generell die **Museumsgeschäfte**. In guter Qualität und zu akzeptablen Preisen gibt es dort Kunstdrucke, Literatur, Papier- und Schreibwaren, Spielzeug, Kleidung, Nachbildungen von historischen Kunst- und Gebrauchsgegenständen etc. zum Thema des Museums.

Kanadische Souvenirs: Indianische und Inuit-Kunst und Souvenirs der kanadischen Ureinwohner, wie z. B. Cowichan-Wollpullover, Schnitzereien der Haida-Indianer, Masken, Lederwaren, Schmuck etc., sind authentische, typisch kanadische Mitbringsel und meist in größeren Städten und in den Geschäften der indianischen Museen und Freilichtmuseen zu erhalten.

Westernkleidung wie Cowboyhüte und -stiefel findet man in großer Auswahl in Calgarys Westerngeschäften.

Märkte wie Lonsday Quay Market und Granville Island Public Market in Vancouver bieten neben Obst und Gemüse eine Fülle an Souvenirs. Beim Einkauf sollte man an die Gewichtsgrenzen des Fluggepäcks und an den Zoll denken (vgl. S. 274)! Im Übrigen hat Kanada im März 2007 das steuerbefreite Einkaufen für Urlauber abgeschafft.

Fähren in British Columbia

Die staatlichen Fähren der **BC Ferries** verbinden Vancouver mit Victoria und Nanaimo auf Vancouver Island, Prince Rupert mit den Queen Charlotte Islands, Port Hardy mit Bella Coola etc. Ein Treibstoffzuschlag *(fuel surcharge)* wird eventuell zu den regulären Fährpreisen hinzugerechnet. Die jeweiligen Preisangaben unter Service & Tipps beinhalten diesen Zuschlag bereits.

BC Ferries
1112 Fort St., Victoria, BC V8V 4V2
✆ (250) 386-3431, 1-888-BC-FERRY
www.bcferries.com

Die **Inlandfähren** des Marine Branch des Ministry of Transportation, die viele Flüsse und Seen in British Columbia überqueren, sind kostenlos.

Marine Branch, Ministry of Transportation
P.O. Box 9850, Stn Prov. Govt.
Victoria, BC V8W 9T5
✆ (250) 387-3198
www.th.gov.bc.ca/marine

Feiertage/Feste

New Year's Day	– Neujahr, 1. Januar
Good Friday	– Karfreitag
Easter Monday	– Ostermontag
Victoria Day	– vorletzter Montag im Mai
Canada Day	– Nationalfeiertag, 1. Juli
BC Day	– 1. Montag im August
Labour Day	– Tag der Arbeit, 1. Montag im September
Thanksgiving Day	– Erntedankfest, 2. Montag im Oktober
Remembrance Day	– 11. November
Christmas Day	– 1. Weihnachtstag, 25. Dezember
Boxing Day	– 2. Weihnachtstag, 26. Dezember

Viele offizielle Feiertage liegen auf einem Montag, was lange Wochenenden bringt. Banken, Postämter, Büros und andere öffentliche Ämter und Anlaufstellen sind geschlossen. Parks und Freizeitreviere in der Nähe urbaner Zentren sind dann meistens stark besucht. Fast alle Geschäfte haben leicht verkürzte Öffnungszeiten auch an Feiertagen.

Wichtigster Feiertag ist der **Canada Day**, der Nationalfeiertag am 1. Juli. Im ganzen Land finden dann allerorten Paraden, Konzerte, Feuerwerk und Barbecues statt. Der **Victoria Day** Ende Mai läutet die kanadische Sommersaison ein, die der **Labour Day** Anfang September wieder beendet. Beide Feiertage sind ebenfalls mit vielerlei Familienaktivitäten verbunden.

Über Veranstaltungen und Ereignisse an Feiertagen und sonstigen Wochenenden informieren die lokalen oder regionalen Touristeninformationen. In Vancouver, Calgary und Edmonton finden fast an jedem Sommerwochenende musikalische, sportliche oder kulturelle Veranstaltungen statt. Doch auch in kleineren Orten und auf dem Lande bzw. in den großen Freilichtmuseen West-Kanadas werden regelmäßig spezielle lokale Feste ausgerichtet. Termine finden sich bei den jeweiligen Orten im Reiseteil.

Geld/Devisen/Kreditkarten

Die kanadische Währung weist **Banknoten** von Can. $ 5, 10, 20, 50, 100 und selten auch 1000 auf. Folgende **Münzen** kommen vor: 1 Cent (Penny), 5 Cent (Nickel), 10 (Dime) und 25 Cent (Quarter) sowie Can. $ 1 und 2 (Loonie und Twoonie). Aktueller **Umrechungskurs** Juni 2010: € 1 = Can. $ 1.17, Can. $ 1 = € 0,73.

Europäische Währungen tauscht man am besten bereits zu Hause, denn in Kanada ist dies nur in den Banken der Großstädte und an den Flughäfen möglich. Kanadische in US-Dollar zu wechseln ist kein Problem. Mit EC-Karten kann man aber an Geldautomaten mit dem MAESTRO-Zeichen bzw. mit Kreditkarten mit Interac-Symbol kanadische Dollar abheben.

Als Zahlungsmittel für unterwegs empfiehlt sich eine Kombination aus wenig Bargeld, Reiseschecks und Kreditkarte.

Bargeld benötigt man für Automaten und Telefonate, für Fahrten des öffentlichen Nahverkehrs, für den Kaffee zwischendurch, als Trinkgeld, für den Waschsalon etc. und für den gelegentlichen

Fall, dass weder Reiseschecks noch Kreditkarten akzeptiert werden. Scheine nimmt man am besten in kleineren Stückelungen mit, denn ab $ 50 wird es besonders in kleineren Läden bzw. abends schwierig mit dem Wechselgeld, das in den Kassen knapp gehalten wird.

Drei Viertel aller Kosten lassen sich bequem und sicher mit der **Kreditkarte** begleichen. Visa und Mastercard sind die bekanntesten und werden von Hotels, Restaurants, Tankstellen, Campingplätzen, Supermärkten etc. in den meisten Fällen angenommen. Auch American Express ist relativ weit verbreitet. Unbedingt benötigt wird eine Kreditkarte bei der Autoanmietung, bei Hotel- und Fährenbuchungen und sonstigen Reservierungen sowie bei Arztbehandlungen.

Bei Diebstahl oder Verlust muss die **Karte** umgehend gesperrt werden:

Mastercard ✆ 1-800-MCASSIST (= 1-800-622-7747), www.mastercard.com
Visa Card ✆ 1-800-847-2911, www.visa.com
American Express Credit ✆ 1-800-554-AMEX (= 1-800-554-2639), www.americanexpress.com

Oder man meldet Diebstahl und Verlust unter den Telefonnummern der jeweiligen Banken, bei denen die Kreditkarten ausgestellt wurden. Dazu muss man die Nummer der Kreditkarte nennen können, die man sich am besten irgendwo geheim notiert hat.

Nostalgischer Eisenbahnwaggon auf dem Areal des Hostelling International Shuswap Lake in Squilax

Reiseschecks (Traveller's Cheques) in kanadischer Währung sind praktisch und bereits zu Hause zu besorgen. Sie werden wie Bargeld angenommen, als Wechselgeld gibt es immer Bares zurück. Nicht verwendete Reiseschecks lassen sich zu Hause wieder umtauschen bzw. für die nächste Reise aufbewahren.

Bei Diebstahl oder Verlust wendet man sich an die **Notfallnummer** von **American Express Traveller's Cheques** (✆ 1-866-296-5198). Eine Erstattung der Schecks erfolgt, wenn man die Kaufbestätigung besitzt und die Ausgabe voriger Schecks nachweisen kann, deshalb immer die Nummern der ausgegebenen Schecks notieren.

Maße und Gewichte

In Kanada gilt seit Anfang der 1970er-Jahre offiziell das **metrische System**. Dennoch begegnet man den ehemaligen Maß- und Längeneinheiten oft noch im Alltag. Dabei spielt die geographische Nähe zum Nachbarn USA eine große Rolle. Getränkedosen z.B. sind in *ounces* abgefüllt (1 *fluid ounce* = 29,6 ml). Frischwaren werden noch immer in *pound* abgewogen (1 *pound* = 454 g). Zuweilen sind auch noch Meilenangaben (1 *mile* = 1,609 km) zu finden – es sind inoffizielle Überbleibsel aus alten Tagen vor der Einführung des metrischen Systems.

Mit Kindern in West-Kanada

Nach dem langen Flug, dessen Strapazen Kinder oft besser wegstecken als so mancher Erwachsene, wenn das Auto übernommen bzw. das Quartier bezogen ist, sollte man es ruhig angehen lassen. Eltern tun sich und ihren Sprösslingen damit den größten Gefallen.

Ideal für die Familie auf Reise ist ein Campmobil, das für die Urlaubstage das Zuhause ersetzt. Autoverleihfirmen statten das Wohnmobil oder den Pkw auf Wunsch mit (oft ramponierten) **Kindersitzen** aus. Am besten nimmt man den eigenen Sitz von zu Hause aus mit.

Camping gehört zu den schönsten Reiseformen mit Kindern, insbesondere weil die Plätze im Vergleich zu den europäischen mit Picknick im Wald, möglichen Tierbeobachtungen, Grillen und Lagerfeuer deutlich mehr Abenteuer bieten.

In **Hotels** und **Motels** erfolgt meist eine kostenlose Unterbringung im Zimmer der Eltern, oft wird auch ein Kinderbett aufgestellt. Etwas schwieriger gestalten sich Aufenthalte in Bed & Breakfasts, die häufig mit Antiquitäten ausgestattet und auf ruhige, ältere Paare als Gäste eingerichtet sind und oft auch ein Mindestalter voraussetzen. Höhepunkte sind sicherlich **Ranch- und Farmaufenthalte** samt Cowboyleben mit Pferden und Rindern.

In **Restaurants** gibt es oft Kinderstühle und -menüs. Man kümmert sich im Allgemeinen freundlich um die kleinen Gäste und hält Spielzeug oder eine kleine Beigabe zum Essen bereit.

Die **Reiseetappen** sollten nicht zu lang sein, eventuelle Schlafzeiten der Sprösslinge berücksichtigt und durch Stopps aufgelockert werden. Zu den Favoriten der Kinder zählen die Freilichtmuseen, Vergnügungsparks, aber auch Picknicks und Spielenachmittage am Wildbach unterwegs.

Die meisten **Museen** und **Attraktionen** sind auch auf den Besuch von Kindern eingerichtet und bieten altersgemäße Präsentationen.

Die **Eintrittspreise** kommen Familien entgegen, Kinder zahlen in der Regel die Hälfte oder weniger, wobei die Altersgrenze meist bei 6–12 Jahren liegt. Jugendliche, vor allem wenn sie noch Schüler sind, zahlen weniger als Erwachsene. Kinder im Kindergartenalter haben oft freien Eintritt, außer bei speziellen Kindervergnügungen und -aktivitäten. Unter **Service & Tipps** werden bei den einzelnen Museen die Preisspannen angegeben.

National- und Provinzparks

Nationalparks sind die Juwelen des kanadischen Naturschutzsystems. In West-Kanada sind da vor allem Banff, Jasper, Yoho, Kootenay und Yoho National Park sowie Mt. Revelstoke, Glacier und Pacific Rim zu nennen. Hunderte von **Provinzparks** in British Columbia und Alberta stehen den Nationalparks in puncto landschaftlicher Schönheit und Besonderheiten oft in nichts nach. Doch oft wird in den Provinzparks eine gewisse ökonomische Nutzung gestattet.

Die gut ausgestatteten **Visitor Centres** der jeweiligen Parks sollten stets der erste Anlaufpunkt sein. Dort wird man von kundigen Rangern über Wanderwege, Aussichtspunkte, Tierbeobachtungen, Bademöglichkeiten etc. informiert. Meist gibt es Landkarten, Einführungsliteratur zu Geografie, Flora und Fauna sowie ein kurzes Video über den Park.

In manchen Provinzparks darf geangelt werden. Auskünfte über die Bestimmungen, Lizenzen und Pflichten zum Thema Angeln geben ebenfalls die lokalen Touristeninformationen oder Visitor Centres der Parks. Angelgeschäfte vor Ort und Anglercamps in der Wildnis sorgen für weitere Informationen.

Notfälle

In vielen Städten kann direkt die **Notfallnummer 911** gewählt werden. Ansonsten wählt man die **»0«** und lässt sich mit der Polizei oder dem medizinischen Rettungsdienst verbinden.

Bei Verlust von **Ausweispapieren** hilft die Botschaft (vgl. S. 270). Zum Verlust von **Kreditkarten** vgl. unter Geld/Devisen/Kreditkarten, S. 272.

Leihwagen- und Wohnmobilfahrer wenden sich in Notfällen zunächst immer an ihren Vermieter. Unter der Nummer ✆ **1-800-CAA-HELP (= 1-800-222-4357)** bietet der Automobilclub CAA rund um die Uhr Hilfe bei Unfällen an (vgl. Automobilclubs, S. 268 f.).

Unter ✆ **1-888-222-1373** ist die **deutschsprachige ADAC-Notrufstation** in Kanada und den USA zu erreichen, unter ✆ 011 49-89-22 22 22 die 24 Stunden besetzte Notrufzentrale München.

Reisebuchung

Flüge:
Nonstop-Flüge nehmen ohne Zwischenlandung den direkten Weg zum Zielflughafen (Frankfurt–Vancouver in ca. 10 Std., Frankfurt–Calgary in ca. 9 Std.). Da die meisten Flüge aus Europa am Vormittag oder frühen Mittag starten, landen sie bereits am Nachmittag oder frühen Abend in Kanada (9 Std. Zeitdifferenz zwischen Frankfurt und Vancouver bzw. 8 Std. zu Calgary). Es bleibt genügend Zeit, um in Ruhe das Quartier zu beziehen und den Tag mit einem Spaziergang bzw. einem Abendessen ausklingen zu lassen.

Direktflüge legen einen Zwischenstopp ein, und manchmal werden die Zielflughäfen nur auf

Umwegen angeflogen. **Air Canadas** Flüge nach West-Kanada gehen oft über Toronto. Ein Flug mit Zwischenstopp kann durchaus positive Seiten haben. Gegen Aufpreis kann man auch eine längere Unterbrechung *(stopover)* unterwegs einlegen.

Sonderangebote mit Preisen deutlich unterhalb des offiziellen Standardtarifs, insbesondere an Wochenenden oder in der **Hauptreisezeit**, beziehen sich nur auf ein beschränktes Kontingent an Sitzplätzen und müssen frühzeitig gebucht werden. Es sind oft auch die Zubringerflüge nach Amsterdam, London oder Paris.

In der **Nebensaison**, d.h. bis Mitte Juni und ab Mitte August, sind die Flugtarife relativ günstig. Und gerade die Nachsaison mit ihren geringeren Touristenzahlen und den günstigeren Preisen bietet oft noch relativ ruhiges, warmes Wetter und erfreuliche Urlaubstage in West-Kanada. Preisinformationen findet man im Internet oder im Reisemagazin »Reise & Preise« (www.reise-preise.de).

Vancouver International Airport (YVR) und Calgary International Airport (YYC) werden von **Air Canada** (www.aircanada.com) und ihrer regionalen Tochtergesellschaft **Air Canada Jazz** (www.flyjazz.ca) sowie weiteren Airlines wie Air Transat (www.airtransat.de) und Westjet (www.westjet.com) täglich mit Linien- und Charterflügen angeflogen. Aus Europa geht es mit Air Canada täglich von Frankfurt aus nach Calgary und Vancouver, Toronto und Montréal, von München nach Toronto und Montréal. Auch die innerkanadischen Verbindungen bzw. die Anschlussflüge in die USA sind hervorragend.

Sowohl Vancouvers wie auch Calgarys Flughafen sind ideale Ausgangs- und Endpunkte für Touren durch West-Kanada. Auch Gabelflüge von Frankfurt nach Vancouver und von Calgary zurück sind optimal. Fährt man den Leihwagen in diese Richtung, spart man sich bei manchen Autovermietern auch die Einweggebühr, die man in die andere Richtung zahlen würde.

Bei Flügen nach Nordamerika liegt das Gepäcklimit, z.B. bei **Air Canada**, bei **zwei Gepäckstücken à 23 kg**. Die Maßangaben des einzelnen Gepäckstückes dürfen zusammen gerechnet nicht mehr als 158 cm betragen. Als Grenzen für das **Handgepäck** gelten zwei Gepäckstücke von jeweils bis zu 10 kg, etwa ein Trolley mit den maximalen Maßen 23 x 40 x 55 cm sowie ein Laptop von max. 16 x 33 x 43 cm. Bei weiteren Fragen, z.B. zu Sondergepäck, wendet man sich an die zuständige Fluggesellschaft.

Air Canada
✆ 1-888-AIR CANADA
www.aircanada.com

Air Canada
Hahnstr. 70
D-60528 Frankfurt/Main
✆ (069) 271 15-111
www.aircanada.com

Frankfurt International Airport (FRA)
www.airportcity-frankfurt.de

Vancouver International Airport (YVR)
www.yvr.ca

Calgary International Airport (YYC)
www.calgaryairport.com

Bahn:
Via Rail ist die kanadische Eisenbahnlinie, die die wichtigsten Städte im Westen des Landes bedient. Bei Reisen mit Via Rail besteht **Reservierungspflicht** für den Zug, d.h. für einen Sitz- oder Schlafwagenplatz. Preiswert ist die Buchung eines Sitzplatzes, die aber keine Mahlzeiten, keine Dusche etc. beinhaltet. Komfortabler wird es erst, wenn man einen Schlafplatz mitbucht. Reisen mit dem legendären Überlandzug **The Canadian** von Vancouver nach Toronto dauern drei Tage und gehören zu den großen, klassischen Via-Rail-Trips, die man in diesem Land unternehmen kann. The Canadian beginnt und endet seine Trans-Canada-Reise an der Pacific Central Station in Vancouver.

Weitere Informationen über VIA Rail, den Canadian und den Rocky Mountaineer erteilt:

Canada Reise Dienst
CRD International
Fleethof, Stadthausbrücke 1–3
D-20355 Hamburg
✆ (040) 30 06 16-70
www.crd.de

VIA RAIL
✆ 1-888-VIA-RAIL (= 1-888-842-7245)
www.viarail.ca

Pacific Central Station
100-1150 Station St.
Vancouver, BC V6A 4C7
Der **Rocky Mountaineer** quert die Rocky Mountains auf der klassischen Route zwischen Vancouver und Jasper bzw. Banff und Calgary. Er fährt nur tagsüber, damit den Passagieren nichts von der atemberaubenden Bergszenerie entgeht. Er fährt ab Vancouvers Rocky Mountaineer Station an der Cottrell Street, nahe der Pacific Central Station.

Rocky Mountaineer
✆ (604) 606-7245, 1-877-460-3200
www.rockymountaineer.com

Rocky Mountaineer Vancouver Station
1755 Cottrell St.
Vancouver, BC

Reisezeit/Klima/Kleidung

Vor Mai garantiert nur die Südspitze von Vancouver Island einen frühlingshaften Urlaub, dort kann es schon ab März/April frühsommerlich warm sein. In Whistler herrschen dann vielleicht aber noch ideale Wintersportbedingungen.

Offiziell läutet der **Victoria Day** am vorletzten Montag im Mai die **Sommersaison** ein, die bis zum **Labour Day** am ersten Septembermontag andauert. Die Urlaubsregionen bereiten sich bis dahin vor, Museen und Sehenswürdigkeiten verlängern ihre Öffnungszeiten oder eröffnen aus der Winterruhe. Hotels, Campingplätze und andere Unterkünfte, besonders an touristisch begehrten Plätzen oder zu speziellen Zeiten oder Festivitäten, sollte man dann im Voraus reservieren.

Die **Hauptreisezeit** in West-Kanada reicht von Juni bis August, wegen der Ferien in Nordamerika und in Europa sind dann die meisten Touristen unterwegs. Nach dem Labour Day werden die Besucherströme geringer, Öffnungszeiten verkürzen sich, Ausflüge und Bootsexkursionen finden seltener statt und man bekommt einfacher ein Hotelzimmer oder einen Campingplatz.

Im Sommer herrscht meist warmes bis heißes Wetter vor, man sollte aber bedenken, dass sowohl im Hochgebirge wie auch an der Küste eige-

Heli Sports im Tweedsmuir Provincial Park bei Bella Coola

ne Wettergesetze gelten. Auch in der **Nebensaison** im September und in der ersten Oktoberhälfte kann das Wetter noch passabel bis sehr gut sein mit angenehm warmen, sonnigen Tagen.

Da man bei einem Urlaub in West-Kanada vom Hochgebirge über die Wüste bis hin zum Regenwald und windigen Küsten auf eine **Vielzahl von klimatischen Bedingungen** und Wetterereignissen trifft, ist eine gute Mischung an Bekleidung angesagt. Während tagsüber bequeme sommerliche Freizeitkleidung im Allgemeinen ausreicht, wird abends oft eine dicke Jacke gebraucht. In höheren Lagen, wie auf dem Icefields Parkway, kann es zu jeder Jahreszeit schneien, oder es kann, wie auf dem Mount Revelstoke, in Gipfellagen noch viel Schnee liegen, während es unten regnet. Eine Regenjacke sollte am besten immer im Gepäck sein, außerdem feste Wanderschuhe und eine Kopfbedeckung.

Restaurants/Verpflegung

Bei Alberta denkt man sofort an **Steaks**, denn das Prärieland im Süden der Provinz ist traditionelles Rinderzuchtland. Auch in British Columbia fehlen Steaks auf keiner Speisekarte, doch liegt dort wegen der Küstennähe ein weiterer Küchenschwerpunkt auf frischem **Fisch** und Meeresfrüchten. In den Supermärkten sind Steaks und andere Fleischsorten zumeist in großer Auswahl und relativ preiswert zu finden. Beim Camping eignen sich Steaks hervorragend als Basis für eine Mahlzeit, ob über dem Lagerfeuer, auf einem Grill oder vielleicht dem Gaskocher zubereitet.

Wildbret *(game* oder *venison)* gibt es nur in sehr wenigen, spezialisierten Restaurant, weil viele Kanadier selber jagen. Auch im Supermarkt ist Wildfleisch selten zu finden.

Wissen sollte man, dass man in Alberta ab 18 und in British Columbia erst ab 19 Jahren in Kneipen und Bars **Alkohol** trinken darf.

Die unter **Service & Tipps** empfohlenen Restaurants sind nach folgenden Preiskategorien für ein Abendessen ohne Getränke und Dessert eingeteilt:

$ – bis 10 Can. Dollar
$$ – 10 bis 20 Can. Dollar
$$$ – 20 bis 30 Can. Dollar
$$$$ – über 30 Can. Dollar

Sprachhilfen für das Englische

Rund ums Auto:

air-condition – Klimaanlage
brake – Bremse
bumper – Stoßstange
engine – Motor
gasoline, gas – Benzin
headlight – Scheinwerfer
jack – Wagenheber
licence plate – Nummernschild
muffler – Auspuff
seat belt – Sitzgurt
spare tire – Ersatzreifen
spark plug – Zündkerze
subcompact – Kleinwagen
tire – Reifen
transmission – Getriebe
trunk – Kofferraum
windshield – Windschutzscheibe
wiper – Scheibenwischer

Unterwegs:

buckle up – anschnallen
check the oil – Öl kontrollieren
clearance – Bodenfreiheit
collision damage waiver – Vollkaskoversicherung
curb – Bordstein
customs – Zoll
dead end, no through road – Sackgasse
detour – Umleitung
dip – Bodenwelle
dirt road – unbefestigte Straße
emergency – Notfall
emergency call – Notruf
fill it up, please – bitte volltanken
flagman ahead – Bauarbeiter mit Warnflagge vor einer Baustelle
4-way-Stop – Stoppschild an allen vier Kreuzungseinfahrten
gas station – Tankstelle

handicapped parking – Parkplatz für Behinderte
interchange – Kreuzung
junction – Kreuzung, Abzweigung
loading zone – Ladezone
maximum speed – Höchstgeschwindigkeit
merge – einfädeln
no passing zone – Überholverbot
no turn on red – Abbiegen bei Rot verboten
one-way street – Einbahnstraße
parking lot – Parkplatz
pay cashier first – vor dem Tanken bezahlen
parking meter – Parkuhr
rental car – Leihwagen
rest area – Rastplatz
right of way – Vorfahrt
road construction – Straßenbaustelle
slippery when wet – Rutschgefahr bei Nässe
speed checked by radar – Geschwindigkeitskontrolle durch Radar
speeding – zu schnell fahren
speed limit – Tempolimit
ticket – Strafzettel
tow away zone – Abschleppzone
U-turn – wenden
(un)leaded – (un)verbleit
valet parking – Angestellte parken das Auto für den Gast
viewpoint – Aussichtspunkt
voucher – Gutschein der Autoverleihfirma
watch for pedestrians – auf Fußgänger achten
yield – Vorfahrt achten

Im Restaurant:

all you can eat – essen, soviel man möchte
appetizer – Vorspeise
cash or credit – bar oder per Kredikarte zahlen
catch of the day – fangfrischer Fisch auf der Tageskarte
coffee shop – Cafeteria
counter – Theke
dessert – Nachtisch
entrée – Hauptgericht
food to go – Essen zum Mitnehmen
formal wear – Abendgarderobe
fried – fritiert
gratuity – Trinkgeld
on the side – extra, als Beilage
please, wait in line – bitte anstellen und warten
please, wait to be seated – bitte auf die Empfangsperson warten
refill – kostenloses Nachschenken von Kaffee
sauteed – gedünstet
starter – Vorspeise
take the order – die Bestellung aufnehmen
tip – Trinkgeld
to go – zum Mitnehmen
washroom – Toiletten

Speisen und Lebensmittel:

bacon – Speck
baked potato – gebackene Kartoffel
blackberries – Brombeeren
blueberries – Blaubeeren
blue mussels – Miesmuscheln
bun – süßes Brötchen
caribou – Karibu
cheese cake – Käsekuchen
clam chowder – Muschelsuppe
cod – Kabeljau
cod tongues – Kabeljauzungen
cranberries – Preiselbeeren
cream – Sahne
danish – Blätterteiggebäck
dressing – Salatsauce
eggs overeasy – Eier einmal in der Pfanne gewendet
eggs sunny side up – Spiegeleier
french fries – Pommes frites
fruit pie – Obsttorte
game – Wildbret
halibut – Heilbutt
hash browns – Bratkartoffeln nach Rösti-Art
ice tea – Eistee
lobster – Hummer
maple syrup – Ahornsirup
moose – Elch
on the rocks – mit Eiswürfeln

orange juice – Orangensaft
oysters – Austern
pancakes – Pfannkuchen
pie – Torte, Kuchen
raspberries – Himbeeren
rye bread – Roggenbrot
salad bar – Salatbüffet
salmon – Lachs
seafood – Fisch und Meeresfrüchte
scallops – Muscheln
scrambled eggs – Rühreier
soft drinks – alkoholfreie Getränke
shrimps – Krabben
trout – Forelle
venison – Wildbret
wheat bread – Weizen(vollkorn)brot

Unterkünfte:

air-condition – Klimaanlage
bed & breakfast – Übernachtung mit Frühstück, zumeist in historischen Häusern
bellboy, bellman – Kofferträger
cancel a reservation – Reservierung absagen
complimentary – gratis
confirmation – Buchungsbestätigung
cottage – Ferienhäuschen
doorman – Türsteher
efficiency – Zimmer mit Kochnische
elevator – Aufzug
front desk – Empfang, Rezeption
incidentals – Nebenkosten
king-size bed – übergroßes Doppelbett
lodge – rustikale Herberge in der Natur
lounge – Bar
no vacancy – kein Zimmer frei
pay in advance – im Voraus bezahlen
queen-size bed – großes Doppelbett
rates – Zimmerpreise
reception – Rezeption
room maid – Zimmermädchen
room reservation – Zimmerreservierung
rooms available – Zimmer frei
second floor – erste Etage
stairway – Treppenhaus
twin bed – Doppelbett
vacancy – Zimmer frei
valet parking – Parken durch Hotel- oder Restaurantangestellte
youth hostel – Jugendherberge

Camping:

campground – Campingplatz
chemical toilet – Chemietoilette
coin laundry – Münzwaschsalon
dump station – Stelle zum Entsorgen des Abwassers
fee – Gebühr
full hookup – Vollanschluss inkl. Strom, Frisch- und Abwasser
hose – Schlauch
laundromat, laundry – Waschsalon, Wäscherei
motorhome – Wohnmobil
propane – Propangas
RV (recreational vehicle) – Campmobil
RV Park – Campingplatz hauptsächl. für Campmobile
sewage (sewer) – Abwasser(abfluss)
shower – Dusche
site – Stellplatz
tent – Zelt
washroom – Toilette
waste – Abfall

Beim Einkaufen:

2-4-1, two for one – zwei Produkte für den Preis von einem
4 sale, for sale – zu verkaufen
aisle – Gang
bargain – Sonderangebot
bulk food – nicht abgepackte Lebensmittel
convenience store – kleines Lebensmittelgeschäft
dairy products – Milchprodukte
factory outlet – Direktverkauf der Produzenten
I'm just looking. – Ich schaue mich nur um.
on sale – Sonderangebot

pharmacy	– Apotheke
produce	– Gemüse
prescription drugs	– verschreibungspflichtige Medikamente
sales tax	– Umsatzsteuer
shopping mall	– Einkaufszentrum
size	– Größe

Telefonieren:

area code	– Vorwahl
calling card	– Telefonkarte
collect call	– R-Gespräch, Gebühren bezahlt der Angerufene
dial	– wählen
dial tone	– Freizeichen
direct-dial phone	– Selbstwähltelefon
leave a message	– eine Nachricht hinterlassen
local call	– Ortsgespräch
long-distance call	– Ferngespräch
(overseas) operator	– (Übersee-)Vermittlung
pay phone	– Münztelefon
please, hold the line	– bitte warten
prepaid phone card	– vorausbezahlte Telefonkarte
telephone directory	– Telefonbuch
the line is busy	– die Leitung ist besetzt
toll-free number	– gebührenfreie Nummer
You will be connected/transferred.	– Sie werden weiterverbunden.

Sport und Freizeit:

backcountry	– Hinterland
backpacking	– Rucksackwandern
beachcombing	– Strandwandern
boardwalk	– Plankenweg, Sumpfsteg
canoe	– Kanu
daylight savings time	– Sommerzeit
diving	– Tauchen
firewood	– Feuerholz
float plane	– Wasserflugzeug
guided hike	– geführte Wanderung
hiking	– Wandern
hiking trail	– Wanderweg
hot springs	– heiße Quellen
loop trail	– Rundwanderweg
map	– Landkarte
nature trail	– Naturlehrpfad
outfitter	– Wildnisexperte, Ausrüster, verkauft und verleiht Sportgeräte, Zubehör etc.
permit	– Genehmigung
recreation area	– Erholungsgebiet
rent	– leihen
river rafting	– Schlauchbootfahrt
self-guiding trail	– kurzer Wanderpfad
thermal pools	– Thermalbad
trail head	– Startpunkt eines Wanderweges
trail ride	– Ausritt
visitor centre	– Informationszentrum
walk-in campground	– Campingplatz für Wanderer
warden	– Parkaufseher in Kanada, Park Ranger
white water rafting	– Wildwasserfahrt
woodyard, woodlot	– Feuerholzplatz

Steuern

In Kanada sind alle Preise außer dem des Benzins netto ausgezeichnet. In **Alberta** gibt es keine Provincial Sales Tax, nur die GST. So müssen zum ursprünglichen Preis der meisten Waren, Restaurantbesuche, Dienstleistungen etc. in British Columbia 12 bzw. 13 % und in Alberta 5 % hinzugefügt werden. Das Programm zur Rückerstattung der GST-Steuern für Touristen hat Kanada im März 2007 abgeschafft.

Strom

Kanada verfügt wie die USA über ein Stromnetz mit **110 Volt/60 Hertz**. Rasierapparate, Föne Akkuladegeräte etc. arbeiten problemlos, wenn sie einen **Spannungsumschalter** von 220 Volt auf 110 Volt besitzen.

Zusätzlich braucht man einen passenden **Adapter** für die kanadischen bzw. US-amerikanischen Steckdosen, den man als »Amerika-Stecker« in Elektroabteilungen und -geschäften zu Hause oder am Flughafen bekommt.

Telefonieren

In Nordamerika existiert ein einheitliches Telefonnummersystem aus dreistelliger Vorwahl *(area code)* und siebenstelliger Rufnummer. Bei Ferngesprächen muss stets eine »1« vorgewählt werden. ***Toll-free numbers,*** die gebührenfreien Nummern, tragen die Vorwahlen 1-800, 1-866, 1-877 und 1-888.

Manche Telefonnummern werden in leicht einprägsamen Buchstabenkombinationen wiedergegeben, z. B. 1-888-AIR CANADA. Ortsgespräche in Kanada kosten 25 Cents.

Die **Vorwahl nach Europa** lautet ✆ 011, dann die 49 für **Deutschland**, 43 für **Österreich** und 41 für die **Schweiz**. Danach folgen die Ortsvorwahl ohne 0 und anschließend die Nummer des Gesprächsteilnehmers.

Ferngespräche sind am einfachsten mit vorausbezahlter **Telefonkarte** *(prepaid phone card)* oder per Kreditkarte zu tätigen, erstere sind für $ 10–20 z.B. an Tankstellen, in Supermärkten oder in Hotels erhältlich – eine sehr bequeme und einfache Methode. Über die Servicenummer auf der Karte wählt man sich beim Kartennetzbetreiber ein, fügt anschließend die Kartennummer, Landes- und Ortsvorwahl ohne Null plus die Rufnummer hinzu. Manche Karten sind auch wieder aufzuladen. Telefon- und Kreditkarten kann man an den meisten Münz-, Hotel- oder Privattelefonen nutzen.

Vergessen sollte man bar zu bezahlende Ferngespräche nach Übersee von einem Münztelefon. Neben der Hilfe des Operators (0) ist ein großer Vorrat an Münzen notwendig.

Relativ einfach, aber auch am teuersten, funktioniert es ohne Telefonkarte aus dem Hotelzimmer.

Das Telefonieren mit dem **Mobiltelefon** ist noch nicht so simpel. Nur Tribandgeräte funktionieren sowohl in Europa als auch in Nordamerika, andere Handys nicht.

Trinkgeld

In Hotels bekommen Zimmermädchen, Gepäckträger, der Bedienstete, der das Auto aus dem Parkhaus holt *(valet parking)*, und jeder andere Hotelangestellte, der für den Gast einen Service leistet, ein Trinkgeld von etwa $ 1–2 pro Übernachtung bzw. pro Koffer oder Tasche. Das Gleiche gilt für Bedienstete an Flughäfen, Bahnhöfen etc.

In Kanada ist der Service im Rechnungsbetrag nicht enthalten, und in Bars, Restaurants, Nachtclubs oder Cafés ist es gebräuchlich, ein Trinkgeld in der Höhe von etwa 15–20 % der Netto-Rechnungssumme zu geben. Kleinere Summen lässt man auf dem Tisch liegen, größere trägt man bei Zahlung per Kreditkarte auf dem Vordruck ein.

Unterkünfte

Die Auswahl an **Hotels, Motels, Bed & Breakfasts, Lodges und Campingplätzen** in West-Kanada ist ausgezeichnet. Weit mehr als in Europa ist man in West-Kanada auf Reisende eingestellt. An den Durchgangsstraßen der Städte und Ortschaften sowie an den touristisch interessanten Punkten befindet sich eine große Anzahl an verschiedenartigen Quartieren. Sofern man nicht vorgebucht hat, erkundigt man sich unterwegs bei den lokalen Touristeninformationen oder schaut in den jeweiligen Unterkunftsverzeichnissen, dem »Accomodation Guide« oder dem »Camping Guide«, der Provinzen British Columbia und Alberta. Reservieren sollte man auf jeden Fall die Nacht am Ankunfts- und Abreisetag, um einen stressfreien Ablauf zu gewährleisten.

Von unterwegs lassen sich Hotels unter Angabe der Kreditkartennummer vorbuchen. Das bedeutet auf jeden Fall eine Zimmergarantie, hat bei Nichterscheinen ohne rechtzeitige Absage *(cancellation)* allerdings die Abbuchung des Betrages zur Folge. Die Preise gelten meist für ein Doppelzimmer, Einzelzimmer gibt es kaum. Die Übernachtungspreise sind zumeist ohne Frühstück, was sich aber allmählich ändert. In Hotels kann man im Allgemeinen im Restaurant frühstücken, im Bed & Breakfast gehört es zu Übernachtung dazu, und in einem Motel gibt es neuerdings öfters das kleinere Continental Breakfast mit Kaffee, Milch, Cerealien, Toast und Teilchen.

Videos/DVDs/Filme

Nordamerika besitzt das NTSC-Farbfernseh-System. Es ist nicht kompatibel mit dem deutschen Pal-System. Wenn man sich auf der Reise Videofilme anschaffen möchte, müssen diese PAL-kompatibel sein. Ähnliches gilt für DVDs. DVD-Player und DVDs sind mit einem Regionalcode versehen, der übereinstimmen muss. Wer keinen RegioFree Player hat, muss beim Kauf also auf die Regionalcodes 1 für Nordamerika, 2 für Europa und 0 für »ohne Ländercode« achten. Wer noch mit Dia- oder Negativfilmen fotografiert, nimmt am besten einen Vorrat mit, denn oftmals ist es abseits der Zentren schwierig, das gewünschte Filmmaterial zu bekommen.

Zeitzonen

West-Kanada umfasst zwei der insgesamt sechs Zeitzonen des Landes. British Columbia liegt in der *Pacific Time Zone* (MEZ minus 9 Stunden), Alberta und die südöstliche Ecke von British Columbia in der *Mountain Time Zone* (MEZ minus 8 Stunden). Die Sommerzeit (*daylight saving time*, D.S.T.) gilt in Kanada annähernd wie in Europa jeweils von 2 Uhr am zweiten Sonntag im März bis 2 Uhr am ersten Sonntag im November.

Zoll

Nach **Kanada** darf man Folgendes zollfrei einführen: Geschenke im Wert von bis zu $ 60. Personen über 18 Jahre (Alberta) bzw. 19 Jahre (British Columbia) dürfen 1,14 l Spirituosen oder Wein oder 8,5 l Bier und 200 Zigaretten, 50 Zigarren, 200 g losen Tabak und 200 Tabakröllchen importieren.

Bei der **Einreise in die USA** sind es Geschenke im Wert von bis zu $ 100 und für Personen über 21 Jahre 200 Zigaretten oder 50 Zigarren und 2 kg Tabak und 1 l Spirituosen. Devisen im Wert von über $ 10 000 müssen sowohl in Kanada als auch in den USA deklariert werden.

Für Frischwaren wie Obst, Gemüse, Wurst oder andere leicht verderbliche Lebensmittel gelten in Kanada und in den USA besondere Einfuhrbestimmungen bzw. sie dürfen gar nicht eingeführt werden.

Der Import von Waffen, Sprengstoffen sowie geschützten Tier- und Pflanzenarten ist generell verboten.

Powwow der Secwepemc-Indianer (oder Shuswap-Indianer) in Chase am Little Shuswap Lake

Orts- und Sachregister

Fett hervorgehobene Seitenzahlen und Angaben verweisen auf ausführliche Erwähnungen, *kursiv* gesetzte Begriffe und Seitenzahlen beziehen sich auf den Serviceteil.

Folgende Abkürzungen werden verwendet:

AB – Alberta
AK – Alaska
BC – British Columbia
NS – Nova Scotia
YT – Yukon Territory

Orts- und Sachregister

Orts- und Sachregister

Orts- und Sachregister/ Namenregister

Namenregister

Zeichenerklärung

In diesem Buch werden die nachfolgenden Symbole verwendet:

- Information
- Museum
- Sehenswürdigkeit
- Aktivitäten, Sport
- Für Familien geeignet
- Hits für Kids
- Kultur, Feste, Festival
- Einkaufen
- Naturreservat, Park
- Botanischer Garten
- Tierpark, Zoo
- Vogelbeobachtung
- Aquarium, Wal- und Lachsbeobachtung
- Bootstouren, Kanumiete
- Vergnügungspark
- Restaurant
- Café, Frühstück
- Bar, Nachtleben
- Pub, Kneipe
- Weinprobe
- Live-Musik, Konzert
- Live-Jazz
- Hotel, Motel, B&B
- Campingplatz
- Strand
- Swimmingpool, Thermalbad
- Busverbindung
- Flugverbindung
- Zugfahrt
- Autofähre
- Schiffsfahrt, Personenfähre
- Historische Eisenbahn
- Seilbahn
- Shuttle-Service

Restaurants: Unter »Service & Tipps« werden die Preiskategorien für ein Abendessen pro Person ohne Getränke und Dessert wie folgt angegeben:

$ – bis 10 Can. Dollar
$$ – 10 bis 20 Can. Dollar
$$$ – 20 bis 30 Can. Dollar
$$$$ – über 30 Can. Dollar

Verwendete Abkürzungen:

Ave.	– Avenue	Sq.	– Square	S.	– South
St.	– Street	Dr.	– Drive	W.	– West
Rd.	– Road	Hwy.	– Highway	O.	– Ouest
Blvd.	– Boulevard	E.	– East	B & B	– Bed & Breakfast
Pl.	– Place	N.	– North		

Bildnachweis

Franco Atirador: S. 132
Oliver Bolch, Maria Enzersdorf: S. 44, 68, 124, 154 u., 176, 188, 204 u.
British Columbia Archives and Records Service, Victoria: S 129 u.
Sabine Bungert/laif, Köln: S. 151 u.
Canadian Pacific: S. 14 o.
Canadian Tourism Commission CTC: S. 74, 203 o., 205, 223 u., 275
Eagle Feather Gallery/First Nations Artist's Gallery, Victoria: S. 215
Edmonton Economic Development Corporation: S. 163 o., 163 u., 169, 170
Edmonton Tourism/Ellis Brothers: S. 167, 171
FOTOLIA/Achi: S. 37; Terry Alexander: S. 19; Alysta: S. 236; Atomtigerzoo: S. 49; Joseph Becker: S. 58; Blitzphoto: S. 43; Alison Bowden: S. 137; Natalia Bratslavsky: S. 42, 263; Scott Bufkin: S. 173, 247; Uwe Bumann: S. 78; Fernando Cerecedo: S. 113; Nathan Chor: S. 183; Carl Dawson: S. 63; David Debray: S. 199; Dwags: S. 67; DWP: S. 9 o.; Andreas Edelmann: Titelbild, S. 28, 178, 186, 207, 242/243; Luisa Fer: S. 46; Gregory Ferguson: S. 102, 189; Stephen Finn: S. 29 u., 219 o.; Cristina Fumi: S. 231 u.; Joseph Gareri: S. 181; Holly Gedert: S. 143; Geewhiz: S. 240; Fred Goldstein: S. 66; Lijuan Guo: S. 41 u.; Gary Hartz: S. 180; Barbara Helgason: S. 23; Davy Hiller: S. 55; Jean-Paul: S. 8 u.; KerstinvdL: S. 227; Thilo Kierdorf: S. 245; Michael Klug: S. 64; Volodymyr Kyrylyuk: S. 24, 32; Harry B. Lamb: Haupttitel (S. 2/3); Lianem: S. 61 u.; Pavel Losevsky: S. 211 u.; Diana Lundin: S. 69; Maurice Maccari: S. 5 u.; Maxfx: S. 71, 73, 75; Cal McDonagh: S. 148; Hank Miller: S. 47; Andy-Kim Möller: S. 90 u.; Uwe Ohse: S. 104; Outdoorsman: S. 87, 90 o., 91 o., 134, 193, 221; Mauro Piacentini: S. 95; Mark Rasmussen: S. 233; Till von Rennenkampff: S. 102/103; Stanley Rippel: S. 39; Alois Rosenberg: S. 237; Saintjp: S. 4 u.; Lyda Salatian: S. 100; Elisabeth Sandboge: S. 101 u.; Detlef Schlegel: S. 200; Dieter Schmitt: S. 265; Seraphic06: Schmutztitel (S. 1); Skyf: S. 187; Vasily Smirnov: S. 218; BG Smith: S. 174 u., 175 u.; Stef: S. 144; Ross Strachan: S. 35; Philippe Surmely: S. 65; Svehlik: S. 98; Robert Ulph: S. 214; Peter Walenzyk: S. 196, 256; Jeff Whyte: S. 152, 156, 157, 158, 159, 264; Jingming Xiao: S. 81 o.; Feng Yu: S. 232
Harscher/laif, Köln: S. 239
Christian Heeb/laif, Köln: S. 7 o., 9 u., 22, 30, 48, 85, 108/109, 121 o., 121 u., 126 u., 131 u., 133, 135, 136, 138/139, 141 o., 146/147, 191, 198, 249, 281
Volkmar E. Janicke, München: S. 149 o.
Roland E. Jung; Möhnesee: S. 25, 126 o., 127, 145
Katpatuka: S. 120
Günther Lahr, Maisach: S. 5 o., 7 u., 38, 45, 52, 94, 209, 211 o.
Modrow/laif, Köln: S. 80
Musée de la Marine, Paris: S: 10 o.
Provincial Archives of Alberta: S. 16
Raach/laif, Köln: S. 6, 20/21, 88, 184/185, 195, 231 o., 235 u.
Smithonian Institute/Ernest Amoroso: S. 59
Tourism British Columbia: S. 54, 70, 92, 96; David Gluns: S. 105; Lytton River Festival: S. 8 o.; www.guntermarx-stockphotos.com: S. 219 u.
Tourism Vancouver Island: S. 60, 61 o., 72, 81 u., 82 o.
Karl Teuschl, München: S. 27, 51 u., 56, 111, 114, 116, 117, 174 o., 212, 216, 244, 248
Travel Alberta: S. 160/161, 164, 168, 184, 202, 208 o., 229, 250
Vancouver Art Gallery/Tomas Svab: S. 33
Vista Point Verlag (Archiv), Köln: S. 4 o., 10 u., 11 o., 11 Mitte, 11 u., 12 o., 12 u., 18, 23 o., 31 o., 31 u., 34, 36, 41 o., 51 o., 53, 82 u., 83, 89, 97, 99, 107, 110, 115, 119, 122 o., 125, 129 o., 130, 131 o., 138, 140, 141 Mitte, 141 u., 149 u., 151 o., 154 o., 155, 160, 162, 165, 190, 197, 203 u., 204 o., 206 o., 206 u., 208 u., 213, 235 o., 268 o., 268 u.
Heike Wagner, Duisburg: S. 29 o., 112, 223 o., 224, 272
Tim Wagner, Duisburg: S. 217
Wolfgang R. Weber: S. 93, 122 u., 222, 226
www.pixelio.de: S. 17 u., 76, 79, 91 u., 101 o., 175 o., 177, 182, 192, 225, 228
Yukon Archives, Whitehorse: S. 13, 14 u., 15, 17 o., 93

Titelbild: Bilderbuchpanorama aus den kanadischen Rockies: Spirit Island im Maligne Lake. Foto: FOTOLIA/Andreas Edelmann
Vordere Umschlagklappe (innen): Übersichtskarte von West-Kanada mit den eingezeichneten Reiseregionen
Schmutztitel (S. 1): Ein Biber (»Beaver«) im Wells Gray Provincial Park. Foto: FOTOLIA/Seraphic06
Haupttitel (S. 2/3): An den Vermilion Lakes im Banff National Park. Foto: FOTOLIA/Harry B. Lamb

2., aktualisierte Auflage 2011

Reihenkonzeption: Horst Schmidt-Brümmer, Andreas Schulz
Verlegerische Leitung: Andreas Schulz
Bildredaktion: Andrea Herfurth-Schindler
Lektorat: Kristina Linke
Layout und Herstellung: Sandra Penno-Vesper
Reproduktionen: Henning Rohm, Köln
Kartographie: Kartographie Huber, München
Gedruckt auf chlorfrei gebleichtem Papier

ISBN 978-3-86871-013-7